Peter Hornung / **Die Legion**

Peter Hornung

Die Legion

Europas letzte Söldner

Meyster

Soweit nicht anders vermerkt,
stammen alle Fotos von PHOTO KÉPI BLANC

2. Auflage 1981
M 104
© Meyster Verlag GmbH, Wien–München 1981
Umschlag: Zembsch' Werkstatt
Satz: FotoSatz Pfeifer GmbH, Germering
Papier und Gesamtherstellung: Salzer-Ueberreuter, Wien
ISBN 3-7057-2014-7
Printed in Austria 1981

Inhalt

Meinem Vater
und meinem Sohn gewidmet

Patrouillen
an der letzten Grenze

Die Nacht geht in der Dschungelkampfschule des 3. Regiments der Fremdenlegion nie richtig zu Ende. Wie riesige Schirme wirken die dichten Laubkronen der fünfzig Meter hohen Urwaldbäume. Bräunlicher Nebel hängt zwischen den Stämmen. Der Boden ist schwarzer Kompost aus Sickerwasser und verrotteter Erde. Ständig liegt ein bitterer Geruch in der heißen Luft. »Unter vierzig Grad fällt die Temperatur hier selten«, sagt Capitaine Patrick Lallemand. Er übt mit einer Kampfgruppe von dreißig Legionären »Kampf und Überleben im Urwald«. Nach dem Frühappell um sechs Uhr morgens und einem hastig eingenommenen Frühstück steht das Überqueren eines Flusses auf dem Programm. Nicht einmal auf der Generalstabskarte ist der aus einer schwärzlichen Brühe bestehende Dschungelfluß verzeichnet, dessen Ufer von abgestorbenen Zweigen gesäumt sind, in denen die Knochengerippe von Tierkadavern hängen. »Nein, Piranhas oder Krokodile gibt es hier nicht«, versichert Capitaine Lallemand. »Es gehört allerdings zu diesem Kurs, daß die Legionäre lernen, ob ein Flußhindernis gefahrlos zu überqueren ist. Stoßen sie auf Krokodile oder ähnlich lebensgefährliches Viehzeug, muß eine Lianenbrücke über den Fluß gebaut werden. Das verzögert natürlich den Vormarsch. Aber im Dschungelkampf kommt es letztlich auf das Moment der Überraschung an.« An einer Drahtleine, in voller Montur und behängt mit dem dreißig Kilo schweren Seesack und der Maschinenpistole, hangeln sich die Legionäre durch die trübe Flut, umschwirrt von Tausenden von Moskitos. Erläutert Capitaine Lallemand: »Es kommt vor allem darauf an, daß das Sturmgepäck möglichst trocken bleibt und das Gewehr niemals mit dem Wasser in Berührung kommt. In tropischen Gegenden gehören Flußüberquerungen zu den Haupterfordernissen einer erfolgreichen Operation. In Europa kommt alle zwanzig Kilometer ein Fluß. Hier in Französisch-Guayana wie in allen anderen Urwaldregionen stellt sich alle drei Kilometer ein Fluß als Hindernis in den Weg. Und Urwälder bedecken ein Drittel der Erdoberfläche.« Zwanzigmal durchqueren die angehenden Dschungelkämpfer in den leopardengescheckten Kampfanzügen die warme, schwärzliche Soße. Zuletzt halbieren sie die Überquerungs-

9

zeit. Ausgepumpt, keuchend atmend kauern dann die kahlgeschorenen Legionäre im Müll der toten Blätter. Mit einem Zug wird die gutgekühlte Flasche Kronenbourg-Bier geleert; dazu gibt es die klassische Legionsration: Ölsardinen mit Weißbrot.

Die meisten dieser Gruppe waren erst vor acht Monaten zur noch immer von Legenden umwobenen »Légion Étrangère« gekommen. Der Legionär aus einer westfälischen Kleinstadt hatte bis dahin als Substitut in einer Lebensmittelkette gearbeitet: »Vielleicht noch Waschmittel im Sonderangebot, gnädige Frau?« Aus Kassel kommt der rötlich blonde, hünenhafte Bursche neben ihm. Er war Sachbearbeiter in einem Versicherungskonzern. »Jeden Tag hatte ich mich mit zerbrochenen Balkonfenstern, den Folgen eines Zimmerbrandes oder dem gestohlenen Rad eines Grundschülers herumzuschlagen.« Bäckergeselle in einer Brotfabrik war der untersetzte, drahtige Nürnberger: »Am Ende sah ich mich schon als Mehlwurm.«

»Meine Gruppe spiegelt ziemlich genau die Zusammensetzung der Nationalitäten in der Legion von heute wider«, erklärt Capitaine Lallemand. »Ein Drittel kommt aus dem deutschsprachigen Raum: Ost- und Westdeutsche, Österreicher, Schweizer und Holländer. Ein Drittel besteht aus Portugiesen, Spaniern, Italienern, Jugoslawen. Das letzte Drittel setzt sich aus Franzosen zusammen, die sich als Monegassen oder Luxemburger eingeschrieben haben, Belgiern sowie Marokkanern, Algeriern und Tunesiern, die als Malteser geführt werden. Ziemlich stark ist in letzter Zeit auch der Andrang von Asiaten, geflüchteten Laoten und Vietnamesen sowie Pakistani.«

Zu Capitaine Lallemands Dschungellehrgang kamen einige jener 1784 Legionsrekruten, die im Vorjahr das berühmte weiße Képi bekamen. 5432 Anwärter hatten sich gemeldet. Über sechshundert wurden sofort zurückgewiesen. 4810 kamen in das Legionshauptquartier in Aubagne bei Marseille.

Auf den ersten Blick ist Aubagne nicht als Kaserne zu erkennen. Wie in einem Feriendorf stehen die grellweißen Häuser zwischen breitkronigen Platanen, Zypressen und Blaubuchen. Nur der Eingang erinnert die Neugeworbenen daran, daß sie zur letzten Söldnertruppe Europas kommen. In großen Lettern aus Schmiedeeisen steht über dem Tor: *Legio Patria Nostra* – die Legion ist unser Vaterland. Den stolzen, herrischen Wahlspruch werden sie später auch auf dem kleinsten Vorposten der Legion wieder vorfinden: Auf einem winzigen Atoll im polynesischen Archipel, in einem Wüstenfort bei Djibouti oder in einem Dschungellager Französisch-Guayanas. Unter dem lateinischen Spruch, der zum Programm der Legion wurde, steht ein halbes Dutzend Wachposten mit dem Képi, den messerscharf gebügelten Hemden und Hosen der Khaki-Uniform. Jede ihrer Bewegungen erinnert an die Exaktheit eines Roboters. Das harte Aufprallen der Gewehrkolben frißt sich für immer ins Gehör der Neuen.

Dann fährt der LKW einen steilen Asphaltweg hinauf zu den Mannschaftsunterkünften, vorbei an Blumenbeeten, peinlich genau eingegrenzt mit weißen Kalksteinen. Unten ist der rötliche Voie Sacrée – der Heilige Weg – zu sehen und am Ende das Denkmal aus Erz mit der Weltkugel und den vier Legionären der Jahre zwischen 1831 und 1931: Der Legionär der Gründerjahre mit dem hohen, schweren Tschako, der mit dem Tropenhelm der Indochinakriege vor der Jahrhundertwende, der des Ersten Weltkrieges mit dem Poiluhelm und der der Saharakriege in den zwanziger Jahren, mit dem von der Wüstensonne ausgebleichten Képi, das zum Wahrzeichen der Legion wurde.

Dann das Einrücken in die kahlen Schlafsäle mit je dreißig schmalen Eisenbetten, harten Matratzen, Bettlaken aus grobem Linnen und schweren, muffigen Decken. Dazu das Brüllen der Caporale und Sergeanten, die den Neuen einen ersten Vorgeschmack auf die harte Legionsdisziplin geben.

Das erste Essen zeigt, daß es die Legion mit dem Napoleonwort hält, wonach der Geist einer Armee von den gut gefüllten Kochtöpfen abhängt. Ein Menü mit vier Gängen wird aufgetragen, das jederzeit auf der Speisekarte eines Feinschmeckerlokals Platz finden könnte. Erst später werden die Neuen erfahren, daß in den Legionskantinen Köche die Menüauswahl treffen, die früher in ersten Restaurants ihr Handwerk erlernten: der einstige Koch des ersten Hotels in Budapest, der 1956 vor den Panzern der Sowjets flüchtete und in der Legion eine neue gastronomische Heimat fand oder der Schüler des Papstes der Nouvelle Cuisine, Paul Bocuse, dessen hochgestochener Freßtempel in der nordhessischen Provinz mit einer Pleite endete. Zur provençalischen Fleischpastete und der gefüllten elsässischen Mastente wird der Krug Rotwein oder Rosé oder Kronenbourg-Bier serviert. Etwas verwirrt erinnern sich die einstigen Wehrpflichtigen an den Eintopf, die ranzige Hartwurst oder den Kümmelkäse der heimischen Armee.

Um sechs Uhr morgens schrillen die Pfeifen der Caporale. Nach dem Frühstück beginnt das Fassen der Uniform, alte Klamotten, die bereits Generationen von Legionsrekruten zerschlissen haben. Dazu ein hohes grünes Schiffchen, das die Legion einmal als Okkasion von der regulären Armee aus Beständen des Zweiten Weltkriegs erwarb, und das seitdem das Merkmal der »Engagés-volontaires« ist, der EV, wie die Freiwilligen von den Altgedienten kurz und grimmig genannt werden. Danach beginnt eine Prozedur, die in den meisten Neugeworbenen erste Zweifel darüber aufkommen läßt, ob sie tatsächlich bei der berühmt-berüchtigten Fremdenlegion angekommen sind. Sie hatten das Abenteuer eines wilden Haufens erwartet, nach dem Motto: Hier hast du eine Knarre, und morgen verschwindest du im Urwald.

Statt dessen folgen vier Wochen beinharter Militärbürokratie. Zuerst die Vernehmungen durch die Rekrutierungsoffiziere. Die Neuen berichten über ihr bisheriges Leben und ihre Motive für den Eintritt in die Legion. Die Vernehmer haben Geduld. Sie unterbrechen den jungen, meist nervösen Mann gegenüber fast nie. Nur manchmal haken sie nach. Es sind erstklassige Psychologen, die sich den Monolog der Rekruten anhören.

Sie haben das Zeug zum Personalchef in großen Konzernen. Sagt einer der im Dienst ergrauten Legionsvernehmer: »Ich habe mich einmal für ein Semester Psychologie an der Sorbonne einschreiben lassen. Danach bin ich beinahe an meiner Menschenkenntnis verzweifelt. Ich verlasse mich lieber auf meine Nase. Im Laufe der Zeit habe ich auch ohne Tiefenpsychologie gelernt, eine Lüge zu riechen – und ebenso die echte Verzweiflung.« Das bekommen die Anwärter auf das weiße Képi zu verspüren.

Aber die Rekrutierungsoffiziere verlassen sich nicht allein auf ihre Menschenkenntnis. Sie können sich außerdem auf eine Institution stützen, die in keiner offiziellen Selbstdarstellung der Legion vorkommt und die einen höchst unverbindlichen Titel trägt: »Bureau Statistique de la Légion Étrangère – Statistisches Büro der Legion.« Dahinter verbirgt sich der höchst effektive Geheimdienst der Legion. Dem Deutschen, der sich als Hauptmann der Fallschirmjäger ausgab, mit der vorgeblich unstillbaren Sehnsucht nach der Legion seit Jugendtagen, hält der Vernehmer am nächsten Tag bis ins Detail genau vor, daß er Unteroffizier bei einem Nachrichtenbataillon gewesen war, noch nie einen Sprung bei der Bundeswehr absolviert hat, bei drei Wirtschaften mit dreitausend Mark in der Kreide steht und seit zwei Monaten die Alimente für zwei uneheliche Kinder schuldig ist. Der Gutsbesitzerssohn aus der Steiermark, ebenfalls auf der Suche nach dem großen Abenteuer, entpuppt sich als Bäckergeselle aus Innsbruck, der den Mercedes 350 seines Chefs zu Schrott fuhr, wobei die Beifahrerin ums Leben kam und der dann, noch im Schock, den Zug nach Straßburg bestieg. Dem vorgeblichen Taxifahrer aus Westberlin mit der goldenen frechen Schnauze liest er kühl seine Karriere in der Nationalen Volksarmee vor, die mit einem Sonderauftrag des Staatssicherheitsdienstes endete: Auskundschaften der Fremdenlegion. Nach zehn Tagen Vernehmungen kommen einige der Neuen ins Gefängnis, andere werden mit dem Bescheid verabschiedet: »Versuchen Sie es wieder, wenn Sie Ihre Haftstrafe im Heimatland abgesessen haben.«

General Goupil, ehemals Oberkommandierender der etwa 8 000 Mann starken Vielvölkertruppe, jetzt Kabinettschef im Pariser Generalstab, macht deutlich: »Die Legion hat sich seit ihrer Gründung als Asyl verstanden. Heute ist viel von Resozialisierung die Rede. Unsere Truppe hat das seit ihrer Gründung vor einhundertfünfzig Jahren ganz real praktiziert. Es wurden nicht nur die harten Berufssoldaten mit der Neigung zum Abenteuer genommen, sondern auch die Gestrandeten und Verzweifelten. Ein berühmter Film über die Legion hieß ›Die letzte Chance‹. Was die zivilen Sozialdienste meist nur auf dem Papier versprechen, das verwirklicht die Legion. Sie eröffnet jungen Menschen eine neue, gesicherte Existenz, ohne zu moralisieren, ohne alte Rechnungen aufzumachen. Dazu gehört für den jungen Legionär, der alle Brücken zum bisherigen Leben abbrechen will, die Möglichkeit, in die Anonymität zu gehen, einen neuen Namen zu wählen. Das bedeutet aber nicht, daß die Legion zum Unterschlupf für Verbrecher wird. Unsere Rekrutierungsdienste sind bestens informiert. Wer auf den Fahndungslisten von Interpol steht, wird sofort abgewiesen. Ebenso Berufsverbrecher der kleineren Kriminalität. Wer seit Jahren als Dieb, Betrüger oder Hehler lebte, kann sich kaum noch aus diesem Teufelskreis lösen. Er würde bald zur Belastung für die Truppe. Wir wollen Männern helfen, die zum ersten Mal in eine dumme Sache geraten sind, die ihnen den Rückweg in die bürgerliche Welt versperrt. Das ist unser Asylverständnis.«

Den nervzerrenden Vernehmungen folgen dann die medizinischen Untersuchungen. Jeder Legionär muß tropentauglich, den höchsten körperlichen Anforderungen gewachsen sein. Tage vergehen mit Blutuntersuchungen, Röntgenaufnahmen, den Tests des Hals-, Nasen-, Ohrenarztes. Der erste Koller kommt auf. Das Patientendasein zwischen Labors und Liegebetten trifft die Neuen unvorbereitet. In den Pausen müssen sie die Kasernenwege fegen, das Unkraut in den Gärten jäten. Die ersten desertieren. So hatten sie sich das »Abenteuer Legion« nicht vorgestellt.

Doch nach den Ärzten kommen die Psychologen. Wie beim Vorstellungsgespräch in der freien Wirtschaft müssen Männchen gezeichnet werden, sind Vier- und Fünfecke mit den passenden Farben auszumalen, hat der Anwärter kniffelige Quizfragen zu beantworten.

Wenn nach vier Wochen der endgültige Fünfjahresvertrag im Personalbüro getippt wird, scheucht ein Adjutantchef, dessen dreistöckige Ordensspange verrät, daß er in Dien Bien Phu ebenso kämpfte wie in den Bergen Algeriens, die von Vernehmern, Ärzten und Psychologen traktierten Legionsanwärter auf. »Besuch im Museum«, brüllt er mit der Stimmstärke eines routinierten Ausbilders, der einige Generationen Legionäre das Fürchten lehrte. Der Trupp trampelt zu dem von einem Schüler le Corbusiers entworfenen kubischen Bau hinter dem Denkmal. Erst in den nächsten Tagen werden sie den langsamen, gemessenen Marsch der Legion erlernen: achtundachtzig Schritt in der Minute. Es ist der dumpf pochende Rhythmus des Ancien Régime, der Armeen Prinz Eugens, des großen Preußen Friedrich und auch noch der Napoleons. Sagt General Goupil: »So paradierten die ersten Legionäre, und dabei bleibt es. Wir machen keine militärischen Moden mit.«

In dem in bläuliches Halbdunkel getauchten Ehrensaal des Legions-Museums erfahren die Neuen, wie vehement die Legion über ihre Tradition wacht. Vor den Tafeln der Toten und den Porträts der einstigen Kommandeure wird der Ton des Veteranen ehrfürchtig und bewegt. Bald werden die Zuhörer die Stationen der Legion auswendig kennen: Kampf gegen den Berberfürsten Abd el-Kader (1833), Schlacht um Sewastopol (1855), die Schlachten von Magenta und Solferino (1859), der Feldzug in Mexiko mit dem Gefecht von Camerone (1863), Belagerung von Tuyen Quang (Indochina 1884), Kampf mit dem Amazonenheer des Königs Behanzin (Dahomey 1892), Verdun (1917), Hoher Atlas (Marokko 1925), Narvik (1940), Bir Hakeim (an der ägyptisch-libyschen Grenze 1941), Monte Cassino (1943), Dien Bien Phu (1954), die Schlacht um Algier

(1957–59) und zuletzt Kolwezi (1979). Der martialische Adjutantchef zählt den leise gewordenen Rekruten auf:

»Wir kämpften auf vier Kontinenten, in zweiundvierzig Ländern, in zweihundertdreiundneunzig Schlachten, siebenhundertneun größeren Gefechten und unzähligen Scharmützeln.« Und er fügt hinzu: »Legionäre, vergeßt nie, daß in unseren Regimentern ein König, vier königliche Prinzen, ein französischer Staatspräsident und ein Premierminister dienten. Vier Marschälle Frankreichs waren stolz darauf, Legionäre unter ihrem Kommando zu haben. Einer von ihnen, Marschall Bazaine, begann wie ihr als Legionär zweiter Klasse. Bildet euch aber nicht ein, daß ihr den Marschallstab im Marschgepäck habt. Es gibt keine Marschälle von Frankreich mehr.«

Dann führt er die Neuen zur Reliquie der Legion: Eine Holzhand in einem wertvollen Schrein. Es ist die gut konservierte Prothese des Capitaine Danjou. Am 30. April 1863 verteidigte er mit neunundsechzig Legionären die Hazienda von Camerone auf dem Weg zwischen Vera Cruz und Mexico City gegen eine Streitmacht des Benito Juarez von über 2000 Mann. Nur vier Legionäre überlebten den Kampf, der einundzwanzig Stunden dauerte.

Camerone wurde zum magischen Datum der Legion. Sie schlug später ungleich blutigere Schlachten. Aber die Erinnerung an das Blutbad in der Hazienda unter der heißen Sonne Mexikos wurde zum Mirakel. Am nächsten 30. April werden es auch die Neuen wieder erleben. Sie lauschen dann dem langsamen, feierlichen Bericht über den Verzweiflungskampf, sie sehen die zerstörte Hazienda, riechen den Pulverkampf, der in Schwaden über der ausgedörrten Erde hängt, hören das Hufegetrappel der mexikanischen Kavallerie und die bis zum Schluß exakten Salven der Legionäre. Ganz ohne Pathos sagt der Adjutantchef im Museum unter den Standarten der alten Regimenter: »Spätestens dann wird es euch aufgehen, daß ihr einem Korps angehört, das in der ganzen Welt nicht seinesgleichen hat«.

Zunächst erleben die Ausgesiebten beim Lehrregiment in Castelnaudry in Südfrankreich, daß die Legion nicht nur ihre Traditionen eifersüchtig hütet. Sie behielt ihren harten Ehrenkodex, ihren unbarmherzigen Schliff und ihre eigenen Regeln militärischer Existenz im zwanzigsten Jahrhundert bei. Vier Monate lang müssen sie durch die gefürchteten Schleifmühlen der Elitetruppe. Gepäckmärsche bis zu vierzig Kilometer, jeden Tag in voller Kampfausrüstung mehrmals über die »Indochina-Bahn«, eine von Generationen hartgesottener Legionsausbilder ausgetüftelte Hindernisstrecke mit Leitern, Steilwänden, Morastpassagen und Stacheldrahtbarrieren. Jeder fünfte Legionsrekrut mustert in dieser Zeit wieder ab. Sagt der Legionär aus Westfalen: »Hier im Urwald erscheinen die vier Monate Grundausbildung wie eine sportliche Urlaubsbetätigung. Die Hitze, das Ungeziefer, die ewig nassen Klamotten, nicht ein Funken Zivilisation und dazu ein Programm, gegen das die Rangerausbildung der Bundeswehr ein Freizeitvergnügen für Insassen eines Altersheims ist, ersticken jede Erinnerung an frühere Zeiten. Es gilt nur eines: Schaffst du den nächsten Auftrag? Manchmal kommt es mir vor, als wäre ich schon hundert Jahre weg von Europa.«

Später beim 3. Regiment in Guayana ist die Flußdurchquerung nur der Anfang des Dschungeltrainings. Jedes Tagesprogramm ist genau festgelegt: etwa das Aufspüren von Fallen. Sogar den inzwischen abgebrühten Legionären graust es vor dieser Suchaktion im dichten Lianengewirr. Jeder Millimeter Boden muß betastet werden. Unter Laubhaufen lauern Gruben mit vergifteten Bambusspitzen. Oder an einem Gebüsch ist fast unsichtbar eine Seidenschnur angebracht. Wird sie versehentlich berührt, rauscht aus den Laubkronen ein mit Stahlspitzen gespickter Buschen, vergleichbar dem Morgenstern mittelalterlicher Heere. Nächster Punkt ist das Robben durch unterirdische Kanalsysteme, in die sich Guerillas verschanzten, das Entlangschleichen auf Lianenleitern in den Wipfeln der gigantischen Urwaldbäume und das Zielschießen auf Attrappen, die plötzlich aus dem Dämmer auftauchen. Von der Knallerei auf Pappfiguren hält Capitaine Lallemand allerdings wenig: »Wichtiger ist es, daß die Legionäre Affen, Tapire oder einen Kaiman treffen. Das hat außerdem den Vorteil, daß das Abendessen nicht nur aus Dosenkost besteht.«

Am Ende des Lehrgangs werden jeweils fünf Legionäre zusammengefaßt. Sie müssen über eine Entfernung bis zu zweihundert Kilometer den nächsten fixierten Punkt im Urwald genau erreichen. »Kämpfen im Urwald ist wichtig«, betont Capitaine Lallemand. »Noch vorrangiger ist das Zurechtfinden. Die Topographie hat Vorrang vor dem Schießen.«

Abends kreisen die Rotweinflaschen am Lagerfeuer. Die Legionäre singen die alten schwermütigen Lieder, die von längst vergangenen Kriegen in der algerischen Sahara oder in den Gebirgsmassiven der marokkanischen Rif-Kabylen handeln. Dann wird die Magie des anachronistischen Männerordens der Fremdenlegion sichtbar. »Jeder Mann sucht doch einmal nach der letzten, unbekannten Grenze«, sagt der Legionär aus Westfalen. »Hier fand ich sie.«

Am Tisch aus Lianen sitzen neben dem Capitaine der deutsche Adjutantchef, der Sergeantchef aus der italienischen Hafenstadt Bari und der Sergeant aus dem jugoslawischen Maribor. Der nächste Tagesplan wird besprochen. Dazu ein bißchen Armeetratsch. Als wir zu unseren Hängematten gehen und die Papageien in der Nacht kreischen, sagt der Urwaldkenner Lallemand so ganz nebenbei: »Angehörige aus einem halben Dutzend Nationen saßen jetzt am Tisch. Und trotzdem war jeder von ihnen vor allem Legionär. Dafür gibt es auf der ganzen Welt kein anderes Beispiel.«

Der schmalgesichtige Capitaine mit den hellen Augen weiß über Augustinus und Pascal ebenso profund zu diskutieren, wie über die neuesten internationalen Militärtheorien. Seine Abkommandierung zum Generalstab in Paris steht bevor. Der zähe Dschungelexperte mit dem präzisen Fachwissen wird bald in der Hierarchie aufsteigen. Die Legion ist auch heute noch die erste sichere Stufe zu höheren Kommandos.

Das Flüsselabyrinth des Dschungels ist nur mit Pirogen, den Schmalbooten der Urwaldindianer, zu durchqueren, die akrobatische Fähigkeiten verlangen. Die Legionäre sind ständig mit dem Austrimmen beschäftigt. Nur wenn der bullige Außenbordmotor auf vollen Touren läuft, zischt die Piroge mit der Last einer Kommando-Einheit und einigen Kühltruhen, vollgestopft mit Bier und Wein, wie ein Pfeil durch das hell schäumende Gewässer. Aber schon nach wenigen Sekunden verlaufen sich die durch die Schiffsschraube erzeugten Wellen. Ins Wasser gestürzte Baumstämme verhindern in der Regel, daß Vollgas gegeben werden kann. Dann gibt es keine Kühlung. Zögernd sucht sich das Boot eine Durchfahrt. Die Hitze verwandelt die Bambusstämme und Palmen in sich zerfasernde violette Obelisken. Der Motor knattert leise. Sein Geräusch wird übertönt vom Schrei der Vögel und dem Summen giftiger Insekten. Manchmal tauchen die verfallenen Hütten von Goldgräbern auf. Oder die Pfahlbauten eines Indiostammes, Palmhütten auf angefressenen, grünlichen Stangen. »Einige meiner schönsten Träume mußte ich begraben«, gestand Patrick Lallemand. »Ich wollte einen der Indianerstämme finden, die noch immer in der Steinzeit leben. In jeder Kneipe in Cayenne ist von ihnen die Rede. Gescheiterte Goldgräber und Abenteurer erzählen von ihnen die phantastischsten Geschichten. Nach der zweiten Fahrt war mir klar, es gibt keinen dieser Stämme. Alle leben an den Flußufern. Keiner zog sich in den Urwald zurück. Zu gering sind dort die Überlebenschancen. Wir haben auch nicht die Dörfer der Buschneger gefunden, die sich an abgelegene Urwaldflüsse zurückzogen, um dort in einem blutigen Voudou-Kult Menschenopfer zu bringen.« Rivalitäten und Krankheiten rotteten diese Anhänger grausamer Rituale aus. Opfersteine zwischen Hütten, die längst von Lianen überwuchert wurden, erinnern an die Zeremonien mit geschlachteten Menschen. Tropenblumen wachsen über dem schwärzlichen Gerinnsel.

Ganz oben am Okopi-Fluß, jenseits der großen Schnellen, erhielten die Legionäre mit den Pirogen einen überraschenden Kampfauftrag: Sie sichern den Übergang der Wayapi-Indianer von der brasilianischen Grenze. Die Indianer flüchteten vor Gangstern, die sich an der Transamazonica einnisteten und die einheimischen Stämme terrorisieren. »Bei uns ist genügend Platz für diese Indios, die ihre Identität behalten wollen, und die sich gegen den Sog der Zivilisation wehren«, sagt Lallemand. Doch die Stammesrituale der Wayapis lassen sogar die abgebrühten Legionäre frösteln. Jedem Jugendlichen, der das Mannesalter erreicht, wird ein riesiges Geflecht aus Gras auf Gesicht, Brust und Bauch gedrückt. Es ist angefüllt mit schwarzen Ameisen. Zu Hunderten spritzen sie ihr Gift ein, das wie feurige Kohlen brennt.

Nach Tagen des Treibens in verwinkelten Urwaldflüssen tauchen am Horizont dunkle bizarre Vulkankegel auf: Das Tumac-Humacgebirge. »Angeblich soll sich dort die legendäre Goldstadt Manoa mit riesigen Tempeln, Burgen und Palästen befinden«, erzählt Eldorado-Sucher Capitaine Lallemand. »Wir fanden keine Ruinen, nur eine längst verlassene Goldgräbersiedlung und Berge zerbrochener Brandyflaschen.« Es fand sich auch keine Spur von dem Völkerkundler Raymond Maufrais, der das Gebirgsmassiv wissenschaftlich erschließen wollte. Nur das von Ameisen fast ganz zerfressene Tagebuch stöberten die Legionäre auf. Es war kaum noch zu entziffern. Eine der letzten erkennbaren Eintragungen lautete: »Ich habe das Blut eines erlegten Krokodils getrunken. Ich fühle mich wieder besser.«

»Abenteuer spielt bei den Aufträgen unseres Regiments natürlich mit«, sagt Colonel Fouques-Dupaz, der Kommandeur des 3. Fremdenregiments im Camp-Forget, einem ausgedehnten Gelände mit Kasernen, Tennisplätzen, Swimmingpools und Kasinos am Rand der Raketenstadt Kourou. »Unser Operationsgebiet ist eine der letzten unerforschten Regionen dieser Erde.« Doch er läßt keinen Zweifel: »Der Dschungelkampf ist unsere Aufgabe, nicht der Nervenkitzel auf der Fährte verschollener Forscher. Unser Regiment kann innerhalb von zwei Stunden im Urwald verschwinden und dort sechs Monate lang ohne Nachschub operieren.«

Ersten Kriegsruhm holte sich das 3. Regiment im Ersten Weltkrieg vor Verdun. Damals kämpften in seinen Reihen Legionäre so unterschiedlicher Herkunft wie der spätere Erfolgskomponist Cole Porter und der Kriegsminister der Chruschtschow-Ära, Marschall Rodion Malinowski. Colonel Fouques-Dupaz, ein nüchterner und doch kämpferischer Planer mit dem selbstbewußten Auftreten eines Condottiere, sieht die Aufgaben seines Regiments zu Beginn der achtziger Jahre vor dem Hintergrund neuer Konflikte in der Dritten Welt: »Sie werden sich auch im Urwald abspielen.«

Die Feuertaufe

Am Morgen des 10. März 1831 war der Bürgerkönig Louis Philippe schlecht gelaunt. Der wohlbeleibte Monarch hatte unruhig geschlafen. »Die Entenpastete der Gräfin Tonel war viel zu fett«, klagte er dem zum Rapport erschienenen Marschall Nicolas Jean Soult. »Die Gräfin sollte ihren Lieferanten wechseln.« Der Marschall nickte beflissen. »Außerdem haben mir die Kapuzinerpriore aus Lille, Nancy, Belfort, Lyon und Grenoble geschrieben und jedesmal die gleiche Klage: Ihre Klöster schaffen es nicht mehr, die täglich zu Hunderten kommenden Flüchtlinge aus allen Teilen Europas zu verpflegen. Sie bitten um baldige Abhilfe.« Unschlüssig wühlte der Bürgerkönig in den Papieren: »Die Polizeipräfekten berichten ebenfalls, daß ihre Gefängnisse vom fahrenden Volk aus aller Herren Länder überfüllt sind. Es häufen sich die Diebstähle und die Schlägereien. Sie sprechen bereits von einer Gefahr für unseren Staat.«

Marschall Soult war ein braver Laufbahnmilitär. Er exponierte sich selten durch eigene Ideen. Er hatte nur wenige siegreiche Schlachten geschlagen. Über Garnisonsposten diente er sich empor. Etwas aufgedunsen wie sein König, konnte auch die vom ersten Herrenschneider Paris' gefertigte Uniform nicht ganz die Fettwülste des Marschalls verdecken. Der Mißmut des Monarchen veranlaßte den sonst so vorsichtigen Soult zu einem Vorschlag: »Das sind doch alles alte Soldaten. Alle Armeen in Europa haben in den letzten Jahren abgerüstet. Die alten Kriegsgurgeln sind brotlos geworden. Sie können nur eines: Kämpfen und sterben. Wir haben doch den Krieg in Nordafrika. Er ist unpopulär. Täglich bringt die Presse negative Berichte. Die Wehrpflichtigen gehen nur unwillig auf die Truppentransporter nach Algier. Warum bilden wir aus diesen heimatlosen, fremden Soldaten nicht eine Truppe. Sie kann dort drüben auf dem anderen Mittelmeerufer verbluten und keine Zeitung in Paris wird darüber auch nur ein Wort verlieren. Wir können unsere Wehrpflichtigen schonen und unsere Straßen sind wieder frei von diesem Gelichter.«

Der durch die Bürgerrevolte vom Juli 1830 gegen den Bourbonen-König Karl X. an die Macht gekommene ehemalige Herzog von Orleans war kein Mann rascher Entschlüsse. Aber die Idee des Marschalls Soult begeisterte ihn. »Das ist die Lösung. Wir stellen Fremdenregimenter auf und schicken sie nach Nordafrika.« Schon zur Nachmittagsaudienz legte der Marschall eine aus vier Artikeln bestehende Verordnung vor, die König Louis-Philippe sofort signierte. Sie begann mit den Worten: »Wir haben befohlen und befehlen Nachstehendes: 1. Artikel: Es wird eine aus Fremden bestehende Legion aufgestellt.«

»Wer soll denn diesen wilden Haufen kommandieren?« erkundigte sich der König, nachdem er das Dekret unterschrieben hatte. Der katzbukkelnde Marschall hatte sich auch auf diese Frage vorbereitet: »Der alte Obrist Stoffel bittet wieder um Reaktivierung. Für unsere reguläre Armee ist er unbrauchbar. Für die neuen Söldner wäre er ideal.« Munter geworden lachte Louis-Philippe: »Prächtig, mein lieber Marschall, lassen Sie den Stoffel morgen kommen und übergeben Sie ihm das Kommando. In einem halben Jahr muß die Truppe stehen. Kommen Sie heute zu mir zum Diner. Es wird nicht die schreckliche Pastete der Gräfin Tonel geben.«

Für zehn Uhr hatte Marschall Soult den Baron Christoph Anton Jakob von Stoffel in das Kriegsministerium an der Rue Dominique bestellt. Seit 1807 diente der hochgewachsene, schlanke und weißhaarige Schweizer aus St. Gallen in Frankreichs Armee. Drei Jahrhunderte lang waren die Stoffels immer Kriegsunternehmer und Söldner gewesen. Je nach gebotenem Sold wechselten sie die Kriegslager. Sie kämpften für die kaiserlichen Armeen der Habsburger, auf der Seite des Franzosenkönigs Franz I. und für die Venezianer. Im Dreißigjährigen Krieg kommandierten die Stoffels das Regiment des Fürstbischofs von St. Gallen. Es focht bis zum Frieden von Münster auf der Seite der Katholischen Liga. Danach befehligten die späteren Landsknechtsführer Stoffel das Regiment bei dem Feldzug der Venezianer auf dem Peloponnes, im Spanischen Erbfolgekrieg stand es auf französischer Seite und wurde von Moritz von Sachsen nach der Schlacht von Fontenay lobend erwähnt. Die St. Galler mußten im kaiserlichen Reichsaufgebot während des Siebenjährigen Kriegs einige Schlappen einstecken. Neu aufgestellt kam das Regiment nach dem Frieden von Hubertusburg 1764 in die Dienste der Krone Spaniens.

Christoph Anton Jakob von Stoffel wurde am 19. April 1780 in Madrid geboren. Friedrich der Große lebte noch, Napoleon ging auf die Artillerieschule von Namur. Bereits im Alter von zwölf Jahren trat Stoffel am 18. Juli 1792 in das von seinem Vater kommandierte Regiment des Fürstbischofs ein. Ein Jahr später war er Unterleutnant und anerkannter Erbfolger als Regimentsinhaber. Doch der eintönige Garnisonsdienst für die Krone Spaniens behagte dem Militärerben nicht. Auf ein väterlich mahnendes Schreiben des Fürstbischofs aus dem fernen St. Gallen, das er nie in seinem Leben sehen sollte, antwortete er knapp: »Ich will nicht als Drillmeister verkommen.«

Gerade diese Gabe erwartete aber Marschall Soult von seinem neuen Kommandeur der geplanten Fremdenlegion. Dem ergrauten Haudegen bedeutete er: »Sie haben fünf bis sechs Bataillone aufzustellen, die für den Kampf unter extremsten Bedingungen geeignet sein müssen. Die künfti-

19

gen Legionäre werden sich aus Gelichter zusammensetzen, das in Asylen und Spelunken geworben werden muß. Sie sind nur mit äußerster Härte zu disziplinieren.« Colonel Stoffel lächelte lässig: »Mit uniformierten Halunken habe ich es Zeit meines Lebens zu tun gehabt.«

Gegen den Rat des Vaters und entgegen der Bitte des St. Galler Fürstbischofs war er 1808 in das Schweizer Regiment Reding der Armee Napoleons eingetreten. Obwohl Bonapartes Kriegsminister Carnot das Volksheer ausgerufen hatte, existierten einige Fremdenregimenter weiter. Sie waren letzte Reste einer großen Söldnertradition. Unter Ludwig XIV., dem Sonnenkönig, war Moritz von Sachsen als Marschall von Frankreich der genialste Stratege. Weit über die Hälfte aller Regimenter bestand aus Fremden. Regimenter aus der Schweiz standen an der Spitze. Unter dem Lilienbanner der Bourbonen dienten aber auch Regimenter der Kurfürsten von Bayern und Sachsen, der Markgrafen von Baden und der Landgrafen von Hessen-Kassel. Sie gingen alle mit dem Ancien-Regime der Könige von Frankreich unter. Die Überlebenden kehrten zu ihren neu organisierten Nationalarmeen zurück. Nur die Schweizer überstanden die Säuberungen des Revolutions-Direktoriums und marschierten mit drei Regimentern wieder in den Kolonnen Napoleons.

In den Jahren zwischen 1807 und 1815 avancierte Stoffel im 3. Regiment vom Leutnant zum Major. Er machte die Feldzüge gegen Österreich, Preußen sowie Rußland mit und erlebte im spanischen Feldzug von 1810 erstmals den Einsatz von Partisanen. In der Schlacht von Waterloo wurde sein Regiment fast vollständig vernichtet. Nach dem Zerfall der napoleonischen Heere ging der alte Reisläufer Stoffel nach Portugal, bekam ein Regiment in Brasilien und bezog mit ihm Stellung an der Grenze des damals noch unerforschten Matto Grosso. 1830, als er von der Eroberung Algiers durch ein französisches Expeditionskorps hörte, kehrte er nach Paris zurück.

»Wie heiß war es dort am Matto Grosso« erkundigte sich Marschall Soult. Colonel Stoffel antwortete: »Selten unter 35 Grad.« Das überzeugte den höchsten Militär des Bürgerkönigs: »Sie wissen also, wie man Soldaten durch die größte Hitze jagen kann.« Die Malaria plagte Stoffel. Er fühlte sich schwach. Nur mühsam hielt er die stramme Haltung vor dem Marschall durch. Am Morgen hatte er sich leicht geschminkt, um seiner gelblichen Haut ein frisches Aussehen zu verleihen. Er brauchte die Anstellung, denn er stand vor dem wirtschaftlichen Ruin, weil er seine Ersparnisse falsch angelegt hatte. In der schäbigen Pension im neuen Viertel des Montparnasse war er der Wirtin bereits die Miete für drei Wochen schuldig geblieben. König Louis Philippes spontaner Entschluß, eine Fremdenlegion aufzustellen, war seine Rettung. Kurz zuvor hatte ihm der Fürstbischof von St. Gallen kühl geschrieben: »Die Zeit der Vermietung von Soldaten ist endgültig vorüber. Suchen Sie sich, lieber Baron, einen bürgerlichen Beruf.«

Bereits in den nächsten Tagen wurden Tausende von Handzetteln gedruckt. Sie enthielten die Bekanntmachung des Königs und den Hinweis auf die Rekrutierungsstellen in Bar le Duc, Auxerre, Agen und Chaumont. Zu Tausenden kam das Schwemmgut der Armeen der Ära Napoleons. Sogar den alten Söldneroffizier von Stoffel überfiel ein leichtes Grauen, als er die ersten Legionäre auf dem Exerzierfeld von Bar le Duc sah. Aprilschauer hatten es in ein Schlammfeld verwandelt. Darauf standen einige Dutzend Behelfshütten. Aus ihnen krochen zerlumpte Gestalten hervor, betrunken und unfähig, Haltung anzunehmen. Die Legionäre hatten ihr erstes Handgeld sofort in den nahen Kneipen durchgebracht.

Colonel Stoffel griff hart durch. Einige Legionäre, die Frauen vergewaltigt und Läden ausgeplündert hatten, wurden standrechtlich erschossen. Dann legte er einen strengen Tagesplan fest: Um sechs Uhr morgens Wecken, dann Frühappell, nach dem Frühstück Formalexerzieren, anschließend Gefechtsschießen.

Unter den zwielichtigen Figuren hatte Colonel Stoffel sofort einige Sergeanten der alten Regimenter entdeckt. Sie beauftragte er mit der Aufsicht über die Neugeworbenen. Es trafen auch die ersten Offiziere ein. In den Rekrutierungslagern ging es trotz erster militärischer Übungen bunt wie auf einem Jahrmarkt zu. Bis aus Paris kamen die Prostituierten, grell geschminkte Liebesdienerinnen der billigsten Preisklasse. Geschäftstüchtige Wirte karrten an den Rand der Lager riesige Weinfässer, pflockten davor einige Tische und Bänke ein. Bis weit nach Mitternacht waren deutsche, polnische, schwedische und holländische Gesänge zu hören. Und die neuen Legionäre phantasierten in ihrem Suff von afrikanischen Abenteuern, von der Erstürmung von Sultanspalästen samt Harem mit mandeläugigen Schönheiten, von der Entdeckung geheimnisumwitterter Goldminen in den Bergen der Berber und orientalischen Gelagen.

Schon im Oktober 1831 standen sieben Bataillone: Altgediente aus dem berühmten deutschen Hohenlohe-Regiment, Schweizer, Polen, Holländer, Belgier, Spanier und Franzosen, die sich aber als Luxemburger einschreiben mußten – eine echte Legion der Fremden. Für die Reise nach Algier erhielten die Angeworbenen mottenzerfressene, modrige Uniformen aus den Lagern der »Grande Armée« Napoleons. Sie waren noch für den Rußlandfeldzug geschneidert worden und zu spät zur Truppe gekommen. Allein der Tschako war dreißig Zentimeter hoch und fünf Kilo schwer. Der blaue Waffenrock war aus dicker Wolle, dazu die roten Hosen, von denen sich Frankreichs Generalstab erst 1915 nach den übermäßigen Verlusten der Materialschlachten an der Somme trennte.

Sichtlich angewidert betrachtete der Gouverneur von Algier, General Savary, Herzog von Rovigo, die merkwürdige Truppe, die in allen Sprachen Europas fluchend an der Kaimauer Aufstellung nahm. Colonel Stoffel bedeutete er: »Diese Kerle sind eine Zumutung. Am liebsten würde ich sie sofort ins Gefängnis stecken. Leider hat mir der Sultan nicht die entsprechenden Räumlichkeiten hinterlassen.« Als Ersatz wies General Savary der Legion ein mörderisches Sumpfgebiet zwischen den Ortschaften Boufarik und Duala zu. Dort sollen sie eine Straße bauen. Zehn Stunden am Tag schufteten die Legionäre. Bis zum Oberkörper standen sie im schwärzlichen Wasser, über dem Myriaden von Moskitos tanzten. Bereits nach fünf Wochen war die Trasse vorbereitet und der sumpfige Untergrund aufgeschüttet. Als General Savary zur Inspektion kam, bekannte der Chef seiner Pioniertruppe: »Daran hätten meine Leute zwei Jahre lang gearbeitet.«

Aber die Legionäre bauten nicht nur eine Straße über den sumpfigen Untergrund. Sie legten eine Pappelallee an, gruben vier Brunnen für die damaligen Karawanen aus und bauten zwei Rasthäuser. Heute rollen die T62-Kampfpanzer der algerischen Volksarmee aus dem nahen Stützpunkt Boufarik über die schattige Allee. Auf den verwitterten Markierungssteinen steht noch immer: Straße der Fremdenlegion.

Später baute die Legion Tausende von Kilometern Straßen. So die berüchtigte Rue Coloniale Nr. 4 von der chinesischen Grenze über Lang-Son bis nach Hanoi. Auf ihr führte zuletzt 1980 Chinas »Volksbefreiungsarmee« einen Vergeltungsschlag gegen die Divisionen des General Giap.

Oberst Stoffel war bei den Bauarbeiten allgegenwärtig. Er visitierte die Truppe aber nicht, um sie in ihrem Arbeitstempo anzuspornen, denn die Legionäre schufteten ohne Murren. Sobald sich jedoch eine Gruppe des deutschen Bataillons dem der Polen oder Spanier näherte, kam es zu schweren Schlägereien. Mit drakonischen Strafen beendete Colonel Stoffel die blutigen Fehden und Eifersüchteleien. In einem Rapport an Marschall Soult bekannte der Legionskommandeur: »Es war ein Fehler, nationale Bataillons aufzustellen. Die Fremden hätten sofort in gemischten Einheiten aufgestellt werden müssen.« Erst zehn Jahre später sollte das Kriegsministerium in Paris den Rat des alten Routiniers befolgen.

Anfang Januar 1833 häuften sich beim Oberkommando in Algier die Schreckensmeldungen. Außenposten der Armee an den Zugängen zur Kabylei und dem Atlas von Blida wurden überfallen. Schrecklich verstümmelt wurden die Soldaten an den Fahnenmasten aufgehängt. Bald erkannten die Offiziere des Generalstabsdienstes, daß dies keine sporadischen Übergriffe räuberischer Nomaden waren, sondern daß dahinter ein ausgeklügelter Feldzugsplan stand. Der Urheber war bald ausgemacht: Ein hagerer, hochgewachsener Berber mit hellen blauen Augen und rötlichen Haaren, Abd el-Kader. Er zog durch die Zeltdörfer der Flissa und Ben Zamoun und betete gegen die Eroberer unten in der Ebene am Meer. Er berichtete, wie die Ungläubigen mit den roten Hosen die Moschee in Algier in eine Kathedrale verwandelt hätten, wie sie immer weiter in das Land vorstießen, die Weidegründe wegnähmen und die Bewohner zu Knechten erniedrigten.

Abd el-Kader hatte nie eine Kriegsakademie besucht, jedoch bereits nach wenigen Wochen eine Streitmacht von 20 000 Mann um sich gesammelt. Sie war vorzüglich organisiert. Sergeant Herbillon vom 14. Linienregiment berichtete als einziger Überlebender eines Forts in den Bergen von Mitjda: »Zuerst kam eine Patrouille lautlos angeschlichen und über-

wältigte unsere Posten. Dann war plötzlich die Nacht erfüllt von Hufegetrappel. Zu Hunderten preschten die Berber auf ihren Schimmeln heran,
die kurzen Karabiner im Anschlag. Jeder Schuß saß.«

Für den Herzog von Rovigo in den Luxusgemächern des ehemaligen
türkischen Sultans kam die Offensive überraschend. Bisher war der algerische Feldzug ohne größeren Widerstand der türkischen Barbaresken in
Algier vorangekommen. Zehn Jahre lang hatte man an seinen Vorbereitungen gearbeitet. Er war auch notwendig geworden, denn die Piraten-
schiffe, die immer wieder Unterschlupf in den algerischen Häfen fanden,
hatten jährlich Handelsschiffe der Europäer im Wert von 24 Millionen
Gold-Franc gekapert. Bereits Napoleon hatte einen Kundschafter ausge-
sandt, um den günstigsten Platz für eine Landung im Umkreis der Stadt
Algier herauszufinden.

Über Konstantinopel schlich sich, verkleidet als griechischer Kaufmann, Major Baoutin in die Stadt; schon nach wenigen Monaten erkannte
er, daß ein Direktangriff auf die Kasbah kaum durchzuführen sei, die mit
schweren Batterien bestückt war. Aber nur 25 Kilometer entfernt, bei der
Ortschaft Sidi Ferruch, entdeckte er die entscheidende Lücke. Der breite
Sandstrand war ideal für eine amphibische Landung. Und es gab keine Befestigungen, keine Kanonen. Unter dem Kommando des Marschall Bourmont gingen hier am 4. Juli 1830 ein Pionierkommando der ersten Linie
mit 1311 Mann an Land, gefolgt von 2333 Artilleristen mit dreiundachtzig
schweren und einhundertneun leichten Kanonen und dreißig Infanteristen. Von See her eröffnete ein Flottenverband unter Admiral Duperre das
Feuer auf die wie eine weiße Fata Morgana aufragende Kasbah von Algier.
Zur gleichen Zeit rückte aus Sidi Ferruch das unbemerkt gebliebene Expeditionskorps an. Schon nach dem ersten Schußwechsel kapitulierten die
überraschten Posten am Stadtrand. Der aus dem Schlaf gerissene türkische
Statthalter flüchtete in seinen Nachtgewändern auf einen zufällig bereit-
stehenden Piratensegler.

Am 5. Juli hißten die letzten Widerstandsnester in der Kasbah die weiße
Flagge. Auf der Uferstraße paradierten die Kolonnen des Marschall de
Bourmont. Sie skandierten immer wieder den Siegesruf »Algier, Algier«.
Danach war der Feldzug zu Ende. Im Umkreis von hundert Kilometern
entstanden Außenposten. Doch das Expeditionskorps wurde in den nächsten Monaten auf 11 000 Mann reduziert. Die Pariser Blätter hatten eine
Kampagne gegen das Algier-Abenteuer begonnen. Marschall de Bourmont mußte seine ehrgeizigen Pläne aufgeben, in einer Großoffensive bis
zur Sahara vorzustoßen.

Erst das Auftauchen der roten Reiter des Abd el-Kader brachte die
Wende. Sie waren die Elitetruppe des neuen »Sultans«, ein Titel, den ihm
die Stämme im Atlas von Blida verliehen hatten. Für General Desmichels
blieb der neue Prophet des »Heiligen Kriegs« ein Phantom. In seinem
Hauptquartier zur Algier häuften sich nur die Verlustmeldungen. Bis in
die Vororte stießen die roten Reiter vor, massakrierten Polizei- und Mili-
tärposten und verschwanden wieder spurlos. Mehr als fünfzehn bis zwan-

zig Bewaffnete tauchten nie auf. Hundert Jahre vor Mao und seinen Guerilla-Leitsätzen handelten die Reiter Abd el-Kaders mit den langläufigen Gewehren nach der Maxime, daß sich der Kämpfer des subversiven Kriegs wie der Fisch im Wasser zu bewegen habe. Die Scharmützel dauerten nie länger als eine Viertelstunde. Aber sie wurden mit höchster Feuerkraft geführt. »Dann verschwanden sie«, so berichteten die meist geschockten oder verwundeten Überlebenden, »wie vom Erdboden verschluckt.« Außerdem erwiesen sich die Krieger des »Sultans« als Virtuosen des Hinterhalts. Sie nutzten jede Biegung eines ausgetrockneten Flusses oder die verwinkelten Grotten der Gebirge, um eine Armeekolonne einzukreisen und aufzureiben. Klagte General Desmichels in einer Denkschrift an das Kriegsministerium in Paris: »Die Moral der Truppe ist bald auf dem Nullpunkt angelangt. Wir haben es mit einem Gegner zu tun, der uns immer größere Verluste zufügt und der trotzdem meistens so unsichtbar bleibt, als handle es sich nur um Hirngespinste.«

Abd el-Kaders Parole hieß: Allah. Aus den wenigen Aussagen von Nomadenstämmen, die auch in die Nähe von Algier kamen, erfuhr die Abwehr von General Desmichels nur Bruchstückhaftes: Der »Sultan« ist ein militärisches Genie. Er machte in wenigen Monaten aus ungebärdigen Nomadenkriegern, die nur an gelegentlichen Raubzügen interessiert sind, disziplinierte Reitersoldaten. So berichtete Ben Ghabrit, Chef eines Beduinenstammes der Flissa mit neun Sippen: »Abd el-Kader ist ein Magier. Er braucht sich nur auf eine Rednertribüne zu stellen, dann geraten die Weiber in Ekstase. Wie in Trance führen sie Tänze auf, und die Gesänge gelten ihm als dem Boten Allahs, dem neuen Propheten. Stammesobere, die wie Könige residieren, unterwerfen sich dem Spruch Abd el-Kaders. Allein seine Augen genügen, um jeden Zweifler zum Verstummen zu bringen. Manchmal dauern seine Reden vier bis fünf Stunden. Aber dann ist außer Applaus nichts zu hören. Es ist, als würde er die Volksmassen allein durch sein Wort in den Zustand eines Drogenrausches versetzen.«

Entnervt über die Serie der Niederlagen erinnerte sich General Desmichels der Legions-Bataillone in den Sümpfen von Boufarik. Vor Monaten hatte er eine Denkschrift des neuen Legions-Kommandeurs Colonel Joseph Conrad erhalten. Der korpulente, cholerische alte Haudegen der napoleonischen Kriege hatte fast flehentlich geschrieben: »Bitte, geben Sie mir einen Kriegseinsatz für meine Bataillone. Die Straße ist fertig. Wenn das gegenwärtige Nichtstun weitergeht, kann ich für nichts mehr garantieren. Dann werden meine Legionäre ihren privaten Feldzug beginnen. Er ist dann gewiß nichts anderes als ein schreckliches Blutbad.«

Am steigenden Mißmut der beschäftigungslosen Legionäre war bereits Colonel Stoffel verzweifelt. Er hatte um vorzeitige Ablösung von seinem Kommando gebeten. Zwei schwere Malaria-Anfälle ließen ihn bis zum Skelett abmagern. Ein gebückter, schlurfender Greis erschien zu den Appellen der Bataillone. Zu lauten Befehlen war er nicht mehr fähig. Der alte Söldnerführer fühlte, daß ihm die Autorität über den wilden Haufen entglitt.

Kennzeichen eines jeden Legionslagers waren riesige Weinfässer im Zentrum. Rings herum Tische und Bänke. Schon am frühen Morgen floß der Rotwein. Obwohl der Sold ganze klägliche zwei Centimes pro Tag betrug, konnten sich die faulenzenden Legionäre Riesenräusche leisten. Der Liter Rotwein kostete nur 0,10 Centimes. Wenn dann der rötliche, heiße Wüstenwind über die Felsspitzen des Atlas von Blida fegte und die Hitze zwischen den Zeltreihen stand, kam der elektrisierende Ruf auf: Avant, avant.

Dann stattete das 1. Bataillon mit den Veteranen des Hohenlohe-Regiments dem 7. Bataillon der Polen eine Visite ab, die mit einer heftigen Schießerei endete. Oder die Spanier des 4. Bataillons fielen über die Holländer des 6. Bataillons her. Am 4. Februar 1832 notierte der Regimentsschreiber: »Zwei Tote durch Sumpffieber, neun Tote durch Cholera, siebzehn Tote durch Schießereien zwischen den Bataillonen.«

Zur Wiederherstellung der Disziplin führte Colonel Stoffel eine Strafe ein, die zwar schon vor dem Ersten Weltkrieg bei der Legion verboten wurde, aber trotzdem bis zum Algerienkrieg (1954 bis 1962) heimlich weiterexistierte: Das Grab. Legionäre, die von einem »Streifzug« gegen ein Nachbarbataillon zurückkamen oder ein nahegelegenes Nomadenzeltlager überfallen und ausgeraubt hatten, mußten sich auf dem Fahnenplatz in einer Reihe aufstellen. Jeder erhielt von einem Caporal Spitzhacke und Schaufel. Dann mußte jeder der Legionäre für sich ein Loch ausheben, so tief, daß er bis zum Hals darin Platz hatte. Steht der Legionär darin, mit bloßem Oberkörper und angewinkelten Armen, wird das Loch wieder mit Sand aufgefüllt und von den Caporalen zugetreten. Wie in einer Presse steht das Opfer, mühsam nach Luft ringend. Je nach Schwere der Strafe muß er im »Grab« acht, vierundzwanzig, aber auch sechsunddreißig Stunden ausharren. Tagsüber prallt die Sonne auf den kahlgeschorenen Schädel. Im Schatten werden 40 Grad gemessen. Nachts kühlt es bis zu Null Grad ab. Der Schweiß verwandelt sich in Eis. Nur noch Röcheln ist zu hören. Einige der Verurteilten wurden ohnmächtig. Zur Wiederbelebung reichten die Sanitäter am Ende der Marter einen Blechbecher Wein. Der Regimentsschreiber zeichnete am 22. März 1832 auf: »Drei bestrafte Legionäre kamen nach sechsunddreißig Stunden aus dem ›Grab‹. Zwei waren tot. Sie wurden noch vor Sonnenuntergang mit allen militärischen Ehren begraben.«

Als Colonel Conrad zum erstenmal eine solche Reihe der Legionäre im »Grab« sah, sagte er knapp: »Keine schlechte Idee, um die Kerle zur Räson zu bringen. Aber als Masseneinrichtung eignet sie sich nicht. Wir müssen die Legionäre ins Gefecht schicken, sie nicht immer tiefer in den Lagerkoller treiben.« Bei der Kommandoübergabe hatten sich die beiden Obristen wenig zu sagen: Colonel Stoffel, der Aristokrat der alten Söldnerarmeen, der aus der Mode gekommene Kriegsunternehmer, und der bürgerliche Abenteurer Colonel Conrad, der noch den Drill der untergegangenen friederizianischen Armee erlebt hatte, markierten einen Umbruch.

Bald hatte Colonel Conrad bei den Legionären den Spitznamen »Der alte Fritz«. Er führte Formaldrill und Gefechtsschießen ein. Erstmals wurden Gepäckmärsche gemacht, zuerst nur zwanzig oder dreißig Kilometer am Tag, dann vierzig bis fünfzig Kilometer. Einer der Caporale, die mit dem Schlagstock die Legionäre antrieben, die hinter der Kolonne zurückblieben, prägte die Legionsdevise der nächsten einhundert Jahre: »Marschier oder krepier.«

Am Abend hockte Conrad mit seinen Legionären um das Weinfaß. Es wurde erzählt und gelogen. Dann mußte der Obrist den staunenden Legionären immer wieder die Geschichte erzählen, wie er als blutjunger Fähnrich in Potsdam, im Todesjahr des »Großen Königs«, den verhutzelten, gichtigen Eremiten von Sansoussi gesehen hatte, der die Parade abnahm und ihm die Hand drückte. Nach dem vierten oder fünften Schoppen aus der Blechgamelle malte er die Begegnung immer weiter aus. Und nach dem zehnten Schoppen will er mit dem großen Friedrich gespeist und geschnupft haben. Doch erst 1788, ein Jahr nach dem Tod des Preußenkönigs, wurde Conrad geboren. Im Jahr 1802 wurde er Kadett. Gelegentlich kam der greise Feldmarschall von Möllendorf, der einstige Page Friedrichs, der als junger Hauptmann des Leibregiments den Friedhof von Leuthen eroberte. Das rüde und doch joviale Kriegsroß des Preußen-Friedrich wurde für Conrad zum Vorbild. Die Affäre mit einer verheirateten Adeligen und ein Duell beendeten seine Karriere in der preußischen Armee. Nach einigen Litern Rotwein wurde bei Conrad aus der adeligen Dame eine königliche Prinzessin, im Vollrausch prahlte er sogar damit, daß ihm die schöne Königin Luise ihre Gunst geschenkt habe.

Die Legionäre rechneten ihm nicht die Widersprüche nach. Sie waren begeistert. Der Colonel, das war ihr Mann. Er beflügelte ihre Träume und Erinnerungen. Wortkarger waren allerdings seine Berichte über seine weiteren Stationen. Um 1809 zog er mit Napoleons »Großer Armee« nach Spanien, nach der Niederlage von Waterloo steht er plötzlich in russischen Diensten. In Petersburg nimmt er seinen Abschied, als das französische Expeditionskorps in Algerien landet. Der Altgediente der napoleonischen Heere bekommt ein Kommando in General Dumoulins 2. Division. Beinahe erleichtert befürwortet der Divisionskommandeur das Versetzungsgesuch des eigenwilligen Eisenfressers zu den Fremdenbataillonen. Der sonst so vornehme General Dumoulins kann sich den Zusatz nicht ersparen: »Da trifft der Colonel Conrad auf Seinesgleichen.«

Bereits nach einem Vierteljahr war der Kriegseinsatz gegen die »Roten Reiter« durchgesetzt. Der von ständigen Niederlagen geplagte Oberkommandierende General Desmichels forderte den Draufgänger auf: »Zeigen Sie, daß die Fremden nicht nur eine Straße bauen und sich gegenseitig abschlachten können, sondern daß sie tatsächlich Soldaten sind.« Freude konnte der Colonel über den ehrenvollen Auftrag auf dem Heimritt zu den Lagern nach Boufarik nicht empfinden. General Desmichels Feldzugsplaner hatten ihm und seinen sieben Bataillonen keinen geringeren Auftrag gegeben, als das Phantom Abd el-Kader ausfindig zu machen, seine Streitmacht so lange in Gefechte zu verwickeln, bis die Hauptstreitmacht für die Entscheidungsschlacht herangerückt war.

An diesem Abend holte der »Alte Fritz« seine Offiziere und die Hauptfeldwebel zusammen. Murrte Colonel Conrad: »Wir haben einen Befehl erhalten, mit dem verglichen das Suchen einer Stecknadel in einem Heuschober noch eine angenehme Aufgabe ist.« Und er fügte hinzu: »Die Herren vom Stab in Algier wissen außer einigen Gerüchten nichts von Abd el-Kader. Wir müssen versuchen, ihn an einer fast sechshundert Kilometer langen Frontlinie zu stellen.«

Als erster meldete sich Capitaine Arnaud-Jacques Leroy zu Wort, ein eleganter Anfangsdreißiger, mit maßgeschneiderter Uniform, einer extravaganten weißen Weste unter dem Uniformrock und dem schmalen Bärtchen eines Dandys. Zuerst wollte der »Alte Fritz« den »Lackaffen«, wie er den Sohn eines belgischen Tuchfabrikanten in einer ersten Reaktion nannte, sofort aus seinem Stab werfen. Nur selten ließ er sich in den eher tristen Legions-Zeltstädten sehen. Er sprach von dienstlichen Besorgungen in Algier. Dort wurde er hauptsächlich in Feinschmeckerrestaurants gesehen, meistens mit den teuersten Kurtisanen, die ihre Salons von Paris zur neuen Afrikaarmee verlegt hatten. Bald war er als »Champagner-Legionär« bekannt. Der Ruf eines Abenteurers und Playboys ging ihm immer voraus. Mit einiger Mühe hatte der Vater die Aufnahme seines jüngsten, mißratenen Sohnes in die französische Offiziersschule St. Cyr durchgesetzt. Als Jahrgangsletzter verließ er den Lehrgang. Das Urteil des merklich verunsicherten Lehrpersonals lautete: »Bei Gefechtsübungen und Sandkastenspielen beeindruckt Leroy durch überraschende und glänzende Ideen. An allen anderen Themen zeigt er absolutes Desinteresse. Sein Benehmen ist arrogant und ohne jede soldatische Disziplin.«

Unterleutnant Leroy kam in ein Linienregiment in der Nähe von Lille. Mit einem kleinen Köfferchen und in Zivil mußte er im Mai 1822 die Kaserne verlassen. Seine Spielschulden hatten schwindelnde Höhen erreicht, die auch der vermögende Vater nicht mehr abdecken konnte. Beinahe täglich sprach beim Regimentskommandeur ein angesehener Bürger Lilles vor, der den Schürzenjäger mit den dekorativen melancholischen Augen bei seiner Ehefrau oder dem bald volljährigen Töchterlein in einer verfänglichen Situation erwischt hatte.

Der geschaßte Unterleutnant kaufte sich mit seinem letzten Geld eine Passage nach Griechenland. In Patras schloß er sich den Aufständischen an und zeichnete sich bei der Belagerung von Modon aus. Als er von der Gründung der Fremdenlegion hörte, kam er über Marseille nach Algier. Zum Offiziersdienst bei den Fremdenbataillonen des Bürgerkönigs drängte sich niemand. Der Dandy und Freiheitskämpfer erhielt ohne Probleme das Patent eines Kompaniechefs. Während des ersten Rundgangs durch die Zeltkasernen der Legion befielen ihn schon erste Zweifel. Sollte er sich nicht doch besser eine reiche Witwe in Paris oder Wien suchen? Dazu kamen die Spannungen mit Colonel Conrad.

Als aber der Kommandeur mit seinem Auftrag aus Algier zurückkam, war der arrogante, skurrile Capitaine Leroy wie umgewandelt. Bis weit nach Mitternacht studierte er jede Einzelheit auf der Generalstabskarte, die noch immer viel zu viele weiße Flecken aufwies. Draußen grölten die Legionäre. Über dem Atlas von Blida zog sich ein Gewitter zusammen. Wie dumpfe Kanonensalven rollte der Donner über die Ebene. Ein Sturzregen setzte ein. Das Wasser klatschte auch in das Zeltinnere, durchnäßte die Karten. Capitaine Leroy nahm das alles nicht zur Kenntnis. Über die Wasserflecken hinweg zeichnete er Schleichwege ein und entwickelte in wenigen Stunden einen perfekten Aufmarschplan: »Wir müssen alles vergessen, was wir auf europäischen Kriegsschulen lernten. Wir stehen einem Gegner gegenüber, der unsere eigene starre Kriegsführung kennt und dem eine eigene Strategie entgegensetzt. Abd el-Kader wartet nur darauf, daß wir jetzt in klassischer Schlachtlinie in das Gebirge marschieren und dort die sogenannte Entscheidungsschlacht suchen. Er würde uns dann scheibchenweise vernichten. Auf seine Strategie müssen wir die gleiche Antwort geben.«

Der Außenseiter mit Partisanenerfahrung bei den griechischen Bombenwerfern rüttelte an den Fundamenten der Kriegsführung, und Colonel Conrad war unschlüssig. Capitaine Leroy forderte: »Für die nächsten Monate müssen wir unsere Bataillone, ja unsere Kompanien vergessen. Wir müssen uns in kleine Gruppen von höchstens zehn Mann auflösen. Mit ihnen sickern wir in die von Abd el-Kader gehaltenen Gebiete ein. Zunächst geht es nur um Aufklärung. Wir müssen endlich wissen, wie groß seine Armee ist, wieviele Kanonen sie hat, wo ihre Depots liegen. Erst wenn wir diese Armee kennen, die bisher nur aus Phantomen bestand, werden wir mit der Feldzugsplanung beginnen können.«

Wie Leroy war auch Conrad immer ein Außenseiter in der Armee geblieben, der unkonventionellen Ideen aufgeschlossener gegenüberstand als die Zöglinge der Militärakademien. Er spürte instinktiv: Das ist der Weg zu einem möglichen Sieg. Gegen drei Uhr morgens befahl er der Ordonanz: »Einige meiner Privatflaschen.« Der Legionskorporal brachte ein halbes Dutzend gut temperierter Bordeaux-Weine. Dröhnte Colonel Conrad: »Das muß gefeiert werden. Jetzt kommen wir dem Emir der ›Roten Reiter‹ auf die Spur.«

Zwei Stunden später, noch im Morgengrauen, brach Capitaine Leroy mit sieben ausgesuchten Legionären auf. Ziemlich übereinstimmend hatten Nomaden berichtet, daß Abd el-Kader dabei sei, eine riesige Zeltstadt bei der Oase Medes aufzubauen, jenseits des Atlas von Blida. Nach vierzehn Stunden Fußmarsch erlebten die Legionäre oben auf dem Paß, wie eisig die Nächte im Gebirge sind. Nebelschwaden waren aufgezogen. Drei der Legionäre kamen aus Tirol. Sie kannten die Tücken der Bergwelt und zeigten den anderen, wie man sich am geschicktesten in der Wolldekke zusammenkrümmt, wie man sich gegen die alles durchdringende afrikanische Kälte durch Einrollen schützt. So ging es eine Woche lang. Manchmal tauchten Kamelreiterpatrouillen auf. Die Legionäre von Capitaine Leroy wichen aus und folgten ihren Spuren, bis sie an den Rand einer weiten Ebene kamen. Leroy, der manchmal schwärmerische Gedichte im Stil der Romantik schrieb, notierte beim Anblick der Wüste und der nichtendenwollenden Zeltreihen: »So mag auch König Salomo durch sein Reich gezogen sein.«

Bei Einbruch der Nacht schlich sich der Spähtrupp in die Zeltstadt von Abd el-Kader. Dabei mußte er zu einer List greifen, um von den Wachen nicht gesehen zu werden. Die Zelte einer Reihe standen zwar weit auseinander, so daß das Durchschleichen einfach zu sein schien. Leroy und die Legionäre erkannten jedoch sofort die Gefahr. Alle zweihundert Meter stand ein Posten mit dem Gewehr im Anschlag, der die schräge Linie bis zur nächsten Zeltreihe bewacht. Die Posten waren staffelförmig angeordnet. Irgendwo in der Finsternis verschwand die Linie der Zelte. Würde der Trupp versuchen, in gerader oder schräger Richtung vorzurobben, käme er sofort in Sichtweite eines der Posten. Er wendete einen Trick an. Geduldig warteten die acht Mann, bis sie einen Posten der ersten Zeltreihe entdeckt hatten. Hundert Meter von diesem Posten schlichen sie sich durch, schlugen sofort eine schräge Richtung ein, zweihundertfünfzig Meter weit, bis zur nächsten Zeltreihe. Dann wieder geradeaus, dann wieder schräg. An der Ausstattung der Zelte erkannten sie jetzt, daß sie sich dem Zentrum näherten. Die Zelte hier waren so groß wie ein mittleres europäisches Wohnhaus, geschmückt mit Brokat- und Seidenstoffen. Auf einem kleinen Schutthügel stand wie ein Schloß das Zelt von Abd el-Kader. Darüber wehte die grüne Fahne des »Heiligen Kriegs«. Rote Reiter der Leibgarde standen Spalier. »Da war kein Herankommen«, berichtete danach Capitaine Leroy. »Die hätten uns schon auf dem weiten Vorplatz wie die Hasen abgeknallt.«

Zu ihrer Überraschung hörten die Legionäre aus einigen Zelten englische Laute. Monate später bei den Kämpfen um die Stadt Makta löste sich das Rätsel: Ein rundlicher Mann mit Glatze und einem gewaltigen rötlichen Schnurrbart wurde gefangengenommen. Als ihn die Legionäre mit Kolbenhieben zum Sammelpunkt trieben, schrie er empört: »Ich bin britischer Offizier.« Dem verblüfften Colonel Conrad stellte sich der Mann im roten Burnus zackig vor: Major Bingham vom 4. Husarenregiment der Royal Army. Zusammen mit drei anderen Offizieren war er aus seiner Garnison Gibraltar desertiert. Die orientalisch bunten Geschichten über Abd el-Kader hatten sie angelockt, die Gerüchte von seinem riesigen Goldschatz und die Chance, in seinen Diensten zum Millionär zu werden. Der Reiterführer engagierte sofort die Briten. Sie sollten seine Nomadenhaufen nach europäischem Muster reorganisieren. »Es war ziemlich schwierig«, bekannte Major Bingham. »Die Stärke der Armee Abd el-Kaders ist ihre Unberechenbarkeit. Immerhin gelang es uns, eine Art Pionierkorps aufzustellen, das Schanzarbeiten durchführt, Stellungen für Geschütze aushebt.«

Bei seiner nächtlichen Erkundung in der Zeltstadt Abd el-Kaders hatte Capitaine Leroy verblüfft über achtzig Geschütze schweren und mittleren Kalibers registriert. Leroy kam zum beklemmenden Fazit: »Der Verkünder des Heiligen Kriegs kann nicht nur einen zermürbenden Kleinkrieg führen. Er ist durchaus in der Lage, sich unseren Truppen zur offenen Feldschlacht zu stellen.« Wieder im Zick-Zack-Kurs entwichen die Späher. Am nächsten Morgen glaubten sie an eine Sinnestäuschung. Die Ebene war wie ausgestorben. Nicht einmal die Brandstellen der Lagerfeuer waren mehr zu sehen. Erst zweihundert Kilometer weiter östlich holte der erschöpfte Spähtrupp die Heerschar Abd el-Kaders wieder ein. Sie hatte sich in den Ausläufern der Kabylei verschanzt. Zurückgekehrt ins Legionshauptquartier machte der in einen struppigen Wüstenkrieger verwandelte einstige Lebemann dem »Alten Fritz« klar: »Wir werden Abd el-Kader nie zur Entscheidungsschlacht zwingen können. Er hat wirklich eine Phantom-Armee. In weniger als einer Stunde steht seine Residenzstadt aus Zelten. Ebenso schnell ist sie wieder verschwunden. Seine Roten Reiter legen am Tag bis zu einhundertfünfzig Kilometer zurück. Sie wissen über jede unserer Truppenbewegungen Bescheid.«

Capitaine Leroys Erkundungsrapport ließ die Generale in Algier aufhorchen. Colonel Conrads Fremdenregiment wurde auf die Fährte der Armee Abd el-Kaders angesetzt. Im Hodna-Gebirge, nahe der Stadt MiSila, geriet das 7. polnische Bataillon in einen Hinterhalt. Es verschanzte sich auf einer Bergkuppe und verteidigte sie drei Tage lang gegen über 10 000 Reiterkrieger, die in immer neuen Wellen mit dem Ruf »Allah ist groß« angriffen. Colonel Conrad kommandierte selbst das 1. deutsche Bataillon der Hohenlohe-Veteranen, das die Polen entsetzen sollte. Im Tross brachte er für die Verteidiger ein Doppelfaß Rotwein mit. Am Lagerfeuer bekannte der abgebrühte Haudegen: »So etwas habe ich mein Leben lang noch nicht gesehen. Bis zu zehn Meter hoch waren die Leichenhaufen der Angreifer. Da kamen die nächsten Wellen nicht mehr drüber.« Antwortete der polnische Chef de Bataillon Sztjpanski karg: »Noch einen Tag länger, dann hätten uns nicht die Kugeln der Angreifer, sondern der Gestank der Toten umgebracht.« Das Polen-Bataillon bekam im Namen des Königs die erste Fahne, dazu Epauletten mit roten Fransen als Kennzeichen einer Elitetruppe. Verblüfft registrierte General Fleury als Chef des Stabes die Siegesmeldungen der Fremden-Bataillone. Am Jahresende 1834 hatten alle Bataillone die begehrten roten Fransen an den Epauletten.

Am Engpaß von Meha Gharboussa widersetzte sich eine kleine Nachhut des 2. Bataillons zweiundsiebzig Stunden Abd el-Kaders Roten Reitern. Als dreißig Geschütze auf den Gebirgspaß geschleppt wurden, um den Verteidigungsriegel zusammenzuschießen, entwichen die Legionäre über Steilwände, die als unpassierbar galten. Die Granaten zerfetzten leere Gräben.

Aus dem Felsnest M'Chouneck am Djebel Djurdjura in der Kabylei konnte Abd el-Kader kurz vor dem Eintreffen der Legionsbataillone flüchten. Aber 4000 Mann blieben in den wie an den Berg geklebten Befestigungen, die als uneinnehmbar galten. Leutnant Wohinz, ein Älpler aus der Steiermark, stellte eine Art Gebirsjägerkompanie zusammen. Mit ihr seilte er sich in einer mondlosen Nacht über die überhängende, fast dreihundert Meter hohe Felsenklippe ab. Im Nahkampf wurden die Wachen überwältigt. Ein Kommando öffnete die Tore der Zwingburg. Drei Stunden dauerte das Gemetzel in den engen, steilen Gassen. Die stinkenden Abwässer füllten sich mit Blut. Dann blies der Bataillons-Trompeter das Signal des Hohenlohe-Regiments: Der Feind ist geschlagen. Reiche Beute teilten die Legionäre unter sich auf: Goldschmuck, Maria-Theresien-Taler, Seidenballen, wertvolle Gewürze, kunstvoll verzierte Flinten, mit Diamanten besetzte Krummschwerter.

Am Lagerfeuer machten Phantasiegeschichten die Runde. Da war die Rede davon, daß Abd el-Kader jeden Legionär wie einen Fürsten aufnimmt, ihm ein eigenes Kommando übergibt und dazu in der Zeltstadt einen Harem mit einem Dutzend mandeläugiger, fülliger Schönheiten. Die meisten Legionäre begnügten sich mit diesen Träumereien, mit der Korbflasche Rotwein am Abend und der Aussicht, beim nächsten Marsch für einige Nächte eine Fatima im feindlichen Lager aufzustöbern.

Ferdinand Glockner aus Salzburg, ein Legionär mit weichen, noch unausgebildeten Gesichtszügen, der stotterte, wenn er erregt war, nahm die Suffgeschichten der Altgedienten für bare Münze. Von der Legion war er enttäuscht. Die florierende elterliche Bäckerei an der Salzach hatte er verlassen nachdem er Schmöcker über arabische Fürsten in Goldpalästen und auf edlen Rennpferden gelesen hatte. Statt auf einem Thron, ausgeschlagen mit den schönsten Orientteppichen, fand er sich des Nachts auf einer elenden Strohpritsche wieder, tagsüber unter der Zucht von Caporalen und Sergeanten mit der Qualifikation von Sklaventreibern, die Marschleistungen bis zu fünfzig Kilometer am Tag erzwangen, und dies mit dem schweren Gewehr und Gepäck, das nahezu fünfzig Kilogramm wog.

Als ein Spähtrupp meldete, Abd el-Kaders Zeltstadt sei nur noch zwanzig Kilometer entfernt, schlich sich Glockner aus dem Legionsposten. Der Empfang im Lager Abd el-Kaders war nun allerdings ernüchternd. Der bartlose Legionär wurde zum Sklaven degradiert, ein homosexueller Stammeschef holte ihn sich in sein Zelt. Abd el-Kader bekam er überhaupt nicht zu Gesicht. Nach sechs Wochen flüchtete Glockner. Legionspatrouillen ging er aus dem Wege und erreichte das Lager des Marbuten Tedjini, eines Rivalen Abd el-Kaders. Dieser belohnte den Überläufer mit zwei sechzehnjährigen Mädchen und dem Kommando über zwanzig Reiter. Aber nach einem Jahr nutzte er ein Scharmützel mit den Truppen Abd el-Kaders, um zu dem einstigen Sklavenhalter zurückzukehren.

Diesmal war der Empfang freundlicher. Anders als beim Marbuten Tedjini bekam er jetzt sechs Frauen und dazu einen Platz im Oberkommando. Glockners Karriere sprach sich bei der Legion herum. Colonel Conrad tobte: »Ich möchte nur wissen, was an diesem halbschwulen Bastard dran ist.« Das fragten sich später die Legionäre immer wieder. Bei der Schlacht um die Oase Tjaret geriet Glockner in die Gefangenschaft der Legion. In ihrer ersten Wut prügelten die Legionäre den prominenten Deserteur fast tot und malten sich schon genüßlich die Todesarten aus, wenn das Kriegsgericht das Todesurteil fällte.

Dann kam der Befehl von General Cacaignac, Glockner nach Algier zu bringen. Ein halbes Jahr lang berichtete er den Abwehroffizieren des Deuxième Bureau alle Details über Organisation und Strategie der Reiterarmee und erwies sich dabei als scharfer Beobachter. Eine solche Fülle von Informationen konnte kein Spähtrupp liefern. Glockner kam vor kein Kriegsgericht. Er durfte unter dem Namen Steger zurück zur Legion. Vier Monate danach desertierte er erneut.

Diesmal wollte er sich zum Sultan von Marokko durchschlagen. Als er sich einige Tage in Tanger aufhielt, ließ ihn der französische Konsul festnehmen. Ein Kriegsgericht verurteilte den Ex-Legionär Steger alias Glockner zum Tode. Der General begnadigte ihn ohne Angabe von Gründen. Zum Sergeant befördert, kam er unter dem Namen Jussuf in eine Reiterabteilung der Spahis. Merkwürdige Nachsicht ließ das französische Oberkommando walten. Abd el-Kader jedoch hatte auf den Abtrünnigen ein Kopfgeld von 10 000 Maria-Theresien-Talern aussetzen lassen. Monatelang folgte ein Sonderkommando der »Roten Reiter« dem als Spahi verkleideten Verräter. Es überwältigte ihn, als er die Wache in der Oase Ain Sefra abschritt. Als das blutige Bündel nur vier Kilometer von der Oase entfernt gefunden wurde, stellte der Truppenarzt fest, daß er mindestens zwölf Stunden lang gefoltert worden war. Zuletzt hatten ihm seine Peiniger bei vollem Bewußtsein die Haut abgeschält. Damit er nicht schreien konnte, hatten sie ihm vorher die Zunge abgeschnitten.

Der Name Glockner durfte bei Colonel Conrad nicht mehr fallen. Es war ein Reizwort, das ihn zu endlosen Flüchen veranlaßte. Doch sonst war er im Frühjahr 1835 optimistisch. Seine Bataillone hatten Abd el-Kaders Truppen schwere Verluste zugefügt. Schon plante er eine große Umfassungsoffensive. Sein Plan war es, das Reiterkorps samt seinem Tross in die Sahara abzudrängen und dort auszuhungern. Während der Vorbereitungen meldete sich bei ihm ein stiernackiger junger Legionär mit nervösen dunklen Augen und dem ersten Ansatz eines Bauches. Der einundzwanzigjährige François-Achille Bazaine machte vorschriftsmäßig Meldung. Die Personalakte war schon vor ihm eingetroffen. Sie las sich wie ein Strafregisterauszug. Zwar hatte er es beim 37. Infanterie-Linien-Regiment in achtzehn Monaten zum Sergeanten gebracht, aber dann hatte er durchgedreht. Er erschien betrunken zum Dienst, zettelte immer wieder Wirtshausraufereien an. Als er seinen Kompaniechef unter wüsten Flüchen zu einem Boxkampf aufforderte, war seine Karriere beim 37. Linien-Regiment beendet. Sein Colonel ließ ihn rufen: »Eigentlich gehören Sie vor ein Kriegsgericht, Sergeant Bazaine. Aber ich weiß etwas Besseres für Sie. Gehen Sie zur Fremdenlegion. Dort braucht man Leute wie Sie.«

Der Rekrutierungsoffizier auf der Zitadelle von Chaumont las flüchtig das Entlassungsschreiben des Colonels. Dann wies er auf die nächste Tür: »Dort ist der Arzt.« Der Legionsdoktor verschwendete nicht viel Zeit mit einer genauen medizinischen Untersuchung. Er besah sich den muskulösen Burschen und verkündete: »Für den Dienst in Nordafrika geeignet.« Noch am gleichen Tag lieh Bazaine sich ein Pferd und ritt über Dijon und Lyon nach Toulon. Dort fuhr er mit dem nächsten Militärtransporter nach Algier.

Colonel Conrad gefiel der Ex-Sergeant mit dem schlechten Leumund auf den ersten Blick. Er konnte nicht ahnen, daß er einem künftigen Marschall von Frankreich gegenüberstand. In die Personalakte schrieb er aber: »Bazaine ist aus dem Holz echter Soldaten geschnitzt.« Er machte ihn sofort wieder zum Sergeanten und teilte ihn dem Kommando des zum Chef de Bataillon beförderten einstigen Dandys Leroy zu. Der romantische Abenteurer und der vierschrötige Draufgänger verstanden sich sofort. In der Oase Setif überraschten sie mit neunzig Legionären eintausendeinhundert Rote Reiter Abd el-Kaders. Sie hatten die halbe Kompanie so geschickt gruppiert, daß die Elitetruppe des Emirs glaubte, von einer ganzen Armee umzingelt zu sein. Panikartig ergriff sie die Flucht. Neunundzwanzig Feldgeschütze blieben zurück.

An den Lagekarten entwarf Colonel Conrad bereits den Feldzugsplan für die nächsten Monate. Die Oase Setif betrachtete er als Schlüsselstellung für eine weitgefächerte Einkreisung der Reitertruppen Abd el-Kaders. Feldmarschmäßig warteten die sieben Fremden-Bataillone auf ihren Einsatz. Im Lager von Boufarik standen nur noch die Bänke um die Weinfässer. »Nichts darf zurückbleiben«, sagten die Legionäre. Trotz ihrer Trinkfestigkeit fiel es ihnen schwer, das Versprechen einzulösen. Sie lallten: »Haben diese Fässer keinen Boden?«

Am 27. April 1835 bekam Colonel Conrad per Kurier einen Brief des Kriegsministeriums in Paris. Mit wenigen Zeilen wurde dem »Alten Fritz« mitgeteilt, daß das Fremdenregiment von König Louis Philippe an die spanische Königin Marie-Christine verkauft worden sei. Der cholerische Colonel schrie: »Das ist ein schlechter Scherz!« Der Capitaine im Kurierdienst erwiderte knapp: »Das Schreiben hat mir der Herr Kriegsminister persönlich übergeben.«

Der Bürgerkönig hatte einen Hilferuf der erst siebenundzwanzigjährigen Königinwitwe erhalten. Nach dem plötzlichen Tod ihres Mannes, König Ferdinand VII., verstand sie sich als Thronfolgerin. Die Krone machte ihr aber Don Carlos, der Bruder des toten Königs, streitig.

Er mobilisierte im Norden eine starke Bürgerkriegsarmee. Auch Marie-Christine rüstete auf. Sie setzte außerdem auf die Militärmacht Frankreich. Für 80 000 Gold-Francs kaufte sie Louis Philippe das Fremdenregiment mit viertausendfünfhundert Offizieren und Legionären ab. Für den Bürgerkönig war es ein schlechtes Geschäft, denn er bekam die Kaufsumme für sein Regiment nie zu sehen. Doch die Transaktion erschien ihm ganz normal. Er hatte die Söldnertruppe in der Tradition des Ancien Régime aufgestellt. Vor dem Entstehen der Volksheere nach der französischen Revolution war es ganz normal, Regimenter auszuleihen oder zu verkaufen. Das Heer Ludwigs XIV. bestand aus einhundertneunundzwanzig Regimentern, die von absolutistischen Potentaten ausgeliehen oder ganz verkauft waren. Nachdem er an die Tradition der Fremdenregimenter wieder angeknüpft hatte, empfand Louis Philippe es als ganz normale Geschäftstransaktion, die Einheit der jungen, gefährdeten Königinwitwe in Spanien zu überlassen. Anders reagierten die Offiziere in Boufarik. Sie stammten zwar aus zweiundzwanzig verschiedenen europäischen Staaten, und sie hatten einen Kontrakt abgeschlossen, keinen Fahneneid geschworen, doch wie Colonel Conrad fühlten sie sich vom König »verraten und verkauft«.

Bis spät in die Nacht entwarfen sie eine Petition an Louis Philippe. Chef de Bataillon Leroy, der Romantiker, setzte die erste Fassung auf. Doch als er von der Schönheit der schneebedeckten Berge unter dem afrikanischen Sternenhimmel zu schwärmen begann, winkte der »Alte Fritz« ab: »Wir sind doch kein Mädchen-Lyzeum. Außerdem liegt auf den Pyrenäen länger Schnee als auf dem Atlas von Blida. Wir müssen dem König klarmachen, daß die Zeiten des Soldatenverkaufs vorbei sind. Wir sind Legionäre und kein Stück Vieh, das beliebig verladen werden kann.«

Obwohl die Bittschrift mit allen Floskeln der Untertänigkeit versehen wurde, reagierte der Monarch empört: »Will sich das heimatlose Gesindel meiner königlichen Order widersetzen?« Der Kriegsminister sandte einen zweiten Brief, unterzeichnet von einem Offizier in seinem Vorzimmer: »Im Falle, daß einige Offiziere zögern oder sich weigern sollten, dem Befehl des Königs zu folgen, werden sie fristlos aus dem Militärdienst entlassen und haben keinerlei Anrecht auf Entschädigung. Unteroffiziere und Legionäre, die vor Ablauf ihrer Dienstverpflichtung die Truppe verlassen, werden als Deserteure behandelt und entsprechend von einem Kriegsgericht abgeurteilt.« Niedergeschlagen sagte Colonel Conrad beim Abschiedsessen mit seinen Offizieren: »Meine Herren, der König hat das letzte Wort und er hat es gesprochen.« Gleichgültig nahmen die Legionäre die Nachricht vom Verkauf des Regiments hin. Sie erkundigten sich nur nach dem Sold und den spanischen Weinpreisen. Die Fahne, unter der sie kämpfen sollten, interessierte sie nicht.

Im Hafen von Oran warteten fünf Segelschiffe auf das Fremdenregiment. Sie waren seit Jahren nicht mehr gestrichen worden. Die Reling war völlig verrottet. Das Wasser stand kniehoch in den Laderäumen, in die die Legionäre getrieben wurden. Schöngeist Leroy notierte erbittert in sein Tagebuch: »Da ließ der Herr Kriegsminister wohl Seelenverkäufer verpflichten, die früher als Sklaventransporter gefahren sind.« Schon einen Tag nach dem Verlassen des Hafens von Oran brach die Cholera aus. Bis zum Anlaufen der Zwischenstation Palma de Mallorca mußten zweihundertsiebzig Legionäre über Bord geworfen werden. Das Zeremoniell war dürftig: Fünf Legionäre präsentierten das Gewehr, der Bataillonspfarrer sprach ein kurzes Gebet. Dann wurden Eisengewichte an den Füßen des in einen Leinensack gesteckten Legionärs befestigt. Über eine eingeseifte Planke rutschte er ins Meer.

Während des zweitägigen Aufenthalts in Palma reorganisierte Colonel Conrad das Fremdenregiment. Er löste die nationalen Bataillone auf und schuf gemischte Einheiten. Damit entstand die neue Legion, wie sie noch heute existiert. Colonel Conrad ging es zunächst darum, die nationalen Rivalitäten zwischen den Bataillonen zu beseitigen. In dem Bericht an den Kriegsminister deutete er den in die Zukunft weisenden Aspekt auf: »Die nationalen Bataillone gaben den Legionären eine falsche Illusion. Sie fühlten sich immer noch als Deutsche, Schweizer, Belgier, Italiener, Polen oder Spanier. Um ihren Auftrag im Fremdenregiment zu erfüllen, dürfen sie sich nur noch als Legionäre verstehen. Die Barriere der Nationalitäten muß fallen.«

Nochmals starben siebenundvierzig Legionäre, ehe die für den Schiffsfriedhof reifen Segler auf der Reede von Tarragona Anker warfen. Mit klingendem Spiel paradierte die Legion am 18. August 1835 durch die breite Avenida im Stadtzentrum. Sie trug ihre neue Uniform: Der schwere Mantel aus den Beständen der Rußland-Armee Napoleons war durch einen leichten, kleidsamen blauen Waffenrock ersetzt worden, der schwere Tschako einem roten Képi gewichen. Mit den Jahren bleichte es aus. Vor allem in den späteren Wüstenkriegen. Daraus entstand das bekannte Uniformstück der Legion: das weiße Képi. Geblieben war lediglich die hellrote Hose.

Die Legion, mit Colonel Conrad auf seinem Schimmel an der Spitze, defilierte über eine menschenleere Avenida. Die Bewohner Tarragonas hatten französische Soldaten in unguter Erinnerung. 1811, nach einer vierzehntägigen Belagerung, hatte Napoleons Soldateska gebrandschatzt, vergewaltigt, geplündert. Zwar kam diesmal das französische Regiment der eigenen Armee zu Hilfe, doch die verwegenen Gestalten mit den von der Wüstensonne verbrannten Gesichtern ließen es den Bürgern von Tarragona geraten erscheinen, die Fenster ihrer Häuser geschlossen zu halten.

Auf der Zitadelle bereitete der Abschnittskommandeur der königlichen Truppen, Feldmarschall Esteban, Colonel Conrad die erste ernüchternde Überraschung: Die meisten Einheiten der Christinos, wie die Armee der Königin genannt wurde, standen nur auf dem Papier. Dem Rest fehlte es an Uniformen, an Gewehren und Munition, an Schuhwerk, an Hafer für die Pferde und an Strohballen für die Mannschaftsunterkünfte. Fragten die Legionäre: »Sollen wir mit diesem Lumpenhaufen kämpfen? Die Kerle können das Gewehr nicht richtig halten, nicht grüßen und nicht marschieren.« Bald sollten sie über die verachteten Mitstreiter anders denken. Tagebuchschreiber Leroy drückte die Empfindungen der Legionäre aus: »Die Christinos können ihr Gewehr nicht präsentieren. Aber sie sind treffsichere Schützen.« Kaum anders sah es auf der Gegenseite, bei den Carlisten, aus. Die 18 000 Mann erhoben von vorneherein nicht den Anspruch, eine Armee zu stellen. Sie verstanden sich als Guerilleros. Irreguläre hatten bereits das Heer Napoleons zermürbt.

Den Kampf gegen einen allgegenwärtigen und doch unfaßbaren Gegner kannten die Legionäre aus den Kämpfen gegen die »Roten Reiter« des Abd el-Kader. Sie lernten jedoch rasch einige Unterschiede: Nur im Angriff waren die Krieger unter der grünen Fahne des Propheten gefährlich. Sobald er ins Stocken geriet, breitete sich Panik aus. Anders die Carlisten. Sie harrten stoisch aus. Auch in den aussichtslosesten Momenten eines Gefechts verloren sie nie die Nerven. Und noch etwas unterschied die Carlisten von den Kavalleristen Abd el-Kaders: Sie folterten nicht und schickten keine verstümmelten Leichname über die Frontlinie. Wer in Gefangenschaft geriet, Christino oder Legionär, wurde mit kalter Geschäftsmäßigkeit erschossen. Nicht einmal an die nächste Wand wurde er gestellt. Die Legionäre fanden ihre toten Kameraden in der gleichen Stellung, wie sie von den Guerilleros überrascht wurden – in ihrem Schützenloch, bei einer Verschnaufpause, im Schlaf.

Colonel Conrad gab als Parole aus: »Pardon wird nicht gegeben.« Die Legionäre wandelten sie um: »Gehen wir auf Carlistenjagd.« Bald waren die Exoten aus Afrika gefürchtet. Sie kämpften ebenfalls wie Guerilleros. Plötzlich waren sie achtzig oder hundert Kilometer hinter der Frontlinie. Sie benutzten nur das Bajonett. Ein Stroßtrupp unter Sergeant Walz machte fast zweihundert Carlisten im Dorf Santa Susana aus, die den Abmarsch zur Front feierten. In seinem Rapport berichtete Sergeant Walz, ehemals Wachtmeister im königlich-sächsischen Carabiniers-Regiment, lakonisch: »Wir ließen den Carlisten keine Chance, zu den Gewehren zu greifen. Nach einer Viertelstunde war alles vorbei. Wir hatten ihnen die Kehlen durchgeschnitten. Anschließend hängten wir sie zur Abschreckung über den Haustüren auf.«

Rasch hatte Marschall Cordova, der Generalissimus der Armee der Königin, den Kampfgeist des Fremdenregiments erkannt. Jeden Tag trafen bei Colonel Conrad neue Depeschen ein, die Serien von Offensiven und Einzelaktionen befahlen. Der »Alte Fritz« antwortete dem Generalissimus kühl: »Das sind Aufträge für eine 100 000-Mann-Armee und nicht für eine 4000 Mann starke Truppe, die überdies seit Monaten keinen Sold mehr bekommen hat.«

Im Spätherbst 1835 war die Legion an die »befestigte Linie von Pamplona bis zu den Pyrenäen« verlegt worden. Eisige Schneestürme fegten von den Pyrenäen herab. Dann führten die Flüsse Hochwasser. Es gab nur noch vereinzelte Scharmützel. Colonel Conrad reorganisierte das Regiment: Er stellte fünf Infanteriekompanien auf, drei Eskadronen Kavallerie und zwei Batterien Artilleristen. Der alte Praktiker strebte den Kampf mit »verbundenen Waffen« an. Die Reformen von Pamplona spiegelten bereits die Umrisse eines modernen Kampfverbands: Feuerkraft und Beweglichkeit wurden in ein ausgewogenes Verhältnis gebracht. Mit dem Instinkt der Altgedienten verwirklichten die Legionäre die Anweisungen des »Alten Fritz«. Sie hatten den siebten Sinn für zukunftsweisende Neuerungen. Sie bewährten sich zuerst in der Nähe des Baskenstädtchens Tirapegui im April 1836. Ein Überraschungsangriff der Carlisten an der rechten Flanke jagte die Truppen des Generalissimus Cordova in die Flucht. Nur das Geviert der Fremdenlegion hielt. Der Kordon der Infanterie hielt die Angreifer auf, die Kavallerie riegelte die Einbrüche ab, die Artillerie schoß Sperrfeuer. Colonel Conrads Reorganisation bewährte sich. Dreihundert Mann verlor die Legion bei Tirapegui.

Nochmals konnte die Front bei Zubiri im August geschlossen werden, sogar die zwei Garderegimenter des spanischen Generalissimus kamen als Verstärkung. Auf vierzig Grad waren die Temperaturen gestiegen. Sämtliche Wasserstellen der umliegenden Dörfer hatten die Carlisten vergiftet. Am Fels zersplitterten die Granaten. Capitaine Höfken, vor seiner Legionszeit Ulanenleutnant in der Armee des Großherzogs von Baden, notierte in seinem Gefechtsbericht: »Wir lagen mitten im Karat. Kaum achtzig Zentimeter tief konnten die Legionäre ihre Deckungslöcher graben. Über uns gingen Tausende von Splittern nieder. Überall gab es Rufe nach den Sanitätern. Sie kamen nicht durch diese Splitterhölle. Da kam plötzlich aus dem Rauchvorhang der Colonel auf seinem Schimmel, mit ihm die zwei Eskadronen. In wenigen Minuten waren die gegnerischen Stellungen und Batterien überrannt.«

Nach den Sommerschlachten war die Legion auf weniger als dreitausend Mann zusammengeschmolzen. Die neuen Uniformen bestanden nur noch aus Lumpen. Darüber trugen die Legionäre die Lammfelljacken der Hirten. Die Schuhe nähten sie sich selbst aus Rindshäuten. Generalissimus Cordova sparte nicht mit markigen Lobreden für die Legion: »Die Welt hat solche Helden nie vorher gesehen.« Wenn Colonel Conrad nach den längst fälligen Douros Sold verlangte, vertröstete er: »Eine kleine, bedauerliche Panne. Sie wird umgehend behoben.«

Korruption und Unfähigkeit lähmten jedoch die Armee der Königin immer mehr. Längst hatten die Legionäre erkannt, daß sie auf der Verliererseite standen. Aber sie hatten ein Idol: Den »Alten Fritz«. Sie hatten keinen Eid geschworen. Der Colonel verkörperte jedoch die Legion. Ihm durften sie nicht die Treue aufkündigen. Er war immer in der vordersten Linie. Er trank auch die abgebrühtesten Säufer unter den Tisch. Derbe Witze kannte er mehr als jeder Legionär. Wie Söhne behandelte er seine Soldaten. Da hielt ihn eines Tages ein junger Caporal an: »Wo geht's denn heute hin, Herr Obrist?« Conrad antwortete mit einem Schulterklopfen: »Gell, das willst wohl wissen, du Dicker. Hast gestern Abend zu viele Knödeln gegessen, daß du jetzt müde bist? Marschier mehr druff, drüben im Nachbardorf gibt's prima, wohlfeilen Wein.« Argwöhnisch kommt die Frage: »Ist das auch gewiß, Herr Obrist?« Conrad lacht: »Ja, bei Gott Junge, marschier nur brav.«

Anders als die Kommandeure der Christinos richtete Colonel Conrad sich kein komfortables Hauptquartier im weit entfernten Madrid ein. Er blieb auch an der Front, als im Winter 1836/37 die Temperaturen auf −25 Grad fielen, die letzten Schweine und Hühner in den zu Stützpunkten verwandelten Dörfern geschlachtet waren. Sogar den geschicktesten Legionären fiel es schwer, aus den nassen Ästen ein Feuer zu machen. Die Knochen längst verzehrter Schweine und Kälber wurden immer wieder aufgebrüht. In den langen Winternächten vor einem schwelenden Feuer erzählten sie sich Geschichten vom verlorenen Paradies, von den gefüllten Weinfässern und den glutäugigen Fatimas. Dann öffnete sich die Tür, und der »Alte Fritz« mit vereistem Bart und geflickter Uniform stapfte herein, eine Korbflasche Wein unter dem Arm. Jeder Schluck wurde wie eine kostbare Medizin geschlürft.

Nur selten kam es in den Wintermonaten zu Gefechten. Aber die Carlisten setzten das Mittel der Propaganda ein. Sie schickten Frauen und Kinder über die Frontlinie, mit Dutzenden von Handzetteln in der Tasche. Auf ihnen heißt es: »Legionäre, Ihr geht dem sicheren Untergang entgegen. Wir wissen, Madrid ist Euch den Sold schuldig geblieben. Ihr habt nichts mehr zu essen. Wir haben auch eine Fremdenlegion mit Schweizern und Deutschen. Sie wird pünktlich bezahlt. Bei uns sind die Fleischtöpfe voll. Kommt zu uns.«

Aufmerksam las der »Alte Fritz« einen Zettel. Dann sagte er: »Natürlich ist es Desertion, wenn Ihr jetzt abhaut. Ich könnte es Euch trotzdem nicht verübeln. Seit bald zwei Jahren seid Ihr nur belogen und betrogen worden. Die Spanier haben Euch als Kanonenfutter benutzt. Es gibt nur eines, was dagegen spricht: Wir dienen in der Legion. Sie hat nichts mit unfähigen spanischen Generalen zu tun. Sie ist der Auftrag, der auch am Abgrund gilt.« Die zerlumpten Gestalten auf den Bergkuppen der verschneiten Sierras nickten stumm. Sie blieben in ihren Stellungen. Sie hungerten weiter. Kein Legionär ging dorthin, wo ihnen Geld und gefüllte Fleischtöpfe versprochen waren.

Am Ende des Winters bestand die Legion nur noch aus zwei Bataillonen und einer Eskadron ohne Pferde, die von den Legionären längst verspeist worden waren. Ende März, zur Schneeschmelze begann die Carlistenarmee bei Huesca, südlich von Pamplona, eine Offensive. Die Navarra-Armee der Christinos wich zurück. Nur die Legion hielt in den rauchenden Trümmern von Huesca aus. In der ersten Linie kämpften der »Alte Fritz« und der zum Capitaine beförderte Bazaine. Zwischen ihnen hatte sich ein Vater-Sohn-Verhältnis entwickelt. In seinem Madrider Exil schrieb Marschall Bazaine nach seiner umstrittenen Kapitulation von 1871 in Metz: »Conrad hat mein ganzes späteres Leben bestimmt. Bei jeder wichtigen Entscheidung fragte ich mich: Was würde dazu der Alte Fritz sagen.«

Gegen Abend wußte Colonel Conrad, daß Huesca nicht zu halten war. Die Navarra-Armee war bereits zwanzig Kilometer weit zurückgegangen. Es drohte die Einkreisung. In der Dunkelheit verließen die Legionäre ihre Stellungen. Conrad blieb bei der Nachhut. Er zeigte, daß er nicht nur ein hitzköpfiger Angreifer war. Mit der Präzision eines Uhrwerks lief die Absetzbewegung ab. Immer wieder gruben sich die Legionäre ein; brachten den weit überlegenen Angreifer für einige Stunden zum Stehen. Dann wieder Rückzug, erneutes Eingraben, neue verbissene Verteidigung. Es war ein streng geordneter Rückmarsch mit den methodischen Zwischenakten des Stehenbleibens, des erbitterten Nahkampfes. Zu Hunderten blieben die Legionäre auf der Straße von Huesca nach Pamplona zurück. Aber es gab keine Panik. Die Legionäre stiegen über die Leichenhaufen ihrer Kameraden, zogen sich von Alleebaum zu Alleebaum zurück, gaben Feuer und bildeten auf das Signal des »Alten Fritz« wieder eine Schützenlinie zum Gegenangriff. Vier Tage zog sich die Schlacht an der schlammigen Überlandstraße zwischen morastigen Wiesen hin. Dann hatte die Legion die neue Linie der Navarra-Armee erreicht. Ganze neunhundertdreiundsechzig Überlebende konnte Colonel Conrad beim ersten Zählappell feststellen. »Jetzt geht die Legion doch vor die Hunde«, sagte er zu Bazaine. »Was für eine Truppe. Sie sieht nur noch wie eine Horde von Räubern aus. Und sie kämpft trotzdem besser als jedes Garderegiment.«

Am 1. Juni 1837 ging der Rest des Fremdenregiments in den Diensten der spanischen Königin in sein letztes großes Gefecht. Die Navarra-Armee war erneut bis nach Barbastro vorgestoßen. Die Hügellandschaft Aragoniens war unübersichtlich. In den Tälern kleine, verschilfte Flüsse, an den Hängen Olivenhaine und Weinberge. Dazwischen Kastanienwälder. Gegen Mittag war Kampflärm zu hören. Die Legionäre hatten biwakiert. Da kamen in regelloser Flucht die Reste des 2. Garderegiments der Königin zurück. »Schützenlinie«, befahl Colonel Conrad. Aus dem Buschwerk drang die Legion der Carlisten. Sofort kam es zu einem blutigen Nahkampf.

Die meisten Legionäre kannten sich seit Jahren. Sie hatten gemeinsam im Hohenlohe-Regiment, in Österreichs k.u.k. Armee, in Napoleons Heeren gekämpft. Sie riefen sich mit Namen an, aber es gab keinen Pardon. Bis zur letzten Patrone wurde geschossen, dann das Bajonett gezogen. Die einstigen Kampfgefährten spießten sich unter Flüchen gegenseitig auf, sie zertrümmerten den Schädel des ehemaligen Freundes, sie würgten einander mit bloßen Händen. Es war ein Gemetzel, das sogar den abgebrühten »Alten Fritz« erschütterte. Mitten in das Blutbad platzte der Angriff der Dynamiteros der Carlisten. Sie warfen kleine Bomben, die sofort die Linie der Legionäre Conrads aufrißen. Verzweifelt jagte der »Alte Fritz« auf seinem Schimmel nach vorne und feuerte seine Legionäre an: »Vorwärts, vorwärts Legionäre.« Nach wenigen Sekunden fiel er vom Pferd. Bazaine, der Schüler, fing den bewunderten Kommandeur auf. Er sah sofort das Loch in der Stirn, aus dem nur wenig Blut quoll. Aber er schrie den Legionären zu: »Kämpft weiter, der Colonel ist verwundet! Ich bringe ihn zum Verbinden.« Bazaine zerrte den schweren Leichnam auf seinen Rappen, legte ihn quer vor dem Sattel und preschte zum Notlazarett zurück. Bis zum Einbruch der Nacht schlachteten sich die Legionäre weiter ab. Noch um Mitternacht blitzte Gewehrfeuer auf. Die Legionäre des toten Colonels suchten die blutigen Wiesen und Gebüsche nach Toten und Verwundeten ab.

Vor dem aufgebahrten »Alten Fritz« salutierten dreihundertsieben überlebende Legionäre. Ein General der Navarra-Armee verlas die Botschaft der Königin, daß Colonel Joseph Conrad posthum zum Feldmarschall der spanischen Armee ernannt werde. In den nächsten Tagen lösten sich die Einheiten der Christinos auf. In den Reihen der geschlagenen Armee marschierten auch die letzten Legionäre, abgerissen, ohne Ziel. Sie kamen bis Pamplona. Dort erklärte der kommandierende General dem aufgebrachten Capitaine Bazaine: »Unsere Königin hat Soldaten eingekauft. Was sich dort am Stadtrand herumtreibt, ist Gelichter.«

Bazaine: »Über viertausend Mann von diesem sogenannten Gelichter sind für die Königin gestorben.« Der General: »Langweilen Sie mich nicht.«

In Pamplona brach ein Aufstand aus. Eine Regierung wurde ausgerufen, die weder mit den Christinos noch mit den Carlisten paktieren wollte. Draußen vor den mittelalterlichen Mauern und Türmen hatte sich die Legion ein Lager gebaut, mit armseligen Hütten aus Ästen und Dächern aus Gras, die jeder Regenschauer wegschwemmte. Es gab keinen Sold, keine Verpflegung. Selten kamen einige der Legionäre mit ihren eingefallenen Gesichtern, in denen nur noch die Augen lebten, in die finstersten Kneipen abseits der Geschäftsstraßen, tranken dort den billigsten Wein und verschwanden wie Gespenster. Im Frühjahr 1838 standen nur noch wenige Hütten. Dafür war ein kleiner Friedhof mit Holzkreuzen aus Reisig vor dem Legionscamp entstanden. Er wurde immer größer. Allmählich bekamen die Bürger von Pamplona Angst vor den Gestalten in dem merkwürdigen Lager, die schwer bewaffnet waren, manchmal in Kolonne um das Geviert zogen und melancholische Lieder sangen. Auf die Frage der Einwohner von Pamplona, warum sie hier kampierten, antworteten die Legionäre: »Wir sind das Eigentum der Königin. Wir warten auf den nächsten Befehl.« Er kam erst am 8. Dezember 1838.

Madrids Militärbürokratie erklärte die Fremdenlegion für aufgelöst und gab den Legionären die Erlaubnis zur Rückkehr nach Frankreich. Einhundertneunundfünfzig Legionäre bildeten die Marschformation einer Kompanie. Die abgemergelten Gestalten mühten sich den langen, federnden Laufschritt der Legion einzuhalten. An der französischen Grenze erfuhren sie, daß bereits seit 1836 wieder eine neue Fremdenlegion in Algerien existierte. Keiner der einhundertneunundfünfzig zögerte. Der Pulk marschierte zum nächsten Rekrutierungsbüro in Pau. Dort traffen die Legionäre auf die Überlebenden von der anderen Seite des Gefechts von Barbastro – die Legionäre der Carlisten. Jetzt versoffen sie gemeinsam die Prämie für den neuen Fünfjahres-Kontrakt bei der Legion. Unter den Legionären saß ein fast 1,90 m großer Mann, der mit stoischem Gesichtsausdruck seinen Rotwein aus der Blechgamelle trank. Unter dem Namen Martinez ließ er sich in die Listen der Fremdenlegion eintragen.

Vor zwei Jahren noch war er der Kommandeur der königlichen Garde in Madrid und der Geliebte der Königinwitwe Marie-Christine gewesen. Einundzwanzig Jahre nach der Unterschrift als anonymer Legionär in Pau wurde 1859 Martinez Colonel und Kommandeur des 1. Fremdenregiments.

Von
Constantine nach Sewastopol

Nichts war zu sehen. Das Herbstgewitter an diesem 12. Oktober 1837 war in einen sturzbachartigen Dauerregen übergegangen. Nur ahnen konnte man die steilen Vulkankegel des Hodna-Gebirges. Alles deckte Wasser und Nebel zu. Bis zu den Knien sackten die Legionäre des Marschbataillons unter dem Kommando des Majors Bedeau ein. Sie stapften an der Spitze des viertausend Mann starken Expeditionskorps, das unter der Führung von General Valée stand. Es setzte sich aus Teilen der 2., der 17., der 47. Liniendivision, aus einem Regiment Zuaven und drei Kompanien afrikanischer Schützen zusammen. In den seltenen Pausen des Aufmarsches erzählten sich die Legionäre Wunderdinge über das Ziel, die Stadt Constantine, das Gibraltar Nordafrikas. Kundschafter sollen berichtet haben, daß Constantine wie eine Gralsburg auf einem mehrere hundert Meter hohen, senkrecht abfallenden Felssockel liegt, unerreichbar für jeden Angreifer. Hinter den gigantischen Bastionen, so stachelten sich die Legionäre gegenseitig auf, lägen mit Gold und Silber verzierte Pavillone, in denen der türkische Bey und die Offiziere seiner Janitscharen ihre Harems mit Hunderten schöner Frauen untergebracht hätten. »Wir werden sie uns holen«, sagten die Legionäre und mühten sich, ihre Gewehre trocken zu halten.

Im Zelt des Bataillonskommandeurs war die Stimmung weniger optimistisch. Ein Dutzend verschiedener Skizzen lag auf dem Kartentisch. »Gegensätzlicher könnten die Ergebnisse der Aufklärung nicht ausgefallen sein«, klagte Major Bedeau. »Auf jeder Zeichnung sind die Batterien anders eingetragen, gibt es neue Zufahrtswege, sind die Bastionen verschieden angeordnet. Das ist die Aufforderung zu einem militärischen Glücksspiel, aber keine gesicherte Information.« Capitaine Hackett wartete das Ende des Zornausbruchs seines Majors ab und suckelte an seiner unvermeidlichen kalten Pfeife.

Vor einem Jahr hatte sich der einstige Hauptmann im Ingenieurkorps des englischen Königs beim neu aufgestellten Fremdenregiment einschreiben lassen. Über die Gründe schwieg er sich aus. In der Offiziersmesse saß der bärenstarke Waliser meistens schweigsam. Nur gelegentlich murrte er, daß das Fäßchen Whisky wieder nicht rechtzeitig mit dem Postdampfer aus Marseille angekommen sei. Dann mußte er auf den Rotwein zurückgreifen, über den er seufzte, er sei ein Magensäuerling, unwürdig eines Gentleman in Uniform. Nach der zweiten Whiskyrunde, die er im Vertrauen auf die Pünktlichkeit der Companie-Postale-Française ausgab, kam er auf seine Lieblingsidee zu sprechen: Den Festungsbau.

Ein interessierter Zuhörer dabei war Ludwig Freiherr von der Tann, der aus dem königlich-bayerischen Generalquartiermeisterstab kam. Der Wahlbayer von der Tann, ein gebürtiger Darmstädter, hatte sich den »unbezahlten Urlaub« bei der Legion bei König Ludwig I. erbetteln müssen. Der Monarch hatte dann an den Rand der Genehmigung sichtlich verdrossen gekritzelt: »Ich sehe im Krieg gegen die Araber keinen oder doch nur wenig Nutzen.« Der spätere Kriegsminister von der Tann bekannte einmal, daß Radetzky sein militärisches Denken geprägt habe, doch »als Truppe werde ich nie die Fremdenlegion vergessen. Sie war die Einheit von unerhörter taktischer Stoßkraft und einer längst vergangenen Armeeromantik.«

In Gibraltar hatte Hackett Abschied von der Armee des Königs genommen. Allmählich langweilte es ihn, jeden Tag Maurer und Zimmerleute zu überwachen, die einen neuen Geschützstand bauten oder eine unterirdische Kasematte vergrößerten. Hackett hatte an der Renovierung der Festungsanlagen auf Trinidad, in Kingston auf Jamaika und dem Gambia-Fluß mitgearbeitet, und jetzt Gibraltar. An klaren Tagen konnte man von hier aus die gegenüberliegende Küste Afrikas sehen. Über die Reiche der Berber im Rif-Gebirge gingen im Kasino die phantastischsten Geschichten um. Robert Hackett, der Globetrotter in Uniform, wurde unruhig. Als er dann von der Neugründung eines Fremdenregiments der Franzosen in Algerien erfuhr, hatte er seine Seemannskiste gepackt und eine Passage auf dem nächsten Frachtsegler nach Algier gebucht.

Capitaine Hackett begutachtete jedes Detail der Zeichnungen. »Keine gute Arbeit«, urteilte auch er. »Aber eines ist sicher, diese Festung ist kaum weniger schwer einzunehmen als Gibraltar.« Schwerfällig bewegte sich die Kolonne des Expeditionskorps auf Constantine zu. Der Regen ließ nicht nach. Die Geschütze mußten in Teile zerlegt und von den Soldaten mitgeschleppt werden. Auch das Marschregiment der Legion mußte seine Maultiere zurücklassen. Die Uniformen waren nur noch nasse Lappen. In den Stiefeln schwappte das Wasser. Weiter, immer weiter ... Völlig konnte auch der Tagebuchschreiber des Marschregiments seine Bewegung beim ersten Anblick der Zitadelle nicht verbergen: »17. August. Das Regiment bricht um 6 Uhr morgens auf. Die Straße führt steil bergauf. Sie besteht aus schwerem Geröll. Gegen 11 Uhr muß ein Bergfluß durchquert werden. Er führt Hochwasser. Fünf Legionäre durchqueren das reißende Gewässer. Einer von ihnen wird abgetrieben und versinkt noch in Sichtweite. Die anderen spannen ein Seil am anderen Ufer. Der größte Teil des Regiments hat bereits übergesetzt, als Pioniere kommen und mit dem Bau einer Behelfsbrücke beginnen. 14 Uhr: Die Vorhut stößt auf eine feindliche Patrouille. Sie besteht aus Kabylen. Ein Feuerwechsel von elf Minuten. Das Regiment hat zwei Verwundete. Der Gegner zieht sich zurück. Um 15.30 Uhr: Die Vorhut verläßt den Wald und erreicht ein weites Plateau. Jenseits einer breiten Schlucht ragt die Häuserpyramide von Constantine auf. Ein Gewirr von Mauern, Kanonentürmen und Reduits schützen die weiße, hochragende Stadt.« Über den Wällen steigen weißliche Wolken auf. Die Batterien des Beys beginnen zu feuern. Festungsexperte Capitaine Hackett schätzt durch den Pulverdampf allein siebzig Rohre an der Westseite.

Die Legionäre beziehen Stellungen an den Ausfalltoren von Constantine. General Valée zieht schwerfällig einen dichten Einkreisungsring um die Stadt. Die Artillerie eröffnet die Beschießung. Nur wenige Schäden zeigen sich an den Außenmauern. Genervt von einem langweiligen Belagerungskrieg und ewigem Wachestehen murren die Legionäre: »Will sich der Herr General mit diesem Feuerzauber die Zeit bis zu seiner Pensionierung in zehn Jahren vertreiben?«

Eine Woche lang machte Capitaine Hackett Aufzeichnungen, registrierte er jede Batterie, jede Biegung des Festungswerks. Dann warf er Skizzen aufs Papier. Er kam zur Überzeugung: Mit normalem Artilleriebeschuß ist Constantine nicht zu erobern. Auch Aushungern hat geringe Erfolgschancen, denn seit Wochen hatte der türkische Bey Koudiat Aty das Anrücken des Expeditionskorps beobachtet. Tag und Nacht waren Verpflegungskolonnen in die Stadt gefahren. In einer zwölfseitigen Denkschrift legte Capitaine Hackett seine Überlegungen nieder. Sie schlossen mit der Forderung: »Nur durch eine Serie von Sprengminen-Explosionen kann eine Bresche in die tiefgestaffelte Verteidigung der Türken geschlagen werden. Noch während die letzten Minen explodieren und der Gegner unter einem gewissen Schock steht, muß mit dem Angriff begonnen werden.«

Zu abenteuerlich erschien General Valée die Idee von Capitaine Hackett. Erst drei Wochen später, als die Artillerie noch immer vergeblich die verschachtelten Bastionen und Wehrtürme einzuebnen versuchte, kam die Idee der Minen-Explosion wieder in die Diskussion. Auf die skeptische Frage von General Valée, ob Hackett persönlich unter dem Harem des Beys die Bomben legen wolle, erwiderte Regimentskommandeur Bedeau: »Die Legion hat diesen Vorschlag gemacht. Sie wird ihn auch verwirklichen.«

Seit Tagen waren Spähtrupps des Marschregiments im Vorfeld unterwegs. Sie nutzten die klaren Mondnächte, um über die Steilhänge bis zu den Außenforts vorzudringen. Bald lagen dem Stab alle wichtigen Daten der möglichen Schwachstellen des Festungsrings vor. Stundenlang befragte Capitaine Hackett die Spähtruppführer. Er forschte sie aus nach der Beschaffenheit der Felsen, wieviel Moos an einzelnen Wehrmauern wachse, ob sich Pilze gebildet haben und wie der Rhythmus der Wachen sei. Dann holte er sich die Freiwilligen für den »Feuerzauber«. Er fand alle Spezialisten, nach denen er suchte: ehemalige Bergleute, Sprengmeister, Bergfüh-

44

rer, Zirkusartisten, Zimmerleute, Maurer und Geometer. »Mit diesem Regiment kann ich morgen eine ganze Stadt aufbauen«, sagte Hackett erstaunt über die Meldungen. »Aber jetzt geht es darum, eine zu zerstören.«

Das Gros der Artillerie wurde vor dem El-Kantara-Tor zusammengezogen. Dort eröffnete es eine Dauerkanonade. Bey Koudiat Aty und die Befehlshaber der Janitscharen mußten zur Überzeugung gelangen, daß die Franzosen an dieser günstigen Stelle die Entscheidung suchten.

Zur gleichen Zeit näherte sich Capitaine Hackett mit seinem Bombentrupp der Kaserne Ben-Aissa. Die Bergsteiger und Trapezkünstler kletterten hoch und ließen Strickleitern herunter. Dann bohrten die Bergleute die Schächte, die Zimmerleute stützten sie ab. Zuletzt legten die Sprengmeister zwei Dutzend Minen mit Zündschnüren. Nur vierhundert Meter entfernt wartete das Regiment auf die Explosion. Noch mitten in die Druckwelle hinein stürmte es durch den Schutt der Mauern. Zuerst bot sich den Legionären ein ungewöhnlicher Anblick. Aus allen Fenstern schauten Männer mit riesigen Turbanen. Erst als die Legionäre begannen, auf die Überraschten zu schießen, verschwanden sie. Es begann ein Straßenkampf. Zur Verstärkung kamen die Zuaven heran. Ihr Angriffsgalopp endete vor dem Marktplatz. Von allen Seiten gerieten sie in das Feuer von Scharfschützen. Auch die Vorhut der Legion mußte zurückweichen. Capitaine Hackett wich in einen dunklen Hausgang aus. Er schrie: »A moi la Légion«, ein Sammelruf, der zur magischen Formel der Legionäre wurde und bis heute beim Angriff oder bei einer Kneipenrauferei ausgestoßen wird. Aus den Trümmern und den Granattrichtern, wo sie Deckung gesucht hatten, krochen die Legionäre heran. Die steile Straße zur Kaserne Ben-Aissa war bedeckt von Zuaven in ihren grünen und roten Burnussen.

Der Befehl von General Valée ließ keinen Zweifel: Die Legion muß den Angriff retten. Major Bedeau wollte erneut den Marktplatz überrennen. Der mit den Eigengesetzlichkeiten einer Festung vertraute Hackett schlug einen Ausweg vor. Mitten im Gefecht hatte er wieder einen ganzen Stoß Zettel vollgekritzelt. Das Ergebnis: Selbst wenn die Legion den anderen Teil des Marktplatzes erreicht, ist sie zu schwach, den steilen Anstieg zur Kaserne durchzuhalten. Zusammen mit dem Minen-Team, den Bergsteigern und den mit engen Stollen vertrauten Bergleuten, tüftelte er einen Überraschungsangriff aus: Eine Kompanie bleibt am Marktplatz und täuscht eine neue Attacke vor. Eine andere Gruppe arbeitet sich über die flachen Dächer an die Kaserne heran und die Mineure sollten sich einen Weg zu den Stellungen der Janitscharen durch die Kellergewölbe bahnen.

Zwar hatte das jahrelange Garnisonsleben die einstige Elite des Sultans in Konstantinopel verweichlicht, doch in die Enge getrieben, kämpften sie mit dem Mut des verlorenen Haufens. Der Regimentschronist schrieb nicht ohne unterschwellige Hochachtung: »Wenn ein Janitschar verwundet war, mußte ihm sofort die Kehle durchgeschnitten werden. Sonst holte er sich das nächste Gewehr und begann aus dem Hinterhalt wieder zu schießen.«

Noch vor Einbruch der Dämmerung hatten die Legionäre die Kaserne erreicht. Zuerst trug ein Kommando die Mauerziegel der Kaserne ab und schlich sich durch die Speicherräume an die hinter Sandsäcken verbarrikadierten Janitscharen heran. Es entstand erste Verwirrung. Zur gleichen Zeit hatte die andere Kolonne die unterirdischen Magazine der Kaserne erreicht. Sprengstoffspezialisten zündeten das Pulverlager. Die Vorderseite der Kaserne stürzte ein, begrub unter sich die Stellungen der Scharfschützen. In diesem Augenblick begann der Großangriff des Expeditionskorps am El-Kantara-Tor.

Der Legionschronist notierte am frühen Morgen: »Die Kämpfe sind zu Ende. Jetzt müssen wir die Leichen so schnell wie möglich mit Kalk zudecken und verscharren, sonst bricht die Cholera aus.«

Capitaine Hackett hielt die Szene auf heute vergilbten Blättern eines Rechenheftes fest: Die rauchende Kaserne, die Leichenhaufen, die auf Schubkarren herausgeschafft werden, die Haremsdamen im Kreis von betrunkenen Legionären, und die Silhouette von Constantine mit eingestürzten Mauern, ausgebrannten Häusern und den engen Gäßchen, auf denen noch Fetzen von Uniformjacken und zerbrochene Säbel liegen. Die sieben Kompanien des Marschregiments erhielten eine Fahne und das Privileg, ihrer Armeebezeichnung das Wort Elite voranzustellen. General Valée lobte in seinem Tagesbefehl: »Die Entscheidung brachte der Angriff der Legion.«

Sergeant Guttinger gefiel die weite Ebene im Tal des Marabut von Sidi bel Abbes. Zwischen Kamelsträuchern erhob sich ein schneeweißes Gebäude mit dem Halbmond zur Erinnerung an den heiligen Eremiten. Davor war ein kleiner Friedhof angelegt worden. In der Ferne waren die violetten Zacken des Tessala-Gebirges zu sehen. »Ein schönes Fleckchen Erde«, sagte Sergeant Guttinger. Er stammte aus der Umgebung des badischen Kaiserstuhls. Der kleine Weinberg hatte die Familie nicht mehr ernährt. Wilhelm Guttinger ging auf Wanderschaft. 1840 unterschrieb er den Legionskontrakt. Jetzt im Sommer 1843 führte er einen Zug gegen den aufständischen Nomadenstamm der Beni Ameur. Er ist ein schwergewichtiger Bursche mit einem rötlichen Vollbart und einer dröhnenden Stimme. »Da läßt sich auch Wein bauen«, sagte der Winzersohn bei der Begutachtung des Lagerplatzes zwischen Sanddünen und sumpfigem Schilf. »Der Boden ist schwer, aber gut«.

Fünfzehn Jahre danach wird er für wenige Franken seiner Legionspension über hundert Hektar erwerben und mit Rebstöcken aus seiner Heimat jenen Rotwein anpflanzen, der über ein Jahrhundert lang Hauptgetränk der Legionäre werden sollte. Doch an diesem heißen Julitag bleibt Sergeant Guttinger nur wenig Zeit für Zukunftsträume. Aus den dichtgelegenen Bergen nahen Reiterkolonnen. Sie kommen plötzlich aus den Hitzeschleiern, rasen über die Legionskolonnen hinweg und verschwinden wieder. Guttinger notiert in sein Tagebuch: »Ein oder zwei Stunden am Tag kämpfen wir. Sonst sind wir beschäftigt, unsere toten Kameraden einzugraben. Bald haben wir einen eigenen Friedhof.«

Die Totenlisten beunruhigten General Bugeaud, den Generalgouverneur in Algier. Er weiß wohl, daß die Söldner des Fremdenregiments nur einige Sous kosten und sich in Marseille die Bewerber in Kolonnen vor Fort St. Jean stauen, aber General Bugeaud sieht den größeren Zusammenhang: »Wir haben seit 1830 eine Politik der halben Maßnahmen betrieben«, sagte der Statthalter der Pariser Regierung. »Wenn wir so weitermachen, geraten wir in einen hundertjährigen Krieg mit den Arabern.«

Unter der Offiziersrunde im Konferenzraum von General Bugeaud mit Blick auf den Hafen von Algier stand auch der fast zwei Meter große Bataillonskommandeur Martinez, der einstige Geliebte der spanischen Königin, der mit den Resten der Kompanien des »Alten Fritz« zur Legion gekommen war. Er war ein Profi, der sich hier in Afrika auskannte, im Unterschied zu den anderen, in Europa geschulten Offizieren: »Was soll das ständige Gerede über Attacken und Verluste«, hielt er den Absolventen der Offiziersakademie St. Cyr vor. »Wir führen hier doch einen Krieg wie im Mittelalter. Es wird auf die große Schlacht gewartet. Die Nomadenstämme machen uns aber nicht den Gefallen. Sie greifen an und verschwinden. Dagegen hilft nur ein Konzept: Wir müssen mitten in den Gebieten der Stämme feste Posten einrichten. Das bisherige Prinzip war glatter Wahnwitz. Die Kolonnen der Legion stoßen meistens ins Leere. Sie haben zu wenig Informationen über den Feind. Außerdem braucht der Gegner gar keine größeren Operationen einzuleiten. Durch Krankheiten und Erschöpfung wird der Vormarsch der Legionskompanien zum aussichtslosen Himmelfahrtskommando werden.« Die Thesen von Martinez überzeugen General Bugeaud. Nicht weniger als achtzehn Vorschläge, wie dieser Feldzug zu führen sei, liegen auf seinem Schreibtisch. »Ich werde sie alle im Archiv verschwinden lassen«, sagt Frankreichs höchster Militär in Algerien und setzt auf Martinez, der die Legion und die neuen Kolonialtruppen reformiert.

Militär-Architekt Capitaine Hackett kam nach Sidi bel Abbes. Sergeant Guttinger hatte ein größeres Areal rings um die Eremitage abgesteckt. Es entstand zunächst ein kleineres Fort. Aber der Erbauer von Festungsmauern, Hackett, legte ein größeres Programm vor. Er entwarf den Plan einer klassischen Garnisonsstadt.

Zuerst wurde eine Kaserne gebaut, vierstöckig, genau nach dem Plan wie Schulen und Militärunterkünfte in der Mitte des vorigen Jahrhunderts entworfen wurden. Ein trister Kasten mit einem weiten Hof und einem riesigen Gittertor. Vier schnurgerade Straßen führen von der Kaserne aus nach Süden, nach Norden, nach Osten und nach Westen. Sie führten nach Tlemcen, Maskara, Daya und Oran. Von diesen Hauptstraßen gehen winkelige Gäßchen weg, mit schummerigen Kneipen und Straßengeschäften. Spanier und geschäftstüchtige Araber betrieben die Spelunken mit den Namen »Bar de la Légion«.

Bereits fünf Jahre nach dem ersten Schützengraben von Sergeant Guttinger und der Reißbrettarbeit des Capitaine Hackett stand neben dem

Gemäuer des Eremiten von Sidi bel Abbes ein Militär-Areal mit 3 000 Fremdenlegionären. Sie kamen aus fast fünfzig Nationen. Durch Regimentsbefehl wurde die Ausgehuniform genau vorgeschrieben: Meistens bestand sie aus roter Hose, blauer Jacke und blauem Mantel. Ein Lokal versprach zu einem Festpreis den Ausschank von Rotwein in unbegrenzter Menge, wohlwissend, daß auch der trinkfesteste Legionär nie das Quantum erreichen würde. Es entstanden die Garküchen mit dem einheimischen Gericht »Kuskus«, aber auch Konditoreien mit Pfannkuchen und Palatschinken. Deutsche und Österreicher bestimmten den Speisenplan der neuen Garnison.

Bereits mit den ersten Legionskompanien kamen die Geschäftemacher. So die Spanierin Maria, die nahe der Kaserne eine Bretterbude bauen ließ. Dort schenkte sie ein Gebräu aus, das aus gefärbtem heißen Wasser bestand. Der Trank war so billig, daß die Legionäre kamen. Während die Sergeanten gelegentlich private Angebote der Donna Maria bekamen, wurden die Legionäre mit einem heißen Blick der ehemaligen Prostituierten aus dem Nachtviertel von Madrid abgespeist. Vor Mitternacht wanderten die Legionäre in die »Village Nègre«. Abfall lag auf den Straßen. Die Gassen waren kaum zwei Meter breit. Halb zerfallen waren die niedrigen Häuser. Die einzige Beleuchtung waren in Mauerritzen gesteckte Fackeln. Vor jedem Haus standen Becken mit glühenden Kohlen. Die neue Garnison hatte aus den Mittelmeerhäfen Prostituierte aller Hautfarben angelockt. Sergeant Guttinger, ein exzellenter Beobachter, erinnert sich in seinen Aufzeichnungen, die im Legionsarchiv zu finden sind:

»Schreien, Gellen und Singen erfüllte die Luft. Vor jeder Hütte saßen die Frauen, die armen Weiber des aufblühenden Sidi bel Abbes. Sie boten für einige Centime und einen Schluck Rotwein ihren Körper feil. Hier machte sich das Laster in seiner primitivsten Form breit. Die Nachtluft war kalt. So kauerten sich die Frauen um die Becken mit den glühenden Kohlen. Scharrten sich ein auf dem schmutzigen Boden. Eine Negerin mit schmiegsamem, schlanken Körper, aber von Alkohol und Ausschweifung gezeichnetem Gesicht, lag neben einer wärmespendenden Pfanne langgestreckt da, nackt bis auf ein rotes Jäckchen. Sie war zu müde oder zu träge, um zu sprechen. Nur durch obszöne Gesten lud sie die vorbeischlendernden Legionäre ein. Neben ihr saß eine Französin aus Marseille auf dem Boden, in einem zerfetzten Seidenkleid, das vermutlich aus der Oper in Algier ausgemustert worden war. Die Härten eines verpfuschten Lebens hatten tiefe Rinnen in ihr Gesicht gegraben. Daneben kauerten blutjunge Araberinnen, Kinder fast, deren Silberspangen an Armen und Beinen zeigten, daß sie tief aus dem Süden, aus den Oasen des Hoggar, kamen. Nur ganz wenige unserer Patrouillen sind bisher dorthin vorgestoßen.

Italienerinnen mit protzigen Goldreifen in den Ohrläppchen und spanische Weiber mit fettglänzenden Haaren und kreischenden Stimmen zankten sich. Der flackernde Schein der Kohlen gab den Gesichtern etwas Starres und Unheimliches. Auf den von Unrat übersäten Gäßchen promenierten nicht nur die Legionäre. Neger suchten nach Zerstreuung, gebückte

Gestalten. Bis zu zehn Stunden mußten sie zentnerschwere Säcke schleppen und hatten den aufrechten Gang verlernt. Spanische Weinarbeiter sangen irgendwelche gefühlvolle Arien. Aber die Huren würdigten die armseligen Zivilisten kaum eines Blickes. Sie warteten auf die Legionäre, gierig nach ihrem armseligen Sold. Ihr Wortschatz bestand aus einer schauerlichen Mischung aller Sprachen des Mittelmeerraums. An Deutlichkeit ließen die Prostituierten-Gestikulationen nichts übrig. Sogar den Legionären verschlug es manchmal die Sprache. Der Umgangston im ›Schwarzen Viertel‹ war kondensierter Schmutz. Zwei Negerinnen stritten sich, ob ein Legionär wohl einen Sous für eine schöne halbe Stunde übrig habe. Unter großem Gelächter verneinten sie die Frage. Es roch süßlich nach Moschus und schweren arabischen Zigaretten. Auf arabisch wurde das lichtlose schmutzige Gäßchen Straße der sieben Freuden genannt.«

Doch Sergeant Guttinger machte auch den echten Orient im neuen Sidi bel Abbes aus: »Abseits vom Viertel niedrigsten Vergnügens standen schöne maurische Häuser. Die Chefs der in der Umgebung nomadisierenden Stämme hatten sie erbaut. Araber in weißen Burnussen kauerten am Boden. Sie zogen an Wasserpfeifen. Immer, wenn ich kam, lächelte mir der Älteste von ihnen einen Willkommensgruß zu. Über glühenden Kohlen stand ein kupfernes Gefäß mit siedendem Wasser, und ein alter Neger bereitete Tee aus frischer Pfefferminze für die umsitzenden Notabeln. Vor der Schwelle des Hauses hockten Frauen im weißen Sand. Mir kam die Erinnerung an ein Buch meines Lehrers über Tausendundeine Nacht mit schönen, bunten Zeichnungen würdiger Sultane und verschleierten Frauen. Über die Mauer an der einen Seite der Gasse war Tuch gespannt, schwer wie Brokat, mit fingerdicken Goldstickereien auf rotem und gelbem Grunde in phantastischen Arabesken. Überall lagen Kissen. Die Araber saßen auf gelben Matten aus feinem, geflochtenem Stroh. Zwölf, vierzehn Frauen waren da. Junge schlanke Gestalten mit dunklen Gesichtern und rot geschminkten Lippen, in dünne, schleierartige Gewänder gehüllt, mit unzähligen Silberspangen an Armen und Beinen, die bei jeder Bewegung rasselten und klirrten. Alles nippte Tee aus kleinen winzigen Täßchen und die Wasserpfeifen gurgelten. Da erklang plötzlich ein englischer Vers, ein Kinderlied, wie ich später erfuhr:

Humpty Dumpty sat on a wall,
Humpty Dumpty had a great fall,
And all the king's horses and all the king's men
Could not put Humpty Dumpty together again.

In der Umrahmung des Frauenburnus' sah ich das Gesicht einer Weißen mit blonden Haaren und Zügen, die einmal sehr schön gewesen sein mußten. Sie hielt eine arabische Rauschgiftzigarette im Mund, nickte traumverloren, glücklich lächelnd und sang immer wieder den gleichen Refrain. Da sprang ein Mädchen auf und schüttelte die vielen schweren Spangen von den Armen. Sie war sehr jung und hatte die Züge jener südlichen Stämme, die bereits fast ganz Neger sind. Mit einem Male war es still geworden. Sie nestelte an ihrem Hals und das dünne Gewebe, das sie trug, fiel auf die Hüften. Sie stand da wie eine Statue. Ihre Arme hatte sie ausgestreckt. Der Kopf war stolz zurückgeworfen, die Augen glänzten entrückt. Langsam schritt sie im Kreis. Das zarte Schleiergewebe schwang und schwebte in ewig sich ändernden Windungen, es schien um den kupferfarbenen Körper zu zittern und zu beben. Es waren graziöse Gesten. Dann wurde der Tanz schneller. Immer die gleiche verwirrende, beinahe hypnotisierende Rundbewegung des Schleiergewands. Die Tänzerin bog und dehnte den Oberkörper. Da riß sie plötzlich eine Fackel aus der Wand und schwang sie in weiten Kreisen um das glänzende, blauschwarze Haar. Und immer schneller wurde der Tanz. Die zischende Fackel schien sie einzuhüllen in den wogenden, weißen Schleier. Rascher, immer rascher ging das hektische Drehen und Winden. Und dann ein letzter leuchtender Kreis der Fackel, und die Tänzerin brach erschöpft zusammen. Unter den Arabern erhob sich leises Gemurmel. Sie warfen Kupfermünzen und Silberstücke auf den Tanzschleier. Entrückt saß die Engländerin da. Sie schien ihre Umgebung vergessen zu haben und murmelte vor sich hin: ›My God, my God‹. Von der Kaserne erschallte der Zapfenstreich, das Hornsignal, das alle Melodien des Vergnügens übertönte.«

Vier Fahnen und zwölf königliche Zitationen erhielten die zwei Marschregimenter in den ersten zwölf Jahren ihres Bestehens. Im Jahr 1849 schrieb der Bataillonskommandant Martinez eine Denkschrift von über einhundert Seiten nieder. Der einstige Günstling der spanischen Königin Marie-Christine mühte sich, einen Generalstab für die Fremdentruppe aufzubauen und ein einheitliches Reglement zu entwerfen: »Die Legion errang brillante Siege. Es spielte jedoch immer der Zufall eine Rolle und die einstige gute militärische Ausbildung der Legionäre. Da kämpfte ein Hesse, wie er es auf dem Exerzierplatz in Darmstadt erlernt hatte, da ging ein Pole ins Feuer, der vorher bei der Garde in Warschau diente. Beim Marsch auf Constantine wurden die Angriffspraktiken aller wichtiger Armeen Europas angewandt. Es klappte überraschend gut. Trotzdem muß jetzt ein Reglement gefunden werden, das die Vorteile all dieser Vorschriften auf einen Nenner bringt.«

Den zu theatralischen Gesten neigenden französischen Kolonialoffizieren und den zackigen oder zumindest auf Drill bedachten Abenteurern aus Berlin und den anderen Garnisonsorten der damaligen deutschen Nationalarmeen von Hannover bis München erschien Commandant Martinez wie ein exotischer Außenseiter. Er predigte: »Wir müssen unsere eigene, unverwechselbare Taktik finden. Wir können Anleihen machen. Den Rest müsen wir selber besorgen.«

An seiner militärischen Qualifikation zweifelte das bunt zusammengewürfelte Offizierskorps nicht. Doch die Besessenheit, mit dem Chef de Bataillon Martinez ein dickes Instruktionsbuch für die Legion entwarf, erregte doch Beklemmung. Von allen Festlichkeiten hielt er sich fern. Gelegentlich machte er eine Patience mit. Sonst hielt er sich von jeglichem Glücksspiel fern. Zum Einschlafen mußte ihm die Ordonnanz eine Flasche Rotwein an das Bett bringen. Martinez gründete seine Instruktionen auf den berühmten Satz Napoleons, daß der Feind mehr mit den Beinen, als mit den Bajonetten der Soldaten geschlagen werden kann. Er setzte die von Colonel Conrad begonnene Devise fort: Legionär, marschier' oder krepier'.

Der wortkarge, verschlossene Martinez, ein Moltke der Fremdenlegion, arbeitete das Leitmotiv heraus, das einhundert Jahre bestimmend blieb: Das Training zu ungeheuren Marschleistungen und die Erziehung des Legionärs zu völliger militärischer Selbständigkeit: »Wir brauchen an der Saharagrenze brillante Marschierer und selbständige Soldaten.«

Er wurde zum gnadenlosen Drillmeister der Truppe. Sogar der einstige preußische Gardeleutnant von Holst, wegen eines Duells nach Sidi bel Abbes ausgewichen, bekannte: »Da geht es bei Preußens ja noch gemütlich zu.« Der Legionär hat zu marschieren, forderte Martinez. Vierzig Kilometer am Tag setzte er als Minimalleistung fest. Täglich mußte dieses Pensum erfüllt werden. Ohne Unterbrechung, ohne Ruhetage, wochenlang. Auf das Marschieren zielen die Ausbildungsinstruktionen von Martinez ab: Der lange federnde Laufschritt der Legion, der bei jedem europäischen Rekrutenchef ungläubiges Erstaunen erregt hätte, war der Anfang. Er war nur die Vorübung zum eigentlichen großen Marsch. Präzise setzte Commandant Martinez die Übungsmärsche fest, die niemals kürzer als fünfundzwanzig Kilometer waren, in voller kriegsmäßiger Bepackung und bei dem sich stets gleichbleibenden Legionstempo von fünf Kilometern in der Stunde. Am Ende der Märsche stand Aufklärungsdienst oder Geländeerkundung durch Patrouillen. Im Vordergrund aber stand immer das Dahinmarschieren im vorgeschriebenen Tempo, ein mechanisches Dahinstampfen. Commandant Martinez konnte nichts von Panzern ahnen. Seine Doktrin des Marschierens in langer Kolonne und in Reihen zu Vieren nahm die Formation des Panzerkeils vorweg! Im Handstreich sollte die gegnerische Abwehr durchbrochen werden.

Um die ungünstigsten Umstände einzukalkulieren, sah der Marschplan dieses Perfektionisten offensiver Angriffskraft den Abmarsch für zwölf Uhr mittags vor, wenn die Temperaturen auf 40 bis 50 Grad klettern. Der Vormittag war mit anstrengendem Exerzierdienst ausgefüllt. Sogar der bullige Sergeant Guttinger gestand in seiner Niederschrift: »Wenn wir in die Kaserne zurückkehrten, waren wir alle der Ohnmacht nahe. Wer draußen versagte, wurde einfach liegen gelassen. Ihn holten in der Nacht die Schakale, wenn er nicht rechtzeitig wieder zu Bewußtsein kam. Kehrte er zur Kaserne zurück, erhielt er zehn Tage Arrest. Er mußte dann zwölf Stunden am Tag einen zentnerschweren Sandsack schleppen. Das überlebten nur wenige.«

Doch die Vorschriften beim Marschieren waren großzügig. Jeder Legionär konnte sein Gewehr tragen, wie er wollte, auf der Schulter oder am

Riemen. Er kann seinen Tornister abnehmen oder ihn in der Hand tragen. Er kann seinen Rock öffnen. »Die Offiziere haben die Kolonne zu kommandieren, sie nicht mit kleinlichen militärischen Anweisungen zu schikanieren«, sagt Legionsdrillmeister Martinez. Er setzte durch, daß die Offiziere und Sergeanten die Legionäre nicht mit Kleinigkeiten plagten, ihnen die Erlaubnis gaben, zu rauchen oder einen Schluck aus der mitgeführten Rotweinflasche zu nehmen. Wenn sich eine Pfütze nach einem Wolkenbruch auf der Militärstraße ausbreitet, wird automatisch ausgewichen. Empfahl Commandant Martinez, und ganze Generationen von Legionsoffizieren folgten seiner Anweisung: Offiziere sollen keine Kommandos geben außer den kurzen Pfeifensignalen »Kolonne halt« oder »Kolonne vorwärts, marsch«. Sergeant Guttinger rühmte, daß sofort nach dem Haltsignal die Viererreihen ohne Befehl einschwenken: »Jeder Mann legt sich hin, wie es ihm gefällt. Es regiert nur das Prinzip: Marschier wie Du willst, lauf mit krummem Rücken und mit einwärtsgedrehten Fußspitzen, wenn du das schön und gut findest, aber marschiere.«

Der stolze Spanier Martinez erarbeitete durch ein System, das sogar die Doktrinen der Armee Preußens übertraf, eine harte Philosophie des Marschierens: Dem Legionär wird eingehämmert, daß er zu marschieren hat, so lange, wie seine Beine überhaupt noch reagieren. Und wenn sie versagen, dann soll er wenigstens versuchen, noch zu kriechen. Der schweigsame, düstere Martinez bleute den Offizieren und Sergeanten ein: »Der Legionär ist zu nichts anderem da, als zu marschieren – ob ihn Hunger quält oder der Durst die Zunge vertrocknet. Er hat weiter zu marschieren. Er darf müde sein, todmüde, aber er darf nicht aufhören zu marschieren. Wenn seine Füße bluten, so hat ihn ein Sanitätsgefreiter zu verarzten. Aber dann geht es wieder weiter. Das Marschtempo muß unvermindert das gleiche bleiben. Eine unmögliche Marschleistung gibt es nicht für die Bataillone der Fremden.«

Nur selten erschien Martinez am Abend im Kasino. Er mied die Offiziersausflüge nach Algier. Für einige Monate wohnte bei ihm eine bildhübsche Berberin mit rötlichen Haaren und strahlenden blauen Augen. Dann schickte Martinez sie wieder weg. »Frauen verwirren nur«, äußerte er bei einem Regimentsfest. Statt dessen entwarf er immer neue Instruktionen. Sie umfaßten schließlich 1200 Seiten. Colonel Vienot, der Kommandeur des ersten Fremdenregiments, gab Martinez den Papierberg mit der Bemerkung zurück: »Machen Sie daraus hundert Seiten. Die Legion ist keine Millionen-Armee. Und Sie sind kein Napoleon.« Aber in die Personalakte ließ Colonel Vienot nicht ohne Bewunderung eintragen: »Commandant Martinez ist ein Besessener. Er gab der Legion die theoretischen und praktischen Fundamente.«

Das erbarmungslose Marschieren wurde ein Stück Philosophie der Legion. Für die Märsche entwarf Commandant Martinez eine ganz neue Ausrüstung, genannt »Tenue de campagne d'Afrique«. In einer seiner vielen Denkschriften tadelte er: »Der Legionär erhält Uniformen, als müßte er Schlachten in Ostpreußen oder in der Ukraine schlagen.« So setzte er eine ganz neue Ausrüstung durch: Ausgezeichnet gearbeitete Schnürstiefel, weiße Drillichhosen, über den Knöcheln durch Ledergamaschen zusammengehalten und die »capote«, den schweren blauen Militärmantel. Der Mantel wird über dem Hemd angezogen, ohne Rock darunter, und seine Schöße sind nach hinten geknöpft, damit Schenkel und Knie frei sind und ein ungehindertes Ausschreiten möglich ist. Dazu trägt der Legionär die »ceinture« um den Leib, die blaue, etwa vier Meter lange Schärpe aus feinem Wollstoff. Sie gibt nach einer Beschreibung von Commandant Martinez »dem Körper nicht nur einen festen Halt, sie versieht auch den Dienst einer Tropenleibbinde, unentbehrlich bei den schroffen Temperaturwechseln in Nordafrika, wo dem glühend heißen Tag eine eiskalte Nacht unter Null Grad folgt«. Dem roten Képi verpaßt Martinez einen weißen Leinenüberzug. Aus ihm entstand dann das berühmte weiße Képi. Zum weiteren Schutz gegen die Sonne wurde daran ein weites dünnes Nackentuch geknüpft, das über Nacken und die Seiten des Gesichts fällt und den ganzen Hals, die Ohren und Wangen schützt. Bereits wenige Monate nach der Einführung des Tuchs gingen die Erkrankungen an Sonnenstich nahezu auf Null zurück.

Zum Kampfgepäck des Legionärs gehörten ein Gewehr und ein langes Nadelbajonett, vierhundert Patronen und der Tornister, genannt »le sac«. Er bestand aus schwarzem, lackiertem Segeltuch, mit einem System von Riemen und beinahe ohne Eigengewicht. Auf dem Marsch enthält er zwei Uniformen, Wäsche sowie Putzzeug; Zelttuch und Wolldecke umrahmen in einer langen Rolle den Tornister. An der Seite wurden die zusammensetzbaren Zeltstöcke eingesteckt. Oben der Eßtopf befestigt, dazu Brennholz für das Biwakfeuer. Außerdem verordnete Commandant Martinez jedem Legionär eine Kochpfanne und Schanzzeug. Zusammen wogen Tornister, Gewehr und Ausrüstung beinahe fünfzig Kilogramm. Colonel Vienot ließ sich die Zahlen anderer Armeen geben und kam zum Schluß: »Kein Soldat irgend einer anderen Truppe schleppt eine solche Last.«

Und diese Gepäcklast hatte der Legionär auf unbefestigten Wüstenpisten zu schleppen, bei Temperaturen bis zu 60 Grad. Vor dem Aufbruch bekam er im Außenfort eine Tasse mit kräftigem, schwarzen Kaffee und dazu das leicht verdauliche graue Militärbrot mit Marmelade oder Sardinen. Rückte die Kompanie nur zum Gefechtsexerzieren aus, gab es die Morgensuppe um 10 Uhr und die Mittagssuppe um fünf Uhr. Beide waren praktisch identisch: Eine Gemüsesuppe, in der verschiedene Gemüse der Jahreszeit verkocht wurden und dazu zwei größere Brocken vom Huhn, Rind oder Schwein. »Es handelte sich um eine nahrhafte, ausreichende und schmackhafte Kost«, erinnert sich Sergeant Guttinger. »Bei dem königlich-württembergischen Feldartillerie-Regiment Nr. 4 in Calw war die Kost ungleich schlechter. Fleisch gab es nur zweimal in der Woche, und das nur in unsichtbare Fasern zerkocht.« Auf den Märschen mußten die Legionäre auf Fleischrationen verzichten. Konserven gab es nicht. Größere Herden von Rindern oder Schweinen konnten in Feindgebiete nicht getrieben werden. Die Verpflegung bestand fast ausschließlich aus Reis und Makkaroni. Brot wurde durch steinharten Schiffszwieback ersetzt.

Als Sergeant Guttinger 1848 in die Kleiderkammer der Kaserne in Sidi bel Abbes versetzt wurde, kam Sergeant von Holst auf seinen Posten bei der 3. Kompanie des Fremdenregiments. Der schmächtige Adelige mit Geheimratsecken und einem nervösen Gesichtszucken hatte sein Garderegiment in Breslau nach einem Duell mit seinem Bataillonskommandeur verlassen, bei dem er diesem das linke Auge herausgeschossen hatte. Er betrachtete die Legion zunächst als letzte Zuflucht. Schon nach einigen Monaten notierte er: »Die Ausbildung bei der Legion ist unübertrefflich zweckmäßig. Sie fordert zu Vergleichen geradezu heraus. Wenn ich an meine preußische Armee denke, die noch immer den Anspruch erhebt, die schlagkräftigste Truppe ganz Europas zu sein, muß ich einige Abstriche machen. In unserem Regiment wurde kostbare Dienstzeit nur zu oft mit bloßen Paradeübungen vergeudet. Ich kann mich nicht des Eindrucks erwehren, daß weniger Parademarsch, weniger maschinenhafte Äußerlichkeit und mehr Augenmerk auf den reinen Gefechtsdienst ein Plus für die Schlagfertigkeit und Tüchtigkeit aller deutscher Armeen bedeuten würde.«

Schon während der Grundausbildung fiel es dem späteren Sergeanten von Holst auf, daß nie Schimpfworte fielen: »Jeden Morgen und jeden Nachmittag wurden wir neuen Rekruten in eine ungestörte Ecke am Ende des Exerzierfeldes geführt. Wir erhielten Anweisungen von einem Caporal und einem langgedienten Legionär erster Klasse. Jede Bewegung wurde uns erklärt, der Zweck jedes Manövers genau illustriert, damit wir auch genau wußten, warum wir diesen oder jenen Griff tun mußten. Es gab keinen seelenlosen Drill. Das ging bis in kleinste Einzelheiten. Anders als bei der Armee Preußens war das Gewehr kein Heiligtum, sondern ein Gebrauchsgegenstand, der bestmöglich benutzt werden muß. Die Drill-Unteroffiziere meines alten Regiments achteten wohl darauf, daß das Gewehr auf Hochglanz poliert war, aber es durfte nicht in seine Einzelteile zerlegt werden, damit ja kein Teilchen oder gar eine Feder verlorenging. Bei der Legion mußten wir unsere Gewehre mindestens viermal täglich in alle seine Teile zerlegen. Jeder von uns hatte genau zu wissen, wohin jedes Schräubchen gehörte und der Dümmste war nach acht Tagen in der Lage, sein Gewehr in finsterster Nacht durch Tastsinn auseinanderzunehmen und anschließend wieder zusammenzufügen. Nie hat uns unser Caporal gezwungen, drei Minuten auf einem Bein zu stehen, statt dessen erklärte er uns, gespickt mit Anekdoten aus früheren Feldzügen, daß diese Übung den Sinn habe, uns an die Beherrschung des Körpers zu gewöhnen. Wir mußten über Stunden angestrengt arbeiten. Ich hatte jedoch niemals das Gefühl, einfach schikaniert zu werden. Es war praktische Arbeit, die jeder Rekrut verstand.«

Auch der Ausbildung im Kompanieverband zollte der Sachverständige aus Preußens Armee hohes Lob: »Man wurde nicht mechanisch gedrillt, sondern lernte in praktischem Anschauungsunterricht. Nur selten leitete ein Offizier das Kompanieexerzieren. Die Züge befehligten Sergeanten und Adjudantchefs. Sie waren Experten der Praxis. Nach und nach hatten sie die besten Reglements der verschiedenen europäischen Armeen zusammengetragen. Vom höchsten Ausbildungschef, dem Commandant Martinez, wurden diese Reglements in einer eigenen Legionsinstruktion zusammengefaßt. Für jeden Tag wurden dem Rekruten neue Aufgaben gestellt: Distanzschätzungen, Deckungssuchen, Ausnutzen des Geländes. So wurden zehn Mann zur Schleichpatrouille ausgeschickt, die ein anvisiertes Ziel ungesehen zu erreichen hatten. Am Endpunkt wurde die ganze Kompanie aufgestellt, und jeder Legionär konnte selbst beobachten, wie die Schleichpatrouille ihre Aufgabe erfüllte. Es kam zu gelegentlich heftigen Diskussionen, an denen jeder Legionär teilnehmen konnte. Am Schluß zogen die Ausbilder Bilanz, verteilten Tadel oder Lob. Es wurde diskutiert, ob die Patrouille nicht einen anderen, besser geschützten Weg hätte nehmen sollen, ob sie sich zu sehr im offenen Gelände gezeigt hätte, ob sie nicht die natürlichen Deckungen vernachlässigte.«

Geländedienst und perfekte Feuerdisziplin rückte Martinez, der Legionsreformer, in den Vordergrund. Jeder Mann hatte genau die Länge seines Schrittes zu kennen; mit einhundertsiebzehn Schritten mußten exakt einhundert Meter zurückgelegt werden. Sergeant von Holst notierte zu seinem eigenen Erstaunen: »Die Legion verlangt äußerste militärische Leistungen. Aber bei der Ausbildung geht es manchmal wie auf dem Sportplatz zu. Bei den Instruktionsstunden im Gelände erlernte der Legionär, jede Meldung durch eine Geländeskizze zu illustrieren. Häufig wurden die Kompanien in hellen Sternnächten alarmiert. Sie zogen in die Umgebung von Sidi bel Abbes. Die Zugführer erklärten die Sternbilder, ihre wechselnden Bahnen und ihre oft komplizierten Beziehungen zueinander. Das wurde so oft wiederholt, bis auch die dümmsten Marschierer begriffen hatten, aus Polarstern und den Sternbildern des Bären die Himmelsrichtungen zu bestimmen und sich allein zurechtzufinden.«

Martinez kalkulierte nicht allein die besonderen Bedingungen eines Kriegs gegen Nomadenstämme ein. Er entwarf Operationsmethoden, die das »leere Gefechtsfeld« des 20. Jahrhunderts vorwegnahmen. Erinnerte sich Sergeant von Holst: »Niemand kam auf die Idee, von Schikane zu sprechen, wenn wir das Zusammenlegen der Ausrüstung nach einem kleinlichen, pedantischen Plan unzählige Male übten. Der Legionär hatte keinen Spind. Er muß eine Unmenge von Dingen auf lächerlich kleinem Raum in zopfiger Methodik packen. Aber dafür findet er jedes Stück im Dunkeln und steht feldmarschmäßig bepackt zehn Minuten nach dem Alarm auf dem Kasernenhof.«

Als Frühsport führte Martinez Boxen zwischen sechs und sieben Uhr morgens ein. »Das schult das Auge des Legionärs«, sagte er in seiner Denkschrift Nr. 236. »Er wird dazu erzogen, sein Gegenüber richtig einzuschätzen. Boxen ist eine Methode zur Vorbereitung auf den Nahkampf.« Martinez wollte den selbständigen Soldaten erziehen. Er setzte von seinem eigenen Sold Preise für den Zug aus, der als erster einen Schützengraben ausgehoben oder eine provisorische Feldbefestigung errichtet hatte. In siebzig Sekunden mußte ein Zelt stehen. Jeder Legionär kannte die Griffe, die *er* auszuführen hatte: Einer zog das Zelttuch aus dem Tornister, der andere steckte die Stöcke zusammen. Dann folgte das Zusammenknöpfen der Zeltbahnen und das Spannen der Zeltseiten. Gegen plötzliche Feuerüberfälle der Nomaden setzte Martinez das Kommando »a genoux«. Dabei rückte die ganze Kolonne dicht zusammen, jeder Legionär kniete nieder und duckte den Kopf so tief wie möglich unter den Tornister des Vordermanns. Nichts weiter war mehr zu sehen als eine kompakte Masse von Tornistern, die von Gewehrkugeln nicht durchschlagen werden konnte.

Martinez hatte nicht nur persönlich mit der Vergangenheit prächtiger Aufmärsche gebrochen. Er tastete sich an ein verändertes Bild des Soldaten heran. Sechzig Jahre vor dem Burenkrieg stellte er den Drill ganz auf den Einzelkämpfer ab. Der einstige preußische Offizier von Holst gestand: »Unsere Regimenter vergeudeten ihre Dienstzeit hauptsächlich mit Paradeübungen. Patrouillenaufgaben standen nur selten auf dem Dienstplan. Und im Manöver hörte die viel gerühmte Drilldisziplin sofort auf, wenn der Kompaniechef nicht in Sicht war. Dann verzog sich die Truppe sofort in die nächste Kneipe. Feldwebel und Unteroffiziere becherten eifrig mit. Die Legionäre werden allein zu Elitesoldaten erzogen. Sie haben keine Ideologie, aber sie verstehen perfekt ihr militärisches Handwerk. Wahrscheinlich liegt darin das Geheimnis ihrer Erfolge.«

Und noch einen Unterschied machte Sergeant von Holst gegenüber dem preußischen Gamaschendienst aus: »Der Legionär arbeitet für seine eigene Sicherheit und nicht um irgend einem Tadel seiner Vorgesetzten zu entgehen. Er ist Soldat ohne maschinenhafte Äußerlichkeit.«

Sie hielten sich die Ohren zu. Die Schreie aus den Palmengärten wollten nicht enden. Die Legionäre des zweiten Fremdenregiments vor der Oase Zaachta wußten, was das Brüllen der Kameraden irgendwo dort draußen in der Finsternis zu bedeuten hatte. Schrille Freudenschreie von Frauen ließen keinen Zweifel, welche Schreckensszenen sich dort drüben jetzt abspielten. Bei den letzten Stoßtruppunternehmen waren sie auf die Gerippe von einigen Kameraden gestoßen. Die blutigen Skelette waren noch immer an die Bäume gefesselt.

Mit ungläubigen Gefangenen gaben sich die Berberkrieger nicht ab. Die Blutarbeit überließen sie den Frauen, die daraus ein grausiges Zeremoniell machten. Zuerst wurden die Legionäre nackt an die Palmenstämme gefesselt. Dann zerrissen die Weiber die Uniformen und brachten den Gefesselten mit kleinen Messern Dutzende von Wunden bei. Die blutdurchtränkten Uniformfetzen warfen sie hinüber zu den Stellungen der Legion. Ganz gezielt wurden die Gefangenen nur bis an die Grenze der Bewußtlosigkeit gequält. Ein Kompaniereport über den Verlust von sieben Legionären in den Palmenwäldern der Oase Zaachta schloß: »Die Folterungen der Berberweiber konnten nur kranken Gehirnen entstammen.« Höhepunkt des Blutrausches war das Herausnehmen von Herz, Magen, Leber, die am offenen Feuer gebraten und verzehrt wurden. Den Rest besorgten

Hunde, eine merkwürdige Mischung aus Hund und Schakal, die die blutigen Gebilde bis auf die Knochen abnagten. Seit den Verzweiflungsschreien aus der Oase Zaachta galt der Regimentsbefehl: Jeder Legionär hat die letzte Kugel für sich selber aufzusparen.

General Herbillon hatte der Belagerungsarmee von viertausend Mann den Angriffsbefehl für den 24. November 1849 gegeben. Dreimal zuvor war die Attacke auf die leuchtend weiße Stadt zwischen den Palmen gescheitert. In der Oase hatte sich der Marabut Bou Ziane mit seiner fast zehntausend Mann starken Armee verschanzt. Er war ein ehemaliger Wasserträger, der bald durch seine glühende Beredsamkeit auffiel. Als Abd el-Kader kapituliert hatte, sah Bou Ziane seine Stunde gekommen und hielt Brandreden in den Zelten der Südstämme. Zu seinem Hauptquartier baute er die Oase Zaachta aus, dreißig Kilometer südlich der Großen Kabylei. Ursprünglich stand nur ein Ksar, ein Wehrturm, am Rand der Palmenhaine. Der Lobredner Allahs, Marabut Bou Ziane, machte daraus eine der größten Befestigungen Nordafrikas. Pioniere hoben einen zwanzig Meter breiten Wassergraben aus. Türkische Festungsspezialisten, die zu dem flammenden Redner übergingen, errichteten eine riesige Stadtmauer, mit einem Gewirr von Wehrgängen und Bastionen. In dreifacher Staffelung standen dort dreihundertundzwanzig Geschütze – Algier hatte im Vergleich dazu nur zweihundertundsiebzig. Vor dem eigentlichen Befestigungsring verwandelten die Militärberater des Marabuts die Palmenwälder in ein System von Hindernissen und Hinterhalten. Jeder der drei Angriffe war bereits gescheitert, bevor der Kugelhagel der Kanonen auf den Bastionen einsetzte. Die Kolonnen hatten nicht einmal die Oasengärten überwinden können. Unsichtbare Gräben, gespickt mit Eisenhaken, angeschnittene Palmen, die krachend auf die vorrückenden Legionäre fielen, wenn sie den versteckten Mechanismus eines gespannten Seils auslösten und vergiftete Bewässerungskanäle bildeten ein nahezu unüberwindliches Hindernis.

General Herbillon hatte den Angriff für 22 Uhr angesetzt. Den Termin hatte Martinez durchgesetzt: »Bei Morgengrauen haben wir keine Chance. Wir müssen kommen, wenn uns der Marabut nicht erwartet.« Um normales Lagerleben vorzutäuschen, wurde der Weinausschank fortgesetzt. Die Legionäre sangen »Am Brunnen vor dem Tore«, um das Schreien ihrer Kameraden, die sich in der Gewalt der Berberfrauen befanden, nicht hören zu müssen.

Capitaine Carbuccia von der 1. Kompanie ging mit seinen Leutnants und Sergeanten nochmals die Angriffslinien durch. Er hatte eine schwache Stelle in der Verteidigungsfront entdeckt. Durch einen Zufall. Ehe er sich bei der Legion einschrieb – über die Gründe hatte er sich ausgeschwiegen – war der hochgewachsene Mailänder mit dem verträumten Gesicht eines Gelehrten Professor für antike Geschichte an der Universität in Mailand gewesen; sein Spezialgebiet waren die Römersiedlungen in Nordafrika. Als die Legionäre die ersten Unterstände vor der Oase schanzten, stießen sie auf antikes Gemäuer. Ex-Professor Carbuccia erkannte, daß das nur die Grundsteine der alten Römerstadt Lambasesis sein konnten. Bei den ersten Grabungen stieß Kompaniechef Carbuccia auf Überraschendes: In seiner Truppe fand er Architekten, gelernte Historiker, Archäologen, Ingenieure und Künstler. Sie brachten den für die Ausgrabungen nötigen Sachverstand mit. Capitaine Carbuccia geriet kurze Zeit in Widerstreit mit seiner alten Leidenschaft, der Ausgrabung verschollener Städte. General Herbillon versicherte seinem Archäologen in Uniform: »Sie bekommen nach der Eroberung ihre Kompanie ein Vierteljahr lang für Ausgrabungen. Vorher müssen Sie uns aber den unterirdischen Weg zum Zentrum der Oase zeigen.«

Die merkwürdigen Turmbehausungen der Oase in der Dämmerung, schwarze Linien vor einem Himmel, der grün und violett widerschien. Capitaine Carbuccia tüftelte mit den Ausgräbern die möglichen Anschleichwege durch Kavernen aus, die halb eingefallen waren, zersetzt von Sickerwasser und versperrt mit Schutt und Unkraut. Jeder Meter wurde vermessen, die Aufstiege zu den Bastionen eingezeichnet. Um die Planungen der »Lehrer«, wie die Gruppe um Capitaine Carbuccia genannt wurde, kümmerten sich die Legionäre nicht. Sagte Adjudant-chef Berngruber, der Anführer des ersten Zugs, beim Studium der Karten: »Hoffentlich halten diese Decken. Einige Zentner alter Römersteine halten auch unsere Buckel nicht aus.« Sonst gefiel den Legionären der unterirdische Anmarschweg, denn inzwischen fürchteten sie die Palmengärten mit den Skeletten und die Aussicht, vielleicht doch nicht die letzte Kugel abschießen zu können.

Am Abend des 24. November 1849 zeigte sich die Legion so, wie sie sich auch noch heute zusammensetzt: Um die Karte von Capitaine Carbuccia saßen die Zivilisationsflüchtlinge, die wie der Althistoriker seinen Lehrstuhl, den Zeichentisch eines Architekten, die Kanzlei eines Anwalts oder die Bilanzen eines Handelskontors verlassen hatten. Im Zelt nebenan würfelten die alten Soldaten, denen die heimischen Garnisonen zu eng wurden, die Abenteurer, die der Pulvergeruch anlockte. Fahne und nationale Symbole interessierten sie nicht. Sie hatten nur den Instinkt der Landsknechte. Sie sahen darauf, daß der Sold und das Essen stimmt. Und natürlich der pünktliche Nachschub für Saufgelage. Sonst versetzte sie nur der dumpfe Lärm einer Kanonade in Erregung. Erinnerte sich der Legions-Soldatenvater Martinez: »Ein Schuß und die alten Kriegsgurgeln waren auf den Füßen, auch wenn sie vorher literweise den Wein gesoffen hatten. Das Gefecht übte eine merkwürdige, unerklärliche Magie auf sie aus.« An diesem Abend vor der Attacke auf Zaachta saß der desertierte Maat der britischen Marine neben dem einstigen Gefreiten des bayerischen Leibregiments, der Legionär aus Chur in der Schweiz, dessen Vorfahren seit Jahrhunderten in den französischen Fremdenregimentern gedient hatten, wenn sie nicht bei der Garde des Papstes untergekommen waren, neben dem rotblonden Riesen aus dem norwegischen Tromsö, dem ein billiges Unterhaltungsheftchen die Abenteuer der Legion vorgegaukelt hatte. Es waren auch die Überlebenden des spanischen Kriegs da, die Legionäre des »Alten Fritz« und die Söldner, die auf der Seite der Carlisten gekämpft hatten. Jetzt saßen die Kämpfer, die bei Barbastro in blutigem Fanatismus aufeinander losgegangen waren, friedlich gemeinsam am Lagerfeuer, erzählten sich alte Anekdoten und wägten die Chancen des nächsten Angriffs ab.

Bei Vollmond begann der Vormarsch. Die Palmenhaine waren in unwirkliches Licht getaucht. Die Oase war ein einziger großer Garten, ein Labyrinth aus Blättern, sprudelnden Quellen, gelben Zitronen und roten Granatäpfeln. Nur die Stimmen der Nachtigallen verstummten, als die Legionäre plötzlich aus ihren unterirdischen römischen Verliesen auftauchten. Es war schwierig, sich zu Kampfgruppen zu formieren. In die engen Gassen der Oase fiel kaum ein Mondstrahl. Der »große Schweiger« Martinez hatte auch den Angriffskeilen der Legion eine neue Form gegeben: Eine Kompanie war die Avantgarde. Dahinter sicherten in einem langgezogenen Dreieck zwei weitere Kompanien die Flanken, eine Kompanie den Schluß. Zuerst stießen die Legionäre wieder auf die Frauen von Zaachta. Sie standen in der vordersten Linie, hatten selbstgebastelte Bomben und Granaten, die Tausende von Splittern verstreuten. Der Marabut hatte den Kämpferinnen Allahs besondere Aufgaben zugeteilt. Die Berberkrieger weigerten sich, untergeordnete Arbeiten wie Ausbesserung der Befestigungen, die Versorgung der Tiere, der Ziegen, Schafe und Kühe zu übernehmen und hielten es für unter ihrer Würde, das Wasser aus den Zisternen heranzuschleppen. Das alles mußten die Berberfrauen übernehmen, motiviert vom Marabut und seinen Söhnen, die ihnen einen besonderen Platz im Paradies Allahs versprochen hatten. Die Frauen standen wie unter Hypnose. In seinem Gefechtsbericht schrieb Capitaine Carbuccia mit deutlichem Ekel: »Meine Legionäre stachen sie nacheinander wie Vieh ab, und sie jubelten vorher noch.«

Bereits beim ersten Eindringen in das Innere der Oase spürten die Legionäre die Allgegenwart der Frauen. Sie waren es, die die Splitterbomben warfen, die Straßenzüge und die Verbindungsgänge der Häuser vermauert hatten. Schon vor dem Angriff waren aus der Stadt Nachrichten durchgesickert. Sie enthüllten, wie dicht gefächert das Netz der Verteidigung angelegt war. Und wie fanatisiert die Krieger auf den feurigen Prediger Bou Ziane hörten. Er motivierte die Stämme aus dem Aures und dem Zab Chergui zum vorbehaltlosen Selbstmord. Doch die stärkste Ausstrahlung hatte er auf die Frauen. Etwas zurückhaltend merkte der Kenner alter römischer Geschichte Capitaine Carbuccia an: »Bou Zianes Verschleiß von Frauen im Bett scheint gigantisch gewesen zu sein. Einer seiner Leibwächter berichtet mit einiger Glaubwürdigkeit, daß er bis zu sechs Frauen am Tag hatte und keine kehrte vor Ablauf von zwei Stunden aus seinem Schlafgemach zurück.« Zaachta war die Hölle für Frauen. Sie mußten alle niedrigen Arbeiten übernehmen. Sie verwandelten jedes Haus in eine Festung, indem sie jede Verbindung zumauerten, sie rührten den Mörtel aus

Stroh, Erde und Wasser an, sie hockten in der ersten Linie, nur mit Beilen und Speeren bewaffnet. Capitaine Carbuccia schrieb in seiner Schönschrift des Historikers auf: »Wir mußten den Weibern nacheinander die Gurgel durchschneiden. Sie gaben einfach nicht auf.« Seit Monaten hatten sie nur schuften müssen. Bou Ziane erwies sich nicht nur als ein feuriger Religionsredner. Er wußte auch, eine belagerte Stadt zu organisieren. Er stützte sich auf die Frauen. Wieder merkte Capitaine Carbuccia an: »In keinem europäischen Zuchthaus hätten Frauen unerträglichere Arbeiten verrichten müssen. Bou Ziane nahm ihnen jeden Willen. Er verwandelte sie in dumpfe Arbeitsmaschinen. Wäre es nach den Berberkriegern gegangen, hätten wir die Oase im ersten Ansturm genommen. Es waren die Frauen, die sie zum fürchterlichen Bollwerk machten.« Sie mußten das Wasser heranschaffen, die Vorräte in den unterirdischen Bunkern lagern, die Bastionen verstärken, die Sprengsätze an jeder Hausecke anbringen. Wenn Bou Ziane zweimal täglich in seinem langen wallenden weißen Gewand auftrat, übertönten die spitzen, frenetischen Schreie der Frauen das dumpfe Brüllen der Männer. (Der Althistoriker Capitaine Carbuccia verglich den Sektenhelden in seinen Aufzeichnungen mit dem Keltenführer Vercingetorix, der den Legionen Cäsars einen schweren Stand bei der Belagerung von Alesia bereitet hatte.)

Ein heißer Wüstenwind kam auf, als Capitaine Carbuccias Legionäre den ersten Ring der Flintenweiber Bou Zianes durchbrachen. Die Oase Zaachta verschwamm im Pulverdampf zu weißen Quadraten. Die Barrikaden der Palmenhaine überwanden die Legionäre über die alten römischen Tunnelsysteme. Doch im Zentrum stießen sie auf eine neue dichte Ansammlung von Häusern, die in ein Bunkergeflecht verwandelt worden waren. Der Marabut hatte den »Heiligen Krieg« ausgerufen. Die Frauen mit den Handgranaten und die Berberkrieger mit den neuen englischen Flinten, die über Marokko kamen, kämpften nicht für nationale Ideale, sie stritten für Allah.

Vergebens hatte General Herbillon ein Ultimatum gestellt, in dem er völligen freien Abzug anbot. Aber im Ksar von Zaachta ging der religöse Fanatismus von Bou Ziane um. Mit irrealen Parolen formte Bou Ziane sich die Massen zu gefügigen Anhängern. Des Marabuts Krieger waren Fanatiker, die nur ein Ziel kannten, die Ungläubigen zu schlagen, sie zu vernichten. Ihr Kampfruf war das Paradies Allahs, das den Siegern versprochen wurde. »Wie Huren und Lasttiere wurden die Frauen behandelt«, entsetzte sich der eher feinsinnige Capitaine Carbuccia. »Trotzdem waren sie fanatischer als die Männer, die in der Regel zu vornehm waren, sich schlicht niederschießen zu lassen. Die Weiber kannten diese Zurückhaltung nicht.«

Sieben Schneisen schoß die Artillerie in die Mauern der Oase. Die Zinnen und Türme zerfielen zu Trümmerhaufen. Die engen Gassen verwandelten sich in eine Kraterlandschaft. Unter den Legionären befanden sich auch einige Kundschafter der Nachbaroase von Thiout, die sich geweigert hatte, sich dem Marabut Bou Ziane zu unterwerfen. Zur Strafe wurde die

Oase in einer nächtlichen Strafaktion von den Kriegern des Marabut dem Boden gleichgemacht. Die wenigen Überlebenden waren zu der Belagerungstruppe der Franzosen übergelaufen und führten jetzt die ersten Stoßtrupps in das Innere der Oase. Bereits vor Mitternacht drangen die ersten Legionäre in das von Bou Ziane und seiner Familie bewohnte befestigte turmartige Gebäude ein. Das plötzliche Bombardement hatte Entsetzen ausgelöst. Esel, Schafe und Kühe rannten durch die Gassen. Einige der Frauen sprengten sich selbst in die Luft, als sie erkannten, daß die Legionäre bereits in ihrem Rücken kämpften. Die Gassen der Oasenstadt waren erfüllt vom dumpfen Aufprall der Granaten, dem Gebrüll der Legionäre, dem Gedröhn der Trommeln und Trompeten der Verteidiger. Eine Frauenkompanie hob die Köpfe erschossener Legionäre auf den Außenmauern empor. Sie wurde von der Flankenkompanie hinweggefegt. Bis zum Morgengrauen dauerten die Kämpfe. Die Berberreiter benutzten eine Lücke in der Stadtbefestigung, um zu flüchten. Doch die Frauen gruben sich ein. Sie verwandelten jedes Haus in einen Hinterhalt. Die Legionäre reagierten darauf. Sie bastelten in den Stunden nach Mitternacht die Granaten der Artillerie in Wurfgeschosse um, mit Zündschnur und Tausenden Splittern. So räucherten sie ein Haus nach dem anderen aus. Es wurden Terrassen und Hauseingänge gesprengt. Um jedes Haus wurde gekämpft. Die weiße Oase verwandelte sich in eine Feuerfackel. Capitaine Carbuccia erhielt den Hinweis eines Überläufers, das große, mit Sandsäcken abgesicherte Gebäude sei das Hauptquartier des Marabut. Ein Zug Legionäre holte drei Feldgeschütze heran. Sie eröffneten ein Dauerfeuer. Schon nach wenigen Minuten war der befestigte Palast eine Ruine. Verwundete kamen heraus. Dann löste sich aus dem schwarzen Schleier von Pulverdampf und Staub ein fast zwei Meter großer Araber. Er warf seine Waffe fort und ging mit verschränkten Armen auf die Legionäre zu. Vor Capitaine Carbuccia sagte er: »Ich bin Bou Ziane«. Der Legionsoffizier schickte einen Melder zum General: Was soll ich mit ihm anfangen? Zehn Minuten später kam der Befehl zurück: Füsilieren. Bou Ziane betete nach den Schnüren einer Korankette. Er murmelte halblaut vor sich hin. Zwei seiner Söhne standen neben ihm. Noch wurde in der Oase gekämpft. Auf dem Hauptplatz türmten sich die Leichen. Der Marabut verschwendete keinen Blick auf sie. »Wir werden Sie nicht aufhängen, wir werden Sie erschießen«, sagte Capitaine Carbuccia. Und er fügte hinzu: »Eigentlich sollten wir Sie durch Ihre eigenen Frauen abschlachten lassen. Aber das Verzeihen unterscheidet uns Christen von Euch Muselmanen.« Über dem Platz hing der Geruch von verbranntem Fleisch und Verwesung. Capitaine Carbuccia kommandierte die Hinrichtung. Zuerst wurde der Marabut erschossen. Dann seine beiden Söhne. Die Legionäre stellten die drei Köpfe auf Lanzen auf dem Hauptplatz auf. Zwei Tage lang zogen die Nomaden der Umgebung mit verhüllten Gesichtern an den Schädeln vorbei. Capitaine Carbuccia argwöhnte: »Vielleicht haben wir diesen grausamen Aufrührer mit dieser Zurschaustellung noch zum muselmanischen Märtyrer gemacht. Wir hätten ihn sofort verscharren sollen.«

Das Ziel ihrer Reise kannten sie nicht. Aber im Juli 1854 bewunderten die Legionäre die Silhouette von Konstantinopel, die breite Kuppel der Hagia Sophia, die edle Fassade des Sultanpalastes. Politische Fragen stellten die Legionäre nur selten. So war der zum Colonel beförderte Erstürmer von Zaachta, Carbuccia, eher unangenehm berührt, als einige der altgedienten Sergeanten vorstellig wurden. Sie erkundigten sich, warum sich die Legion jetzt für die Türken schlagen sollte, während sie jahrelang in Algerien gegen sie gekämpft hatte. Carbuccia mußte zu einem komplizierten Geschichtskolleg ausholen, das von den ergrauten Draufgängern kaum verstanden wurde: Der Krim-Krieg gehört zu den merkwürdigsten Kapiteln der Geschichte des 19. Jahrhunderts. Zar Nikolaus I. hatte sich zum Bewahrer der heiligen Stätten in Palästina erklärt und den Titel des Hüters von Jerusalem angenommen. Europas Großmächte, allen voran Frankreich und Großbritannien, mißtrauten den plötzlichen religiösen Gefühlen des Zaren und argwöhnten eine neue Finte, um das Reich der Osmanen an den Dardanellen schlagen zu können. So erklärten zunächst die Briten den Russen den Krieg. Die Franzosen unter Napoleon III. schlossen sich an. Plötzlich waren die zuvor verhaßten Türken Verbündete geworden.

Zu einer ersten Lagebesprechung empfingen der französische Marschall de Saint-Arnaud, der an einem schweren Herzleiden litt, und der britische General Lord Raglan, der durch ein modisches Sakko berühmt wurde, die Kommandeure der Janitscharen. Hernach klagte Lord Raglan: »Solche Alliierte sind eine Zumutung. Sie stinken wie eine ganze Knoblauchhandlung. Und ein Janitscharenführer fummelte ständig an seinem Geschlechtsteil herum. Es fehlte nur noch, daß er es auf den Kartentisch legte. «

Zu einem gemeinsamen Feldzugsplan konnten sich Marschall de Saint-Arnaud und Lord Raglan nicht entscheiden. Der türkische Generalstab stellte merkwürdige Pläne zur Diskussion. Er begnügte sich mit einem dicken roten Strich quer durch Rußland, wobei eine Pfeilspitze auf Moskau zeigte. Wieviele Reiter der Sultan für diesen Feldzug aufbringen werde, erkundigte sich der sarkastische Lord Raglan. »Wir sind in einer schlechten Situation«, bekundete Janitscharen-General Kemal. »Mehr als 300 Reiter können wir nicht zusammenstellen. « Erwiderte Lord Raglan: »Mit diesem Kontingent kommen sie gerade über die Vororte von Konstantinopel hinaus. «

Aber auch das französisch-britische Expeditionskorps hatte zunächst nur Niederlagen einzustecken. Es mußte nach zwei Monaten die Belagerung der türkischen Festung Silistra beendigen, die einige Regimenter des Zaren Nikolaus I. besetzt hielten. Geplagt von Sumpffieber und Cholera kamen die Reste des Korps zurück, als das Marschregiment der Legion in Gallipoli eintraf. So sehr die Silhouette am Bosporus die Legionäre auch entzückte, die Stadt wurde ihnen bald zum Alptraum. Soviel Dreck und Elend hatten sie nicht einmal in den Oasen der südlichen Sahara vorgefunden. Kilometerweit zogen sich die Straßen dahin, schmutzige Tümpel, aufgeweichte, lehmige Trassen. Vor den einstöckigen Holzhäusern hockten Händler und Prostituierte. »In diesem Nest geht die Legion zugrunde«, mahnte Colonel Carbuccia. »Wir müssen hier heraus.« Die Krankenberichte beunruhigten den Althistoriker, der die Denkschriften des stoischen Kaisers Mark Aurel immer mit sich führte. Fast die Hälfte der vier Kompanien war schon nicht mehr einsatzbereit. Der schlimmste Feind aller Armeen vor dem Zweiten Weltkrieg machte sich bemerkbar. Nicht Opfer des Trommelfeuers, das es noch nicht gab oder gar des flächendeckenden Bombardements füllten die Verlustlisten. Die Krankheiten waren es, die den Armeen die höchsten Verluste zufügten. Allein im Ersten Weltkrieg starben 51 Prozent aller Soldaten an Krankheiten, zusammen vier Millionen. Dem Expeditionskorps gegen Zar Nikolaus I. machte am meisten ein winziger Bazillus zu schaffen, der auch unter dem Mikroskop nicht größer als ein flüchtiger Beistrich ist und der aus den riesigen indischen Flußdeltas des Ganges und des Brahmaputra stammte.

Den Aufmarsch entlang dem Schwarzen Meer gaben die Expeditionskommandeure nach der Niederlage von Silistra und Varna auf. Sie planten die Belagerung von Sewastopol auf der Halbinsel Krim. Dreihundert Schiffe nahmen Kurs auf die Festung. Schon vorher wütete die Cholera. Auf der Überfahrt starb der alte napoleonische Marschall Ney, der Herzog von Eschingen, der als später Fünfziger nochmals in die Dienste von Napoleon III. trat. Es starb der von den Legionären nicht zuletzt wegen seines fanatischen Suchens nach antiken Skulpturen geliebte Colonel Carbuccia. Sie hüllten ihn in ein rohes Sackleinen. Ehe die Legionäre die sechs Schuß Salut schossen, verschlossen sie in der Kartentasche, die sie ihm in sein Grab mitgaben, die Figurine einer schönen Römerin. Carbuccia hatte sie immer mit sich getragen.

Eine Pionierkompanie der Legion legte die ersten Schützengräben vor Sewastopol an. Sie lagen nur hundert Meter vom Ufer entfernt. In wenigen Stunden füllten sie sich mit grünlich schwappendem Wasser. Bald mußte die Legion nicht mehr kämpfen. Sie erhielt den grausamsten Auftrag. Sie mußte die Toten des Expeditionskorps im Schlick des Ufers verscharren. Die Legionäre wurden zu Totengräbern. Wie Leprakranke wurden sie von den übrigen Truppenteilen abgesondert. Bis zum Gürtel standen sie im Wasser. Der Gestank war unerträglich. Trotzdem gab es unter den Legionären kaum Tote. Erst später fand der Armeearzt Metschnikow heraus, daß sich der Cholerabazillus mit anderen Bakterien verbinden muß, um virulent zu werden. Andere Mikroben neutralisieren ihn. Die Legionäre hatten die rettenden Bakterien aufgeschnappt.

Lord Raglan überredete Marschall Saint-Arnaud, die Truppen an der Landenge von Perekop auf der Halbinsel Krim abzusetzen. Jenseits des Strandes erstreckte sich eine baumlose Strecke. Der nächste schmale Fluß kam fünf Kilometer dahinter. Dort wurden die russischen Truppen erstmals geschlagen. Sie zogen sich dann auf die Bastionen von Sewastopol zurück. Am gleichen Tag starb der Marschall. Ein Herzleiden und die

Cholera hatten den ehrgeizigen Anführer überfordert. General Canrobert übernahm das Kommando.

Der Überfall des Expeditionskorps ging als die Belagerung von Sewastopol in die Geschichte ein. Lord Raglan, der vorsichtige Taktiker, steckte sich jedoch sehr viel kleinere Ziele. Die Befestigungen wurden nicht lückenlos eingeschlossen. Unkontrolliert blieb die Seefront, über die elf Monate lang Soldaten und Muniton nach Sewastopol kommen konnten. Noch während der Belagerung wuchs die dortige Garnison von 20 000 auf 70 000 Infanteristen an, neunhundert neue Geschütze wurden geliefert. Die Belagerung von Sewastopol war eine schöne Illusion, sagte der spätere Marschall Canrobert. Es war ein verlustreicher Schützengrabenkrieg in verseuchten Unterständen, der von Oktober 1854 bis zum September 1855 dauerte. Es regnete und schneite, die Schützengräben verwandelten sich in Eisflächen. Die Legionäre grollten. Täglich gaben sie nicht mehr als fünf Schuß ab. »Wir schießen nicht auf Feinde, wir halten nur auf die Raben über dem Kampffeld.« Aber die Veteranen gewannen auch dem Stellungskrieg eine gute Seite ab. In mondhellen Nächten schlichen sie sich zu den Unterständen der zaristischen Soldaten. Sie hatten herausbekommen, daß die Russen ihre Geldbörsen an den Stiefeln befestigten. Mit dem berüchtigten Algerienschnitt schnitten sie ihnen die Kehle durch. Dann holten sie sich Börse und die meist mit Zobel gefütterten, schmiegsamen Stiefel. Bald fürchteten sich die Verteidiger von Sewastopol nicht mehr vor den wenigen, mit Fanfaren angekündigten Angriffen. Sie hielten Ausschau nach den dunklen Schatten, die, sich mit deutschen oder spanischen Zurufen verständigend, durch ihre Reihen schlichen. Sergeant Mack aus Landsberg am Lech schrieb zufrieden an seine Angehörigen: »Ich erwischte in einer Nacht fünf Russen. Sie hatten zusammen 230 Rubel in ihren Stiefeln.«

Das »Stiefelspiel« langweilte die Legionäre. Sie beschwerten sich bei Colonel Vienot: »Wann holen wir die Kerle endlich aus ihren Unterständen heraus.« Erst im Frühjahr 1855 war es soweit. Der Winter hatte die Quartiere der Belagerungsarmee in ein riesiges Lazarett verwandelt. Das Expeditionskorps lernte den russischen General Winter tief im Süden kennen, mit Cholera, Dysenterie und Typhus. Die Schützengräben waren abwechselnd Schlammlöcher und Eisbarrieren. Auch Lord Raglan starb an Cholera.

Bataillonskommandeur Martinez war es, der den Grabenkrieg beendete. Einige Wochen lang ging er mit ausgesuchten Legionären auf Erkundung. Er machte eine Erdkuppe aus, den später schwer umkämpften »Grünen Hügel«, beinahe 300 Meter hoch, schwer befestigt, aber mit einigen Lücken in den Bastionen. »Das ist der Schlüssel für den Angriff«, sagte der Außenseiter, der mit seinen Sergeanten den schweren schlechten Rotwein trank und den Champagnerpartys des Offizierkasinos aus dem Wege ging. Auf dem »Grünen Hügel« lag Fort Malakoff. Chef de Bataillon Martinez suchte die günstigste Stelle für einen Generalangriff aus. Doch seine Vorhut wurde am 18. Juni zusammengeschossen.

Es sollte noch drei Monate dauern, bis die ersten Legionäre in Fort Malakoff eindrangen. Aus dem Stellungskrieg hatte sich jetzt eine Materialschlacht entwickelt, ein Vorgeschmack auf Verdun im Ersten Weltkrieg. Beide Seiten bereiteten die größten Kanonaden vor: mit achthundert Geschützen und siebzigtausend Geschossen. Aber das Material versagte. Die Verteidigungslinien hielten. Nur am Fort Malakoff brachen die Legionäre mit den Methoden des versteckten Guerillakriegs durch. Nach achtzehn Stunden war der Widerstand der Russen gebrochen. Der französische Oberkommandierende gab die Nachricht durch: »Hier bin ich mit der Legion und hier bleibe ich.«

Die Generale des Zaren erkannten bald, daß Sewastopol ohne Fort Malakoff nicht zu verteidigen war. Sie gaben die Stadt auf und wichen zurück, nachdem sie alle größeren Gebäude und Schiffe verbrannt hatten. Für die Legionäre fiel die Beute dennoch reich aus. Sie räumten nicht nur alle Weinkeller aus. Sie verpackten Frauenkleider in riesigen Kartons. Auch vier Kirchenglocken waren im Gepäck, die in Sidi bel Abbes an die Missionare verkauft wurden.

Der Afrikaforscher

Zuerst fiel der Legionär Gerhard Rohlfs aus Vegesack bei Bremen überhaupt nicht auf. Er war in keine Wirtshausschlägerei verwickelt, kam am Morgen nicht betrunken zum Appell und war nicht dabei, wenn Schlägerkolonnen des 1. Fremdenregiments die Bordelle in Sidi bel Abbes aushoben, weil die Preise für die Freudenmädchen drastisch erhöht worden waren. Gerade seine Unauffälligkeit ließ ihn rasch zum Caporal avancieren. Doch bei Vernehmung einiger Gefangener des Berberstammes der Beni-Yenni, die an einer Zufahrtsstraße zur Großen Kabylei durchgeführt wurde, machte er zum erstenmal auf sich aufmerksam: »Die Übersetzung des Dolmetschers ist falsch«, sagte Gerhard Rohlfs zur Überraschung des Vernehmers Colonel Martinez. »Der macht gemeinsame Sache mit den Gefangenen. Wir sollen in einen Hinterhalt gelockt werden.« Und in perfektem Arabisch nahm Caporal Rohlfs den Übersetzer ins Kreuzverhör, der sich immer mehr in Widersprüche verwickelte. Nach einem Palaver, das Stunden dauerte, hatte Rohlfs herausgefunden, wo tatsächlich sich die Befestigungen der Kabylen befanden. Danach konnte er eine präzise Skizze mit deren wichtigsten Schlupfwinkeln in der Djurdjura anfertigen.

Colonel Martinez fand an dem untersetzten Caporal mit dem buschigen Schnurrbart Gefallen; er spürte, hinter dem hageren Gesicht mit den dunklen, unruhigen Augen verbarg sich noch mehr als nur Kenntnisse des Arabischen. »Haben Sie vorher schon unter Arabern gelebt?« Rohlfs knapp: »Nein, ich bin direkt vom 4. Infanterieregiment in Wien gekommen, den ›Kaiserjägern‹. Aber ich habe Arabisch gelernt. Wie soll man wirkungsvoll kämpfen, wenn man die Sprache des Gegners nicht versteht?« Noch am gleichen Tag verfügte Martinez: »Der Caporal Rohlfs wird rückwirkend vom 1. Oktober 1857 zum Sergeanten befördert.« In seinem Buch »Reise von Tripolis zur Oase Kufra« (1881) notiert Rohlfs: »Ohne die Legion hätte ich nie die Strapazen überstanden. Sie verbindet militärische Macht mit Eroberungsdrang. Sie war die beste Schule, die ich mir wünschen konnte.«

Unter den großen deutschen Afrikaforschern blieb Gerhard Rohlfs immer der geheimnisvolle Außenseiter. Er besaß nicht die exakte wissenschaftliche Ausbildung wie Heinrich Barth, er war auch nicht vom nationalen Überschwang des neuen deutschen Kaiserreichs angesteckt wie Gustav Nachtigal, der zuletzt Gouverneur von Togo wurde. Gerhard Rohlfs war stets der undurchsichtige Einzelgänger, der nur eine Heimat kannte: Die Legion. Zu ihr kehrte er immer wieder zurück, mit ihren Kommandeuren diskutierte er nächtelang über seine Erfahrungen in der Sahara und im marokkanischen Atlas. 1831 in Vegesack bei Bremen geboren, studierte er zunächst Medizin in Heidelberg. Aber die Vorlesungen langweilten ihn. Er trat in die k.u.k. Armee ein und kam sofort zum berühmten Regiment Nr. 4 »Hoch- und Deutschmeister«. Aber der Garnisonsdienst war nichts für den unruhigen Rohlfs. Er nahm seinen Abschied.

Inzwischen hatte er von der Fremdenlegion in Algerien gehört. Dort gefiel es ihm zwar, doch hielt er es nur sechs Jahre aus: Der Vormarsch in den Süden war ihm zu militärisch pedantisch, ging zu langsam voran. Er quittierte den Dienst, kaufte sich die Kleidung eines vornehmen arabischen Handelsherrn und lernte alle 114 Suren des Korans auswendig. Dann schloß er sich einer Kamelkarawane in das damals streng verschlossene und fremdenfeindliche Marokko an. Der Sultan von Marrakesch ließ ihn zum Tode verurteilen, als herauskam, daß es sich um einen Ungläubigen handelte – außerdem war er auch noch ehemaliger Angehöriger jener zwei Fremdenregimenter, deren harte Strafexpeditionen sich auch bis in den Süden Marokkos herumgesprochen hatte. Kurz vor der Exekution lud der neugierig gewordene Sultan den merkwürdigen Fremden, der keinerlei Gnadengesuch gestellt hatte, zu einer Tasse Tee ein. Am Ende des Gesprächs war Gerhard Rohlfs, der verkrachte Medizinstudent, Generalarzt der Armee und Chef des Gesundheitswesens aller Harems.

Doch diese hohe Stellung und die damit verbundene Arbeit kann den Tatendrang von Rohlfs nicht stillen. 1862 stößt er mit nur zwei Begleitern über den damals noch völlig unerforschten Hohen Atlas vor, erreicht die Burgendörfer der Berber und kommt bis nach Tafilelt am Südfuß des Hohen Atlas, dem »Land der Datteln«. Dort überfallen ihn räuberische Beduinen, denen er leichtsinnigerweise sein Geld gezeigt hat, mißhandeln ihn fast zu Tode und lassen ihn dann liegen. Gerhard Rohlfs erinnert sich der Überlebensübungen der Legion. Schon vier Wochen später steht er auf dem Zeltplatz der Beduinen, die ihn längst für tot geglaubt hatten und exekutiert eigenhändig den Anführer. Zehn Stammesangehörige müssen ihn nach Marrakesch zurücktragen.

Gerhard Rohlfs war ein Abenteurer, aber er hatte ein untrügliches Gespür für strategische Punkte. Bei seinen regelmäßigen Visiten in Sidi bel Abbes zeichnet er die Ziele der späteren französischen Feldzüge auf: Rabat und Casablanca, Meknes und Marrakesch. Dann faszinierten ihn die uralten Karawanenstraßen, die in den Süden bis nach Timbuktu führen. Rohlfs kam bis nach In Salah, dem heißesten Ort der Sahara; nach Colomb-Bechar, wo Frankreich später seine erste Atombombe zünden sollte, und nach Tamanrasset, der Hauptoase der Tuaregs im Hoggar-Gebirge. Niemand hatte ihm gezeigt, wie man topographische Punkte bestimmt und eine exakte Landkarte anlegt. Doch sechzig Jahre später benutzten die Generalstäbler und Kartographen von Marschall Lyautey seine Tagebücher und Notizen, um den Verlauf von Autopisten und Eisenbahntrassen zu bestimmen.

Der Geheimdienst der Legion, das »Zweite Büro«, ließ sich Gerhard Rohlfs Forscherleidenschaft einiges kosten. Er brach meistens mit großem Gefolge auf, mit einem halben Dutzend Diener und einer Reiseküche. Für die Mahlzeiten wurde Silbergeschirr mitgeführt. Damit auf unwirtlichen Strecken kein Nahrungsmangel aufkam, trugen die Gepäckkamele Käfige mit Hühnern und Gänsen. Schafe und Ziegen wurden mitgeführt. Wenn Gerhard Rohlfs auch sämtliche Suren des Korans kannte und sich leidenschaftlich in die Welt des Islams vertieft hatte, so ging er doch nicht so weit, auf eine gute Flasche Rotwein während seiner Wüstentrips zu verzichten. Auch als Frauenheld wurde er berühmt. Als er mit großer Karawane in die Oase Siwa an der Grenzlinie zwischen Ägypten und Libyen einzog, riefen besorgte Familienväter »Haltet die Töchter in den Kellern fest«.

Gerhard Rohlfs zeichnete mit jener Präzision, die er bei der Legion gelernt hatte, die Orakelzelle des Amun-Heiligtums ab. Jeden Ziegel hielt er fest und vor allem jene Plattform, auf der sich vorgeblich Alexander der Große vom Oberpriester des Heiligtums seine Zukunft hatte vorhersagen lassen. Der Amateurhistoriker Rohlfs erkannte rasch die Widersprüche der Oase Siwa. Sie enthielt faszinierende Fragestellungen: War der Orakelkult über Äthiopien und Siwa nach Griechenland gelangt oder umgekehrt über Delphi und die nordafrikanischen Oasen nach Ägypten und weiter nach Äthiopien. Mit diesem Gelehrtenstreit hielt sich der Realist Gerhard Rohlfs nicht lange auf. Er vermaß die Fundamente und zeichnete präzise wie ein Vernehmer der Legion alle Aussagen der Oasenbewohner auf. Auf Spekulationen ließ er sich nicht ein; die überließ er anderen Forschern wie dem Briten W.G. Browne, dem Deutschen Georg Steindorff und einer ganzen Legion von Ägyptologen.

Rohlfs großes Ziel wurden die Kufra-Oasen, eine Wüstenstadt, die in allen Berichten der Karawanenführer vorkam. Darüber hinaus erkannte er schon beim ersten Kartenstudium, daß diese Oase genau am Schnittpunkt aller Karawanenwege zwischen der libyschen Wüste und dem Tibesti-Gebirge lag. Die Bedeutung von Kufra reicht bis in die Neuzeit; noch bis 1958 war Kufra eines der wichtigsten Oasen-Forts der Fremdenlegion in Nordafrika.

Kufra, das bisher noch keine Europäer gesehen hatte, wurde zur großen Herausforderung für Gerhard Rohlfs. Zweimal mußte er seine Expedition abbrechen. Im Winter 1874 und 1875 versuchte er, ein Gebiet zu durchqueren, in dem es seit fünfzehn Jahren nicht mehr geregnet hatte. Die wenigen Wasserstellen waren leer. In den kleinen Oasen hatte der Wüstensturm die Palmenhaine geknickt. Die winzigen Herden der Schafe und Ziegen lagen als Skelette an der Zufahrtsstraße. Selbst die Lektion, die er bei der Legion gelernt hatte – mit einem Minimum an Wasser und Verpflegung die Wüste zu durchqueren – versagte hier. Rohlfs mußte nach Tripolis zurückkehren. Im Sommer 1879 bricht er zu einem erneuten Versuch auf. Generalstabsmäßig plante er diesmal den Vorstoß ins Innere, exakt nach dem Vorbild eines Erkundungsmarsches der Legion – und er hatte Erfolg: Auch im unwegsamsten Saharagebiet schaffte seine Karawane 95 Kilometer am Tag. Er erreichte die Kufra-Oasen, eine damals noch fast 100 Kilometer breite Oase mit Palmenwäldern, zu Tausenden sprudelnden Quellen, mit Schlössern der Nomadenfürsten, Gärten mit Tausenden von Blumen und hochaufragenden Minaretten der Moscheen. Rohlfs wurde von den Oberen der Oase freundlich aufgenommen, doch erstarkte in der Oase zur gleichen Zeit eine Geheimsekte, die der Senussi. Rohlfs entging mit Müh' und Not drei Mordanschlägen, die sie auf ihn verübten. Selbst die Oasenherrscher, die der mörderischen Sekte nicht Herr werden, empfahlen ihm die baldige Abreise. In seinem Tagebuch bekannte Gerhard Rohlfs: »Ich habe wahrscheinlich die schönste Sahara-Oase gesehen. Trotzdem möchte ich nicht nochmals die Reise zu ihr wagen. Ich bin in den Monaten dort um Jahre gealtert. Die Kleidungsstücke schlottern mir um meinen Körper. Aber was ist ein Leben ohne Abenteuer.«

Erst 1932 folgte ein Expeditionskorps unter dem italienischen Marschall Graziani der Piste von Gerhard Rohlfs nach Kufra. Während Rohlfs sieben Kamele mit sich führte, benötigten die Militärs von Mussolini 5 000 Kamele und 4 300 Soldaten. Zweihundert Bomber legten die Oasendörfer in Trümmer.

Gegen Ende seines Lebens bezeichnete der neben Rohlfs und Heinrich Barth dritte große deutsche Afrikaforscher, Gustav Nachtigal, Afrika als einen »verhängnisvollen Kontinent«. Gerhard Rohlfs' Einstellung hatte sich dagegen nie geändert. Schon zu Beginn des Feldzugs in die »Große Kabylei« hatte er gesagt: »Dieses Land ist wie ein Rauschmittel. Man muß es genießen, aber man darf nicht daran zugrunde gehen.«

Doch an einem Novembernachmittag im Jahr 1857 verschwendete Gerhard Rohlfs noch keinen Gedanken an Saharaoasen und geheimnisvolle Oasen-Orakel. Sein ganzes Interesse richtete sich auf die bizarre Gebirgsgruppe, die den Horizont östlich von Algier beherrscht. Drei Spähtrupps kommandierte er, um den Weg für die Divisionen von Marschall MacMahon bis zur zentralen Gebirgsgruppe, den über 2000 Meter hohen Gipfeln der Djurdjura, zu erkunden. Sie gerieten in Schneeschauer und Hinterhalte. Rohlfs hatte einen untrügbaren Instinkt, wie man selbst das unwegbarste Gelände überwinden konnte. Er machte die abgelegensten Ziegenpfade aus, die auch größere Truppenformationen passieren konnten, erstieg die Durchgänge in den Kalksteinwänden und markierte genau die befestigten Punkte, die dem Vormarsch der französischen Truppen gefährlich werden könnten. Bereits in den Vorbergen war 1856 die erste Offensive von Marschall Mac-Mahon gescheitert. In seinem Regimentsbericht hatte Colonel Martinez geschrieben: »Die Vorbereitungen waren schlecht. Überall gerieten wir in Hinterhalte. Wir hatten keine ausreichenden Informationen über die Streitkräfte der Kabylen. Hinter jeder Kaktushecke, hinter jedem Feigenbaum hockten die Heckenschützen der Kabylen. Sie trugen eine ›Gandourah‹, in der Taille mit einem Ledergürtel gerafft, die Beine sind durch dick gestrickte Wollstrümpfe geschützt. Der Kopf ist von einer ›Chechia‹ bedeckt, eine Art Kampfhelm aus einer Mischung von Leder, Lehm und Öl, die zu einer harten Masse zusammenwächst. Die Kampfweise der Kabylen ist unberechenbar. Aussichtslose Stellungen halten sie nicht, schießen aber während des Rückzugs wie verrückt. Beim Kampf stoßen die Kabylen kehlige Schreie aus, beschimpfen die Ungläubigen und machen keine Gefangenen. Von Legionären, die sie bei einem Stoßtrupp abfingen, schickten sie die Köpfe und blutigen Uniformen zurück. Wie die Helden Homers stachelten sie sich gegenseitig zum Kampf an und belegten mit ellenlangen Flüchen die Legionäre in ihren Stellungen. Wir mußten bald einsehen, daß die Kabylen keine Nomadenreiter aus dem Süden der Wüste waren, die sofort zurückwichen. Sie hatten eine erstklassige Infanterie entwickelt. Sie verstanden es, überraschende Attacken durchzuführen und verzögerten unseren Vormarsch durch Dutzende von Hinterhalten.«

Sergeant Rohlfs legte nahe der heutigen Stadt Tizi Ouzou, etwa einhundert Kilometer östlich von Algier, Fort Napoleon an. Als schwere Schneefälle einsetzten, erreichte die Vorhut der Legion das Dorf Ischeriden, das spätere Fort National. Rohlfs hatte ein Plateau ausgemacht, von dem aus das Dorf günstig zu beschießen war, das von den Kabylen in eine weit verzweigte Festung verwandelt worden war, mit Schutzwällen, verdeckten Unterständen und Zitadellen. Sergeant Rohlfs, der in der ersten Linie stand, fiel auf: »Das Artilleriefeuer hatte geringe Wirkung. Alle Angriffswellen blieben im Gegenfeuer stecken. Bald häuften sich Leichenberge vor den Schutzwällen. Vorübergehend zog sich die Legion zurück. Die Zuaven stürmten nach vorne. Umsonst. Später zeigte es sich, daß unsere eher umständlichen langen Umhänge die Rettung brachten. Was die Zuaven und die Grenadiere der 24. Liniendivision nicht schafften, erreichten die winzigen Kampfgruppen der Legion.« Colonel Martinez hatte sie nach den ersten Berichten von Rohlfs zusammengestellt. Ein Anführer der Beni-Yenni sagte nach seiner Gefangennahme: »Wir hatten uns an die langen Kolonnen gewöhnt, die zwar mit voller Wucht, aber doch schwerfällig an unsere Linien heranrückten. Plötzlich kamen kleine Trupps von vier oder fünf Mann über unsere Schutzmauern und besetzten einen Abschnitt, während gezieltes Artilleriefeuer ihre Einbruchstellen absicherte. Aber den Ausschlag gaben schließlich die ›langen Umhänge‹. Sie flößten uns Angst ein, waren der Anlaß, die Barrikaden zu verlassen. Als wir diese Männer in den langen Umhängen sahen, die unsere Unterstände von hinten nahmen, ohne auf unser Feuer zu antworten, diese schweigsamen Gestalten, die auch im wildesten Feuer nicht wankten, begann unsere Flucht.«

Rohlfs erklärte in seinem Kriegstagebuch: »Wir brauchten diesen Moment der Überraschung und der Einschüchterung. Im Vergleich mit europäischen Maßstäben war das Dorf Ischeriden ein ganzes Geflecht von Dutzenden Dörfern. Es war aber ausgebaut worden. Nach europäischem Standard war es weit von einem Fort entfernt. Als wir diese ersten Breschen geschlagen hatten, wehten auch über den anderen Dörfern in den Wäldern der Walnußbäume und Eichen bald die weißen Fahnen.«

Die Kommandos klangen vertraut. Die weißen Uniformen der in langer Kolonne heranrückenden österreichischen Regimenter waren ihm bis auf die Schärpen und Achselklappen bekannt. Sergeant Rohlfs hatte mit seinem Zug in den Ruinen eines Ziegelwerks auf einer Anhöhe vor dem Dorf Magenta Stellung bezogen, das zwischen den lombardischen Städtchen Turbigo und Robeccheto liegt. Am 4. Juni 1859 gegen fünf Uhr morgens notierte er: »Keine Wolke am Himmel. Es wird ein heißer Tag werden.« Auch der künftige Geograph zeigt sich: »Das Gelände ist für einen zügigen Aufmarsch ungeeignet. Die lombardische Ebene ist zerstückelt von Weinbergen und Obstplantagen. Kein Feld ist größer als ein Hektar. Und jedes ist umsäumt von Büschen und kleinen Steinmauern. Wir mußten Dutzende von Stoßtrupps losschicken, um aufzuklären. Jeder brachte nur Detailinformationen mit. Der Gegner war gerade auf einer Breite von nur einigen hundert Metern auszumachen. Dann verlor sich die Sicht auf seine Stellungen wieder in Mauern, Büschen und winzigen, verschilften Flußläufen. Von Vorteil ist, daß die Österreichischen sich offensichtlich gegen jede Armeereform stemmen. Sie marschieren immer noch mit den weißen Uniformen des Siebenjährigen Kriegs und bieten ideale Zielscheiben vor dem Grün der Rebstöcke und Olivenhaine.« Und Rohlfs fügte hinzu: »Meine Legionäre langweilte dieser Krieg. Sie waren zur Legion gekommen, um Abenteuer in der Wüste zu erleben. Und jetzt befanden sie sich, nach Sewastopol, schon zum zweiten Mal auf einem europäischen Kriegsschauplatz.«

Die Wachen am alten Ziegelwerk waren an den Ursachen dieses Feldzugs völlig uninteressiert. Einziges Thema beim Rundgang war die Frage, wie gefüllt die Weinfässer von Magenta seien und ob es mehr alte als junge Weiber gäbe. Den Namen Graf Camillo Benso di Cavour hatten sie noch nie gehört. Der sechsundvierzigjährige Graf Cavour war erstmals während des Pariser Kongreß' nach der Niederlage Rußlands auf der Krim als Diplomat auf der europäischen Bühne aufgetreten und hatte dabei die Interessen des Königreichs Sardinien-Piemont, das als Siegermacht am Treffen der europäischen Großmächte teilnahm, vertreten. Cavour war ein bescheidener, zierlicher Mann, trug einen Goldkneifer und einen vornehm schmalen Bart. Als nüchterner Realist stand er der neuen Zeit aufgeschlossen und liberal gegenüber. Den Konferenzsessel hatte Cavour einer Initiative Englands zu verdanken, das den ehrgeizigen König Viktor Emanuel II. von Sardinien dazu überredet hatte, mit fünfzehntausend Mann der piemontesischen Armee an der Expedition zur Halbinsel Krim teilzunehmen.

Graf Cavour mußte aber sehr bald erkennen, daß er nur als Statist auf der Konferenz diente. Er hatte gehofft, England und Frankreich würden sich für die Einigung Italiens als Belohnung einsetzen. Als ersten Schritt forderte er den Zusammenschluß Sardinien-Piemonts mit Parma und Modena. Im Juli 1815 hatte der Wiener Kongreß Italien in eine Unzahl von winzigen Königreichen und Fürstentümern zerstückelt, wobei Österreich die Lombardei und Venetien zugestanden wurden. Londons Gesandter Lord Clarendon bedauerte in Paris wohl die Fehler des Wiener Kongreßes, konnte Cavour allerdings keine Hoffnung machen: »Das Staubgefäß der gegenwärtigen italienischen Staaten läßt sich nur sehr schwer zu einer größeren Einheit zusammenfügen.« Cavour verließ Paris mit der Erkenntnis, daß die Vereinigung Italiens auf diplomatischem Weg nicht zu erreichen sei und das kleine Königreich Sardinien-Piemont allein auch nicht zu einer militärischen Lösung fähig sein würde. Es brauchte einen großen Verbündeten. Mit feinem Gespür machte Cavour den ehrgeizigen französischen Kaiser Napoleon III. als geeigneten Promoter für die Einigungsidee aus. Bereits im Juli 1858 traf er sich mit dem Kaiser der Franzosen in Plombières. Dabei wurde ein Abkommen unterzeichnet, das Sardinien-Piemont den militärischen Beistand gegen die Österreicher zusicherte. Im Gegenzug wurden Nizza und Savoyen endgültig Frankreich zugesprochen. Um die neue Allianz zu festigen, handelte Graf Cavour auch noch einen Heiratsvertrag aus: Die zweitälteste Tochter Viktor Emanuels, Klothilde, soll den Prinzen Jerome Bonaparte heiraten.

Noch heute wird von den Historikern angezweifelt, wie ehrlich die Begeisterung Napoleons für die italienische Sache war. War da der Einfluß seiner Mätresse, der schönen Virginie de Castiglione, Cousine und Komplizin des Grafen Cavour, im Spiel? Die Rechnung des listigen Piemontesen ging schnell auf. Beunruhigt über die nationale Agitation in den italienischen Kleinstaaten hatte Kaiser Franz Joseph I. die Garnisonen in Venetien und in der Lombardei verstärkt. Dann kam das Ultimatum Wiens an Viktor Emanuel, seine Armee sofort zu entwaffnen. Dieser lehnte ab. Drei Tage danach überschritten die österreichischen Truppen den Ticino. Das war am 26. April 1859, Cavour hatte seinen »Casus belli«.

Als Colonel Martinez nach dem Morgenappell des 4. Juni 1859 die Kolonnen des 2. Fremdenregiments ausschwärmen ließ, machte er kein Hehl aus seinem Unmut über die schlechten militärischen Vorbereitungen. In den Tagen vor dem Sturm auf Magenta hatte er nicht nur alle Berichte seiner Spähtrupps gesammelt, sondern auch gesehen wie dilettantisch die fünf französischen Divisionen an die fünf Armeekorps der Österreicher herangeführt wurden. Dort, jenseits der Weinberge, kommandierte allerdings nicht mehr der legendäre Radetzky, der geniale Exerziermeister der österreichischen Armee in Italien, der noch mit 80 Jahren siegreich die Schlachten von Custoza und Novara geschlagen hatte, sondern Feldmarschall Franz Graf Guylai von Maros-Nemeth und Nadaska. Er hatte in der k.u.k. Armee einen guten Ruf, besaß aber nicht wie Radetzky das Geheimnis des Siegs. Er war mehr der Typ des routinierten Troupiers, der gelegentlich zur Pedanterie neigte. Außerdem verstand er sich nicht mit seinem Generalstabschef, dem Feldmarschall-Leutnant Franz Kuhn Freiherr von Kuhnenfeld, einem brillanten, unkonventionellen Planer. Aber auch auf französischer Seite gab es nur einen General, dem dieser Rang tatsächlich zustand, Mac-Mahon, ehemals Kommandeur des 1. Fremdenregiments. Mac-Mahon mußte seine fünf Divisionen nach der wirren Devise Napoleons »Man wird sich unterwegs organisieren« anrücken lassen.

Vor der Abfahrt von Mers-El-Kebir hatten die Legionäre von Martinez neue Karabiner erhalten, die ihre alten Gewehre, Jahrgang 1822, ersetzen sollten. Aber bereits beim ersten Probeschießen erkannte Martinez, daß die neuen Gewehre nichts taugten. Auf hundert Meter mußte man über die natürliche Sichtlinie das Ziel visieren; bei einer Entfernung von zweihundert Metern war der Legionär gezwungen, den Daumen der linken Hand auf den Lauf zu legen, um über ihn das Ziel anzupeilen, bei dreihundert Metern war es dann das Daumengelenk, das den Gegner anvisieren sollte. Martinez' Reaktion war verständlich. »Unsere früheren Gewehre gehörten zwar ins Museum, die neuen allerdings eignen sich besser für einen Zirkus. Sie erfordern akrobatische Fähigkeiten. Und nicht alle meine Legionäre sind früher Seiltänzer und Feuerschlucker gewesen.«

In der besetzten Bergfestung Ischeriden hatte Martinez den Marschbefehl erhalten. Nur sechshundert Legionäre sammelten sich auf dem Exerzierplatz. Die anderen lagen in einem Notlazarett mit Typhus und Cholera. Auch die beiden Regimentsärzte waren gestorben. Drei Sanitätssergeanten begleiteten die vom Bergkrieg in der Kabylei erschöpfte und ausgelaugte Kolonne. In Ajaccio auf Korsika gab es eine Zwischenstation. Dann landete das Regiment in Genua. Altgediente Legionäre erinnerten sich an die Regengüsse beim Marsch durch die Küstenberge auf Constantine. Dann folgten Wochen des Abwartens. Zuletzt mied Colonel Martinez die Stabsbesprechung. Lieber spielte er mit seinen Offizieren und Sergeanten Karten.

Am 4. Juni kündigte eine schwere Kanonade den Kampf um Magenta an. Bereits gegen zehn Uhr morgens stockte der französische Angriff; die Regimenter steckten in den Weingärten und Schilfsümpfen fest. Doch gerade die Unübersichtlichkeit des Gefechtsfelds gefiel dem früheren Partisanenkämpfer Martinez. In Gruppen, nicht größer als zehn Mann, dirigierte er seine Truppe bis zum Bahndamm, unmittelbar vor dem Dorf Magenta. »Wir haben die normale Linieninfanterie hinter uns gelassen«, schrieb Rohlfs in einer Gefechtspause. »Nur ein Bataillon Zuaven hält unseren rechten Flügel. Sie beherrschen ebenfalls den Kampf aus dem Hinterhalt, das Verstecken in den Buschwäldern und das überraschende Vorrücken. Gegen Mittag versuchten die Österreicher, aus Magenta auszubrechen. Es waren zehn bis zwölf Kolonnen, die vorstießen. Die Vorhut verschwand unter den Rauchschwaden unserer Artillerie. Neue Kolonnen rückten nach. Am Bahndamm fingen wir sie ab. Wir bildeten keine geschlossene Gefechtslinie. Ein Dutzend Kampfgruppen überfiel eine

Kolonne, zog sich unvermittelt wieder zurück und stieß, wenn sich der Gegner neu formiert hatte, abermals vor. Jetzt bewährte es sich, daß wir das Signalsystem der Araber übernommen hatten. Es benötigt keine Kuriere und keine Trompetensignale und besteht nur aus kurzen Zurufen, die in wenigen Minuten alle Einheiten erreichen, auch wenn sie noch so zersplittert sind.«

Erneut versuchte die österreichische Artillerie, die vorrückenden Legionäre aufzuhalten. Gegen vier Uhr Nachmittag erreichte das Regiment von Martinez die ersten Häuser von Magenta, wo sich Tiroler Schützen verschanzt hatten. »Die schossen mit der Geübtheit altgedienter Wilderer«, kritzelte Sergeant Rohlfs am Ende der Schlacht in sein Tagebuch. »Die erste Welle war in wenigen Minuten weg. Einige Bataillone der Linien-Infanterie und der Zuaven zogen sich wieder zum Bahndamm zurück. ›Halten, halten‹, schrie Martinez. Wir lösten uns in Einheiten von höchstens drei Mann auf. Alles sah auf den ersten Blick nach Unordnung und Verwirrung aus. Aber bald erkannten die Tiroler Schützen die Gefährlichkeit des neuen Angriffs, denn wir boten keine festen Ziele mehr. Wo immer sich ein Flintenlauf an einem Fenster zeigte, kam der gezielte Gegenschuß, der Wurf einer Granate. Meine Gruppe arbeitete sich durch die große Straße, sechzig Meter vom Hotel Belvedere entfernt. Plötzlich tauchte Colonel Martinez auf. Sein Gesicht war blutüberströmt. Eine Kugel hatte ihm die linke Augenbraue weggerissen. Trotzdem rückte er seelenruhig sein mit Gold gefaßtes Lorgnon zurecht und befahl mir, mit meinen Legionären die Tür des Belvedere aufzubrechen, in dem sich eine Kompanie Tiroler Schützen verschanzt hatte. Wir arbeiteten uns vor. Martinez holte ein Dutzend anderer Gruppen heran. Um die Pforte aus schwerem Eichenholz einzubrechen, holte ich den Haupttrommler Schaffler aus Innsbruck, einen riesigen Kerl mit Vollbart. Er schrie im gutturalem Tirolerisch seinen Landsleuten im Innern des Hotels zu: ›Euch Banditen holen wir uns jetzt.‹ Mit einem Ruck brach er die Türe ein. Es gab eine Schießerei um die Rezeption, um jede Treppe, um jeden Flur. Zuletzt glich das Belvedere einem Leichenhaus. Wo noch vor wenigen Wochen Gäste diniert hatten, stapelten sich jetzt die Toten.«

Im offiziellen Regimentsbericht wurden die Tiroler »Dämonen« genannt. Bis zum Einbruch der Dunkelheit brachen die Legionäre Fenster und Türen ein, stachen mit ihren Bajonetten die Schützen aus Tirol ab. Erst gegen zehn Uhr wurde es dunkel. Jetzt erst konnte Martinez eine Meldung an Marschall Mac-Mahon senden: »Der letzte Widerstand ist gebrochen.« Der Oberkommandierende reagierte kurz: »Die Legion steht in Magenta, die Sache ist gelaufen.« Wenige Tage danach erhob Napoleon III. den Marschall in den Rang eines Herzogs von Magenta. Die Legionäre waren in Magenta nach der Schlacht damit beschäftigt, ein Abendessen zu organisieren. Der Nachschub hatte versagt und so schnitten sie sich ihre Steaks aus den von Kugeln zerfetzten Pferden und plünderten die wohlgefüllten Weinkeller Magentas. Bis zum Morgengrauen dauerte das Gelage. Erst dann begruben sie ihre Toten. Gerhard Rohlfs mußte seine Gruppe antreiben: »Die Mittagstemperaturen steigen bis zu vierzig Grad. Die Leichen stanken schon nach wenigen Stunden unbeschreiblich.«

Südliche Begeisterung erwartete Colonel Martinez und seine Legionäre beim Einmarsch in Mailand. »Wir wurden wie Helden gefeiert«, erinnerte sich Rohlfs, »und unsere Legionäre gewannen schnell die Gunst der Damen der Gesellschaft, sehr zum großen Ärger der Freudenmädchen.« Sogar eine Sonderveranstaltung in der Scala mit einer Aufführung der Mozartoper »Figaros Hochzeit« wurde ihnen gegeben. Reichlich gelangweilt saßen die Legionäre im Musentempel. Berichtet Rohlfs: »Die waren froh über das Finale und eilten sofort zu ihren Herzensdamen und ihrem freien Wein.« Mailand vergaß die Legion nicht. Im Jahr 1909, zum fünfzigjährigen Jubiläum der Befreiung, kam Mailands Bürgermeister nach Sidi bel Abbes, um der Legion die »Goldene Erinnerungsmedaille« zu verleihen.

Bereits am 20. Juni war das 2. Fremdenregiment wieder auf dem Marsch, diesmal in Richtung Mantua, mit dem Auftrag, den Abzug der Österreicher zu überwachen. Am 24. in der Früh um halb vier war ein Legionsspähtrupp auf das Regiment Neipperg gestoßen, wobei es zu einem kurzen Schußwechsel kam, bis Martinez den Rückzug befahl. In der Nähe von Solferino biwakierten die Legionäre dann bis zum Morgengrauen. Anders als die Planer von Marschall Mac-Mahon erkannte Martinez sofort die Situation: Das sind keine versprengten Einheiten auf dem Rückzug, da marschiert eine Armee zur Offensive. Nur wußte er nicht, daß sie unter dem persönlichen Befehl von Kaiser Franz Joseph I. stand. Bei Sonnenaufgang ging dann auch den Generalstäblern auf beiden Seiten ein Licht auf, wie brisant die Situation war. Die beiden Armeen standen sich fast parallel gegenüber, getrennt nur durch einige Wiesen und sanfte Hügel. Es bedurfte bei beiden nur einer Vierteldrehung, um aufeinander loszumarschieren. Marschall Mac-Mahon kommandierte 100 000 Franzosen und 50 000 Mann des Königreichs Sardinien-Piemont. Österreichs Kaiser befehligte eine Armee von 126 000 Mann. Über zwanzig Kilometer lang war die Front. Jeder Seite fehlte jedoch der strategisch denkende Kopf: Wie im Siebenjährigen Krieg marschierten die Regimenter aufeinander los.

Das Fremdenregiment wurde auf die Höhe von Cavriano angesetzt. »Eine winzige Erhebung«, so zeichnete Gerhard Rohlfs die Lage, »mit einigen Zypressen. Zweimal an diesem Tag, der heiß wie in Nordafrika war, kamen wir auf die Hügelkuppe. Jedesmal wurden wir durch das Regiment Lacy wieder aus der Stellung geworfen. Erst als sich die Schlacht an den Mauern des Friedhofs von Solferino entschieden hatte, konnten wir endgültig die Kuppe halten. Fast ein Drittel der Legionäre war gefallen.« Zwölf Stunden dauerte die Schlacht, die entschieden wurde, als Napoleon mit seiner Garde-Kavallerie eintraf, die die Front der Österreicher aufbrach.

Gegen Abend zog ein schweres Gewitter auf. »Die Leichen wurden vom Sturzregen wie von einem Wasserfall über das abschüssige Schlachtfeld geschwemmt«, schilderte Augenzeuge Rohlfs. Noch ein Beobachter war auf dem Schlachtfeld: Im persönlichen Stab Napoleons befand sich ein Schweizer Zivilist, Henri Dunant. Eigentlich wollte er mit den Monarchen nur eine geschäftliche Unterredung führen, doch der sonst so nüchterne Kaufmann vergaß den eigentlichen Zweck seines Besuches. Noch ganz entsetzt unter dem Eindruck der Schlacht, wo »Männer zu Tausenden fallen, mit abgerissenen Gliedern, aufgeschlitzten Bäuchen. Und es fehlt jede medizinische Hilfe«, faßte er den Entschluß, ein Hilfswerk zu gründen, das Internationale Komitee vom Roten Kreuz; im Jahre 1864 trat dann auf seine Veranlassung eine Konferenz zusammen, die die Genfer Konvention beschloß.

Solche humanitären Überlegungen sind Colonel Martinez, der im Gewitterregen sieht, wie sich die Weißröcke des österreichischen Kaisers aus der zwischen zwei Hügeln eingezwängten Hauptstraße von Solferino langsam zurückziehen, völlig fremd. Er gibt die Parole aus: »Frei zur Plünderung.« Die Legionäre holen sich auf von Regen und Blut aufgeweichten Wiesen die Uhren, Ringe und sonstigen Habseligkeiten der toten Österreicher.

Nochmals ziehen die Legionäre im Triumph in Mailand ein. Wieder gibt es Gelage und Redouten. Nur Caporal Moriubaldini bleibt im Quartier, scheute jede Begegnung mit den Mailändern, obwohl er Italiener ist. In Sidi bel Abbes klärt sich seine Zurückhaltung. Colonel Martinez schlug ihn wegen eines besonders geschickten Umfassungsangriffs an der Höhe von Cavriano für die Ehrenlegion vor. Für diese ehrenvolle Auszeichnung muß jeder Legionär seine wahre Identität preisgeben. Einige Tage zögerte der schweigsame Draufgänger, dann legte er seine Papiere vor: Caporal Moriubaldini war ein Prinz aus dem uralten römischen Adelsgeschlecht der Ubaldina, Besitzer von drei Schlössern, von über tausend Hektar Landwirtschaft und mit dem Status eines Bischofs, wie schon sein berühmter Ahn, Ottaviano Ubaldini, der von Dante wegen seines Skeptizismus in das Inferno verdammt worden war. Ein Vermerk in der Personalakte im Legionsarchiv spricht davon, daß der Papst auf Ersuchen von Martinez die Priesterweihe annulliert habe. Doch ist diese Eintragung bewußt allgemein gehalten. Unter seinem Namen Ubaldini blieb der einstige Bischof dreiundzwanzig Jahre bei der Legion und avancierte bis zum Capitaine. Im Alter von dreiundsechzig Jahren kehrte Ubaldini auf seine Güter in Umbrien zurück.

Für Gerhard Rohlfs war das italienische Abenteuer abgeschlossen: »Auch die größte Saufgurgel von Legionär kann nicht die Unmengen von Wein trinken, die die Mailänder bereitgestellt hatten.« Und während der Rückreise nach Algerien erkannte er bereits: »Wir haben Mailand im genau richtigen Augenblick verlassen. Wenig später hätten uns unsere Freunde wahrscheinlich verprügelt.« Napoleon hatte plötzlich seine Politik gewechselt. Solferino war nur ein halber Sieg für Frankreich und es gab keinen weiteren Feldzug. In Villafranca unterzeichnete er einen Waffenstillstand; im Frieden von Zürich, November 1859, bleibt Venetien bei Österreich, die Lombardei fällt an Frankreich. Erst 1860 gibt er die Lombardei im Tausch gegen Nizza und Savoyen an Italien und erst 1866 räumt Österreich Venetien, behält dafür aber Südtirol und Istrien.

Rohlfs beschrieb ohne sonderliche Emotionen das Blutbad auf der Anhöhe von Cavriano, doch jenseits der Verlustmeldungen seiner Gruppe sah er die größeren Zusammenhänge: »Napoleon mußte zurückstecken. Preußen meldete seine neue Rolle als europäische Großmacht an, unterstützt von den anderen deutschen Kleinstaaten.« Ähnlich beurteilte die energische und ehrgeizige Kaisergemahlin Eugénie die Situation. Den Gemahl flehte sie an: »Beeilen Sie sich, Frieden zu schließen, sonst greift Preußen Sie am Rhein an.« Berlin hatte vom »Deutschen Bund« die Erlaubnis eingeholt, 350 000 Mann zu mobilisieren. An Frankreichs Ostgrenzen standen nur 250 000 Mann der zweiten Linie unter dem Kommando des wenig befähigten General Plessier. Napoleon mußte zurückstecken.

Nur geringen Anteil am Lombardeifeldzug hatte General Bazaine, der die 4. Division an der linken Flanke kommandierte. Er war noch immer der Abenteurer der Legionsjahre, nur ein wenig schwerfälliger geworden – körperlich wie auch geistig. Nur sein Ehrgeiz war ungebrochen. Er forderte nach Solferino ein Armeekommando und erhielt es auch, denn Napoleon III. gefiel der Schwadroneur. Er konnte nicht ahnen, daß der korpulente Haudegen etwa zehn Jahre später seinen Sturz besiegeln sollte.

Erstmals durfte ein Regiment der Fremdenlegion an der Parade des Nationalfeiertags, am 14. Juli 1859, teilnehmen, »Wir hatten neue Uniformen bekommen«, bemerkte Rohlfs in seinem in Wachsleinen gebundenem Tagebuch. »Hernach hieß es in einem Tagesbefehl von Colonel Martinez, daß uns die Pariser wegen unserer ›schönen und strengen Haltung‹ besonders applaudiert hätten.« Feiern wie in Mailand gab es jedoch nicht. Die Legionäre wurden in Fort Nogeant einquartiert, das bis heute von den Soldaten mit dem Képi blanc bewacht wird. Rohlfs notierte leicht verbittert: »Wir hatten in vier Monaten fünf Kämpfe geführt, zwei große Siege errungen. Das Ende waren verschimmelte Kasematten.« Zwei Tage nach der Parade begann die Einschiffung in Toulon nach Mers-El-Kebir. Wieder spürte Rohlfs die Sonderstellung der Legion: »Wir verließen den heimatlichen Kontinent. Unter den Legionären gab es jedoch keinerlei Abschiedsschmerz. Es kamen auch keine Desertionen vor. Als die weißen Häuser über den bräunlichen Felsen an der nordafrikanischen Küste auftauchten, jubelten die Legionäre. Die Heimatlosen aus ganz Europa empfinden Algerien als ihre Heimat.«

Eine einhundertzwanzig Mann starke Kapelle erwartete die Legionäre bei ihrem Einzug in Sidi bel Abbes, die vom Musikchef Wilhelm dirigiert wurde und einen neuen Marsch spielte: Den »Boudin«, den Parademarsch der Legion, dumpf pochend und doch mitreißend. Einige Jahre war der Komponist des »Boudin« Regimentskapellmeister des 4. preußischen Linien-Infanterieregiments gewesen. Dann hatte er in Berliner Cafes aufgespielt. Spielschulden zwangen ihn jedoch zur Flucht und die Legion nahm ihn auf. Ein Tambourmajor erkannte sehr bald die Fähigkeiten des Musikanten aus Berlin. Nach zwei Jahren erhielt er vom Kommandeur des 1. Fremdenregiments die Erlaubnis, eine Kapelle aufzustellen.

Zuvor hatte es nur Trompeter für den Zapfenstreich und rasch zusammengestellte Musikanten gegeben, um den Offizieren aufzuspielen. Zwar hatte der erste Legionskommandeur, Colonel Stoffel, bereits eine Musik verordnet, zum »Vergnügen der Legionäre«, doch wurde aus diesem Plan nichts. Die Legionsmusik diente nur rein militärischen Aufgaben. Jede Kompanie bekam einen Hornisten und Trommler. Beide haben sich, so bestimmte die Instruktion, immer neben dem Capitaine zu halten, um seine Kommandos weiterzugeben, das Zeichen zum Angriff zu geben oder auch die Order »Feuer einstellen«. Erst mit Musikmeister Wilhelm aus Berlin kam die Wende. Er komponierte nicht nur den Parademarsch der Legion, sondern schuf aus Signaltrompetern ein Orchester, das den Radetzkymarsch ebenso spielte wie die 9. Symphonie von Beethoven. Orchestergründer Wilhelm fand in den zwei Regimentern Musiker aus allen großen Kapellen, die damals in Amsterdam, Berlin, Hamburg, Wien, Lissabon und Rom spielten. Er wies den künftigen Weg der Legionsmusik: »Sie spielt Märsche, leichte Unterhaltung und Symphonien.« Zu dieser Entwicklung trug auch Kapellmeister Doering bei, der im Wiener Hotel Imperial die Nachmittagsmusik dirigierte, bis er wegen zu großer Spielschulden auf das Dirigentenpult der Legion auswich. Doering beherrschte die Wiener Walzerseligkeit, die zur Sonntags-Attraktion in Sidi bel Abbes wurde.

Für die Musik entstand eine eigene Hierarchie: Der Kapellmeister ist Commandant, auch wenn er nie eine Offiziersschule besucht hat, der Stellvertreter Capitaine, die Spezialisten im Orchester haben den Rang eines Lieutenants. Zweimal in der Woche marschierte die Musik der Legion auf: Am Mittwoch vor dem Offizierskasino und am Sonntag gegen 10 Uhr am Hauptplatz von Sidi bel Abbes, dem Place Carnot. Im Jahr 1887 dirigierte Doering einhundertundachtzig Musiker aus zwölf europäischen Ländern.

Die Legionsmusik griff außerdem auf das Musikgut der Türken zurück und übernahm das Klingelspiel, die Cembali, die die Paschas auf ihren Reisen begleiteten. Zur Erinnerung an das Ehrenzeichen der Vertreter der Hohen Pforte in Konstantinopel sind sie mit Pferdeschwänzen verziert; der Schwanz eines Pferdes, das unter einem kämpfenden Krieger getötet wurde, galt als Beweis von Mut. Vor dem Zelt des Paschas wurde er als Symbol der Befehlsgewalt zur Schau gestellt. Aus den Regimentern der französischen Könige übernahm die Legion die Querpfeife, die bis zur Revolution die Trommeln der Regimenter begleitet hatte. Ihr hoher Ton gibt den Märschen der Legion die besondere Faszination. Monsieur Arnaud, Dirigent der Pariser Oper kam im Mai 1933 nach Sidi bel Abbes, um die Musik bei drei Festkonzerten zu leiten: Er war merklich beeindruckt: »Diese musizierenden Soldaten verkörpern eine immense Melancholie, die an alle Landschaften Europas erinnert, aus denen diese Legionäre kommen. Der Anblick dieser korrekten Legionäre hinter ihren Instrumenten, die präzise wie ein Wachhabender auf das Zeichen ihres Dirigenten warten, überschreitet weit die Grenzen der Musik, die sie spielten. Es war geradezu eine ›Phantom-Musik‹. Die deutlichen Umrisse junger Mädchen tauchten in meiner Erinnerung auf, und sicherlich auch bei den Legionären, die unten vor dem Pavillon ihr Glas Wein tranken. Da tauchte als Illusion die kleine Bayerin mit ihren kurzen schweren Röcken auf, die junge Rumänin mit ihrer bunt bestickten Bluse, die Schwedin mit ihrem traditionellen hohen Kopfschmuck. Die Musik entführte diese Legionäre aus Sidi bel Abbes. Ihre Erinnerung holte hervor, was sie zurückgelassen hatten, ehe sie Soldaten in der Fremde wurden. Die Ruhe und der große Friede, den sich alle Menschen wenigstens einmal in ihrem Leben wünschen erfüllt ihre Träume. In Gedanken waren sie wohl in einem Dorf in Niederösterreich, einer Kleinstadt in Holland oder einer Fischerkolonie in Norwegen. Die Musik holt alte Erinnerungen hervor. So lauscht der Legionär der Weise von ›Ich hab' mein Herz in Heidelberg verloren‹, aber auch der aktuelleren Melodie: Mein Fett steht auf der Piste nach Süden«.

Kaum aus den Schlachten von Magenta und Solferino zurückgekehrt, marschierte Sergeant Rohlfs mit seiner Gruppe von Sidi bel Abbes aus wieder in den Süden. Die Richtung: Marokkos Grenze. Dort hauste in den Senken einer achtzig Kilometer langen, zwanzig Kilometer breiten Bergkette zwischen dem ausgetrockneten Flußbett des Qued Kiss und der Oase Moulouya der Berberstamm der Beni Snassen. Colonel Martinez, der Expeditionschef war, charakterisierte sie als Räuber, die nur gelegentlich ihre Herden auf die Weiden treiben. Sergeant Rohlfs, der die Vorhut anführte, war von der Szenerie beeindruckt: »Plötzlich tauchten aus der Ebene rötliche Berge auf. Sie waren nicht höher als zwei- bis dreihundert Meter. Von unserer Piste aus erschienen sie uns riesengroß. Davor einige grüne Flecken. Die Oasen. Darüber mehrstöckige Lehmgebäude. Die Forts der Berberhäuptlinge.« Martinez ließ sich auf keine Verhandlungen mit den Berberfürsten ein. Er befahl kurz: »Alles niederbrennen.« Mit Unbehagen beobachtete Rohlfs, wie ganze Dörfer niedergebrannt wurden, die Legionäre die bestellten Felder umpflügten und die Getreidespeicher geplündert wurden. Für ihn waren die Berber keine wildwütigen Räuber. In den Ruinen von Lalla-Maghina ging er ihrer rätselhaften Geschichte nach. Während sich Martinez des Stoßzeufzers von Scipio Africanus erinnerte: »Die Berber kann man zwar besiegen, aber nicht beherrschen«, holte Rohlfs aus den Gefangenen die Erinnerungen der Stämme heraus, nicht jedoch Informationen über die Stellungen der Artillerie, die sich in unwegsame Gebirgszüge zurückgezogen hatte.
  Altgriechische Historiker hatten den merkwürdigen Stamm in Nordafrika, wie alle Stämme außerhalb ihres Kulturraums, »Barbaroi« (Stammler) genannt. Damit bekundeten sie ihre Distanz zu Völkern, die nicht unter dem Einfluß ihrer Kultur aufwuchsen. Dabei reichte der Siedlungsraum der Berber ursprünglich von den Kanarischen Inseln bis zum

Nildelta. Als Rohlfs die Außenbefestigungen von Lalla-Maghnia ausforschte, hatten sich die Berber auf den Maghreb und den Atlas zurückgezogen. Wie ein Kriminalist ging der Kundschafter, der eigentlich nur die befestigten Linien der Beni Snassen aufzeichnen sollte, den dunklen Ursprüngen der Berber nach. Während im Gebirge Schüsse knallten, trank Rohlfs mit den Alten Tee und fragte sie nach ihren Mythen und Legenden aus. »Bis weit nach Mitternacht dauerten die Gespräche«, erinnerte sich Gerhard Rohlfs. »Das Lagerfeuer verglimmte allmählich. Aus der Ferne war die Kanonade von Qued Kiss her zu hören. Ich ging dem Mysterium der Libyer nach, dem der Psyller, Nasomanen, Gätuler, Machlyer, Numidier und Mauretanier, die alle schon von Herodot genannt wurden.« Von woher kamen die blauäugigen und blonden Fremdlinge in der Sahara? Waren es die letzten Überlebenden der Westgoten unter König Geiserich? Dagegen spricht die Aussage des römischen Geschichtsschreibers Sylax, der schon unter Kaiser Darius das »Wunder der germanischen Berber in der Wüste« beschrieben hatte. Gerhard Rohlfs äußerte eine Vermutung, die jetzt von dem Tübinger Althistoriker Willy Gaiser wiederholt wurde: Waren die Berber mit der großen Ost-West-Wanderung gekommen, die im mesopotanischen Akkad um 2300 v. Chr. begann?

Erst zur Zeit der Phönizier lichtete sich das Dunkel der Geschichte. Kaufleute, die von den nordafrikanischen Küsten in den Libanon zurückgekehrt waren, berichteten von Kriegern mit Straußenfedern im Haar, bewaffnet mit Schwert, Pfeil und Bogen, die wechselweise Atlaniden, Mauren oder Numier genannt wurden. Gerhard Rohlfs gesteht in einer Eintragung: »Eigentlich sollte ich nur einen befestigten Punkt in dem wilden, unzugänglichen Gebirge aufbauen. Jetzt vergeht jede Nacht damit, daß ich dem Geheimnis der Berber nachspüre. Die militärische Situation interessiert mich kaum noch.«

In den Kampfliedern der Berber wird noch immer an die großen Berberkönige Masinissa, Jugurtha und Juba erinnert, die gegen Roms Legionen kämpften, wie Schemen aus der Wüste kamen und sofort wieder verschwanden. Geschichtskenner Rohlfs schreibt: »Daran änderte sich nichts. Nur die Bewaffnung hat gewechselt. Im Jahre 46 v. Chr. ließ Cäsar den zwölfjährigen Sohn des Berberkönigs Juba im Triumphwagen durch Rom führen. Kaiser Augustus macht die Geisel fünfzehn Jahre später zum Gouverneur von Mauretanien und vermählt sie mit der Tochter von Kleopatra und Antionius. Bereits die Römer hatten die Unberechenbarkeit der Berber erkannt, für die weder Verträge noch Absprachen bindend sind. Dann brechen die Gätuler in die römischen Städte in Libyen ein, der Berberfürst Tacfarinas verunsichert sieben Jahre lang die Legionsforts von der Großen Syrthe bis zum Atlantik. Jeder römische Kaiser von Tiberius, Caligula und Vespasian bis zu Marc Aurel mußte einen Feldzug gegen die Berber organisieren. Sie handelten jeweils einen brüchigen Waffenstillstand aus. Zu einem gesicherten Frieden kam es nicht.«

Sogar in der Religion zeigten sich die Berber als Aufrührer. Neben den Tempeln für Jupiter entstanden bis in die algerischen Aures die Kirchen der Christen. Als Anarchisten, die die Berber immer sowohl als Militärs wie auch als Politiker waren, zeigten sie sich auch in der Religion und verkündeten eine Unzahl von Häresien. Ihr Sprecher war Bischof Donatus von Karthago. »Kämpfer für den wahren christlichen Glauben« nannten sich die Fanatiker, die aus der Großen Kabylei und den Bergen hinter dem tunesischen Tabarka an die Küste kamen, die Kirchen plünderten und die Priester umbrachten. Ihr Motto war der Kampfruf: Gleichheit in der Armut. Die Donatisten propagierten eine soziale Gerechtigkeit, mit dem Anspruch, schon auf Erden die ewige Seligkeit zu erlangen.

»Es war, als wäre alles erst gestern geschehen«, schildert Gerhard Rohlfs. »Sogar der heilige Augustinus blieb in den Liedern des Überlebens vorhanden.« Der Berber Augustinus aus Thagaste (heute Souk el Ahras), der als Bischof von Hippo (Anaba) während des Gotensturms starb, verkörperte die Widersprüche seines Stammes. Er predigte: »Glaube, damit Du verstehst, verstehe, damit Du glaubst.« Und er fügte hinzu: »Auch wenn ich mich täusche, bin ich.« Rohlfs bekannte: »Bei den unzähligen kleinen Scharmützeln hatte ich als Protestant immer den heiligen Augustinus bei mir. Seine Schriften ließen besser das Verhalten der Berber erkennen, als die Berichte der Aufklärungsabteilungen.«

Die Lieder am Lagerfeuer enthalten Geschichte und Mythos. Immer wieder gerieten die Berber in die Weltpolitik des Mittelmeerraums: Den Römern folgten die Vandalen, die Byzantiner und die arabischen Eroberungsheere unter der grünen Fahne des Propheten. Der islamische Historiker Ibn Khaldum bemerkt, daß die Berberstämme in zehn Jahren nicht weniger als zwölfmal vom Glauben Allahs abfielen. Sie blieben die Aufrührer, die jeden Abfall als erlaubte Kriegslist betrachteten. Zu einer Art »Heiligen Johanna« wurde für die Berber die Seherin Kahena vom Stamm der Djeracua, der an den Abhängen des Gebirgsmassiv des Aures in Ostalgerien siedelte. Zehn Jahre lang führte Kahena einen erfolgreichen Partisanenkrieg gegen den arabischen Feldherrn Hassan. Zuletzt griff sie zur Politik der »Verbrannten Erde«. Die Nomaden und Bauern fielen ab. Nur ein Dutzend Fanatiker blieb bei Kahena, an der die Poeten ihre großen seelenvollen dunklen Augen und ihren weißen Teint rühmten. Ehe sie Selbstmord beging, zwang sie die beiden Söhne, zum Feind überzugehen. Die Sippe sollte erhalten bleiben.

»Sie sind die geborenen Krieger«, schrieb Rohlfs am Ende seiner fast fünfhundert Seiten umfassenden Aufzeichnungen über die Geschichte der Berber, »und das Prinzip der Großfamilien konnten weder Römer noch Araber ändern.« Die Sozialordnung glich sich überall; das galt für die Bewohner der tunesischen Insel Djerba, für den Stamm der Schaula im Aures wie auch für die Rifkabylen in Marokko. Als erster Europäer erkannte Rohlfs die komplizierten Abstufungen in den Großfamilien der Berber: In jedem Dorf existieren die Herdstellen der »Irh« (der Sippen). Sie werden von der Dorfversammlung zusammengehalten. Um die Moschee und den turmartigen Kornspeicher gruppiert sich die nächsthöhere Hierarchie, die »Mouda«. Zwischen drei und fünf »Moudas« fügen sich zu einem Stamm zusammen, Rohlfs betonte aber: »Diese ›Moudas‹ kommen nur bei äußerer Gefahr zusammen. Sonst führen sie häufig untereinander Kriege, die in der Regel mit einem Blutbad enden. Wer die meisten Kehlen eines Feinds oder eines benachbarten Clans durchschnitten hat, genießt unter den Berbern höchstes Ansehen.«

Colonel Martinez schätzte die Berichte von Rohlfs, doch auf dem Bericht, der von Rohlfs nach dem Feldzug gegen die Berber vom Stamm der Moulouya geschrieben wurde, merkte er ungnädig an: »Der Sergeant romantisiert die Berber.« Die anderen Kompanieberichte zeichneten ein weit ungünstigeres Bild von den Berberstämmen: Gefangene wurden nicht gemacht. Gerieten Legionäre in einen Hinterhalt, wurden sie unverzüglich getötet. Die Leichname warfen die Berber von ihren auf Bergkuppen gelegenen Festungen zu den Stellungen der Legion hinab, nicht ohne vorher ihren Opfern die Zungen herausgeschnitten und ihnen die abgeschnittenen Geschlechtsteile in den Mund gestopft zu haben; Herz und Mägen wurden den Unglückseligen gleichfalls herausgetrennt, gebraten und den Belagerern vorgeworfen. Martinez forderte denn auch »neue Feldzüge«. Als aber der Sultan von Marokko Friedensbereitschaft signalisierte, wurden die Legionskolonnen nach Sidi bel Abbes zurückberufen. Das normale Garnisonsleben langweilte Rohlfs: »Am Morgen eine kleine Parade. Einmal in der Woche ein Fußmarsch von vierzig Kilometern. Sonst gab es nur die Kneipen der Spanier mit dem billigen Rotwein, die Mädchen mit den niedrigen Preisen, das Platzkonzert am Sonntag.« Damals kam erstmals der »Cafard« auf. Er umschrieb das Ausflippen der Legionäre. Aus Langeweile ließen sie sich vollaufen, desertierten, muckten gegen ihre Vorgesetzten auf. Martinez setzte dagegen ein Prinzip, das alle Nachfolger befolgt haben: Er ließ die Legionäre neue Straßen bauen, bei 40 Grad Hitze mit der Spitzhacke Felsbrocken beseitigen, mitten in der Wüste eine Oase errichten. Bemerkte Colonel Martinez: »Wenn es den Legionären in den Kneipen nicht mehr gefällt, müssen sie eben in die Wüste.«

Achtzehnhundertundzweiundsechzig elektrisierte ein Wort die Legionäre: Mexiko. Es wurde in den Kasinos und Cafes diskutiert, bei Rotwein und Absinth. Napoleon III. hatte eine »große Vision«. In Mittelamerika sollte nach dem Zerbrechen des spanischen Imperiums wieder ein großes katholisches Kaiserreich gegründet werden und Frankreich verstand sich als Pate des neuen Mexiko. Als neuen Kaiser wählte Napoleon den Habsburger Erzherzog Maximilian aus. Frankreichs Geschäftsträger in Mexiko, de Saligny, hatte ein günstiges Bild gezeichnet: »Die Bevölkerung erwartet einen wirklichen Herrscher.« Dabei hatte er die Popularität des Rebellenpräsidenten Benito Juárez unterschätzt. Mit Maximilian gingen auch drei französische Regimenter in Veracruz an Land. Nach reichlich genossenem Rotwein meuterten die Unteroffiziere der Legion in Sidi bel Abbes: Warum sind wir nicht dabei? In Weinlaune setzten sie eine Petition an Napoleon III. auf. In ihr verlangten sie den »alsbaldigen Einsatz der Legion in Mexiko.« Der Monarch reagierte empört und befahl strenge Bestrafung. Colonel Pierre Janningros schickte die Missetäter zwanzigmal um die Kaserne. Dann lud er sie zu einem Umtrunk in die Offiziersmesse ein. Janningros war populär. Wegen seiner riesigen Figur hatte er als Regimentstambour begonnen. Im Offizierskasino fühlte er sich nie wohl. Mindestens zweimal in der Woche erschien er in der Kantine der Unteroffiziere, wo er sich nach dem vierten Schoppen an seine Anfangszeiten beim 43. Linienregiment erinnerte. Nur drei Monate grollte Napoleon III., dann gab er Janningros den Befehl, mit zwei Bataillonen zu je sieben Kompanien, mit einer Versorgungskompanie und einem Musikzug an Bord der Dreidecker »Saint Louis« und »Wagram« zu gehen. »Auf nach Mexiko«, sangen die zweitausend Legionäre, als sie Sidi bel Abbes verließen.

Camerone

Das Bordbuch der »Wagram« vermerkte unter dem 24. März 1863: »Wind zwei Grad aus nordöstlicher Richtung, klare Sicht.« Leutnant Friedrich Lissignolo war hingerissen. Aus Hitzeschleiern ragte über der Hafenstadt Veracruz der schneebedeckte 5704 Meter hohe spitze Vulkankegel des Orizaba auf. »Gegen diesen Riesen«, so schrieb Lissignolo noch am gleichen Abend nieder, »ist unsere heimatliche Zugspitze ein jämmerlicher Buckel.« Bis vor wenigen Monaten noch hatte Lissignolo im 13. königlich Bayerischen Linien-Infanterie-Regiment in Bayreuth gedient. Im Deutsch-Dänischen Krieg hatte er sich im April 1849 ausgezeichnet. Der unruhige Lissignolo erhoffte sich weitere Kriegsabenteuer und trat in das von General Willijen kommandierte 3. Jägerkorps der schleswig-holsteinischen Armee ein. Zu seinem Heimatregiment in Bayreuth kehrte er 1855 zurück und nahm 1863 unbefristeten Urlaub. Die Nachricht vom Mexikoabenteuer Napoleons hatte in den Kasinos der Friedensarmee von König Max Joseph II. die jüngeren Offiziere unruhig gemacht. Mit Lissignolo traten in das 2. Fremdenregiment der Major von Bäumen und der spätere Inspektionsoffizier am Kadettenkorps, Freiherr von Harrold, aus Bayerns Armee in das Expeditionskorps ein.

Neben Lissignolo stand an Deck der »Wagram« Leutnant von Diesenbach vom reitenden Artillerieregiment Nr. 10 der württembergischen Armee, der den rechten Arm verbunden in einer Schlinge trug; bei dem Zwischenaufenthalt auf Martinique war der Frauenheld Diesenbach einer Madame Lucille zu nahe getreten. Zumindest argwöhnte dies der Ehemann, Lotse am Hafen von Port-au-Prince. Es kam zum Duell. Lucilles Gatte starb nach drei Tagen an einem Lungenschuß, während der galante Diesenbach sich mäßig blessiert von der braunen Schönheit verabschieden konnte. Auf das Mexikoabenteuer mochte er nicht verzichten, Martinique, so bemerkte der weniger auf Frauenaffären versessene Leutnant Lissignolo, sei ein einziger Traum gewesen: Schöne Frauen, riesige Gelage und tropische Romantik.

Die Reise allerdings hatte strapaziös begonnen. Achtundvierzig Tage dauerte sie. An die zweitausend Mann, fünfzig Pferde und siebzig Maultiere wurden auf den 2800-Tonnen-Dreideckern »Wagram« und »Saint Louis« zusammengepfercht. Klagte Leutnant Lissignolo: »Nicht einmal einem Landfahrer würde man in unserem schönen Bayern eine solche Unterbringung zumuten.« Nur Colonel Janningros hatte eine eigene Kajüte, während die Offiziere wie die Legionäre in den Schächten hausten, wo vorher Kanonen gestanden hatten. Vier Offiziere mußten sich drei Quadratmeter teilen, das gleiche Raumangebot stand für fünf Unteroffiziere und sieben Legionäre zur Verfügung. Janningros empfahl den erbosten Legionären, »nicht durch die Nase zu atmen«. Bereits nach zwei Tagen waren die Weinfässer geleert. Dann mußte sogar das Wasser rationiert werden. Den Tag vertrieben sich die Legionäre mit Kartenspielen. Abends kam es zu schweren Schlägereien. Als sich Kapitän Pina, Kommandant der »Wagram« bei Colonel Janningros beschwerte: »Halten Sie diese Banditen aus ganz Europa endlich im Zaum«, erhielt er zur Antwort: »Aus wievielen Gefängnissen Europas haben Sie Ihre Mannschaft rekrutiert, Kapitän?« So schlimm hatte sich Leutnant Lissignole seinen Abstecher zur Legion nicht vorgestellt. Bald hatten sich die leeren Kanonenschächte in Kloaken verwandelt. Der Bayer auf Mexikofahrt erregte sich: »Meine Uniform stinkt, als hätte ich sie einige Tage auf dem Misthaufen liegen gelassen.« Noch schlimmer dran waren die Pferde und Maulesel. Die Tiere wurden in Räumen, direkt über dem Kiel der Schiffe untergebracht. Dort stand das stickige Brackwasser bis zu einem halben Meter hoch. Nachdem die »Wagram« den Hafen von Gibraltar verlassen hatte, wo sie Frischwasser aufnahm, gingen die Stallmeister nur noch dick vermummt in die finsteren, infernalisch riechenden Dunkelkammern. Zur Ermunterung der Tierhalter erzählten die Matrosen vom Schicksal des Mannschaftstransporters »Aube«, der mit Marine-Infanterie an Bord in der Nähe der Azoren in einen Wirbelsturm geraten war, in dem Halterungen gerissen waren, die Pferde sich alle Knochen gebrochen hatten und in Panik aufeinander losgegangen waren und sich totgebissen hatten. Zwei Tage lang mußten dann die Marine-Infanteristen die blutigen Kadaver aus der bräunlichen Brühe herausholen und über Bord werfen.

Die Fahrt nach Veracruz ging nur langsam voran. Die Admiralität hatte Anweisung gegeben, die Segel zu nutzen. Nur bei völliger Flaute durften die Kohlekessel geschürt werden, um die Schiffe unter Dampf zu setzen. Die einzige Unterbrechung war Martinique. »Ein wenig ging es dort zu wie beim Karneval in Venedig«, schrieb Lissignolo. »Die ganze Stadt war auf den Straßen. Der Rum wurde aus riesigen Töpfen ausgeschenkt. Die Augen der Mädchen waren wie ein Märchen aus Tausendundeine Nacht.« Bedrückend dagegen die Ankunft in Veracruz. Die Sandküste war gelb und flach. Rot, gelb und blau waren die Fassaden der Häuser getüncht, doch die Farbe blätterte ab. Die Fenster waren leer. Kein Bewohner war zu sehen. Vor der Hafeneinfahrt lag die Insel De los Sacrificios. Eine Barockkirche bestimmte ihren Umriß. Spanische Feldkapläne von Hernan Cortes hatten ihren Bau überwacht, der auf den Grundmauern eines Heiligtums der Totonaken errichtet worden war.

Fort San Juan de Ulna, ein von Grünspan überwuchertes Gemäuer mit Bastionen und Geschütztürmen, beherrschte das Häusergewirr von Veracruz. Ein Kreuz vor dem Fort erinnerte daran, daß an dieser Stelle der spanische Condottiere Hernan Cortes seine Schiffe in Flammen aufgehen ließ; am Karfreitag 1519 war hier der Generalkapitän mit seinen sechshundertundzweiunddreißig Mann, einhundertundsiebenundzwanzig Pferden und siebenundzwanzig Feldkanonen an Land gegangen. »Doch für geschichtliche Betrachtungen hatten wir nur wenig Zeit«, bekannte Leutnant Lissignolo. »Die Legionäre mußten mit Schaluppen samt allem Gerät auf den flachen Strand übergesetzt werden. Die Stadt schien wie ausgestorben. Nur einige Schakale strichen am Strand entlang, auf dem die Gerippe von Toten lagen.« An der Mole wurden die Legionäre von einer Nachhut des 20. Jäger-Bataillons erwartet, die es eilig hatte und auch sie drängte, die Stadt sofort zu verlassen, denn Cholera und Gelbfieber hatten in einer Woche das Jäger-Bataillon fast um die Hälfte dezimiert. Doch nach den Wochen der anstrengenden Überfahrt wollten sich die Legionäre erst einmal erholen und bezogen in den vornehmsten Häusern ihr Quartier. Sie mußten aber bald erkennen, daß nur die Fassade ansehnlich war. Das Innere war modrig, naß und in den Mauern steckte der Pilz. Auf den Straßen hockten die Aasgeier und tagsüber schwärmten die Moskitos aus.

General Forey, Chef des Expeditionskorps, lud Colonel Janningros und seine Offiziere in den verfallenen Gouverneurspalast, wo er ihnen inmitten aufgerissener Parkettböden, zerfledderter Seidengardinen und unter von der feuchten Hitze zerfressenen Porträts eine finstere Lageanalyse gab. Von den zwei vorher angelandeten Regimentern waren bereits in Veracruz dreihunderteinundzwanzig Soldaten gestorben und einhundertzweiundsiebzig Männer hatten mit einem Lazarettschiff nach Martinique gebracht werden müssen. Deutlich verstimmt nahm Colonel Janningros zur Kenntnis, daß sein Regiment nicht direkt zu dem zweitausend Meter hoch gelegenen Puebla marschieren sollte, wo man die Entscheidungsschlacht gegen die Aufständischen des Benito Juárez suchen wollte. Bis auf weiteres, so lautete der Befehl von General Forey, sollten die Kompanien der Legion nur bis auf eine Höhe von etwa sechshundert Metern marschieren, um dort in der subtropischen Zone die Transportkonvois mit Proviant, Munition und Geld zu bewachen – allein in den drei Tagen vor der Landung der Legion waren sieben Kolonnen überfallen und ausgeraubt worden. General Forey begründete seine Entscheidung: »Die Guerilleros diktieren im Moment das Gesetz des Handelns. Aber durch die Kriege in der Sahara weiß die Legion, wie sie einen unsichtbaren Gegner zu fassen bekommt. Deshalb wird sie am entscheidenden Punkt des Nachschubs eingesetzt.«

Die von österreichischen Kartographen ausgearbeiteten Generalstabskarten waren präzise. Sie zeigten die Küste vor dem Kegel des Orizaba: Zuerst ein tropischer Streifen mit einem breiten Sandstrand, dann Bananenwälder in der subtropischen Zone und darüber die Hochebenen mit

Kakteen und Zitronenplantagen. Der Flecken »Soledad« war das erste Ziel der Legionskolonne. Die Legionäre stießen sich nicht an dem Wort Einsamkeit. »Nur heraus aus diesem Totenhaus«, hieß die Devise. Die Offiziere von Colonel Janningros stammten aus fast allen Armeen Europas und hatten, wie Leutnant Lissignolo, ihre Erfahrungen in den ersten Materialkriegen in Europa gesammelt. Zum Offizierskorps gehörten aber auch Offiziere der leichten US-Kavallerie, wie etwa Leutnant Hamilton, der einige Jahre lang im Fort Laramie den Indianerkrieg erlernt hatte. Janningros erkannte schon nach wenigen Stunden: sein Regiment kam nicht als Befreier, wie es in Sidi bel Abbes geheissen hatte, und Leutnant Lissignole schilderte die Stimmung unter den Offizieren: »Uns war gesagt worden, die Guerilla-Armee des zapotekischen Indianers Benito Juárez bestehe nur aus einigen verstreuten Banden, die allein beim ersten Auftreten der französischen Armee auseinanderfallen und wieder im Busch verschwinden würde. Davon kann keine Rede sein. Schlimm sieht es nur bei der sogenannten regulären Armee aus, die Kaiser Maximilian stützen soll. Ehe Benito Juárez die Macht ergriff, soll sie 30 000 Mann stark gewesen sein. Weit über 20 000 Mann gingen zu dem Führer der Aufständischen über, der nach ersten Erkenntnissen unserer Spionagedienste inzwischen etwa 50 000 Mann unter Waffen halten soll, gut gerüstet und mit straffer Disziplin. Dagegen kann man die Regierungstruppen kaum noch als Armee ansprechen. Die Truppen von Benito Juárez hatten fast alle Kasernen bis auf das letzte Gewehr und Bajonett ausgeplündert. Jetzt besitzt nur jeder dritte Soldat der Kaiserlichen ein Gewehr. Die meisten kommen barfuß daher. Da ihnen ihre Tschakos gestohlen wurden, tragen sie den heimischen Sombrero. Von Kampfmoral kann keine Rede sein.«

Per Bahn wurden die Legionäre von Veracruz nach Tejeria transportiert, wo dann der Aufstieg auf einer schmalen Straße durch den Urwald begann. Manchmal war der Weg kaum zu erkennen: Die Trasse verlor sich in schlammigen Tümpeln und stacheligem Unterholz. Noch die besten Wegweiser waren von Ameisen abgenagte Menschen- und Tierskelette. Aus dem Dickicht brachen plötzlich Reiterkolonnen der Indios heraus, feuerten einige Schüsse ab und verschwanden sofort wieder. »Es waren Kundschafter und Guerilleros«, berichtet Lissignolo. »Diese Trupps, höchstens fünfzehn Mann stark, erkundeten, wie stark der Konvoi war. Und an den unübersichtlichsten Stellen überfielen sie ihn. Dann wurde vor allem der letzte Wagen ausgeraubt. Offiziell kämpfte diese Reitertruppe der Indios für Benito Juárez. Sie stand aber praktisch unter dem Kommando einiger Räuberhauptleute, die für die eigene Tasche fochten. Es kam auch immer wieder vor, daß die Anführer die Fronten wechselten. Daß die Mehrzahl der Indioführer auf Seiten der Aufständischen stand, hatte nur einen Grund: Reiche Beute konnte nur bei den Österreichern und Franzosen gemacht werden.« Die Legion war damit auf die gefährlichsten Kämpfer von Juárez gestoßen.

Doch zuvor hatte sie in Tejeria ein Schreckensbild erwartet. Als die Legion dort eingetroffen war, fanden sie ein verwüstetes Lager mit halb verwesten Leichen vor. Indio-Guerilleros hatten es überfallen. Der Kommandeur hatte mit dem Bandenkapitän Donguez eine Art Waffenstillstand ausgehandelt und ihm ein Abendessen gegeben, bei dem sogar Bruderschaft getrunken wurde. Doch im Morgengrauen kam Donguez mit seiner Bande zurück. Zuerst wurde das Lager ausgeplündert. Als die Banditen betrunken waren, begann das große Töten. Frauen, Kindern und Männern wurden die Kehlen durchgeschnitten. Von seinen Erlebnissen in Schleswig-Holstein war Lissignolo den Anblick blutiger Szenen gewohnt. Was er jedoch in den von aufgeschlitzten Leichen übersäten Trümmern des tristen Fleckens sah, versetzte ihm einen Schock: »Erst jetzt wurde mir bewußt, daß hier in Mexiko kein normaler Krieg geführt wird. Was hier in Tejeria geschah, war nur brutaler Mord«, bei dem es auch zu kannibalischen Ausschreitungen gekommen war. Die Banditen hatten den Bäcker, seine drei Gesellen, die Frau und seine Kinder getötet, dann die zerstückelten Leichen in den Backtrog geworfen, die blutige Masse durchgeknetet und die aus Mehl und Blut bestehende Masse in den Ofen geschoben. Die zu Brotlaiben erstarrten Leichen reihten sie auf der Straße auf. Dem einzigen Gastwirt am Ort, einem früheren Matrosen, hatten sie bei lebendigem Leib sämtliche Tätowierungen herausgeschnitten – Leutnant Lissignolo zählte nicht weniger als vierzehn nach – und die blutigen Hautfetzen an die Eingangstür genagelt. Der Gemarterte lebte immer noch, als die Legionäre eintrafen, obwohl ihm Geier nach dem Abzug der Banditen auch noch die Augen ausgehackt hatten. In wenigen Stunden hatten die Legionäre den blutbespritzten, zerstörten Ort in eine Garnison verwandelt, mit Aussichtstürmen, befestigten Stellungen und Signalmasten.

Colonel Janningros sah sich trotzdem einer bedrohlichen Situation gegenüber: Es war fraglich, ob die Legionskolonne, die im langsamen Schritt der afrikanischen Feldzüge marschierte, durchkommen würde. Die Guerilleros erkannten jedoch bald, daß es sich um Scharfschützen handelte. Kaum gab es die erste Feindberührung, schwärmten die Legionäre aus, nahmen jedes Ziel unter Feuer, das im Laub der Bananenstämme erkennbar war. Allerdings hemmten die schweren Fahrzeuge den Vormarsch. Fünf Kilometer lang war der Konvoi mit seinen sechzig Wagen und einhundertsiebenundvierzig Maultieren. Obwohl man Legionäre ausgewählt hatte, die ehemals Pferdeknechte waren, schaffte der Konvoi am Tag nicht mehr als fünfzehn bis zwanzig Kilometer. Jeder Wagen war bis zu zehn Meter lang und hatte sechs Räder. An jedem Rad schufteten zwei Indios, die die Räder aus dem Schlamm herausholten, oder sie in wenigen Minuten reparierten, wenn sie an einem Felsbrocken zerbrochen waren. Die Schirrmeister der Legion, durchwegs Pferdeknechte aus Oberbayern und dem Tirolischen, hatten rasch Abhilfe gefunden. Um die Mulis auf der Spur zu halten, führten sie an der Spitze eine Stute mit einem Glöckchen, der die männlichen Mulis mit verbissenem Eifer folgten. Nur nach den gefährlichsten Strecken mußten die Deichseln und Stricke ausgebessert werden. Wunderte sich Leutnant Lissignolo: »Keine europäische Truppe hätte soviel Improvisation entwickelt.« Bereits nach den ersten Gefechten ließen die Angriffe der Banditen nach, dennoch mußten täglich drei bis vier Gräber ausgehoben werden. Giftschlangen wurden zu den gefürchtesten Feinden.

Dreiundzwanzig Geschütze und vier Millionen Goldfranken transportierte die Legionskolonne. Colonel Francesco de Paula Milán, der Militärbefehlshaber der Truppen von Benito Juárez zwischen Veracruz und Puebla, erklärte in einem Tagesbefehl vom 10. April 1863: »Dieser Transport muß noch vor Puebla abgefangen werden.«

Den Legionären gefiel die Landschaft: Im Westen hinter bewaldeten Bergen ragte der mächtige Schneegipfel des Orizaba empor, davor erstreckten sich weite Ebenen mit Flußläufen. Von den Hügeln wehte eine frische Brise herab. Der steinerne Saumpfad war schon von den Soldaten Cortes' angelegt worden: Kurvenreich, aber immer an der militärisch günstigsten Stelle.

Kurz vor »Soledad« bekamen die Legionäre unerwartete Unterstützung. Vierhundert Reiter tauchten aus dem Unterholz auf. Es war die von General Forey angekündigte Gegen-Guerilla, verwegene Gestalten in zerlumpten Uniformen und auf Pferden, die nur noch aus Haut und Knochen bestanden. Kommandiert wurden sie von Colonel Dupin, der zu den glänzendsten jungen Offizieren Frankreichs gezählt hatte, aber unter unehrenhaften Umständen aus der Armee ausgestoßen worden war. Der Bretone mit dem Gesicht eines listigen Schmugglerkapitäns, einem wild wuchernden Schnurrbart und Augen, die keine Regung ausdrückten, hatte bereits auf der Liste für ein Armeekommando gestanden. Bei den Feldzügen auf der Krim und in Oberitalien hatte er sich ausgezeichnet. Doch bei einer britisch-französischen Strafexpedition den chinesischen Jangtsekiang hinauf, plünderte er alle Paläste der Mandarine. Nicht weniger als zweihundertdreiundsiebzig Kisten ließ er in das heimatliche La Rochelle verschiffen und anschließend den Inhalt auf dem Kunstmarkt von Paris feilbieten. General Foreys Urteil war knapp, aber treffend: »Dupin ist ein Ganove. Als Chef der Vorhut ist er ideal. Er hat nichts mehr zu verlieren.« Nach einem kurzen Aufenthalt bei der US-Kavallerie in Texas war der Ex-Colonel nach Mexiko geeilt, als er von der Ankunft französischer Truppen hörte. Er brachte einige Dutzend Abenteurer mit. Neue Bewerber fand er in den Hafenkneipen von Veracruz. Colonel Janningros meinte mit einem Seitenblick auf seine Legionäre: »Gegen diese Burschen sind meine Soldaten die reinsten Chorknaben, die jederzeit in Notre Dame auftreten können.« Dupin sammelte nicht nur die Gestrandeten, die in den lichtlosen Kaschemmen, denen er beim Pokerspiel das Geld abknöpfte und sie dann zur Unterzeichnung eines Kontrakts zwang. In seinen Reihen kämpften auch zweiundachtzig steckbrieflich gesuchte Mörder, zwei ehemalige Sklavenhändler aus Havanna, die von ihren Reedern entlassen wurden, weil sie mit wertloser Fracht in New Orleans angekommen waren – alle Neger im Bauch der Schiffe waren an Typhus gestorben und die menschenverachtenden Kapitäne hatten keinen Blick in das Unterdeck geworfen und alle Warnungen ihrer Maate ignoriert. Ein Menschenräuber aus San Francisco war ebenso dabei, wie einige Sträflinge, die der Todeskolonie in Guayana entkommen konnten. Zum persönlichen Stab des Colonels Dupin zählte ein sizilianischer Bandit und ein niederländischer Pastor, der wegen mehrfacher Verführung Jugendlicher verurteilt wurde. Die Legionäre waren dem Alkohol nicht abgeneigt, doch soviel Räusche wie bei der Kolonne Dupin, hatten sie noch nicht gesehen.

Sie erkannten jedoch rasch, daß die Verbrecherschwadron des zwielichtigen Dupin die Übermacht der Truppen des Benito Juárez zurückdrängte. Nach ersten erfolgreichen Gefechten ließ sich Colonel Dupin eine farbenprächtige Phantasieuniform von einem Prager Schneider zusammenstückeln: Ein grell roter Dolman mit Dutzenden goldener Tressen als Uniformrock, dazu weiße Hosen, Stulpenstiefel aus Elchleder, Sporen aus Gold und ein Sombrero, ebenfalls mit Goldfäden durchwirkt. Dupin wandte die Taktik der verbrannten Erde an. So ließ er die Haziendas San Juan de Estanzia und Rancho Espinal anzünden, weil er dort Nachschublager der Guerilleros von Colonel Milan vermutete. Am 28. April kehrte Dupin in das Legionslager »Soledad« zurück und meldete: »Keine Feindberührung. Der Gegner hat sich auf das Hochland zurückgezogen.« Zur gleichen Zeit bereitete der mexikanische Oberbefehlshaber einen Großangriff auf den Goldschatz und die Geschütze vor. Fünf Kilometer nördlich des Fleckens Camerone zog er achthundert Reiter und eintausend Infanteristen zusammen. Gegen Abend des 29. April befahl Colonel Janningros den Abmarsch der 3. Kompanie unter dem Befehl von Capitaine Danjou. Sie bestand nur noch aus dreiundsechzig Legionären, die anderen lagen mit Gelbfieber und Cholera im Lazarett. Als Vertreter Danjous ernannte Janningros die Leutnants Maudet und Vilain. Die Strecke war präzise vorgezeichnet. Erste Station: Palo Verde, fünfundzwanzig Kilometer von Chiquihuite entfernt. Dort sollten die Buschwälder in einem Umkreis von drei bis fünf Kilometern erkundet werden. Auf dem Rückmarsch, so lautete weiter der Befehl, sollten die Legionäre bis zu acht Kilometer neben der Straße auskundschaften, um jeden Hinterhalt der Mexikaner auszumachen. Den Konvoi mit der Kriegskasse und den Geschützen sollte die 3. Kompanie nicht abwarten. Janningros war der Überzeugung, daß die Konvoi-Eskorte für die Verteidigung ausreichte. Der Trupp von Danjou hat nur den Auftrag, den Aufmarsch der Bataillone von Colonel Milan zu beobachten.

Gegen elf Uhr abends verließen Danjou und seine Leute Chiquihuite. Anders als der Haudegen von Diesenbach oder der gebildete Lissignolo war Capitaine Danjou eher ein farbloser Typ. Er machte weder durch Affären noch durch geistvolle Konversation von sich reden. Janningros trug in seine Personalakte ein: »Ein Offizier ohne viel eigene Initiative, doch von absoluter Gewissenhaftigkeit.« So befolgte Capitaine Danjou auch die Armeevorschrift, nach jeweils zehn Kilometern die Karte zu studieren, den Standort einzutragen und auffällige Beobachtungen zu vermelden. Beim Entfalten der Karte mußten ihm die Leutnants Maudet und Vilain helfen, weil er nur die rechte Hand richtig bewegen konnte. Die Linke war aus Holz. Bei einem Gefechtsexerzieren im 51. Linienregiment hatte Danjou eine Handgranate gezündet, aber beim Werfen zu lange gezögert; sie explodierte in seiner Hand.

Danjous Vater war Tuchfabrikant in Chalbre, Departement Ariege. Seine feinen Stoffe wurden vor allem für Smokings und Hochzeitsanzüge verwendet. Jean Danjou sollte die Fabrik übernehmen. Als er neunzehn Jahre alt war und alle Techniken der Tuchfabrikation kannte, erschien bei einer Abendgesellschaft des Vaters ein Colonel. Er bestellte für die Offiziere seines afrikanischen Jäger-Regiments Jacken für Gala-Abende. Bei einigen Gläsern Bordeaux erzählte er von den Kriegen gegen die Berber, von Expeditionen in die Sahara. Am nächsten Tag kam es dann zu einer heftigen Auseinandersetzung zwischen Vater und Sohn. Jean hatte seine feste Absicht angekündigt, in die Armee einzutreten. Vater Danjou tobte: »Du übernimmst mein Geschäft. Als Soldat bist du zeitlebens ein Hungerleider, da du es nie zum Marschall von Frankreich bringst. Hier hast du dein Auskommen, ohne jemals Geldsorgen zu haben.« Der stille, bis dahin fast unterwürfige Junge setzte seinen Willen durch. Er kam auf die Offiziersschule St. Cyr. Als einer der zehn Jahrgangsbesten konnte er sich seine Einheit auswählen. Er entschied sich für die Legion. Zunächst kam er aber zum 51. Linien-Infanterie-Regiment. Trotz seiner hölzernen linken Hand kam er zwei Jahre danach zur Legion, als eine Leutnantsstelle im 2. Fremdenregiment frei wurde. Colonel Martinez mochte ihn nicht: »Ein Muttersöhnchen. Er hätte bei seinen Tuchwaren bleiben sollen. Es fehlt ihm jegliche soldatische Inspiration. Seinen Dienst versieht er korrekt wie ein Gendarm.« Danjou nahm am Krim-Feldzug und an den Schlachten von Magenta und Solferino teil.

Auch auf dem Marsch nach Camerone konnte Capitaine Danjou seine Pedanterie nicht verleugnen. Wie bei einer Exerzierübung auf dem Kasernenhof bildete er eine Kompaniespitze und je eine Schützenabteilung an den Straßenseiten. Er versäumte es aber, Kommandos von drei oder vier Mann in das Gelände links und rechts von der Straße ausschwärmen zu lassen, wie sie Colonel Martinez eingeführt hatte. Danjou marschierte präzise nach Instruktion und die Guerilleros von Milan blieben unbemerkt. Obwohl sich einige seiner Kundschafter der Legionskolonne bis auf zehn Meter näherten, waren sie nicht zu hören, denn die Tropennacht war erfüllt vom Schreien der Papageien und dem Heulen der Coyoten.

Nur zwei Maultiere gehörten der Kolonne an, die den Proviant, die Munition und einige mit Wasser gefüllte Tonnen trugen. Den Legionären war einfache Feldausrüstung verordnet worden: Ein Gewehr und Patronentasche, aber kein Tornister. Auf dem schmalen, unübersichtlichen Urwaldpfad marschierten Schweizer, Bayern, Preußen, Württemberger, Polen, Belgier, Dänen, Italiener, Spanier und einige Franzosen. Ehe sie alle den dunkelblauen Waffenrock der Legion angelegt hatten, die bis unter das Knie reichende hellrote Hose, kurze Ledergamaschen und lange Gamaschen aus ungebleichter Leinwand sowie das Käppi mit eckigem Schirm und weißem Leinenüberzug mit Nackenschutz kamen sie, wie die Kompanieaufstellung vom 3. April 1863 ausweist, aus so unterschiedlichen Berufen wie: Student, Lebensmittelhändler, Angestellter eines Tabakkontors, Weber, Buchbinder, Sattler, Hufschmied, Holzvergolder, Matrose, Ziegelbrenner, Kellner, Dompteur und Soldat. Einige, die altgediente Legionäre waren, erkannten schon nach den ersten Kilometern, daß diese Mission zu Fuß ein Unsinn war. Nur berittene Patrouillen hätten in diesem Gelände aufklären können. Aber der Oberkommandierende des französischen Expeditionskorps war Infanterist. Außerdem hatte das Kriegsministerium in Paris General Forey bedeutet, daß der Schiffstransport für Pferde zu kostspielig sei. Die praktisch denkenden Legionäre murrten, daß schließlich nur das Zaumzeug zu transportieren gewesen wäre, denn hier in Mexiko hätte man doch jede Menge Pferde requirieren können.

Gegen zwei Uhr morgens erreichte die Kompanie Danjou das Dorf Paso el Macho, wo die 7. Kompanie unter Capitaine Saussier in den leeren Hütten einquartiert war. Saussier machte Danjou den Vorschlag, zwei Züge für die Erkundung abzukommandieren. Danjou lehnte ab: »Schicken Sie Ihre Legionäre, wenn Sie Schüsse hören. Ich glaube nicht, daß wir Feindberührung haben werden.« Vergeblich wandte Capitaine Saussier ein: »Seit Tagen haben wir starke gegnerische Kräfte beobachtet, die sich allerdings sofort wieder zurückgezogen haben und das Gefecht vermeiden.« Doch der sture Capitaine Danjou ließ sich nicht beeindrucken, sondern rügte den Kameraden Saussier mit der Pose des Besserwissers: »Es ist letztlich gerade meine Aufgabe, die von Ihnen nicht näher identifizierten Truppenbewegungen auszumachen.« Gelangweilt hörten sich die Legionäre den Disput der Kompaniechefs an. Statt dessen tranken sie unverdünnten Zuckerrohrschnaps, der aus den Beständen der 7. Kompanie stammte. Dementsprechend unsicher, wenn nicht gar torkelnd marschierten sie beim Aufbruch los. Ununterbrochen rauchten sie Zigarren, um die Moskitos zu verscheuchen. Die gegnerischen Reiter im Urwald bemerkten sie nicht, zumal das Knacken der Äste von den Schreien der Paradiesvögel übertönt wurde.

Nur vier Kilometer vom Dorf Camerone entfernt hatte Colonel Milan sein Quartier aufgeschlagen. Als gegen vier Uhr morgens die Nachricht eintraf, daß die Legionskolonne Paso el Macho verlassen habe und weitermarschiere, entschloß er sich zum Handeln. Sechshundert Reiter umzingelten die Marschierenden, während sich die Infanterie nördlich von Camerone bereithielt. Colonel Milan war der Ansicht, daß der Konvoi erst angegriffen werden könne, wenn diese Kolonne vernichtet sei. Von dieser Einkreisungsaktion ahnte Danjou nichts. Ohne Vorkommandos rückte er in Camerone ein, als es gerade hell wurde und der Schrei der Affen im Dschungel verstummt war. »Drecksnest« nannten die übermüdeten Legionäre die Ansammlung verrotteter Häuser, die sich um eine ebenfalls verfallene Hazienda scharten. Das Dorf lag auf einer mit Felsbrocken übersäten und von Kakteen bestandenen Hochebene. Seit Jahren war die Hazienda nicht mehr bewirtschaftet worden. Sie hatte ehemals als Karawanserei gedient, für umgerechnet zwanzig Pfennige waren die Zimmer zu haben, die in den einstigen Pferdeställen erbaut worden waren. Im Unterschied zu den anderen Häusern in Camerone war die Hazienda mit Ziegeln gedeckt, nicht mit Strohdächern. Über zwanzig Meter lang war die weiß gekalkte Fassade zur Straße. Dahinter befand sich der Corral, der Hof für die Pferde, Maulesel und andere Tiere, die auf der alten Straße der Conquistadoren befördert wurden. Danjou erkannte sofort die strategische Bedeutung der Hazienda. An jedem Fenster ließen sich vier Legionäre postieren. Die Umfassungsmauern aus Kleiberleim waren drei Meter hoch, die Eingänge ohne Türen, lediglich zwei offene, an die Mauern angebaute Hütten störten die Sicht auf das Vorfeld.

Bei Palo Verde kamen die Legionäre gegen fünf Uhr morgens aus dem Dschungel. Zunächst ignorierten sie die armseligen Bauwerke von Camerone und die heruntergekommene Hazienda. Sie stürzten sich sofort auf den kleinen Bach mit klarem Wasser. Kaffee wurde gekocht. Inzwischen war es sieben Uhr zehn geworden. Plötzlich gab einer der Wachposten, die am Rand von Camerone stationiert waren, Alarm, denn er hatte Staub, der von Reitern aufgewirbelt worden war, über der kleinen Ebene gesehen. Sofort wurde vom Trompeter das Alarmsignal gegeben. In weniger als zwei Minuten war die 3. Kompanie kampfbereit. Einige Blechtassen flossen den Bach hinab und der Kaffeekessel verglühte im Lagerfeuer. Die Legionäre kamen nicht mehr dazu, ihre Feldflaschen mit Wasser zu füllen. Die Reiter der Mexikaner verschwanden in Richtung Norden. Capitaine Danjou ließ die Kompanie in ausgestreuter Schützenlinie bis zum Urwald vorrücken und befahl dann Halt.

Colonel Milan setzte sich an die Spitze seiner Kundschafter und verfolgte jede Bewegung der Legionäre. Danjou war vorsichtig und ging nicht auf die Urwaldpiste, auf der die feindlichen Reiter verschwunden waren. Ein Legionstrupp suchte den Urwaldsaum ab. Dann befahl Danjou den Rückzug auf das Dorf Camerone. Spähtrupps durchsuchten die Häuser. Keine mexikanische Einheit. Gegen acht Uhr morgens, die Temperatur war auf fast vierzig Grad geklettert, beobachteten die Wachtrupps Staubwirbel im Norden. Auf einer kleinen Anhöhe an der Straße hatte sich ein Reitertrupp gesammelt. Sie trugen alle riesige Sombreros mit goldenen und silbernen Litzen, die den Dienstgrad anzeigten, dazu hatten sie als Uniform kurze Lederwesten, einen roten Gürtel und Lederhosen wie sie die US-Infanterie trug. Verziert waren die Westen mit glänzenden Knöpfen und vergoldeten Streifen. Die Stiefel hatten die Machart des Wilden Westens, mit hohen Stulpen und riesigen Sporen.

Die Legionäre sammelten sich zu einer Abwehrlinie. Sie beobachteten jede Bewegung auf dem unscheinbaren Hügel, wo Säbel und Lanzen blitzten. Colonel Milan war vorsichtig. Er kannte den Ruf der Legion als Elitetruppe und hielt deshalb seine Reiterbataillone zurück, als sich die

Legion im Karree aufstellte. Gegen neun Uhr entschied sich Milan für den Angriff. Die Entfernung betrug dreihundert Meter. Zuerst ritten die Mexikaner im Galopp, fielen aber kurz vor der Front in den kurzen Trab zurück und teilten sich in zwei Kolonnen auf. So wollten sie die Legionskompanie umfassen. Hundert Meter vor der Front der Kompanie machten sich die Mexikaner Mut, stießen wilde Schreie aus, schwangen ihre Lanzen und Säbel. Die Männer mit den weißen Käppis verharrten stumm. Ihre Feuersalve brach erst los, als die Reiter dreißig bis vierzig Meter entfernt waren. Die Salve war perfekt. Es zeigte sich, daß alle Legionäre erfahrene Scharfschützen waren, denn die erste Angriffswelle der Mexikaner brach sofort zusammen. Erste Verwirrung entstand. Tote Pferde lagen vor der Linie. Verwundete riefen nach Hilfe. Die zweite Welle der mexikanischen Kavallerie konnte nicht vorpreschen. Als sie dann herandonnerte, richtete sie nur ein Chaos unter den eigenen Soldaten an. Kühl beobachteten die Legionäre das Zurückweichen der Mexikaner. Sie ließen keine Regung erkennen. Jede Salve war genau gezielt. Nach zwanzig Minuten begann die Kavallerie von Milan den Rückzug. Vorher gab es ein riesiges Durcheinander von Pferden und verunsicherten Kavalleristen. Die Legionäre dagegen schossen eiskalt genau alle dreißig Sekunden ihre Salve ab, so wie sie es auf dem Truppenübungsplatz von Sidi bel Abbes gelernt hatten. Dabei hatte nur die vordere Reihe der Legionäre geschossen. Auf dem Verlustkonto der 3. Kompanie standen lediglich die drei Maultiere, die in panischem Schrecken zwischen den Fronten hin und her irrten. Auf dem Kakteenhügel lagen siebzig tote Kavalleristen der Mexikaner.

Die Legion bezog eine neue Stellung hinter einer breiten Kakteenhekke. Der zweite Angriff der Mexikaner war verworren. Es zeigte sich, daß Milans Unterführer allmählich die Legionäre fürchteten. Sie wagten keine Attacke mit Verwundeten gegen eine Anhöhe, die kaum zu nehmen war. Eine kleine Vorhut kam bis auf dreißig Meter an die Kakteenhecke heran. Von zweiunddreißig Reitern kamen nur vier zurück. Colonel Milan sah mit großer Erleichterung, daß die Legion nach diesen Scharmützeln mit aufgepflanztem Bajonett zur Hazienda zurückmarschierte. »Jetzt haben wir die Fremden«, sagte er siegesgewiß. Über das Motiv von Danjou, sich in der Hazienda zu verschanzen, ist nichts bekannt. Am Todesritual von Camerone will die Legion nicht rütteln. Doch der Legionsoberkommandierende Goupil sagt aus heutiger Sicht: »Sicher wäre ein Rückzug sinnvoller gewesen. Die Hazienda war kein strategischer Punkt.« Doch Capitaine Danjou erkannte nicht die gegnerische Überlegenheit – und er hoffte auf baldige Entlastung. So zog er seine Kompanie in der Hazienda zusammen. Hätte er sich auf der Straße von Paso del Macho zurückgezogen, hätte die Kompanie von Capitaine Saussier die Schüsse gehört und wäre angerückt. Danjou, heute eine Mythengestalt der Legion, reagierte übereilt und unüberlegt. Die Hazienda erschien ihm als Zuflucht. Er besaß kein operatives Konzept. So meint denn auch General Goupil: »Eine Division hätte man Capitaine Danjou nicht anvertrauen können. Er hat ja auch seine Kompanie ruiniert, obwohl es andere Alternativen gab.«

Gegen zehn Uhr morgens hatten die Legionäre die ganze Hazienda besetzt. Die Mexikaner holten schwere Artillerie heran. Colonel Milan triumphierte: »Die Maus sitzt in der Falle. Dabei sind die Legionäre die besten Marschierer der Welt. Ein Dummkopf muß sie kommandieren.« Gegen elf Uhr hatten die Legionäre die beiden Eingänge mit Brettern, Steinen, Ästen, alten Möbeln und Matratzen verbarrikadiert! Capitaine Danjou organisierte die Verteidigung, indem er zwei Trupps aufstellt, von denen einer die erste Linie, die vordere Front mit den Zimmern zur Straße hinaus besetzthalten sollte, während der Ersatz im Hof biwakierte und die beiden Tore verteidigte.

Elf Uhr. Der Verpflegungsfeldwebel gab den Rest des Weins aus. Ein Schluck für jeden Legionär. Wasser war nicht vorhanden.

Zwölf Uhr. Die Hitze verwandelte die Geröllebene in eine violettfarbene Fata Morgana; die Hügel wurden zu riesigen Bergen. Milan eröffnete den Angriff. Ein kleiner Trupp drang in die Hazienda ein. Danjou mußte sich auf einen Zweifrontenkampf einstellen – gegen die Mexikaner in den Zimmern an der Hauptfassade und gegen die Kavallerie, die vor allem über den Hof einzudringen suchte. Nur langsam gingen die Mexikaner vor. Milan war ein vorsichtiger Taktiker. Er hatte inzwischen das zerstörerische Zielfeuer der Legion fürchten gelernt. Danjou war unschlüssig. Sollte er die eingedrungenen Mexikaner aus der Hazienda werfen oder einen Entlastungsangriff auf die Reiter wagen? Der aus Polen stammende Sergeant Morzycki robbte sich auf das Dach der Hazienda. Von dort berichtete er, daß Bataillon um Bataillon aufmarschiere und die Hazienda hoffnungslos eingeschlossen sei.

Dreizehn Uhr. Ein mexikanischer Offizier näherte sich. Er traf sich mit Capitaine Danjou, der ihm entgegengekommen war. Es war Leutnant Laisn, der den Offizierslehrgang in St. Cyr vor Danjou besucht hatte Jetzt kämpfte er für Benito Juárez. Die beiden unterhielten sich wie Kameraden. Am Schluß der Unterhaltung sagte Danjou: »Wir werden die Hazienda halten.«

Danjou hatte die Schwäche der Mexikaner erkannt. Seine Legionäre hatten Zündnadelgewehre mit gezogenem Lauf, Modell 18657, die zylindrische Spitzgeschosse verschießen. Milans Kavallerie dagegen besaß die neueren Spencer-Karabiner aus den USA, mit denen sie jedoch nur mangelhaft umgehen konnten. Ganze Salven feuerten sie einfach in die Luft. Noch gegen dreizehn Uhr flößten die über tausend Mexikaner den dreiundsechzig Legionären keinerlei Schrecken ein. So meldete Sergeant Morzycki vom Dach herunter. »Das sind Dilettanten, die viel schießen, aber kein Ziel haben.« Am bedrohlichsten war die Situation für die Legionäre an der Vorderfront. In den Räumen nebenan saßen Milans Grenadiere, die durch die Wand schossen. Die Legionäre mußten am Fenster wachen und gleichzeitig einen Durchbruch der Mexikaner abwehren. Capitaine

Danjou sprach den Legionären Mut zu – die Kompanie von Saussier sei nur elf Kilometer entfernt.

Fünfzehn Uhr. Danjou macht nochmals die Runde. Jedem Legionär nahm er den Schwur ab, niemals zu kapitulieren. Es gab keine feierliche Zeremonie. Danjou schrieb in sein Kriegstagebuch von einem Ehrenwort unter Legionären. Einigen Legionären an den Fenstern dämmerte es, daß dieser Schwur eine Aufforderung zum Selbstmord gleichkam. Aber die Belagerung ließ kein großes Nachdenken zu. Es mußte an den Fenstern Wache gehalten werden, wie auch an den zwei Toreinfahrten, wo die Mexikaner nicht durchbrechen durften. Am Nordtor traf es Danjou. Er fiel. Leutnant Maudet legte ihm seine Uniformjacke unter den Kopf, abgestützt durch einen Stein. Danjou verfiel innerhalb weniger Sekunden. Blut quoll aus seinem Mund. Leutnant Maudet verstand aus dem letzten Stöhnen: »Durchhalten, durchhalten.«

Das Kommando übernahm nun Leutnant Vilain, der 1852 in die Legion eingetreten war und sich vom Legionär zweiter Klasse hochgedient hatte. Wegen eines Schulbubenstreichs war er aus der Politechnique militaire hinausgeworfen worden. Er war untersetzt, beinahe schwächlich. Als Boxer verschaffte er sich jedoch auch bei den Raufbolden der Legion Respekt. Auf achtzehn Jahre wurde der bartlose, schmächtige Jüngling geschätzt. In Wirklichkeit war er zehn Jahre älter. Drei Stunden kommandierte er die Legionäre in der Hazienda. Die Temperaturen waren inzwischen auf vierzig bis fünfzig Grad geklettert. Von einem ehemaligen Bäcker aus Weingarten im Württembergischen ist der Stoßseufzer überliefert: »Dagegen war unsere Backstube noch ein angenehmer, kühler Aufenthaltsort.«

Im Corral häuften sich die Leichen, die in kürzester Zeit in den Verwesungsprozeß übergingen. Die meisten waren ohne Kleidung. Um die Verwundeten zu verbinden, waren ihnen die Uniformjacken heruntergerissen worden. Keiner der Legionäre hatte mehr einen Schluck Wasser in den Flaschen. Zufällig wurde ein winziges Fäßchen Rum in einer Nebenkammer der Hazienda entdeckt. Jeder durfte ganz kurz mit der Zunge daran lecken. Vilain wachte mit der Pistole in der Hand darüber, daß kein größerer Schluck genommen wurde. Für ein paar Sekunden durfte jeder seinen Posten verlassen. Dann ging es zurück zu den Mauern des Corrals, die keinen Schatten mehr gaben, weil die Sonne fast senkrecht stand. Das Blut der Gefallenen gerann in wenigen Sekunden zu stinkenden Lachen. Nur ein an der Rückseite des Corrals stehender winziger Strohschuppen bot Schatten. Manchmal rannten die Legionäre zum Ausruhen hinüber, doch jedesmal war es ein Todeslauf. Die Mexikaner schossen von den Zimmern, die sie besetzt hielten, die Läufer nacheinander ab. Als schon sieben Tote auf dem Hof lagen, blieben die anderen in der Sonne, drückten sich an die Lehmmauern, visierten die Angreifer an. Es gab keinen Gedanken an Ausruhen mehr. Auch dem phlegmatischsten Legionär ging jetzt die Ankündigung von Danjou auf: Es wird kein Entrinnen geben. Falsche Parolen flüsterten sich die Legionäre zu, redeten von Trompetensignalen, fernem Hufgetrappel. Das Entsatzkorps ist im Anmarsch, machten sie sich Mut. Doch das erhoffte Signal kam nicht. Die Mexikaner auf der anderen Seite warteten auf den Nachmittag. Nur ihre Scharfschützen waren aktiv und schossen, wenn sich ein Legionär blicken ließ.

Sechzehn Uhr. Leutnant Vilain konstatierte: »Es gibt kein Entkommen mehr. Wir können nur aushalten.« Ein gewaltiger Trommelwirbel klang herüber, Trompetenstöße. Dazwischen mischten sich die dunklen Töne von Schellen, die an das Totengeläut der Aztekenpriester erinnern. Caporal Berg, ehemals Feldwebel im Kärntner k.u.k. Feldjägerbataillon Nr. 8, sagte als einer der wenigen Überlebenden: »Es gab keine Panik. Wir sahen uns an, zählten unsere Patronen und beobachteten, wie die Mexikaner in langer Linie heranrückten. Allein das erste Treffen zählte mindestens eintausendzweihundert Mann.« Die Legionäre musterten noch einmal ihren Gegner, der nur unregelmäßiges Salvenfeuer abgab. Die Angriffslinie war unregelmäßig und voller Lücken. Wie die US-Kavallerie hielten die Soldaten ihre Karabiner beim Angriff in die Höhe, dann kurz in den Anschlag, dann feuern. »Aber die Mexikaner hielten nicht den richtigen Rhythmus«, erinnerte sich Caporal Berg.

Unter Fanfarenklang rückte die Infanterie heran, während die Kavallerie die Hazienda umkreiste. Kurz nach sechzehn Uhr schickte Colonel Milan zwei Parlamentäre mit weißer Flagge. Sergeant Morzycki, der immer noch auf dem Dach lag, sah sie herankommen. Wie ein Trapezkünstler hangelte er sich an einem Seil zu Leutnant Vilain auf den Boden hinunter: »Wir sollen uns ergeben«. Der Offizier verzog keine Miene in seinem glatten Gesicht und winkte ab. Sergeant Morzycki schickte die Unterhändler mit einem wüsten Fluch fort, den sie nicht verstanden. Kaum waren sie verschwunden, eröffneten die Legionäre erneut ein gezieltes Feuer. Die erste Angriffslinie der Mexikaner brach zusammen. Auch die Kavallerieattacken endeten hundert Meter vor den Mauern der Hazienda. Über ihre Überlebenschancen machten sich die Legionäre keinerlei Illusionen mehr. Sie kämpften wie Maschinen, ohne Emotionen, exakt, wie sie es auf dem Kasernenhof gelernt hatten. Über den Sinn des Ausharrens machten sie sich keine Gedanken. Sie wollten nur vor der Kugel, die sie traf, möglichst viele Gegner töten. Die Kakteenwüste vor der winzigen Schützenlinie der Legionäre war gegen siebzehn Uhr mit Sombreros übersät. Eine Kugel traf Leutnant Vilain mitten in die Stirn. Caporal Berg legte ihn auf den Rücken: »Der Boden war so hart, daß sich nur dünne Blutrinnsale ausbreiteten.«

Jetzt übernahm Leutnant Maudet das Kommando. Er war älter als Vilain. Wie dieser hatte er als einfacher Legionär begonnen, kam zum Musikkorps und brachte es dort bis zum Tambourmajor. Die Legionslisten sagen nichts über sein Alter aus, das auf fünfundfünfzig Jahre geschätzt wurde. Wegen Spielschulden war Maudet immer wieder degradiert worden. Capitaine Danjou hatte abschätzig über ihn geurteilt: »Ein Mann, der nur zufällig Offizier wurde.« Die Legionäre waren anderer Ansicht. Sie mochten den Alten mit dem grauen Haarschopf über dem ausgezehrten Gesicht; häufig genug erschien Maudet torkelnd zum Dienst, da er dem Zuckerrohrschnaps zu sehr zugesprochen hatte. Mitten im Gefecht bewies der einstige Musiker jedoch taktische Umsicht. Er glaubte nicht wie Leutnant Vilain an einen großangelegten Ausbruchsversuch, sondern gab den einzig noch möglichen Befehl aus: »Halten, was noch zu halten ist. Keine Bewegung machen. Nicht auf Aufforderungen des Feinds reagieren.«

Die Mexikaner hielten inzwischen fast alle Zimmer besetzt. Die Legionäre hatten sich an die Nordmauer zurückgezogen und hielten ihr gezieltes Feuer durch.

Colonel Milan, ein Mann um die sechzig Jahre, mit noch schwarzem Haar ohne Grau, üppigem Schnurrbart und der hellen Haut alter spanischer Familien, hatte mit einem kurzen Gefecht gerechnet, denn seine Kundschafter hatten ihm berichtet, daß es sich nur um dreiundsechzig Legionäre handelte. Nach einem Tag Kampf hatte er nahezu ein vollständiges Regiment und siebzig Pferde verloren. Er hielt einen kurzen Kriegsrat ab. Nur zögernd nahm er den Vorschlag eines seiner Stabsoffiziere, eines Indio, an: Derart »Besessene« könne man nur ausräuchern. Bevor die Mexikaner das Hauptgebäude räumten, hatten sie dort Stroh, vertrocknete Kakteen und ausgedörrten Mist angehäuft und diese Mischung angezündet, die sofort riesige, erstickende Rauchschwaden entwickelte. Und das bei fast fünfzig Grad Hitze. Die Legionäre tauchten die Hemden der Toten in ihr Blut, hielten sich die Fetzen vor das Gesicht, um den Qualm abzuhalten. Einige urinierten, tranken gierig die wenigen Tropfen aus dem Blechgeschirr. Die Mauer war brüchig geworden. Zwischen Lehmbrokken knieten die Legionäre und schossen weiter, visierten, als würde der Instruktionsoffizier hinter ihnen stehen. Fiel einer, holten die anderen die Patronen aus den Taschen. Den Leichnam rollten sie in die Mitte des Corrals.

Achtzehn Uhr. Noch immer stand die Sonne hoch am Himmel. Nur noch zwölf Mann stemmten sich gegen den Ansturm: Leutnant Maudet, Sergeant Morzycki, die Caporale Berg, Magnin, Maine, die Legionäre Bartholotto, Leonard, Catteau, Wenzel, Constantin, Kunassek und Gorski. Der Qualm hatte sich fast verzogen. Draußen war eine Stimme zu vernehmen. Colonel Milan hielt seinen Truppen eine erregte und anfeuernde Ansprache. Legionär Bartholotto, ein Spanier, übersetzte den Überlebenden: »In den Trümmern haben sich einige Legionäre verschanzt. Wir sind fast dreitausend Mann. Wollen wir vor der Geschichte unseres Landes als Feiglinge dastehen?«

Diesmal begann der Angriff ohne Trommelwirbel. Im Nahkampf drangen die Mexikaner in den Corral ein. Die letzten sieben Legionäre wurden auf den südlichen Schuppen zurückgedrängt. Ein Kriegsmaler hatte die Szene festgehalten: Die Legionäre verschanzten sich hinter Balken und Leichen. Und sie schossen stoisch. Beinahe eine Stunde dauerte das letzte Gefecht, obwohl ringsum fast nur Mexikaner zu sehen waren. Der Militärhistoriker Christopher Duffy hat errechnet: Zu Beginn des Kampfes besaß jeder Legionär sechzig Patronen. Insgesamt wurden 3720 verschossen. Genau dreihundertundzweiundvierzig Mexikaner wurden getötet oder schwer verwundet. Mit jeder zwölften Patrone wurde also ein Feind getroffen oder getötet. Duffy folgert: »Selbst mit modernen Gewehren, abgesehen von Maschinenpistolen, hat keine Truppeneinheit im Ersten oder Zweiten Weltkrieg auch nur annähernd soviel erreicht.«

Fünf Legionäre lebten noch. Sie standen mit dem Rücken zur Wand. Leutnant Maudet, der graue Tambourmajor, gab den Befehl aus: »Bald ist es aus. Wenn die letzte Patrone verschossen ist, gehen wir mit unseren Bajonetten gegen die Mexikaner vor.« Nochmals machten die Legionäre einen Vorstoß, den die Belagerer nicht erwartet hatten. Sie wichen zurück. Schon nach wenigen Sekunden brach die Attacke zusammen. Leutnant Maudet stürzte nochmals vor. Der Legionär Catteau, früher Feldwebel Katau im 7. preußischen Linienregiment, wollte Maudet aus der Feuerlinie holen, wurde aber vom Gewehrfeuer aufgehalten. »Es blieb nichts von ihm übrig«, berichtete Caporal Berg. »Mindestens hundert Schüsse zerfetzten ihn.«

Aus dem Schatten der Mauer traten drei Legionäre heraus, das Bajonett aufgepflanzt. Colonel Milan forderte sie auf, sich zu ergeben. Caporal Maine antwortete auf spanisch: »Ja, aber nur wenn man uns unsere Waffen beläßt und Leutnant Maudet sofort in ein Lazarett kommt.« Colonel Milan: »Männern, wie Ihr es seid, kann man nichts abschlagen. Aber sprecht französisch. Sonst glauben meine Männer, Ihr gehört zu den monarchistischen Truppen. Dann werdet Ihr massakriert, und ich kann für nichts garantieren.« Als wären sie zur Parade angetreten, marschierten die drei Legionäre auf die Front der Mexikaner zu: »Mit letzter Anstrengung, die Gesichter blutverschmiert, die Uniformen zerfetzt. Sie salutieren vor Colonel Milan, der sagte: ›Das sind keine Soldaten, das sind Dämonen‹.«

Indianische Kundschafter berichten am 1. Mai Colonel Janningros vom Kampf um die Hazienda Camerone. Sofort setzte er zwei Bataillone in Marsch. Kurz hinter Paso del Macho taumelte aus dem Gebüsch eine blutverschmierte Gestalt: Der Tambour Lai, der sich in einer Gefechtspause durch die Linien der Mexikaner schlagen konnte. Er war von sieben Lanzenstichen und drei Kugeln durchbohrt. Nach einem Schluck Wasser röchelte er: »Ich bin der einzige Überlebende«. Als die drei anderen Legionäre unter Gewehr in Gefangenschaft gegangen waren, lag er ohnmächtig inmitten des Leichenhaufens im Corral. Leutnant Lissignolo notierte zum Gefecht: »Es gab auch nach Camerone blutige Gefechte. Der Anblick an diesem Morgen wird mir unvergeßlich bleiben. Die Hazienda war ein rauchender Trümmerhaufen. Die Mexikaner hatten sich nicht die Mühe gemacht, ihre Toten einzugraben. Und im Innern des Corrals lagen die Legionäre auf einem Haufen. Wir hatten Mühe, die Geier abzuschießen, die im Sturzflug auf die Leichen herabstießen.« Die meisten Toten waren nackt. Da lagen Capitaine Danjou, der jugendliche Vilain, der polternde Morzycki. Im Schmutz lag die hölzerne Hand von Capitaine Danjou, die zur Reliquie der Legion werden sollte. Drei Offiziere waren in der Hazienda gefallen (Leutnant Maudet starb an den Folgen seiner Verwundung in mexikanischer Gefangenschaft), neunundvierzig Caporale und Legionäre im Kampf gefallen, zwölf in Gefangenschaft geraten, einschließlich der drei Legionäre der letzten Minute. Tambour Lai war aus dem Leichenhaufen gekrochen.

Leutnant Lissignolo führte in seinem Reisegepäck zum Spott vieler anderer Offiziere das mehrbändige Werk eines 1831 gestorbenen königlich-preußischen Generalmajors und Inspekteurs der Artillerie mit sich. Es war die große, die moderne Kriegslehre begründende Untersuchung »Vom Kriege« von Karl von Clausewitz. Unter dem Eindruck des Aushaltens der Legionäre in der Hazienda zitierte er in seinen Tagesnotizen die Bemerkungen von Clausewitz zum kriegerischen Geist: »Ein Heer, welches in dem zerstörendsten Feuer seine gewohnten Ordnungen behält, welches niemals von einer eingebildeten Furcht geschreckt wird und der begründeten den Raum Fuß für Fuß streitig macht, stolz im Gefühl seiner Siege, auch mitten im Verderben seiner Niederlage die Kraft zum Gehorsam nicht verliert, nicht die Achtung und das Zutrauen zu seinen Führern, dessen körperliche Kräfte in der Übung von Entbehrungen und Anstrengungen gestärkt sind, welches diese Anstrengungen ansieht als Mittel zum Siege, nicht als Fluch, der auf seinen Fahnen ruht, und welches an alle diese Pflichten und Tugenden durch den kurzen Katechismus einer einzigen Vorstellung erinnert wird, nämlich die Ehre seiner Waffen – ein solches Heer ist vom kriegerischen Geist durchdrungen.« Der Bayer Lissignolo fügte hinzu: »Der Preuße von Clausewitz dachte gewiß an seine Armee. Aber was er über den ›kriegerischen Geist‹ sagte, zeichnet in besonderem Maß die ›Légion Étrangère‹ aus.«

Colonel Milan gab die Überlebenden nach wenigen Wochen frei. Darunter befand sich auch der Kärntner Caporal Berg. Er avancierte rasch zum Leutnant, doch nach Sidi bel Abbes sollte er nicht mehr zurückkehren. Er hatte sich mit der Frau eines österreichischen Generals eingelassen und starb in dem deswegen stattfindenden Duell. Die Legion blieb bis zur Hinrichtung Kaiser Maximilians in Queretaro am 29. Juni 1867 in Mexiko. Der Regimentsbericht verzeichnet nicht weniger als neunundsechzig Gefechte und einhundertzweiundneunzig Scharmützel. Camerone blieb die entscheidende Schlacht. Von der Hazienda sind nur noch die Grundrisse erkennbar, eine Eisenbahnlinie wurde über sie hinweg gebaut. Mexikos 107 000 Mann starke Armee erwies der Legion nachträglich ihre Reverenz. Sie erbaute ein Denkmal mit lateinischer Inschrift, die in Übersetzung heißt: »Wenig mehr als sechzig Mann standen hier einer ganzen Armee gegenüber, deren Übermacht sie zermalmte. Eher als der Mut verließ das Leben diese Legionäre.«

Massaker in Paris

Schon nach dem ersten Apéritif gegen elf Uhr morgens prahlten die Offiziere des Fremdenregiments mit ihren mexikanischen Abenteuern und Amouren. Mit jedem Monat gerieten die Berichte noch heroischer oder pikanter, denn Langeweile herrschte in der Kaserne von Sidi bel Abbes. Im Süden verhielten sich die Berberstämme ruhig. Manchmal wurde eine Legionskolonne ausgeschickt, um in der Umgebung ausgebrochene Kamele der Nomadenstämme einzufangen. Es wäre beinahe zu einer Revolte gekommen, als eine Legionskompanie zum Schafehüten an die Siedler am Stadtrand ausgeliehen werden sollte. In einer zweiseitigen Petition an Colonel Deplanque auf feinstem Bütten grollten die Offiziere: »Es gibt auch einige hundert Schweine auf den Höfen der Umgebung, die zu kontrollieren wären.« Der Befehl wurde stillschweigend wieder zurückgenommen.

Am 19. Juli 1870 traf eine Nachricht ein, die Offiziere und Legionäre elektrisierte: Kaiser Napoleon III. hatte Preußen den Krieg erklärt. Der Kasinoabend zeigte erstmals wieder nationale Gegensätze im Fremdenregiment auf. Abseits und stumm saßen die deutschstämmigen Offiziere. Colonel Deplanque überbrückte die aufkommende Krisenstimmung durch ein Gala-Dinner. Aber am Ende mußte er bekennen: »An diesem Krieg wird die Legion nicht teilnehmen können. Es dienen zu viele Deutsche.« Doch Kaiserin Eugénie dachte anders. Am 22. August unterzeichnete sie im großen Amtsraum in den Tuilerien, in dem sonst der Kaiser arbeitete, ein Dekret, daß im Rahmen des Fremdenregiments in Sidi bel Abbes ein 5. Bataillon mit sechs oder acht Kompanien aufzustellen sei. Die Kommandos sollten an französische oder ausländische Offiziere übertragen werden, die zugelassen waren, als Offiziere unter französischer Fahne zu dienen. Keinesfalls, so bestimmte Kaiserin Eugénie, dürften Deutsche als Offiziere, Unteroffiziere oder Legionäre ausgewählt werden. General Cousin-Montauban, der engste militärische Berater der Kaiserin, meldete leise Zweifel am Sinn des Dekrets an: »Auch ein kleines Kontingent der Legion wird nicht die Wende des Krieges bringen.« Eugénie kurzangebunden: »Aber die Legionäre werden bis zum letzten Mann kämpfen. Bei ihnen wird es keinen Rückzug geben.«

Am Tag der Kriegserklärung hatte die machtbewußte Kaiserin ebenso wenig wie Napoleon III. an den Vielvölkerhaufen in Sidi bel Abbes gedacht, denn Kriegsminister Marschall Le Boeuf versicherte dem Monarchen: »Frankreich hat die beste Armee der Welt. Wir werden die Preußen vernichtend schlagen. Noch dazu haben die Herrschaften in Berlin keinen Friedrich den Großen mehr.« Dafür saß in Berlin ein hagerer, einsilbiger Siebziger über den Lagekarten, verglich Eisenbahnpläne mit den Aufmarschzeiten der Divisionen. Wie eine Mathematikaufgabe nahm der greise Feldmarschall Helmut Graf von Moltke den Entwurf einer Offensive in Angriff. Die Armeen von Napoleon III. kommandierten ungleich farbigere Gestalten, zum Beispiel die »Afrikaner«, Bazaine, Canrobert und Mac-Mahon. Zweihundertvierzigtausend Mann hatten sie unter ihrem Befehl. Weitere 300 000 Mann wurden mobilisiert. Doch verzweifelt depeschierte Napoleon am 6. August an die Kaiserin: »Dieser Krieg ist verloren. Nichts funktioniert mehr. Alle Vorbereitungen enden im Chaos. Es gibt keine Strategie auf unserer Seite.« Auf den Spichern-Höhen und bei Forbach waren die bayerischen Regimenter unter General von der Thann durchgebrochen. Moltke hatte seine großangelegte Zangenbewegung gegen die Armeen Bazaines in Richtung Metz und Sedan begonnen. Der Draufgänger aus der Legion erwies sich als unfähig, den Einkreisungsring zu verhindern. Napoleon III. war ein militärischer Dilettant, vollkommen abhängig von seinen Marschällen. Von seinem Vorfahren hatte er keine strategischen Fähigkeiten geerbt. Als Moltke am 22. August den Vormarsch von zwei Armeen direkt auf Paris in Gang gesetzt hatte, dämmerte dem von heftigen Schmerzen der Harnröhre geplagten Kaiser: Die Paraden der letzten Jahre hatten ein falsches Bild ergeben. Sie waren prunkvoll, aufwendig und voll exotischem Glanz, zeigten jedoch nur die äußere Fassade der Armee. Einige Einheiten schlugen sich vorzüglich: Die Dragoner bei Gravelotte, die Infanterie bei Saint Privat, die Kürassiere bei Morsbronn. Den Umfassungsbewegungen Moltkes und den Überraschungsdurchbrüchen von der Thanns zeigten sich die Marschälle Napoleons III. nicht gewachsen. Zu sehr hatten sie sich auf die Erfahrungen der Algerienfeldzüge verlassen, auf die Devise des ständigen Improvisierens. An allen Fronten wurden die französischen Divisionen zurückgeworfen. Sogar der Nichtmilitär Napoleon mußte der schönen Eugénie, die trotz der ständigen Schreckensnachrichten nicht auf das tägliche Fest-Dinner mit dreißig Gängen verzichten wollte, gestehen: »Meine Marschälle haben in Nordafrika zuviel Indianerkrieg gespielt. Sie hätten sich besser wie die Preußen und Bayern mit dem Wesen des modernen Kriegs vertraut machen sollen.« Gepeinigt von Schmerzen, das Gesicht stark geschminkt, raste Napoleon III. in einer viersitzigen Kalesche von Frontabschnitt zu Frontabschnitt. Am 3. September überreichte Innenminister Henri Chéfreau der Kaiserin, die sich bereits in tiefes Schwarz gekleidet hatte, ein Telegramm aus Sedan: »Die Armee ist geschlagen. Da ich, mit meinen Soldaten kämpfend nicht getötet wurde, muß ich mich in Gefangenschaft begeben, um die Armee zu retten. Napoleon.«

Über einen Monat später, am 11. Oktober, traf beim Admiralstab in Toulon eine Nachricht des Signalmastes von Cap Sicie ein: »Truppentransporter ›Valerie‹ aus Mers El Kebir läuft ein. An Bord das 5. Bataillon der Fremdenlegion mit 2600 Mann.« Admiral Lagarde, der Kommandant des Kriegshafens, war entsetzt: »Jetzt kommen die Deutschen unter französischer Flagge auch noch vom Mittelmeer her.« Er befahl der Wachkompanie, die Piere abzuriegeln. Dem Kapitän signalisierte er: »Kein Legionär geht von Bord, ehe ich nicht mit dem Kommandeur gesprochen habe.« Oberst Deplanque, der das Bataillon kommandierte, konnte den verstörten Admiral überzeugen: Es gab keinen deutschen Legionär. Das Kontingent setzte sich aus Schweizern, Österreichern, Polen, Serben, Kroaten, Italienern und Spaniern zusammen.

Unter den Offizieren befand sich ein bulliger Balkanese mit einem hochgezwirbelten Schnurrbart, Peter Karageorgewitsch, Leutnant und Sohn des berühmten serbischen Freiheitshelden Czerny Karageorges. Im Jahr 1921 sollte er als Peter I. König von Serbien werden. Unter dem Namen Kara Georges hatte er sich 1867 als einfacher Legionär in Marseille einschreiben lassen.

General de la Motteraye teilte des 5. Fremden-Bataillon der Vorhut seines 15. Armeekorps zu. »Der Gestank der Niederlage empfing uns, als wir über Tours zur Front vorrückten«, erinnerte sich Leutnant Karageorgewitsch. »Komplette Regimenter schlichen sich durch Wälder zurück. Alles machte den Eindruck des totalen Niedergangs.« Das 5. Fremden-Bataillon rückte trotzdem von Tours nach Orleans weiter. Dort begann General von der Tann mit seinen bayerischen Divisionen, die von der Blockade von Paris abgezogen worden waren, eine Umfassungsschlacht wie bei Sedan. »Wir gingen in die Falle«, sagte Augenzeuge Leutnant Karageorgewitsch. »Die Befehle waren verworren. Niemand wußte mehr, wo die französischen Frontlinien verliefen. Als Legionäre marschierten wir mindestens vierzig Kilometer am Tag. Immer nach Norden.«

Ehe das Bataillon auf die ersten Bayern stieß, hatte es Schwierigkeiten mit den Bauern gegeben, die für die Legionäre Schweine brieten und großzügig Wein und Schnaps ausschenkten. Als die Österreicher und Schweizer das Angebotene in ihrer Sprache lobten, holten die Bauern ihre Jagdflinten heraus und schrien: »Preußische Spione. Stellt sie sofort an die Wand.« Nur mühsam konnten die Argwöhnischen davon überzeugt werden, daß sie keine feindlichen Spitzel entdeckt hatten. Gegen elf Uhr am 11. Oktober bezog das Bataillon Stellung im Vorort Bel Air vor Orleans.

Das Städtchen mit knapp 20 000 Einwohnern bestand aus einem mittelalterlichen Stadtkern und drei kleinen Fabriken am Stadtrand. Die Legionäre erkannten sofort die Vorteile der vielen Mauern, der engen Gassen und der winzigen Häuser. Altgediente wurden an Magenta erinnert. Wie vor elf Jahren behinderten Bäume, Mäuerchen und verwinkelte Hausfassaden den Angreifer. Schon vor der Abenddämmerung merkten die Legionäre, wie sehr sich die Kriegsführung in Europa seit Magenta geändert hatte. General von der Tann setzte seine gesamte Artillerie mit sechshundert Rohren ein. Sie schoß breite Breschen in die Verteidigungslinien. »Plötzlich waren ganze Kompanien weg«, berichtete der spätere Serbenkönig Peter I. »Sie verschwanden hinter einem Feuervorhang. Erstmals sahen wir uns einem modernen Materialkrieg gegenüber. Einige Legionäre drehten durch. Sie wollten nicht glauben, daß durch Artilleriefeuer ganze Fronten zum Verschwinden gebracht werden. Mit aufgepflanztem Bajonett gingen sie auf die Stellungen der Bayern zu und verschwanden für immer in den zerfetzten Obstgärten.« Sobald es Nacht war, zog sich das 5. Fremden-Bataillon auf den Vorort Bannier zurück. »Um Mitternacht wurde noch immer gekämpft«, schrieb Karageorgewitsch im offiziellen Bataillonsreport. Aber aus dem Kampf wurde ein wildes Hauen und Stechen. Jede Haustür war ein Hinterhalt. Einige Gruppen hatten sich im Schutz der Nacht auf den Dächern postiert. Die Bayern kannten kein Pardon. Wenn sie den Zugang zu einem Haus erkämpft hatten, stachen sie jeden Legionär nieder, der seine letzte Patrone verschossen hatte. Vor einem Eckhaus kam es zu einer Überraschung. Bayerische Pioniere gingen daran, die letzten Legionäre auszuräuchern. Da befahl der Kompaniechef Feuereinstellung. Er rief: »Legionäre, ich biete Euch freien Abzug.« Aus dem halb zerstörten Haus kamen fünf Legionäre und ein Offizier. Es war der aus Polen stammende Capitaine Lasky. Er sah im Widerschein der Flammen, wie die Kompanie der Bayern salutierte. Dann erkannte er den Offizier mit dem Rautenhelm und gezücktem Degen – es war der einstige Legionsleutnant Lissignolo, mit dem er in Mexiko in einer Kompanie gewesen war. Bei General von der Tann setzte Lissignolo noch durch, daß diese Legionstruppe durch den letzten offenen Streifen im Belagerungsring entkommen konnte – ohne Schwierigkeiten übrigens, denn von der Tann sagte: »Ich habe wie Sie die Uniform der Legion getragen. Ich bin noch immer stolz darauf.« Wenige Tage danach kam in dieser Angelegenheit eine unfreundliche Nachfrage aus dem Hauptquartier Moltkes. Von der Tann antwortete nur kurz: »Wir haben der Legion die Ehre erwiesen, die ihr zusteht.«

Von der Tanns Adjutant berichtete, daß Moltke das Papier ziemlich fassungslos gelesen und gemurmelt habe: »Die Bayern sind zu allem fähig. Die bekennen sich sogar offen zur Fremdenlegion der Franzosen und machen keinen Hehl daraus, daß sie sich in dieser Abenteurereinheit ihre wichtigsten militärischen Kenntnisse besorgten.«

Erst am 9. November kam es bei Coulmiers, siebzehn Kilometer westlich von Orleans, zur Entscheidungsschlacht. Gegen die zwanzigtausend Mann des General von der Tann konnte General Aurelle de Paladines sechzigtausend Mann aufbieten. Die bayerische Armee mußte sich in Richtung Paris zurückziehen. Die Militärplaner der neuen Regierung der »Nationalen Verteidigung« verfolgten jetzt eine realistische Strategie: Alle noch intakten Armeen in der Provinz sollten zum Marsch nach Paris zusammengezogen werden.

Schon am 7. Januar 1871 wurde der Winterbiwak aufgelöst. Die Überlebenden des Bataillons, gerade noch eintausendeinhundert Mann, bestiegen auf der Station Vierzon den Zug in Richtung Paris. »Die Deutschen haben mit der Bombardierung von Paris begonnen«, lautete der Schreckensruf. Am Bahnhof Montbéliard wurden die Legionäre ausgeladen. Die Temperaturen waren weiter auf minus einundzwanzig Grad abgesunken. Mit gestohlenen Wolldecken hüllten sich die Legionäre ein. »Es hatte unschöne Szenen vor der Abfahrt in Vierzon gegeben«, machte Leutnant Karageorgewitsch in seinem Rapport deutlich. »Die Legionäre plünderten ganz einfach sämtliche Schlafzimmer, holten Wolldecken und warme Mäntel aus den Wohnungen. Zwei Legionäre wurden standrechtlich erschossen. Sie hatten außerdem die Frauen der überfallenen Familien vergewaltigt und die Sparstrümpfe geraubt.«

Am Bahnhof von Vierzon kam es zu neuen Ausschreitungen. Kilometerweit standen die Waggons. »Seit drei Tagen geht nichts mehr voran«, erhielten die Legionäre zur Auskunft von entnervten Bahnbeamten. Zur Beförderung wurden ihnen einige Viehwaggons ganz am Ende zugewiesen. Da entdeckten sie weiter vorne einige Salonwagen mit dicken Polstern und gut verschließbaren Türen. Artilleristen hatten sich einquartiert. Durch leise Pfiffe verständigten sich die Legionäre. Wenige Minuten später standen die Artilleristen frierend auf dem Perron. Die Legionäre höhnten zum Abschied, ehe sie es sich bequem machten: »Wir schießen sofort, Ihr Bleiärsche.« Zu einem Genuß wurde die Fahrt trotzdem nicht. Mehr als zwei oder drei Kilometer in der Stunde schafften die endlosen Züge nicht. Dann standen sie wieder stundenlang, ohne auch nur einen Meter voranzukommen.

Auch in den Salonwagen lagen die Temperaturen bei minus siebzehn Grad. Bei längeren Pausen stiegen die Legionäre aus, holten Brennholz aus den nahen Wäldern, requirierten Hühner in den Bauernhöfen und fluchten bereits beim ersten Biß, denn kaum war das geröstete Federvieh aufgeteilt, hatte es sich schon wieder in einen Eisklotz verwandelt. Bald hatten Straßenhändler den im Schneckentempo vorankommenden Zug als Einnahmequelle entdeckt. Aus allen umliegenden Städten kamen sie mit fahrbaren Kanonenöfen, boten heiße Suppen an, schlechten Wein und noch ungenießbareren Fusel. Die durchfrorenen, lethargischen Soldaten zahlten jeden, noch so überhöhten Preis. Allein in der Nähe von Besançon stand die Waggonkolonne sieben Tage. Der unorganisierte und viel zu langsame Aufmarsch der französischen Divisionen gab den Truppen der Preußen und Bayern genügend Zeit, eine befestigte Frontlinie von Montbéliard über Héricourt bis Chenebière aufzubauen. Sie konzentrierten dort beinahe fünfzigtausend Mann, mit Winterkleidung versehen, bestens verpflegt und unterstützt von einhundertundsiebzig Feldhaubitzen und achtzig schweren Belagerungsgeschützen. Zusammen mit dem 39. Linienregiment griff die Legion am 14. Januar 1871 die Höhe der heiligen Susanne an, dreiundzwanzig Kilometer von Montbéliard. Der Abhang war fest gefroren, glatt wie eine Eisbahn. Zudem kam gegen Mittag ein Schneesturm auf. Leutnant Karageorgewitsch protokollierte danach: »Drei Attacken waren erfolglos. Dann wurde ein Trupp mit bergerfahrenen Schweizern und Österreichern zusammengestellt. Mit ihren Bajonetten hackten sie wie mit Eispickeln einen Aufstieg an einer besonders unübersichtlichen Stelle. Als wir ihr Signal hörten und den nächsten Angriff begannen, hatte das feindliche Feuer aufgehört. Oben auf der Anhöhe saßen die Legionäre vom Spähtrupp auf den Kanonen. Sie hatten eine ganze Batterie erobert und die Bedienungsmannschaften entweder getötet oder vertrieben.« Lobte der Abschnittsbefehlshaber General Peytavin: »Die Legion kämpfte mit einem Bataillon besser als eine ganze Division.« Die Legion war auch vor den anderen Einheiten in Montbéliard und sicherte sich in den besten Gasthäusern Quartier.

Bei Héricourt hielten die gegnerischen Linien. Marschall Bourbaki mußte die Offensive abbrechen. Alle Melder brachten die gleiche Nachricht in sein Hauptquartier: Verluste bis zu siebzig Prozent, keine Munition mehr, die Regimenter weigern sich, noch weiter im Kugelhagel vorzugehen. In weniger als einem Tag löste sich die ganze Armee auf. Nur das Bataillon der Legion blieb zusammen. Es marschierte nach Besançon. Dort kam am 23. Januar die Nachricht vom Waffenstillstand. Leutnant Karageorgewitsch notierte in sein Rapportbuch mit klammen Fingern, fast unleserlich: »Die Legionäre fragten nur: ›Wann geht es endlich zurück nach Sidi bel Abbes.‹ Sie murren außerdem darüber, daß trotz der schrecklichen Kälte noch immer nicht die Läuse abgestorben sind.«

Zwei Monate gab es Garnisonsleben in Besançon. Am 27. März kam der Abmarschbefehl. Es ging jedoch nicht zurück nach Toulon. Das Legions-Bataillon mit sechsundzwanzig überlebenden Offizieren und Unteroffizieren sowie eintausendunddrei Mann wurde zur »Pariser Armee« abkommandiert. In der Metropole war der Aufstand der Kommune ausgebrochen. General Thiers hatte befohlen: »Die Legion hat die ersten Barrikaden der Kommunisten zu beseitigen.« Indigniert merkt das »Goldene Buch der Legion«, die offizielle Historie, an: »Das war nicht die Aufgabe von Legionären. Wir möchten über diese dunkle Episode Schweigen bewahren.« Offener äußerte sich Leutnant Karageorgewitsch, der sich später als Monarch der Serben auch nicht gerade durch besondere Zimperlichkeit auszeichnen sollte: »Bald war es kein Kampf mehr, nur noch Mord auf beiden Seiten.«

In Neuilly erzwang sich das Legions-Bataillon den Durchbruch nach Paris. Es fand drei Legionäre eines Spähtrupps mit durchgeschnittenen Kehlen, wild zerhackt, ohne Arme und Beine vor. Leutnant Karageorgewitsch: »Die Rache folgte an der nächsten Barrikade. Als sie in Flammen aufgegangen war, warfen die Legionäre die gefangenen kommunistischen Bürgerkrieger bei lebendigem Leibe ins Feuer und verhinderten, daß sich die halb verkohlten Gestalten aus der Feuerhölle retteten.« Bis zum letzten Absatz befolgten die Legionäre den Befehl von General Thiers: »Der Widerstand ist mit allen Mitteln zu brechen.« Sie schießen Barrikadenkämpfer nieder; rotten ganze Familien aus, weil sich in ihrem Haus ein Heckenschütze versteckt gehalten hat; sie werfen Babys aus dem Fenster, weil sich Kommunarden in einem Entbindungsheim verschanzt hatten.

106

Am Faubourg Saint Jacques, in der Gegend des Pantheon, stockte das Gemetzel. Vierzig Kanonen wurden herangebracht. Sie schossen die Barrikaden zusammen, bis nur noch verkohlte Trümmer auf der Straße lagen. Am Pont Michel traf die Legion auf das schwierigste Hindernis. Die Kommunarden hatten aus den Barrikaden eine weit verzweigte Festung gemacht, mit schrägen, einander sich gegenseitig deckenden Flanken. Brandgranaten schlugen eine erste Bresche. Diesmal kamen die Legionäre der ersten Linie ohne Gewehre. Nur mit dem aufgepflanzten Bajonett, wie sie es beim Kampf um die Ksar der Berber getan hatten, gingen sie vor. Sie warteten den Einbruch der Dunkelheit ab. Gegen Morgen meldete der polnische Sergeant Sypniewski Leutnant Karageorgewitsch: »Wir haben sie massakriert, bis sich keiner mehr rührte.«

Am 27. Mai, dem letzten Tag der Barrikadenschlacht, standen riesige Rauchwolken über Paris. Sie verdunkelten die Sonne, die manchmal durch die aufgelockerten Wolken schien. Ein Regen aus Ruß vermischte sich mit dem Blut auf den Straßen. Verzweifelt warfen Hausbewohner, in deren Wohnungen sich kurz zuvor Kommunarden verschanzt hatten, zurückgelassene Gewehre, Patronengurte und Munition auf die Straße. Trotzdem wurden viele doch noch exekutiert. Gegen Abend erreichte das Legions-Bataillon den Friedhof von Père Lachaise. Zwischen den Grabsteinen kam es zum letzten Gefecht. Danach waren die Grabinschriften nicht mehr zu lesen. Sie waren von Blut verschmiert. Jeden Kommunarden auf den Gräbern hatten die Legionäre genau nach Vorschrift nochmals mit dem Bajonett durchbohrt. Dann sagten sie zum entsetzten Friedhofswärter: »Jetzt hast du zu tun, Väterchen.«

In der Kaserne von Pepiniere, wo die kaiserliche Garde von Napoleon III. residierte, bezogen die Legionäre Quartier. Vorher wischten sie die Blutspuren weg und kehrten die geköpften Adler der einstigen Standarten zusammen. Sie beseitigten den Kot auf den Gängen, reparierten die Treppenaufgänge. Die Gewehre standen unten auf dem Kasernenhof. Die Legionäre wirkten wie städtische Straßenfeger. Im Juni 1872 kehrten die Überlebenden des Bataillons nach Sidi bel Abbes zurück, begrüßt mit dem »Boudin«, dem die deutschen Legionäre den Spitznamen »Blutwurstwalzer« gegeben hatten. Legionschronisten rechneten nach, daß die Legion nur mit 0,5 Prozent an der Niederwerfung des Aufstands der Pariser Kommune beteiligt gewesen war. Kommunisten und Sozialisten genügte auch dieser winzige Anteil, bis in die heutige Zeit in jedes Wahlprogramm die Abschaffung der Legion hineinzuschreiben. Sie blieb ihr militärischer Alptraum.

Die Schwarzflaggen

An diesem Abend des 17. Dezembers 1884 war der »Klare Fluß« eine schwarze Wasserfläche zwischen Bambusstauden und Lianenbüschen. In einer versteckten Bucht hatte ein Sampan mit vier Legionären unter dem Kommando von Sergeant Pfirrmann festgemacht. Das langgestreckte Boot lag schwer im Wasser. Es war bepackt mit Konserven und Mehlsäkken, getrocknetem Fleisch und Reis. Den ganzen Tage über warteten die Legionäre auf den Sonnenuntergang. Moskitos und Fliegen am sumpfigen Ufer entnervten die Ruderer. Einzige Unterbrechung war das seltsam hohe Pfeifen einer Büffelkröte, das Gegacker der Affen, das Schleichgeräusch eines Tigers und bald darauf der Todesschrei eines gerissenen Tiers. Manchmal glitten draußen Sampans vorbei, besetzt mit chinesischen Soldaten. Sie hatten ihre Flinten im Anschlag. Aufmerksam suchten sie jede Flußbiegung ab. Den Sampan von Pfirrmann entdeckten sie nicht. Seit dem 1. Juni hatte der hagere Bootsführer, der bekannt war für seine knappen Befehle, elfmal den Belagerungsring des chinesischen Generals Leou-Vin-Phuoc um die Festung Tuyen Quang, zweihundert Kilometer nördlich von Hanoi, durchbrochen.

Auf dem Wasser kannte sich Sergeant Pfirrmann aus. Er war der Sohn eines Bootseigners aus dem niederbayerischen Deggendorf. Meistens hatten sie auf ihren Flachbooten den Weizen des Gäubodens hinauf bis nach Donauwörth und Ulm transportiert. Bessere Frachten waren Waffen, Luxusartikel oder auch politische Flüchtlinge, die auf der Donau zwischen Passau und Wien geschmuggelt wurden. Hier entwickelte Leonhard Pfirrmann seinen sechsten Sinn, wie man Patrouillenboote geradezu riecht und rechtzeitig den nächsten Unterschlupf im Schilf oder in einem brackigen Nebenarm findet. Irgendwann jedoch wurden die Gendarmen auf den Flußschiffer mit den heißen Ladungen aufmerksam. Ehe er dem Amtsrichter in Straubing in Ketten vorgeführt werden konnte, war er schon in Marseille und schrieb sich auf Fort Saint Jean am alten Hafen für fünf Jahre Legion ein. Von Algerien war er enttäuscht: Zuviel Sand und zu wenig Wasser. Aber dann kam der 27. September 1883. Das 1. Bataillon verließ Sidi bel Abbes.

Zwei Monate später ankerte der Transporter »Brest« auf der Reede von Haiphong. Nachdem die Legionäre auf kleinere Boote umgeladen worden waren, ging es den »Roten Fluß« aufwärts, zweihundertunddreißig Kilometer, bis nach Hanoi. Der zum Sergeanten avancierte Pfirrmann mußte zugeben: »Dagegen ist ja unsere Donau ein armseliger Fluß.« Zwar waren die Wasser des Roten Flusses gelbfarben, in unzählige Läufe mit Inselchen und undurchdringlichen Urwaldmauern zerstückelt, doch der einstige Schmuggler wurde fast wehmütig: Das wäre der ideale Fluß für Konterbande.

Wie die anderen Legionäre genoß der Niederbayer im damals fast noch dörflichen Hanoi die fernöstliche Freuden: Den doppelten Sold, neue, scharf gewürzte Gerichte aus Hühner- und Schweinefleisch oder Rindfleisch und mit vielerlei fremdartigen Gemüsen. Und da waren außerdem die Mädchen mit dem freundlichen Lächeln, den langen schwarzen Haaren und den zierlichen Figuren. In Sidi bel Abbes waren die Arabermädchen tabu und sonst gab es nur das Quartier mit den wohl schlechtesten Freudenmädchen ganz Europas. Ganz anders in Tonking. Jeden Abend war die im luftigen Kolonialstil erbaute Kaserne in Hanoi wie leergefegt. Die Legionäre hatten sofort »Familienanschluß« gefunden. Pfirrmann schrieb seinem Bruder Benedikt: »Es ist wirklich wie in einem Abenteuerroman: Die Mädchen sind so freundlich und fraulich, daß unsere einheimischen Weiber dagegen wie Trampel wirken.«

Lange konnte das 1. Fremdenbataillon das süße Garnisonsleben von Hanoi nicht genießen. Es geht gegen die Schwarzflaggen im Norden, sagten die Offiziere. Auch Bataillonskommandeur Colonel Dominé hatte nur vage Vorstellungen über diese geheimnisvolle chinesische Privatarmee. Das Zweite Büro in Hanoi hatte über Kundschafter nur soviel herausgebracht, daß im Gegensatz zur regulären chinesischen Armee, die von Generälen befehligt wurde, die jeden Tag im Opiumrausch lagen und Dutzende von Konkubinen um sich hielten, der Befehlshaber der Schwarzflaggen, Leon-Vinh-Phuoc, ein energischer Feldherr mit einem angeborenen Gespür für Taktik und militärische Organisation war. Der 1837 Geborene blieb Zeit seines Lebens weitgehend Analphabet, der gerade den eigenen Namen schreiben konnte. Mit einer kleinen Privatarmee hatte der Sohn eines Kanoniers angefangen. Aus ihr entwickelten sich die Schwarzflaggen, die aus den verschiedensten Richtungen Zulauf bekamen. Der Kern waren die Soldaten von General Leou-Vinh-Phuoc. Dann suchten dort die Überlebenden der Tai-Ping Unterschlupf, eine Ansammlung von Medizinmännern, Wundertätern, Straßenpredigern, Magiern und Sektierern, die nur eines gemeinsam hatten: Sie glaubten durch Drogen und Joga-Übungen praktisch unverwundbar zu sein. Dadurch entwickelten sie einen brutalen Fanatismus.

Da sich die nördlichen Stämme des Kaiserreichs Annam in der Provinz Tongking durch diese Armee bedroht fühlten, hatte Frankreich einen Vorwand zum Eingreifen und startete eine vorgebliche Hilfsaktion. Bereits 1867 hatte ein Expeditionskorps Napoleons III. das Delta des Mekong besetzt und Saigon ausgebaut. Mit dem Feldzug gegen die Schwarzflaggen in Tongking hatte Paris den annamitischen Kaiser in seiner weitflächigen Residenz am Ufer des Parfümflusses endgültig eingekreist. Dreißig Kilometer nördlich von Hanoi errichtete General Leou-Vinh-Phuoc in der Festung Son Tay sein Hauptquartier. Er bekam Zulauf von den Sekten der »Großen Messer« und der »Weißen Seerose«, außerdem von regulären chinesischen Truppen. Das chinesische Reich wurde in diesen Jahren von der einstigen Konkubine und noch immer schönen Kaiserin Tse Hi beherrscht. Sie hatte den mongoliden und perversen Kaiser Hsieng-feng sich hörig gemacht und danach ermorden lassen. In allen Details schmückten die Legionäre die Nachrichten über die erotischen Ausschweifungen von Tse Hi aus, rissen Zoten über den goldenen Penis, den sie benutzen sollte, über ihre Alkoholorgien, aber auch über ihren Körper, den die Hofpoeten als das »Tal der Rosen« priesen. Was an den Grenzen ihres Riesenreichs vorging, interessierte Tse Hi nicht. Sie war mit Hofintrigen und dem Auswechseln ihrer Liebhaber beschäftigt. Erst als General Leou-Vinh-Phuoc daran ging, ein eigenes Reich zwischen Südchina und Nord-Annam zu errichten, befahl Kaiserin Tse Hi Strafexpeditionen. Sie endeten immer ohne Ergebnis und im Zwielicht. Schwarzflaggen und Peking-Truppen hatten sich auf ein Ritual geeinigt. Auf dem vorgesehenen Schlachtfeld hoben die Schwarzflaggen Gräber aus, die wie Schützengräben aussahen. In ihnen vergruben sie Stahlkassetten mit Gold und Geld. Dann befahl General Leou-Vinh-Phuoc seinen Truppen den Rückzug. Die Armee der Kaiserin rückte nach, hob die Gräber wieder aus, holte die Stahlkassetten samt mitgelieferten Schlüsseln heraus und deponierte statt dessen Waffen und Munition. Zu einem Schußwechsel kam es nie.

Sergeant Pfirrmann gefiel der Anmarsch auf Son Tay, der Festung der Schwarzflaggen. Sieben Kanonenboote dampften mit den Legionären den Roten Fluß hinauf. Sie mußten auf dem oberen Deck kampieren. Der einstige Flußschiffer Pfirrmann machte als einziges Übel aus: »Die Stahlplanken sind glühend heiß. Außerdem haben wir noch immer unsere Algerienuniformen«, die in der feuchten Hitze nicht mehr trocken wurden. Beim Anmarsch auf Son Tay trugen die Legionäre den langen blauen Tuchmantel, der gegen die Nachtkälte der Sahara schützen sollte, das Képi mit dem weiten Nackenschutz gegen den Wüstensturm, Gamaschen und Schnürstiefel für die Pisten in der Kabylei und das Gepäck, mindestens fünfundzwanzig Kilo schwer, das für Märsche entworfen worden war, die durch Gegenden ohne Wasserstellen führten. Doch vor Son Tay erstreckte sich eine tropische Wasserwüste. Als das Expeditionskorps noch zehn Kilometer von Son Tay entfernt war, meldete der Oberkommandierende, General Courbes, nach Hanoi: »Vor uns liegt ein ausgebautes Netz von Hinterhalten und kleinen Befestigungen.« Obwohl er ihn nie gelesen hatte, befolgte General Leou-Vinh-Phuoc die Mahnung des chinesischen Kriegsklassikers Sun Zu: »Zermürbe den Feind vor dem ersten Gefecht«.

Schon nach der Erstürmung der ersten Außenforts hatten die deutschen Legionäre sachverständig die eroberten Kanonen untersucht. Diese waren wie ein Gruß aus der Heimat – es waren die neuesten Modelle aus der Waffenschmiede von Friedrich Krupp in Essen –, den Schwarzflaggen fehlte es nicht an modernstem Material. Auch im Nahkampf mußten die Legionäre dazulernen, denn die Chinesen verteidigten sich noch phantasievoller und brutaler als die Kabylen.

»Zunächst sah alles ganz einfach aus«, berichtete Sergeant Pfirrmann. »Am jenseitigen Ufer tauchte eine fünfstöckige Zitadelle aus rotem Stein auf. Darüber wehten drei schwarze Flaggen, die durchschnittlich fünfundzwanzig mal zehn Meter maßen. Fahnen von solcher Art habe ich zuvor nie in Europa gesehen. Auf allen Wällen waren die grauen Schleier von Kanonenschüssen zu sehen. Wir waren aber noch außer Schußweite.«

Schon die erste Kanonade hatte gezeigt: Son Tay war eine Festung, besetzt mit mindestens 25 000 Mann, die vorzüglich gedrillt und durch Drogen angestachelt waren. Im Schutz der Dunkelheit arbeitete sich das 1. Bataillon der Legion durch die mit Bambusspitzen gespickten künstlichen Wassergräben, über bis zu zehn Meter hohe Brustwehren und durch Reisfelder, die mit vergiftetem Wasser überflutet waren. Später erinnerte sich Sergeant Pfirrmann: »Gleich nach Sonnenuntergang um sechs Uhr abends begann der Angriff. Die Entfernung von den Kanonenbooten bis zur Zitadelle betrug nicht mehr als fünf Kilometer, doch erst gegen vier Uhr morgens waren wir an der äußeren Umfassungsmauer. Sie war nicht minder gewaltig als die Außenforts unserer Festung Ingolstadt.«

Nochmals mußten die Legionäre unter direktem Beschuß einen fünfzig Meter breiten Wassergraben durchschwimmen. Doch jetzt erwies sich wieder einmal die bunte Mischung der Legion als Vorteil. Der belgische Sergeant Minnaert, der vordem ein florierendes Architekturbüro in Brügge besessen hatte, ehe er wegen einer Ehekrise geflohen war, erkannte mit einem Blick des geschulten Baumeisters den schwachen Punkt dieser Befestigungsanlage: Die Mauern waren ungleich höher und stärker als bei europäischen Forts, aber an zwei Seiten waren riesige Tore angebracht. Sie entsprachen einem kaiserlichen Dekret aus Peking, nach dem jeder befestigte Punkt mit mehr als tausend Mann Besatzung Portale anbringen mußte, die der Glorie des Herrschers bei einem plötzlichen Besuch entsprachen. Minnaert sah, daß die Tore die Festungsmauern förmlich aufrissen. Die fragile Ausführung mit viel Filigranarbeit, vergoldeten Streben aus Holz und Türknäufen mit Dämonengesichtern machten aus einem fast dreißig Meter hohem Festungsbauwerk eine Pagode mit Festungsmauern. General Courbet wollte ursprünglich die Tiroler Gebirgsschützen der Legion über die Mauern hetzen, doch er ließ sich von Sergeant Minnaerts Rapport überzeugen.

Am 15. Dezember begann eine kurze heftige Kanonade gegen die Portale. Gegen fünf Uhr morgens erklangen die Clairons. In Trupps von sechs bis zehn Mann kletterten Legionäre und Marine-Infanteristen durch die zerborstenen hölzernen Tore. An der Spitze stürmte der fast zwei Meter große Sergeant Minnaert. Drei Stunden dauerte es, bis die Legionäre den Weg vom Tor bis zum Zentrum der Zitadelle freigekämpft hatten, wo sie ein Gewirr von Straßen, Häusern und Depots entdeckten. Verwirrt bekannte Pfirrmann: »Plötzlich sahen wir uns einer kleinen Stadt gegenüber, die innerhalb einer Festung in eine Festung verwandelt worden war.« Aus jedem Fenster kam Gewehrfeuer. Zuerst wandten die Legionäre die Taktik der Wurfgranaten an, die sie bei der Eroberung der Berberfestungen perfektioniert hatten, doch der Erfolg war minimal. Ging ein Zimmer in Flammen auf, machten die Schwarzflaggen aus dem Nebenraum einen Ausfall. Den ganzen Tag über dauerte das Gefecht. Erst knapp zweihundert Meter waren die Legionäre in das Innere der Zitadelle vorgedrungen und der Angriffsschwung stockte. Geschütze wurden in Stellung gebracht, die die ersten Häuserfronten durchlöcherten. Beim zweiten Großangriff erkannten die Legionäre endlich eine Schwäche der Schwarzflaggen, die sich weder durch Kanonaden noch durch gezieltes Gewehrfeuer beirren ließen. Sobald Legionäre mit dem gezogenen Bajonett auftauchten, flüchteten sie. Nach Mitternacht kam der Befehl: Feuer einstellen, Nahkampf mit dem Seitengewehr. Vor der blanken Waffe wichen die Chinesen, sonst vertraut mit allen Finessen der Kriegsführung, wie vor einem bösen Geist zurück. Haus für Haus wurde mit dem Bajonett gestürmt. Plötzlich fiel kein Schuß mehr. »Es war seltsam«, wunderte sich Pfirrmann, »solange wir Kanonen bis in die vorderste Stellung brachten und mit besonders schweren Minen und Granaten vorgingen, wehrten sich die Schwarzflaggen bis zum letzten Mann. Sobald sie den blanken Stahl sahen, wichen sie von panischer Angst befallen zurück.«

Bei Sonnenaufgang war die Festung plötzlich leer und die Schwarzflaggen waren in den nahen Urwald geflüchtet. Die Legionäre feierten Maskenfest. Sie zogen den Toten die prunkvollen Gewänder aus, verkleideten sich als Mandarine und Höflinge, zogen mit wertvollen Seidengewändern durch die Wehrgänge und tranken soviel von dem einheimischen Schnaps Schumm, bis sie vor Trunkenheit besinnungslos umfielen. Pfirrmann notierte: Sechsundzwanzig Legionäre durch Feindeinwirkung gestorben, fünf an Alkoholvergiftung. Die einheimischen Annamiten zechten fröhlich mit. Sie feierten den Abzug der verhaßten Chinesen und sahen in den Fremden mit den roten Uniformhosen die Befreier.

Son Tay war das erste Hindernis auf dem Weg nach Norden zur chinesischen Grenze. Tuyen Quang wurde von den Generalstäblern in Hanoi als die eigentliche Schlüsselstellung ausgemacht. Sie war unbesetzt, als die erste Legionskompanie im Juni 1884 einrückte; nach drei Wochen hatte die Kompanie aber nur noch einen Bestand von siebenundzwanzig Mann – Malaria, Ruhr und Gelbfieber wüteten.

Erzürnt über die Unfähigkeit ihrer Generäle, die den ganzen Tag über nur Opiumpfeifen rauchten, holte sich Kaiserin Tse Hi den einstigen Generalissimus. Er sollte den Vormarsch der bleichgesichtigen Rothosen endlich beenden. General Negrier, der das Oberkommando in Hanoi übernommen hatte, setzte das komplette 1. Bataillon der Fremdenlegion in Richtung Tuyen Quang ein. Bei der Abschiedsparade sagte er zynisch: »Ihr Legionäre seid Soldaten um zu sterben. Ich sende euch dahin, wo man stirbt.«

Sofort nach dem Eintreffen in Tuyen Quang erkannte der sonst ziemlich einfältige Kommandeur Colonel Dominé, daß diese Festung eine Mausefalle war. Auch von einem Fort konnte kaum gesprochen werden. »Eine Zumutung«, sagte Ex-Architekt Sergeant Minnaert. Der Hügel, auf dem die Befestigung lag, war kaum siebzig Meter hoch, nur auf einer Seite durch Sumpf geschützt. Entsprechend der chinesischen Militärarchitektur war Tuyen Quang wie eine mittelalterliche Burg viereckig angelegt. Es gab weder ein Glacis, weder Bastionen noch ein Reduits. Die vier Ziegelmauern waren drei Meter hoch und einen Meter breit. Geradezu einladend für jeden Angreifer besaß die Mauer ein prunkvolles Portal, vier Meter breit und ebenso hoch wie die Mauer. »Eine Mine, und sie sind aus den Angeln gehoben«, bemerkte Minnaert in einem Situationsbericht für Colonel Dominé. Auch Pfirrmann mit seinem untrüglichen Gespür für Gefahren erkannte sofort, daß die Anlage von drei höheren Nachbarhügeln eingesehen und beschossen werden konnte. Die Schwarzflaggen hatten die Zitadelle auch nicht als Sperrfort erbaut, sondern wegen ihrer Nähe zum Klaren Fluß und zu einem größeren Dorf, um von dort aus den Handel kontrollieren und Zölle erheben zu können. Die Architekten von General Leou-Vinh-Phuoc hatten nicht an Belagerungen und Artilleriefeuer gedacht, sie brauchten nur günstige Sicht auf die Sampans und ihre Ladung. Ohne eine Gemütsregung zu zeigen, beäugte der schwerfällige Colonel Dominé das Gelände. »Wir werden die Mauern halten«, knurrte der ehemalige St.-Cyr-Kadett, der mit der drittschlechtesten Note in seinem Kurs abgeschlossen hatte, »auch wenn es Wahnsinn ist.« Colonel Dominé wollte sein erstes eigenes Kommando nicht in Frage stellen. Außerdem teilte er die Meinung des vorgesetzten General Negrier: Legionäre sind zum Verheizen da.

Nur zufällig war Edmond Dominé, der Sohn eines Schusters, zur Armee gekommen. Edmond sollte Priester werden, doch er zog im Alter von achtzehn Jahren die Uniform der Soutane vor. Wegen seiner schlechten Noten in St. Cyr kam er nur zur Linien-Infanterie und machte Garnisonsdienst in Lille und Belfort. Ein Photo zeigt den Capitane als Mann mit gezwirbeltem Schnurrbart, den Blick äußerst martialisch in das Okkular des Photoapparates gerichtet. Edmond Dominé war keine der farbigen Gestalten der Legion, kein Frauenheld und keiner, der zu den Veranstaltern von Saufgelagen gehörte. Auch durch besonderen Ideenreichtum hatte er sich nicht ausgezeichnet. Befehle führte er korrekt wie ein Buchhalter aus. So auch die Besetzung des Forts Tuyen Quang.

Leicht gebeugt schritt Dominé die Mauern ab. Bei dem Gefecht von Cerottes im Jahr 1870 hatte ihm eine Kugel den rechten Ellbogen zerschmettert und das Rückgrat verwundet. Seitdem plagten ihn Rückenschmerzen. Sein Personalakt enthält das Lob: Mit seinem soliden und ge-

diegenem Charakter gewann Dominé schnell die respektvolle Anhäng-
lichkeit der Legionäre. Pfirrmann erinnerte sich: »Am Ende der Kämpfe
hätten ihm die Legionäre die Stiefel geleckt. Seine unbeirrbare Sturheit
imponierte. Am Anfang war er beinahe verhaßt.« Als dem Verteidiger
von Tuyen Quang hatte ihm Kriegsminister Freycinet später den Posten
eines Kabinettschefs im Generalstab angeboten. Aber Edmond Dominé
nahm freiwillig seinen Abschied, obwohl seine Beförderung zum General
anstand. Als Royalist verachtete er die Republik und wollte keine größeren Ehren annehmen. Die Ernennung zum »Kommandeur der Ehrenlegion« lehnte er ebenfalls 1905 ab. Im Jahre 1921 starb er, nur noch in den
Büchern der Legion verzeichnet.

Nebelschwaden begünstigten die letzte Blockadefahrt von Sergeant
Pfirrmann. Colonel Dominé berichtete er: »Allein am Flußufer stehen
mindestens zweitausend Chinesen.« Zu diesem Zeitpunkt wußte die Besatzung nicht, daß der gefürchtete General Leou-Vinh-Phuoc den Aufmarsch kommandierte. Doch Pfirrmann zählte siebzig Geschütze, die am
Ufer für den Einsatz bereitstanden. Dominé mußte einen erschreckenden
Vergleich anstellen: Er hatte nur sechs Geschütze, davon zwei völlig veraltete Hotchkiss-Kanonen mit knapp zweitausendfünfhundert Schrapnellgranaten und Kugeln. Für die Karabiner hatten die Ochsengespanne
330 000 Patronen herangeschleppt. Aber die Legionäre besaßen nur die
alten Karabiner, die noch aus der Produktion vor dem Krieg von 1870/71
stammten; kein Repetiergewehr war dabei. Der Chef des Pionierzugs,
Sergeant Albrecht Friedrich Nornemann, meldete dem Colonel: Für
Schanzarbeiten stünden seinen dreiundsechzig Legionären zwölf Schaufeln und siebenundzwanzig Spitzhacken zur Verfügung. Der Rest mußte
mit dem Bajonett arbeiten.

Colonel Dominé mochte den verschlossenen und korrekten Pionier-
Sergeanten, der nie über seine Vergangenheit sprach. Eine Beförderung
zum Leutnant hatte er abgelehnt. Bereits der Rekrutierungsoffizier in
Belfort merkte in der Personalakte an: »Nornemann spricht perfekt französisch. Er muß seinem ganzen Verhalten nach Offizier in der preußischen Armee gewesen sein, machte aber keine Angaben darüber. Er wollte nicht die Möglichkeit in Anspruch nehmen, mit seinem früheren
Dienstgrad in die Legion aufgenommen zu werden. Ausdrücklich bestand
er darauf, als Legionär zweiter Klasse den Kontrakt zu unterzeichnen.«
Das melancholische Schweigen und die strikte Zurückhaltung irritierte
die anderen Unteroffiziere. Sie behandelten Nornemann äußerst reserviert. Wenn er abends einmal überraschend zu einem Glas Schnaps und
einem Würfelspiel in ihre Messe kam, verstummten sofort die derben Spä-
ße. »Er war ein Aristokrat«, bekannte Sergeant Pfirrmann, noch ehe bekannt wurde, daß der Pionier-Spezialist Nornemann ein Cousin des Preußen-Prinzen Heinrich war und damit in direkter Verwandtschaft zu Kaiser Wilhelm II. stand. »Jahrzehntelang ging in der Legion die Legende
vom Preußen-Prinzen um, der als einfacher Legionär anfing«, vermerkt
das »Goldene Buch« der Legion. »Dahinter steckt der Graf Nornemann,

der sich, wie aus seinen nachgelassenen Papieren hervorging, in eine verheiratete Gräfin Schwerin, die Ehefrau seines Bataillonskommandeurs,
verliebt hatte, vom eifersüchtigen Ehemann zum Duell gefordert wurde
und diesen erschoß.« Zurückgekehrt aus Tongking, erkrankte Nornemann an Ruhr und starb im Herbst 1897. Als seine Identität bekannt wurde, benachrichtigte das Zweite Büro das Kriegsministerium in Paris. Zwei
Tage später ging in Sidi bel Abbes ein Telegramm des Kriegsministers ein:
»Das deutsche Kanonenboot ›Marder‹ wird den Grafen Nornemann in
Mers el Kebir abholen und nach Hamburg überführen. Der Sergeant ist
mit den Ehren eines kommandierenden Offiziers zu verabschieden, der
im Kampf gefallen ist.«

Doch am 17. Dezember, als Sergeant Pfirrmann einsehen mußte, daß es
für seinen Sampan keine Rückkehr mehr nach Hanoi geben würde, ahnte
keiner der Offiziere und Sergeanten am Lagetisch im obersten Stock der
Zitadelle etwas von der Herkunft Nornemanns. Er schilderte die gefährlichsten Schwachstellen der Befestigungswerke, während Pfirrmann Information über den feindlichen Vormarsch beisteuerte. Ergänzt durch die
Berichte der Spähtrupps war die Bilanz deprimierend: Drüben kommandiert General Leou-Vinh-Phuoc, der neue militärische Günstling der extravaganten Kaiserin. Allein die Vorhut, die zwanzig Kilometer vor der
Festung stand, war mindestens sechstausend Mann stark. Die Legionäre
hatten schon genug Kampferfahrung mit den chinesischen Truppen, um
zu wissen, daß diese europäische Angriffstaktiken nicht beherrschten und
nur gefährlich waren, wenn man sie unter Drogen gesetzt hatte. Allerdings, und das wußte Dominé, stand ihnen in General Leou-Vinh-Phuoc
ein hervorragender operativer Improvisator gegenüber. Doch Leou-
Vinh-Phuoc hatte mit Schwierigkeiten zu kämpfen, denn im Urwald mit
seinen steilen Schluchten, auf den sumpfigen Anmarschwegen und dem
oft undurchdringlichen Unterholz kam seine Armee nur langsam voran.
Deshalb machte er aus seinen Schwarzflaggen die Avantgarde. Die regulären Divisionen hatten nur die Hälfte ihres Bestands und setzten sich
durchwegs aus Sträflingen zusammen, die vorzeitig begnadigt worden
waren, denn im China der Kaiserin Tse Hi galt der Stand des Soldaten als
ebenso verachtenswert wie der des Totengräbers und der Pferdemetzger
oder der Hundefänger für die Feinschmeckerrestaurants. Leou-Vinh-
Phuoc mußte außerdem das Problem eines über tausend Kilometer langen
Nachschubwegs lösen, wobei die Wege nicht mehr als bessere Trampel-
pfade waren und über die Urwaldflüsse keine Brücken führten; zudem
griffen ihn immer wieder die kriegerischen Meos an, die die Gelblinge aus
dem Norden mit Giftpfeilen begrüßten. Doch am 17. Dezember hatte
Leou-Vinh-Phuoc seine Armee herangeführt. Auch der alte Donauschif-
fer Pfirrmann wollte nicht mehr die Rückreise auf dem Hellen Fluß nach
Hanoi riskieren. Er blieb mit »größten Bedenken«, wie er niederschrieb.
Kaum sechshundert Mann hatten sich in den baufälligen Schanzwerken
postiert, davon dreihundertzweiundzwanzig Legionäre. Der Rest bestand aus Tongking-Scharfschützen. Unten am Fluß dümpelte das winzi-

ge Kanonenboot »La Mitrailleuse«, mit zwei Haubitzen und zwölf Mann Besatzung.

Über die Schwäche Tuyen-Quangs gab sich Colonel Dominé keinerlei Illusionen hin. Von einer nahe gelegenen Pagode, die von einem zurückhaltend angelegten, goldverzierten Dach gekrönt war, ließ sich die ganze Umgebung überblicken. Nachdem Dominé die zur Spitze der Pagode führenden dreiundneunzig Stufen emporgeklettert war, konnte er die gefährdeten Punkte seiner Stellung genau erkennen. Zuerst befahl Dominé den Bau eines Blockhauses und ließ dann ein von Pionier-Sergeant Nornemann angeregtes dichtes Netz von Gräben und Hinterhalten anlegen, das sich zwischen dem Blockhaus an der Pagode und den westlichen Umfassungsmauern dahinzog.

Noch war kein Schuß gefallen. Im Morgendämmer, wenn der Schrei der Affen, Raubtiere und Papageien im Dschungel erlosch, war lediglich das Gerumpel schwerer Kanonen zu hören, die über Holzroste transportiert wurden und klang der helle Singsang chinesischer Befehle aus dem Dschungel. Am 20. Dezember stiegen ringsum Rauchwolken auf, die die Lagerfeuer der Belagerungsarmee markierten. Dominé versammelte seine Offiziere, die Capitaines de Borelli, Moulinay und Diaz, die Leutnants Goergen, Naert, Hoyer und Vincent – Diaz kam aus der spanischen Armee; Goergen war Sachse; Hoyer Hesse; Naert war Niederländer. Colonel Dominé, Royalist und Nationalist, konnte anfangs seine Herablassung gegenüber den »Ausländern« nicht verbergen. Bereits bei den ersten Konferenzen über die »Lage« wurde ihm allerdings deutlich, daß er mit seinen Landsleuten von der Linieninfanterie die Festung nicht halten könne. Die Fremden dagegen waren aus anderem Holz: Sie hielten sich nicht an die Regeln taktischer Schulbücher und waren bereits in ihren Heimatarmeen exzentrische Außenseiter gewesen, unkonventionelle Soldaten, flexibel genug, um sich auch in einer so ungewohnten Umgebung zurechtzufinden. In der Dschungellichtung von Tuyen-Quang machten sie jede schwache Stelle der Verteidigung aus und blieben ungerührt, als immer neue Kolonnen des Feinds heranrückten. Colonel Dominé machte auf den lückenhaften Karten aus: »Aus sechs Richtungen rücken die Divisionen von General Leou-Vinh-Phuoc heran.«

Erst am 6. Januar 1885 kam der erste Angriff. »Ein Probeangriff«, vermerkte Colonel Dominé, »der Gegner will unsere kritischsten Schwachstellen ausmachen.« Am Morgen des 26. Januar zerriß das Gekreisch Hunderter von Trompeten, Zymbeln und Trompeten die Stille. »Ein barbarisches Geräusch«, war dies für den an bayerische Militärmusik gewohnten Sergeant Pfirrmann. Die Belagerten machten drei deprimierende Beobachtungen: General Leou-Vinh-Phuoc führte mindestens zehntausend Mann über Kouang-Si und Yen-Bay heran; die Dörfer der Umgebung gingen in Flammen auf und die Felder wurden systematisch zerstört. Colonel Dominé: »Es soll verhindert werden, daß wir Grundnahrungsmittel aus der Umgebung holen.« Am meisten Beklemmung löste jedoch die Erkenntnis aus, daß die meisten Angriffe bei Nacht begannen. General

Leou-Vinh-Phuoc war es gelungen, seinen undisziplinierten und aberglläubischen Soldaten die Furcht vor den Geistern der Nacht auszutreiben. »Kein Bandenchef«, lobte Colonel Dominé, »sondern ein ernstzunehmender Kommandeur.« Spähtrupps unter Sergeant Pfirrmann hörten in den Geschützstellungen des Gegners heimische Laute – die neuen Krupp-Kanonen wurden von deutschen Technikern bedient.

Ende Januar begann der Feind umfangreiche Schanzarbeiten. Noch bei den ersten Angriffen hatten sich die Chinesen den Scharfschützen der Legion und der Tongkinesen als ideale Ziele angeboten, denn sie waren in fast friederizianischer Schlachtordnung vorgerückt, in breiter Linie, vorne die Kapelle mit anfeuernden Melodien. »Anders ging es auf den Volksfesten auch nicht zu in den Schießbuden«, hielt Sergeant Pfirrmann fest. »Es war ein regelrechtes Scheibenschießen. Bis zur ersten Außenmauer drang kein Chinese vor.«

Jetzt hatten sich die Belagerer jedoch umgestellt. Ihre unterirdischen Stollen rückten täglich immer näher an die Mauer. Pionierexperte Nornemann mußte gestehen: »Wir haben nicht das Gerät, die Balken, um Gegenstollen zu brechen.« Colonel Dominé mußte das gefährdete Blockhaus evakuieren. Schon drei Tage danach stand auf der vorstehenden Spitze mit direkter Sicht auf alle Bauten der Festung eine Batterie mit neun Geschützen, die vor allem auf die Legionäre im Innern des Forts zielte, wenn sie zum Essen anstanden oder zum Abendappell antraten. Die Geschütze, die neuesten Modelle von Krupp, wurden von deutschen Technikern bedient, wie Pfirrmann während eines Spähtruppunternehmens feststellen konnte. Bei einem Stoßtruppunternehmen wurden drei Gefangene in Zivil gemacht, die, wie es sich beim Verhör herausstellte, Minenarbeiter aus der Mandschurei waren, die sich im Stollenbau in Kohlebergwerken auskannten. Mindestens dreihundert dieser Spezialisten waren im Vorfeld tätig und hatten den sumpfigen Untergrund in ein Netz von unterirdischen Laufgräben verwandelt.

In der ersten Februarwoche waren die inneren Gebäude der Zitadelle nur noch Ruinen. Die Verwundeten wurden in eine eilig aufgerichtete Strohhütte gebracht, die weniger im Zielfeld der Kanonen lag als das bisherige Lazarett. Jeder Tote wurde in eine Bambusmatte eingerollt und rasch verscharrt. Pfarrer Boisset las seine Gebete im Liegen, um nicht von den Spähern auf dem Pagodenhügel gesehen zu werden. Durch einen Kopfschuß wurde Capitaine Diaz, der draufgängerische Baske, getötet. Für ihn wurde ein Sarg aus Biskuitkisten zusammengezimmert. Er verschwand in einem Krater aus Flammen und Splittern mit dem Trompeter, der zur letzten Ehrung angetreten war. Colonel Dominé, der Worte des »Andenkens« sprechen wollte, verzichtete auf eine weitere Zeremonie.

Tagelang hörten die Legionäre auf den südwestlichen und südöstlichen Bastionen dumpfe Bohrgeräusche. Am 12. Februar um vier Uhr morgens, die Dämmerung hatte noch nicht begonnen, ging eine riesige Fontäne aus Steinen, Erde und Granatsplittern in die Höhe. Zu Hunderten versuchten die Chinesen, in die Bresche einzudringen. In wenigen Minuten hatten die

117

Legionäre drei Schützenlinien gebildet. Sie feuerten wie auf dem Exerzierplatz. Um fünf Uhr fünfundvierzig wurde es hell. Die Angreifer auf den zerborstenen Wällen hoben sich deutlich gegen die aufgehende Sonne ab. Registrierte Sergeant Pfirrmann: »Nach einer halben Stunde war alles vorbei. Die Leichenhaufen der Chinesen hatten die Lücke gefüllt. Den nächsten Angriffswellen fiel es immer schwerer, über ihre Toten zu klettern. Wir mußten nur noch im Takt schießen.«

Gegen Mittag hatten Pioniere das Loch in der Festungsmauer bereits wieder mit angemachtem Lehm repariert. In der Nacht vom 12. auf den 13. Februar genau um drei Uhr dreißig ereignete sich eine weitere Explosion, ungleich stärker als die erste. Beinahe poetisch wird der sonst so nüchterne Pfirrmann: »Es war wie der Stoß eines riesigen Widders.« Auf einer Länge von fünfzehn Metern ging die Ost-Bastion in die Luft. Wenige Sekunden danach war die Bresche abgeriegelt. Über die Kämpfe der Nacht berichtete Pfirrmann weiter: »Einen Legionär schleuderte die Explosion zehn Meter hinaus über die Bastion zu den ersten Gräben der Chinesen. Caporal Beuthin ersuchte um die Erlaubnis, den toten Kameraden zu holen. Colonel Dominé stimmte zu. Mit zwei anderen Legionären schlich sich der Caporal durch die Trümmer und Leichenfetzen. Gleichzeitig stieg ein Trupp Legionäre auf die noch intakten Bastionen, um das Feuer der Chinesen auf sich zu lenken. Caporal Beuthin hob den Körper des Toten auf und eilte durch die Bresche zurück. Zuerst schossen die Chinesen auf ihn. Dann ließen sie die Gewehre fallen und klatschten. Einige Trompeter bliesen los. Das kaltblütige Herausholen des Toten erregte wohl die Bewunderung der Belagerer.«

Das Wasser mußte rationiert werden. Es reichte nicht mehr aus, neuen Mörtel anzurühren. Die Lücke in der Bastion wurde mit einem Zaun aus verkohlten Balken geschlossen. Ab 16. Februar konnte kein Legionär mehr die geschützten Wege in den Bastionen verlassen. Tag und Nacht gingen über der Zitadelle Brandbomben, Schrapnellgranaten und Minen nieder. Die Festung glich einem Inferno; die Innenhöfe waren von Granateneinschlägen aufgewühlt, aus den Ruinen stieg beißender Qualm, die Temperaturen stiegen auf über vierzig Grad, wenn der Monsun seine kurzen Schauer über der höllischen Szenerie abgeladen hatte. Zusätzlich tüftelten die chinesischen Ingenieure immer neue Brandraketen aus. Auf den ersten Blick schienen sie lediglich ein Feuerwerk über der Festung zu veranstalten – rote, grüne, gelbe Feuergarben erleuchteten den Himmel –, doch vor dem Aufprall verwandelte sich »das Feuerwerk« in übelriechende Rauchschwaden. »Mit der geringen Wasserration mußten wir uns die Mundtücher befeuchten«, klagt Sergeant Pfirrmann. »Trotzdem, nach einigen Stunden mußte sich jeder von uns erbrechen.«

In der Nacht zum 21. Februar hörten die Legionäre kurz nach Mitternacht Frauenstimmen: »Nicht schießen, nicht schießen.« Unter dem spontan einsetzenden Gejohle der Legionäre kletterten achtundvierzig Mädchen, eines nach dem anderen, in engen, bunten Congais, der traditionellen Sonntagstracht, über die Zäune aus verkohlten Balken. Die Damen aus dem Bordell von Hanoi waren ihren Legionären gefolgt. Sie waren am linken, kaum zugänglichen Ufer des Hellen Flusses entlangmarschiert, wo die Chinesen nur wenige Wachen aufgestellt hatten. Dann hatten sie einzeln die Belagerungslinien durchquert. Sie brachten zwei Seidenumhänge von Offizieren mit, denen sie lautlos die Kehle durchschnitten hatten. Die Hanoi-Mädchen verbeugten sich zeremoniös mit gefalteten Händen vor ihren Legionären. Dann begannen sie, die verschmutzten Uniformen auszubessern, holten aus mitgebrachten Paketen Lebensmittel und bereiteten ein Mitternachtsmahl. Pfirrmann war leer ausgegangen, denn er hatte sich in Hanoi dem Etablissement der mandeläugigen Schönheiten ferngehalten. Jetzt philosophierte er: »Wohl keine europäische Frau würde soviel kriegerischen Mut und Aufopferung aufbringen.«

Mit Hohlmuscheln forderten die Belagerer die Legionäre jetzt zur Kapitulation auf. Auch die Berechnungen von Sergeant Nornemann stimmten Colonel Dominé nachdenklich, denn es bedurfte nur noch einiger weniger Minenexplosionen und sämtliche veralteten Umfassungswälle würden wie ein Kartenhaus zusammenstürzen. Am meisten hatte die Belagerer der Durchbruch der Huren von Hanoi erbittert.

Gegen drei Uhr morgens schlug Sergeant Nornemann Alarm, weil an der Westmauer verdächtige Geräusche zu hören waren. Wenige Sekunden danach ging wieder eine der gefürchteten Großminen hoch und riß eine Lücke von über zehn Metern in den Verteidigungswall. Capitaine de Borelli riegelte sofort die von dichten Rauchschwaden überlagerte Trümmerstätte ab und wartete auf einen Angriff; aber es waren nur vereinzelte Trompetenstösse zu hören. Der Angriff kam nicht. Da explodierte an der Südmauer eine Mine gleichen Kalibers. Colonel Dominé übernahm erneut das Kommando über die Eingreiftruppe an der Einbruchstelle. Die Angreifer drangen beinahe fünfzig Meter in die Zitadelle ein, doch sie wurden zurückgeworfen. Erst dann explodierte die dritte Mine. Im offiziellen Rapport gestand Dominé: »Wäre diese Explosion eine halbe Stunde früher erfolgt, hätte die Festung nicht länger gehalten werden können.«

General Leou-Vinh-Phuoc zeigte erste Anzeichen von Nervosität. Er erschien an den vordersten Gräben und feuerte die Kämpfenden an. Nach dem 25. Februar explodierten täglich bis zu neun Minen. Fünfhundert Meter Mauer waren zerstört, notdürftig durch Balken und Hügel ausgebessert. Nur noch eintausendeinhundert Meter waren einigermaßen intakt. Die Legionäre hatten nur noch einhundertachtzig Gewehre, waren übernächtigt, denn nur zwei bis drei Stunden Schlaf hatte ihnen Colonel Dominé erlaubt. Dreihundert schwere Granaten schlugen täglich in der Zitadelle ein. Sergeant Weinheber, seit zwanzig Jahren bei der Legion, verlor langsam die Nerven. Seine letzte Pistolenkugel jagte er sich selbst in den Kopf. Nochmals berief Colonel Dominé den »Verteidigungsrat« ein. Die Abstimmung war eindeutig. Niemand wollte die Kapitulation. »Eher lassen wir uns unter den Trümmern der Zitadelle begraben.« Am Abend zuvor hatten die Belagerer zwei Legionäre durch eine Bresche geworfen, die bei einem Erkundungsgang in Gefangenschaft geraten waren: die Chinesen hatten sie bei lebendigem Leib gehäutet und dann in einen Kessel heißen Wassers geworfen.

Bereits seit dem 16. Februar war ein Entsatzkorps unter dem Kommando von Colonel Giovanelli mit eintausendsiebenhundert Mann unterwegs. Es war von Lang Song aufgebrochen, einer kleinen Befestigung, die 1979 in die Schlagzeilen der Weltpresse kommen sollte, als Chinas »Volksbefreiungsarmee« in diesem Städtchen der Armee des legendären vietnamesischen General Giap eine empfindliche Niederlage zugefügt hatte.

Am 3. März trat eine plötzliche Wende ein. Lautlos begann die Armee von General Leou-Vinh-Phuoc den Rückzug. Sie löste sich in unzählige kleine Gruppen auf und verschwand im Dschungel. Nur einige kleinere Trupps, die sich in den Gräben versteckt hielten, blieben zurück. Als die Legionäre die Clairons der anrückenden Armee hörten und ihr entgegeneilten, gerieten sie in Dutzende von Hinterhalten. Sie wurden geköpft aufgefunden. Einigen hatten die Chinesen die Hände abgehackt und auf ihre Brust gelegt.

Im Morgengrauen kam das Expeditionskorps von Colonel Giovanelli an und arbeitete sich durch die achttausendfünfhundert Meter langen Belagerungsgräben, in die bereits das Monsunwasser gesickert war. In der Zitadelle war niemand unverletzt geblieben. Auch Colonel Dominé hatte zwei Streifschüsse und drei Verbrennungen durch Brandgranaten. Als die Überlebenden die schweren, noch unversehrten Portale der Festung öffneten, waren achtundvierzig Legionäre tot, davon drei Offiziere, hundertsechsundneunzig, von denen acht später starben, waren verwundet.

Ziemlich pathetisch übermittelte General de l'Isle, der dem Drama von Tuyen-Quang zunächst uninteressiert zugesehen hatte, den Überlebenden den Tagesbefehl: »Unter dem Befehl eines heroischen Chefs, Colonel Dominé, haben sechshundert Mann sechsunddreißig Tage lang in einer Festung, die von allen Seiten von Hügel überragt wird, ausgeharrt. Sie widerstanden einer ganzen Armee. Ihr habt siebzehn große Angriffe zurückgeschlagen, unzählige Gefechte geführt. Neun Breschen schlug der Feind. Aber ihr Legionäre habt sie immer wieder geschlossen.« Die Legionäre präsentierten. Danach fluchten sie über den wortreichen Etappengeneral, verbrannten die gefallenen Chinesen und begruben ihre Gefallenen. Dann begannen sie wieder zu schießen, diesmal auf Geier, die über der Festung kreisten. Aus den Kantinenvorräten der geflohenen Armee kochten die Liebesmädchen aus Hanoi Gerichte mit sieben Gängen und die deutschen Legionäre sangen, mit leichter Verspätung, am 4. März »Stille Nacht, heilige Nacht«.

Krieg der Amazonen

Sie hatten neue Uniformen erhalten. Die Legionäre des 1. Marschbataillons unter Commandant Fouraux trugen leichte weiße Jacken und Hosen aus Baumwolle, dazu einen Tropenhelm. Nur den Tornister der langen Wüstenmärsche schleppten sie mit sowie einen Rucksack mit Schanzzeug und Proviant. Am Morgen des 26. August 1892 ankerten die Truppentransporter »Mytho« und »Saint Nicolaus« in der trägen Dünung des Südatlantik. Zum starken Bohnenkaffee mit Weißbrot und Sardinen hatten die Legionäre einen vollen Eßlöffel Chinin erhalten. Einige erbrachen sich danach. Von einem Hafen war nichts mehr zu sehen. Nur ein verrotteter Holzkai stand in den grünlichen Fluten mit den weißen Wellenkämmen. Von Quidah sahen die Legionäre nur einen weiten Sandstrand, Palmen, Lehmhütten und einige zweistöckige aus Ziegeln erbaute Häuser. Fünfzig Kilometer von Cotonou, der größten Hafenstadt des westafrikanischen Königreichs Dahomey entfernt, hatte Colonel Dodd, der Chef des viertausend Mann starken französischen Expeditionskorps, die Landung befohlen. Kein Schuß war zu hören. Der einzige Nervenkitzel war die Fahrt der Schaluppen an die Küste. Je zehn Legionäre gingen mit acht Matrosen, die ruderten, von Bord. Es galt, eine doppelte Schranke zu überwinden. Nach einem letzten Ruderschlag wurden die Boote nochmals von der Brandung ergriffen und zurückgeworfen. Zuerst kenterten einige Schaluppen, bis die Ruderer erkannten, wie dem letzten Wellenschlag beizukommen, die Einfahrt praktisch nur auf der auslaufenden Woge möglich war. Zwischen der Gischt waren die Flossen von Haifischen zu erkennen. An der Reeling machten die Legionäre ihre Witze: »Eine Dusche mit Salzgehalt und Haifischzähnen.«

Es war Galgenhumor. Im Urwald und in der Wüste kannten sie sich aus. Ein Landemanöver von See her stand jedoch nicht auf dem Ausbildungsplan. Jede Schaluppe verschwand hinter einem hohen Wellenkamm, um dann in einem grünlichen Sprühregen von Licht und Wasser wieder aufzutauchen. Dann kam die letzte Anstrengung. An den morschen Pfählen des Kais mußten sich die Legionäre mit Strickleitern emporhangeln. Vergeblich mühten sie sich, den Tagesbefehl einzuhalten:

Alles darf naß werden, nur nicht die Gewehre und die Patronen.

Mit der Nachhut ging Leutnant Kiefer an Land, eine rheinische Frohnatur aus Köln. Zuerst war er Berufsoffizier gewesen. Die preußischen Reglements für die Stadtgarde seiner Heimatstadt hatten dem lebensfrohen Kiefer aber nicht behagt. Er wurde Studienrat für Geschichte und Geographie. Eine verliebte Schülerin bezichtigte den im Ruf eines Weiberhelden stehenden Junggesellen unsittlicher Annäherung. Julius Kiefer entzog sich einem Disziplinarverfahren, stellte die Anschuldigungen in einem Zwanzig-Seiten-Schriftstück als Lüge hin und setzte sich nach Marseille ab. »Ich bin kein überzeugter Militär«, schrieb er an einen Erbonkel in Aachen. »Ehe ich Kumpel in den Kohlegruben werde, gehe ich lieber zur Legion nach Nordafrika. Da kann ich wenigstens meine gewiß geringen militärischen Erkenntnisse verwerten.«

Dem Namen nach kannte der einstige Geographieprofessor den Ort Quidah, eine der großen Metropolen des Sklavenhandels. Noch immer standen die langgestreckten Bambushütten mit den bis zu vierzig Meter langen Holzbarrieren, in die die Eisenketten für die Sklaven eingeschlagen waren. »Wir fanden vierzig Frauen und Männer in der lichtlosen Hütte vor, angeschmiedet, seit zwei Tagen ohne Wasser und Essen. Dabei wurden die Wächter, die nicht mehr die Flucht ergreifen konnten, sofort frech. Sie versuchten uns einzureden, daß es sich keineswegs um Sklaven handelt«, empörte sich Leutnant Kiefer. »Es waren alles ausgesucht schöne Menschen. Ihre Wärter bezeichneten sie als ›freiwillige Arbeitskräfte‹. Gegen eine hohe Gebühr pro Kopf hatte sie König Behanzin an den belgischen Kongo, an das portugiesische Angola abgegeben.«

Wegen dieses Monarchen, der weit entfernt in seiner Residenz im Norden von Dahomey saß, war das Expeditionskorps gelandet. Seit 1670 unterhielt Frankreich eine Faktorei in Quidah. An der rötlich staubigen Hauptstraße standen bei Ankunft des Legions-Bataillons noch vier weitere Handelshäuser, die wie ein Fort ausgebaut waren und von Kanonen gesichert wurden. Die Faktorei der Deutschen Wolber und Brohm, außerdem Niederlassungen der Holländer, Briten und Portugiesen. Am zielstrebigsten traten die Deutschen auf. Sie lieferten dem ehrgeizigen König Behanzin Kanonen und Gewehre samt Instruktoren. Dabei hatte Frankreich Privilegien, einschließlich einer Garnison mit vierhundert Soldaten. Zu Spannungen war es gekommen, als König Gle-Gle im Jahre 1887 den im Jahre 1878 zuletzt geschlossenen Vertrag aufkündigte. Kurz darauf starb König Gle-Gle. Sein Nachfolger, König Gdagassewird, wurde von seinem skrupellosen Bruder Behanzin vergiftet, der die französische Garnison in Quidah unter Colonel Bayol zum sofortigen Abzug aufforderte. Unter dem Etikett des Austausches von Fremdarbeitern hatte Behanzin den Sklavenhandel wieder aufleben lassen. Paris entschloß sich zum direkten Eingreifen aber erst, als König Behanzin auch den engsten Verbündeten, den König von Tofa, zu ermorden versuchte.

Der König von Tofa verzichtete auf Menschenopfer und Sklavenhandel. Er hauste mit einhundertfünfzig Frauen und über fünftausend Fetischen in einem weiträumigen, weißen Lehmpalast. So halbgöttlich war seine Existenz, daß er in Gegenwart seiner Untergebenen weder essen, noch seine Notdurft verrichten durfte. Gleichzeitig waren aber die Ausgänge des Halbgottes aus dem Palast auf weniger als vier Stunden am Tag beschränkt. In diesen Stunden folgten ihm die Leibgardisten mit silbernen Schüsseln, auf denen Speisen angerichtet waren. Nach dem Gelage irgendwo im Busch benutzte König Tofa die Silberschüsseln für seine Notdurft. »Ein mittelalterlicher Despot«, so kennzeichnete Leutnant Kiefer den Feind von König Behanzin. »Wir hätten diesen Feldzug aber nie gewonnen, wäre dieser pittoreske Monarch nicht gewesen, mit seinen Trägern, mit seinen Kundschaftern, mit seinem Wissen um die Geheimpfade zur Residenz von Abomey.«

Zunächst legte die Legion in Quidah ein Lager an, eine Zeltstadt mit Posten und kleinen Erdwällen, wie in Algerien. Erinnerte sich Leutnant Kiefer: »Jeden Tag studierten wir die lückenhaften Lagekarten, die Auskünfte der Militärs von König Tofa. Bald wurde uns klar, daß wir es bei Behanzin mit einem gerissenen, heimtückischen Gegner zu tun hatten, dazu noch mit einer schwierigen Landschaft und einem mörderischen Klima.« Außerdem besagten die Nachrichten aus dem feindlichen Lager, daß König Behanzin nicht nur von den Deutschen und Holländern mit modernstem Kriegsmaterial – Kanonen auf Lafetten und Schnellfeuergewehren – versorgt wurde, sondern sich in der Residenz auch beurlaubte preußische Offiziere aufhielten, welche die Einheiten von Behanzin in aufgelockerter Gefechtsführung drillten und die Musketiere an den neuen Kanonen schulten. Leutnant Kiefer schrieb in sein Tagebuch: »Es gibt doch noch die Zufälle in der Geschichte. Heute bei der Lagebesprechung fiel der Name des Hauptmann Alexander von Pfuhlstein. Er soll der Artilleriekommandeur des Monarchen sein. Zuletzt traf ich ihn in der Nähe von Münster bei einem Herbstmanöver. Er hatte schon damals die Unbeweglichkeit der Geschützstellungen kritisiert.«

Im Kartenraum von Quidah herrschte kein kolonialer Optimismus. Jede Nachricht wurde exakt analysiert. Der Vormarsch erschien weitgehend gefährdet, weil die gegnerischen Truppen mit europäischen Taktiken vertraut waren. Hinzu kamen die geographischen Schwierigkeiten, denn nur auf der Landkarte bietet sich Dahomey, das heutige Benin, als eine weite, in regelmäßigen Stufen ansteigende Ebene dar. Ganz unten am Atlantik lag die einstige Sklavenküste zwischen Mangrovensümpfen und Flußmündungen. Hundertfünfzig Kilometer vom Meer entfernt, auf einer weiten Hochebene der Savanne, ragten die rötlichen Mauern der Königsresidenz Abomey auf, deren Bastionen zwanzig Meter hoch waren. Die östliche Umfassungsmauer allein war siebzehn Kilometer lang. Geschützt wurde die Hauptstadt von einem hundert Kilometer langen und sechzehn Kilometer breiten Sumpf, einer gelblichen Brühe, durch die kein Kanu kommt. Die nach Dahomey führenden Straßen versanken in Mangrovensümpfen und Wasserlachen. Nur wenige Dörfer waren in den gerodeten Urwaldlichtungen zu finden. Colonel Dodd, der Befehlshaber des Expeditionskorps, sah nur die Möglichkeit, auf dem Fluß Quemé nach Abomey vorzudringen. Doch ehe die Flußboote startklar waren, starben neunzehn Legionäre, trotz der täglichen Chininration. Leutnant Kiefer: »Das Tropenklima macht auch das Chinin zu einer untauglichen Medizin.«

Noch bedenklicher war die Überlegenheit der fast zwanzigtausend Mann starken Armee von König Behanzin, zu der mindestens elf deutsche Berater für die Artillerie gehörten. Was diese Armee allerdings über andere vergleichbare Heere hinaushob, war das Elitekorps mit Frauen, die Amazonen, wie die Legionäre sie nicht ohne Hochachtung nannten. Für Leutnant Kiefer waren sie unglaublich wilde Flintenweiber: »Exaltiert und zum Tod entschlossen.« König Behanzin hatte diese Garde aus denjenigen seiner weiblichen Untertaninnen zusammengestellt, deren Schönheit weder für den eigenen Harem, noch für die Zelte seiner Kommandeure ausreichte. Ewiger Keuschheit mußten sie sich weihen. Für den Kampf bekam jede Amazone ein Winchestergewehr und ein breites Schwert. Bekleidet wurden sie mit einem breiten Lendenschurz aus blauem Baumwollstoff, der bis zu den Knien reichte. Ein breiter Patronengurt diente als Gürtel und über den Brüsten trugen sie nur ein rotgelbes Tuch. Über ihre Frisur mit Dutzenden von Zöpfen stülpten sie einen roten Zylinder, wie ihn die algerischen Schützen trugen. Die Offiziere waren daran zu erkennen, daß sie statt des rotgelben Baumwolltuches eine durchsichtige weiße Bluse aus Seide trugen. »Als wir hörten, daß der König von Abomey als Garde Frauen unter Waffen hält, lachten die Legionäre«, berichtete Leutnant Kiefer. »Angetrunken malten sie sich aus, was sie mit den Amazonen alles anstellen würden. Doch bereits bei den ersten Vorhutgefechten wurden sie eines Besseren belehrt: Sie hatten es mit wild entschlossenen Kämpferinnen, mit unberechenbaren Furien zu tun.«

Colonel Dodd, der Befehlshaber des Expeditionskorps, war kein kühner Angreifer. Wochenlang ließ er durch Patrouillen den günstigsten Weg zur Königsresidenz Abomey auskundschaften, dann entschied er, daß die vier Kompanien der Legion den Vormarsch sichern sollten.

Der Voraustrupp ging am linken Ufer des Quemé vor, einem fast stehenden Gewässer, über dem riesige Moskitoschwärme tanzten. Die Legionäre versanken bis zu den Knien im Sumpf und die Mulis konnten nur über weite Umwege vorangetrieben werden. Vier Kanonenboote schützten die Offensive. Hinter den Legionären marschierte die Hauptstreitmacht von Dodd, mit fast dreitausend Mann, zweitausend Trägern und dreihundert Tragtieren. Sechzig Geschütze wurden vorher zerlegt. Der gelernte Geograph Leutnant Kiefer skizzierte die Schwierigkeiten des Vormarsches: »Hundertfünfzig Kilometer muß die Truppe in das Landesinnere vorstoßen, allein fünfzig Kilometer durch das sumpfige Flußgebiet. Dann gilt es, die mit starken Kräften verteidigte Brücke von Adegon zu überqueren. Und hernach kommen die befestigten Punkte von Poguessa, Kossoupa, Qumbouemedi, Akapaa, Cana und Djebe.« Und Leutnant Kiefer fügt hinzu: »Keiner dieser Punkte war auf unseren Landkarten eingezeichnet. Es waren unbekannte Namen in einem völlig unbekannten Land. Wir mußten uns unsere Routen nach den meist wirren Erzählungen der einheimischen Kundschafter einzeichnen. Unbekannte Namen, unbekannte Flüsse, ein Schicksal für jemanden, der das Abenteuer nicht fürchtet, der bereit ist, in ein Land vorzudringen, über das es nur Vermutungen gibt.«

Eine Woche nach dem Marsch wurde die Königsresidenz zum Alptraum. Zuerst mußten die Sümpfe durchwatet werden, dann kamen Urwälder mit dichtem Unterholz. Bei Dogba, noch immer hundert Kilometer von der Königsresidenz entfernt, schlug das Legionsbataillon sein Lager auf, genau nach dem Muster der römischen Legionen – viereckig, mit zwei großen Beobachtungsposten. Die Kanonenboote sicherten die Flußufer ab.

Im Morgengrauen des 18. September kamen erstmals die Amazonen. Sie schossen nur kurz mit ihren Winchestergewehren, warfen sie dann weg und zogen die blanken Schwerter: »Sie standen ganz sicher unter Drogeneinfluß«, vermutete Augenzeuge Leutnant Kiefer. »Sie hatten verzerrte Gesichter und reagierten auf keine Gegenwehr. Sie gingen vor wie im Rausch.« Es kam zu einem Massaker. Nach wenigen Minuten hatten die Legionäre die erste Angriffswelle zurückgeschlagen. Wie sie es auf dem Kasernenhof von Sidi bel Abbes gelernt hatten, schossen die Legionäre ruhig und konzentriert auf die Dahomey-Kriegerinnen. Dann kam die nächste Welle, diesmal von den Zauberern angeführt, die dunkle Talismane und einen Pferdeschwanz trugen. Tanz, Angriff und Hypnose vermischten sich.

Leutnant Kiefer vermerkte: »Das Tam Tam der Dörfer verließ uns nie. Die Medizinmänner behandelten Krankheiten im Trommelrhythmus. In der Nähe von Dogba stießen wir auf eine Siedlung. Ein großes Feuer brannte. Drei Tage hatte der Medizinmann eine Frau behandelt, die keine Kinder bringen konnte. Er beschwor sie zunächst. Dann kam eine Tanzgruppe mit Trommeln und Trompeten. Der Rhythmus der Musik steigerte ihren Pulsrhythmus auf das Doppelte. Ich bin kein Mediziner, aber wahrscheinlich wirkten sich die höheren Pulsschläge auf die Bildung gewisser Hormone aus, die sich der Empfängnis entgegenstellten.«

Noch weitere medizinische Erkenntnisse machte Leutnant Kiefer auf dem Vormarsch aus: »Bei fiebrigen Erkrankungen wird der Rhythmus im Tanz unter die normale Pulszahl gesenkt, wodurch eine beruhigende und den Blutkreislauf normalisierende Wirkung erzielt werden soll.« Andere Therapien wandten die von Leutnant Kiefer befragten Medizinmänner bei rheumatischen Erkrankungen an: Sie verordneten heiße Bäder und legten heiße Tücher auf und, als gleichsam magische Bestrahlungen, hörte der Patient stundenlang Tanzrhythmen, die eine Erhöhung der Körpertemperaturen bezwecken sollen.

An der Furt von Quemé wurde Bataillonskommandeur Fauraux tödlich verletzt, so daß Capitaine Battreau nachrücken mußte. Colonel Dodd entschloß sich jetzt zu einer List. Er ließ eine Patrouille siebzig Kilometer stromaufwärts fahren und bereitete fünfzig Kilometer weiter südlich den eigentlichen operativen Übergang vor. Im Frühnebel schleppten die Kanonenboote die Flöße und Pirogen über den Fluß. Wieder suchte das Legionsbataillon den Pfad zur Königsresidenz. Leutnant Kiefer schrieb erschöpft nieder: »Man dringt in den Urwald ein, der so dicht ist, daß man, abgesehen von einigen schmalen Wildwechseln, nichts erkennen kann. Eine militärische Beobachtung ist unmöglich. Sogar bei den kurzen Zusammenstößen mit dem Feind sieht man Mündungsfeuer oder gar Pulverrauch. Je weiter man in das Herz des Dschungels vorstößt, der wie eine erbarmungslose Falle wirkt, desto größer werden die Schwierigkeiten.«

Es kam keine Versorgung mehr nach. Die senegalischen Schützen gaben auf, nur die Legionäre gingen weiter. Sie suchten sich ihren Weg durch den Urwald, wichen Sümpfen aus, stolperten über Urwaldwurzeln, keuchten in der tropischen Hitze. Jeder zweite Legionär mußte auf einer Bahre zu den Kanonenbooten zurückgebracht werden.

Die Quelle von Koto wurde erfolgreich von den Amazonen verteidigt, doch die Legionäre wußten sich zu helfen. Sie versenkten einige Kisten mit Bier, das allmählich tropische Temperaturen angenommen hatte, in einem Sumpf, so daß das Bier wieder auf eine annehmbare Temperatur kam.

Am 23. Oktober war das Expeditionskorps von Colonel Dodd auf dreiundsechzig Offiziere und eintausendsiebenhundert Mann geschrumpft. Bei Akba kampierten die Legionäre drei Tage lang. Die Verwundeten wurden abtransportiert. Tag und Nacht waren Muli-Kolonnen unterwegs, um die notwendigen zweitausend Liter Frischwasser von der Küste heranzuschaffen. Wieder verteidigten die Amazonen die am steilen Ufer des Koto-Flusses gelegene heilige Stadt Cana. Sieben Stunden dauerte am 26. Oktober das Gefecht. Erstmals gerieten zwei Amazonen in Gefangenschaft. »Sie stierten trotzig vor sich hin«, berichtete Leutnant Kiefer. »Ein Glas Wasser schlugen sie einem Legionär aus der Hand und bespuckten ihn.« Dann kam es zu einem Exzeß: »Ein Spähtrupp fand vier grausam verstümmelte Legionäre. Die Amazonen hatten ihnen mit rituellen Papierfähnchen geschmückte Schwerter ins Herz gerammt. Voller Wut und Zorn rissen die Legionäre den kreischenden Amazonen die Kleider herunter, fesselten sie nackt an einen Baum und vergewaltigten sie anschließend.« Leutnant Kiefer erinnerte sich: »Gegen Morgen lagen die Amazonen wie bewußtlos in ihren Fesseln. Ihre Wutschreie waren verstummt. Zwei Schüsse, dann wurden sie auf den Scheiterhaufen mit den übrigen Toten geworfen. Der schwarze Qualm mit dem Leichengeruch war unerträglich. Wir marschierten sofort ab.«

Am 6. November erreichten die ersten Legionäre die Außenbezirke von Cana: »Mit europäischen Wallfahrtsorten hat diese Ansammlung von strohgedeckten Lehmtempeln nichts zu tun«, betonte Leutnant Kiefer. »Im Dämmerlicht stehen unzählige Fetische mit den unglaublichsten Grimassen. Doch die größte verehrte Gottheit ist eine dicke Schlange mit Namen Dangbè.« Schon am ersten Abend in Cana machte Leutnant Kiefer Bekanntschaft mit dieser Gottheit: »Ich war wie gelähmt vor Entsetzen, als ich mit einer Kerze gegen Mitternacht meine Strohhütte betrat. Auf meinem sogenannten Bett aus Savannengras, über das eine Decke geworfen war, räkelte sich eine Schlange von fast drei Meter Länge. Ich rief meinen Boy. Er sah das Tier, fiel vor ihm auf die Knie und überschüttete es mit Ehrenbezeugungen. Auf meine Rufe des Entsetzens hin und alarmiert durch die schrillen Freudenschreie meines Boys, kam die halbe Stadt zusammen. Alle beglückwünschten mich zu der Ehre, einen Gott zu Besuch zu haben. Mit größter Sorgfalt und nicht endenwollenden Ehrenbezeugungen ergriff der älteste der Tempelpriester das scheußliche Vieh und trug es wie ein frisch geborenes Baby unter dem Klang von Trommeln und Zymbeln und dem Klatschen der Menge zum nächsten Tempel. Als Nahrung wurden der Schlange frisch getötete Ratten und Hühner angeboten. Doch ein Gott darf nicht eingesperrt werden. Schon am nächsten Morgen hatte er den Tempelbezirk wieder verlassen. Auf mein Bett verirrte sich die Schlange Dangbè nicht noch einmal.«

Die Eroberung von Cana hatte König Behanzin verunsichert. Er bot Oberst Dodd zwei fabrikneue Kruppkanonen, einhundertundvier Gewehre und fünftausend Goldfranken an. Dodd zerriß das Papier und schickte die Schnipsel ohne jeden Kommentar an den König zurück.

Von seinen Soldaten und Amazonen wurde König Behanzin wegen seiner ungewöhnlich großen Nase »Zinkschnabel« genannt. Er war knapp fünfzig Jahre alt, sein Haar war grau. Die wallenden Gewänder konnten nicht verbergen, daß er fast drei Zentner wog. Seine Lippen waren aufgeworfen und über der Oberlippe sprießte ein kümmerlicher Bart. Imponierend war die tiefe Stimme, die willkürlich Todesurteile oder den Verkauf eines Untertanen an die fremden Weißen der Küste verkündete. Wie ein absoluter Herrscher tyrannisierte er seine etwa 800 000 Untertanen. Seiner Willkür konnten sich nur das winzige Offizierskorps sowie die Medizinmänner entziehen – und natürlich vor allem die deutschen Berater. Meistens trat Behanzin im Gewand eines Feldherrn auf: Ein Lendenschurz reichte bis zu den Füßen, darunter trug er eine Art Badehose aus roter Baumwolle; den Kopf zierte ein breites Stirnband. Ständig mußte ein Sklave den König mit einem Sonnenschirm begleiten. Auch nachts war er gehalten, den Sonnenschutz bei Kerzenschein über das Haupt des schlafenden Monarchen zu halten. Von benachbarten Königen unterschied er sich durch seine Abneigung gegen Schmuck. In seine Nase ließ er keinen Ring einziehen. Seine Wurstfinger schmückten keine Goldringe. Neben dem Sonnenschirm mußte ein anderer Untertan stets die königliche Standarte tragen. Die Fahne zeigte ein Ei, einen Hai und zwei Kokospalmen. Zu den sechsundzwanzig Titeln, die Behanzin trug, zählten auch die ehrenvollen Erwähnungen »Sohn des Haifisches« und »Hai der Welt«.

Von dieser königlichen Selbstdarstellung ließ sich Colonel Dodd nicht beirren. Am 17. November drang das Marschregiment in die Königsresidenz Abomey ein, sprengte Breschen in die gigantischen, rot gefärbten Lehmmauern. Auf den Mauerspitzen reihten sich die Totenköpfe zu Tausenden. Unter ihnen befanden sich auch die einiger Legionäre. Am längsten wurde am Osttor gekämpft. Den härtesten Widerstand leisteten dabei vier Geschütze, die mit größter Genauigkeit feuerten. Als die Bedienungsmannschaft überwältigt war, machte Leutnant Kiefer eine überraschende Entdeckung: »Fünf Offiziere haben nur geschwärzte Gesichter. Sie tragen Ausweise der königlich-preußischen Armee mit sich. Zwei kamen aus Schlesien, einer aus Berlin, zwei aus Detmold. Bei einer Flasche Rotwein aus den Beständen des Königs unterhielten wir uns. Dann kam die Exekutionstruppe meiner Kompanie. Alle fünf brachten ein Hoch auf Kaiser Wilhelm aus.« Vergeblich bemühten sich später die deutschen Botschafter in Cotonou, der Metropole des heutigen Benin, die Gräber der deutschen Instruktoren auszumachen, doch die Legionäre hatten die Leichname der Offiziere an einem unbekannten Ort verscharrt. Überdies waren sie nach der Hinrichtung zu sehr damit beschäftigt gewesen, den Weinkeller des Königs leerzutrinken, einen Sessel im Stil Ludwig XIV. als Beutegut mitzunehmen und deutsche Nähmaschinen an die gefälligen Hofdamen zu verteilen, um sich an die Stelle, wo sie die Leichen verscharrt hatten, noch erinnern zu können.

Mit den Resten seiner Amazonengarde flüchtete König Behanzin in den Norden. Dreißig kleine Kampfgruppen, die sich aus fünf bis sieben Legionären zusammensetzten, stießen in die Savanne von Ateheribe vor. Nur drei Geschütze sicherten den Vormarsch. »Wir marschierten durch Graswälder, manchmal zeigte uns das Tam-Tam an, wo sich die Königsgarden befanden«, schrieb Leutnant Kiefer. »Die Temperaturen stiegen bis zu sechzig Grad. König Behanzin befahl, die Savanne anzuzünden. Vor den Feuerwänden mußten wir zurückweichen und weite Umwege nehmen. Trotzdem gelang es ihm nicht, zu den Engländern oder Deutschen auszuweichen. Wir hatten ihn eingekreist. Aus der Königsstadt Zagnagnado gelang es ihm, noch rechtzeitig zu entkommen. Eine Kompanie Senegalesen kam zu spät, um den Belagerungsring zu schließen.«

Sogar die Legionäre zogen es vor, Lager am Stadtrand zu beziehen. Der etwas bürokratische Leutnant Kiefer maß nach: In den Lehmtempeln stand das vertrocknete Blut von Menschenopfern bis zu achtzig Zentimeter hoch. Er ließ sich eine Blätterhütte bauen und klagte: »Zum ersten Mal wurde ich nicht von Mücken geplagt. Aber Vampire schlichen um mein Bett. Fledermäuse huschten durch die Dunkelheit. Da ich den Ruf kenne, den diese Säugetiere haben, nämlich das Blut schlafender Menschen und Tiere zu saugen, kann ich kein Auge schließen, und das wird man begreifen.« Jagdabenteuer erlebte Kiefer auf einem namenlosen Savannenfluß: Ein Kaiman rammte sein Boot: »Das Untier kam mit offener Schnauze auf uns zu. Zum Glück konnte ich mich, da ich meinen Revolver zur Hand hatte, von diesem bösartigen Tier befreien. Vor Schreck verlor ich aber meinen Helm.«

Ende Januar 1893 gab König Behanzin auf. Kiefer mußte einige der höchsten Würdenträger bewachen: den Scharfrichter, seinen Assistenten, sechs Offiziere, die den Angriff bei Dogba kommandiert hatten und die Wächter der Sonnenschirme mit den menschlichen Unterkiefern. Später kommentierte Kiefer nicht ohne Schaudern: »Es sind große, gut gebaute und intelligent aussehende Teufel.«

An der Spitze der Wachkompanie, die König Behanzin auf das Kanonenboot »Opal« bringen sollte, stand wiederum Leutnant Kiefer, der auch die Einschiffung überwachte. Zuerst kam die Dienerschaft auf einen großen Frachtkahn, darunter auch vierzig Frauen. Auf das Kanonenboot konnte der Monarch allerdings nur seine drei Lieblingsfrauen mitnehmen. Kiefer zählte nur neunzehn Gepäckstücke, denn Colonel Dodd hatte sich geweigert, die vom König vorgesehenen eintausendzweihundert Gepäckstücke und vierhundert Frauen mitzunehmen. In einem Blockhaus bewachte Leutnant Kiefer beinahe rund um die Uhr den geschlagenen König: »Ich muß ihn bewachen, ich bin somit an ihn gebunden. Ich lebe mit ihm, teile mit ihm meine Mahlzeiten, ich darf ihn nicht aus den Augen verlieren.«

Manchmal wurde König Behanzin gegenüber seinem Bewacher redselig: »Er bekannte, daß er wahllos Feldherrn und Frauen in den Tempeln opferte, um den Vormarsch der Franzosen aufzuhalten.« Behanzin opferte vierhundert seiner tapferen Krieger. Dann schickte er seine eigene Mutter auf den Opferaltar. »Ich ließ also meine alte Mutter kommen«, berichtete er an einem Abend. »Ich bat sie zu ihrem Mann, König Gle-Gle, zu gehen und Fürbitte für mich einzulegen. Sie war sofort einverstanden, allerdings nur unter einer Bedingung. Ich selber mußte meiner Mutter den Kopf abschlagen und die Exekution sollte am Fluß Couffe stattfinden, der im Ruf der Heiligkeit steht. Nachdem ich meiner Mutter den Kopf abgehackt hatte, wartete ich acht Tage. Aber die Kolonnen der Franzosen rückten immer näher. Erste Kompanien der Amazonen flüchteten in den Busch. Also empfahl ich meine Person der Großzügigkeit der Franzosen. Nun erwarte ich mein Schicksal«.

Fast neun Stunden dauerte das Bekenntnis des schwergewichtigen Monarchen. Dann verlangte er von Leutnant Kiefer eine Flasche Champagner und eine Flasche Rum. Beides mischte er zusammen, trank die Flüssigkeit aus und fiel anschließend in einen Tiefschlaf. Zweiunddreißig Legionäre unter Gewehr, die von Leutnant Kiefer befehligt wurden, begleiteten den besiegten König zur Reede, wo ihn der Kreuzer »Second« erwartete. »Er trug einen großen goldenen Mantel, eine Seidenhose und kniehohe silberne Stiefelchen. Zu seinen Füßen kauerte der Hauptminister mit nacktem Oberkörper, der immer, wenn Behanzin trank, und das geschah alle Minuten aus einer Champagnerflasche, das Gesicht mit einem parfümierten Taschentuch bedecken mußte«. Der Kreuzer brachte den Entthronten in das Exil nach Martinique.

Vorstoß
zur Legendenkönigin Antinea

Bis in die frühen Morgenstunden dauerte am 18. Juli 1901 der Ball im Alten Schloß zu Kopenhagen. Die Kapelle der königlichen Leibgarde spielte die neuesten Walzer aus Wien, die Champagnerkorken knallten. Ein Hofberichter überschlug sich am folgenden Tag: »Es war ein Ereignis. Die schönsten Frauen der Gesellschaft zeigten ihre herrlichsten Roben. Gastgeber war Prinz Waldemar von Dänemark, Admiral der königlichen Marine. Die umschwärmteste Gestalt war ein hochgewachsener, braungebrannter Leutnant, mit einer fremdartigen Khakiuniform, auf deren Achselstücken sieben goldene stilisierte Granaten glitzerten. Es war die Uniform, wie sie bei Frankreichs Fremdenlegion getragen wird.«

Seit sieben Jahren gehörte Christian Wilhelm Selchauhansen dem Sahara-Bataillon der Legion an. Gegen Mitternacht machte Prinz Waldemar dem Abenteurer in Uniform das Angebot, nach Kopenhagen zurückzukehren und mit dem Aufbau einer Marine-Infanterie zu beginnen. Selchauhansen bedankte sich mit einem Bückling, wie er es in den Lehrstunden für Offiziere gelernt hatte – etwas zu zackig und wie ein Operettenoffizier, der seinen Auftritt verpatzt hatte.

Doch viel mehr als das Angebot des Prinzen verwirrte den Heimkehrer aus der Sahara eine junge Gräfin, Marie-Angelique, eine Cousine der Frau des Prinzen. Sie war blond, hochgewachsen und hatte die »blauen Augen eines Gletschers«, wie sich der sonst sehr militärisch knappe Saharamarschierer später in einer poetischen Minute erinnerte. Aber sowohl das ehrenvolle Angebot des Prinzen, mit der Aussicht, seine Karriere als General zu beenden, wie auch die Tänze mit Marie-Angelique, die ihn anhimmelte, die stundenlangen Spaziergänge durch die vertrauten Gassen von Kopenhagen, konnten Selchauhansen nicht umstimmen. Die Erinnerung an einen General mit Namen Hubert Lyautey war stärker.

Lyautey hatte die einst verschlafene Oase Ain Sefra in ein Hauptquartier verwandelt, zu dessen Sicherung die Kompanie von Leutnant Selchauhansen abkommandiert worden war. Lyautey, dessen mit Goldborten verziertes Zelt im Mittelpunkt des Lagers stand, ließ sich jeden Abend von den Legionären das Lied vom »Brunnen vor dem Tore« vorsingen. Er war ein unberechenbarer und jähzorniger Mann, doch Selchauhansen war fasziniert von ihm, denn er war von der gleichen Vision besessen wie Lyautey.

Lyautey wollte nicht an der Grenze der großen Sahara haltmachen, wo die Karten nur noch große weiße Flecken aufwiesen. Kundschafter der Legion hatten von einer endlosen Dünenlandschaft berichtet, in der nur gelegentlich Oasen zu finden waren. Über zweihunderttausend Menschen lebten in dem Gebiet jenseits der Sandgebirge, das von Berberstämmen und Tuaregs beherrscht wurde. Die Oasen, die zumeist von schwarzen Landarbeitern besiedelt wurden, sahen sie nur als Nachschublager für ihre ständigen Kriegszüge an. Nur wenige Wochen im Jahr zogen sie sich in ihre Ksars zurück, die Befestigungen, die in den Palmengärten und an sprudelnden Quellen lagen. Bis zu sieben Stockwerke hatten die Lehmforts mit den winzigen Schießscharten und wie in den Souks der großen Städte waren die Einkaufsstraßen überdacht. Leutnant Selchauhansen, der von der »Sahara-Krankheit« gepackt war und bereits zweimal an größeren Spähtrupps teilgenommen hatte, berichtete nach dem ersten Unternehmen: »Das Leben ist städtisch. Es gibt Märkte, Kaufläden, Plätze, auf denen man spazierengeht, Kaffeehäuser und Vergnügungsstätten. Diese Ksars sind wie Hafenstädte, sie bieten dem Nomaden alles, wonach auch der Seemann verlangt: Ergänzung der Ausrüstung und derbe sinnliche Entschädigung für die lange Enthaltsamkeit auf den Wüstenpisten. Der Ksar mag noch so klein sein, er ist niemals ein Dorf im europäischen Sinn, sondern eine aus getrocknetem Schlamm erbaute Stadt.«

Während die Diener im Ballsaal des Alten Schloß' zu Kopenhagen schon saure Heringe und Aquavit servierten, spielte die Kapelle den letzten Walzer. Es dämmerte bereits, und beim Blick aus dem Fenster auf den Hafen sah Selchauhansen, wie sich die schlanken Masten und Spieren der Schiffe scharf gegen den Morgenhimmel abhoben. Gräfin Marie-Angelique hatte ihren Handschuh zurückgelassen, zusammen mit einem Billett: »Sehen wir uns wieder?« In den Fragmenten seines Tagebuchs bekannte der Leutnant kurz vor seiner Rückreise nach Sidi bel Abbes: »Es ist ein Wahnsinn, daß ich das Angebot von Prinz Waldemar ablehne. Trotzdem muß ich es tun. Ich bin schon zu lange bei der Legion. Es ist schön, die Silhouette von Kopenhagen zu sehen, doch mich locken die Pisten der Sahara, deren Endpunkte nicht bekannt sind.«

Leutnant Selchauhansen hatte noch die Worte des letzten Tagesbefehls von General Lyautey in Erinnerung: »Legionäre, ihr gehört zu den Männern, die neue Wege erkunden, die neue Städte entstehen lassen. Auf euch wartet das Unbekannte.« Der Urlauber ließ in seinem Khakirock den Handschuh verschwinden, der ein ungleich anderes Aroma verströmte, als die Weiber von Sidi bel Abbes – auch wenn sie aus der Bretagne kamen – mit ihren schweren arabischen Düften. Dies war ein endgültiger Abschied.

Bevor er zur Legion gekommen war, gehörte Selchauhansen der königlichen Garde in Kopenhagen an. Spähtrupps von der Oase Ain Sefra aus waren die ersten Aufträge des Dänen. Von 1895 bis 1897 war er nach Tonking abkommandiert worden. Als 1898 Lord Kitchener im Sudan die Franzosen unter Oberst Marchand zum Rückzug zwang und deren Einmarsch nach Ägypten verhinderte, gehörte Selchauhansen zum legendären Bataillon, das nach Faschoda marschierte. Wegen seiner Umsicht und taktischen Fähigkeiten wurde er zur Kavallerieschule von Samur abkommandiert. Als er 1901 seinen Heimaturlaub erhielt und in Kopenhagen vor dieser tiefgreifenden Entscheidung stand, war er Zugführer der 18. Kompanie des 1. Fremdenregiments.

General Lyautey holte sich den unruhigen Rückkehrer sofort in seinen Stab. Selchauhansen schrieb: »Ein neuer Napoleon. Er fasziniert mit jedem Wort.« Im Generalstab in Paris wurde Lyautey mit Mißtrauen beobachtet, denn er unterschied sich zu sehr von den anderen Generälen. Anders als Foch und Pétain hatte er nie Revancheträumen gegenüber Deutschland nachgehangen. Die Vogesen waren ihm als Verteidigungslinie ebenso gleichgültig wie die Vision Napoleons, wonach ein Sieg nur mit möglichst viel Soldaten und Material erfochten wird. Lyautey war ein Militär mit politischem Instinkt. Dem Dogma der Entscheidungsschlacht hatte er die These entgegengesetzt, daß es wichtiger war, die Freundschaft des Gegners zu erobern, als sie zu zerstören. Hubert Lyautey wurde 1854 als Sohn einer alten Lothringer Beamten- und Offiziersfamilie geboren. Die Lyauteys hatten den wechselnden Regierungen treu gedient, aber aus ihren monarchistischen Sympathien nie ein Hehl gemacht. Als Lyautey später Marokko erobert hatte und Marschall von Frankreich geworden war, schrieb ein Leitartikler des »Figaro«: »Ein Monarchist schenkt der Republik ein neues Kaiserreich.«
Lyautey hatte mit nur mittelmäßigen Benotungen die Kadettenanstalt St. Cyr absolviert, kam aber trotzdem für einige Jahre in den Generalstab nach Paris. Die Urlaube benutzte er für Reisen nach Süd- und Mitteleuropa. Nach seiner Abkommandierung zum 32. Husarenregiment, das in Lille lag, beschwerte er sich in einem seiner zahllosen Briefe über die »Langeweile in der freudlosen Kaserne«. Aber es blieb nicht bei einer privaten Verärgerung. In der »Revue des Deux Mondes« erschien ein ausführlicher, fünfzig Manuskriptseiten umfassender Beitrag, in dem er seine Auffassung über die Verknöcherung der Armee zusammenfaßte. Dieser Artikel brachte dem erzkonservativen Lyautey den Ruf eines gefährlichen Revolutionärs ein. Dem Generalstab schien es angebracht, dem Armee-Kritiker einen »Luftwechsel« zu verordnen und er versetzte ihn 1894 nach Tonking. In Hanoi wurde er Chef des »Zweiten Büros«, wo er erstmals seine Fähigkeiten zeigen konnte, sich in die Gedanken eines möglichen Gegners hineinzuversetzen. In seiner ersten Studie machte er Lang Song als die eigentliche Schlüsselposition gegen die chinesischen Armeen aus. Achtzig Jahre später folgten Pekings Generalstäbler im Jahre 1979 bis auf den Buchstaben den militärgeographischen Vorstellungen des Franzosen. Aus den einstöckigen Häusern, die bereits unter Lyautey angelegt wur-

den, vertrieb die »Volksbefreiungsarmee« die Truppen von General Giap und sicherte sich so den operativen Zugang nach Hanoi. Hier, im Vorposten Lang Song, entwickelte Lyautey seine spätere Strategie: »Als ich das erste Mal ankam, war das ganze Volk geflohen. Aber geduldig habe ich Straßen anlegen lassen, Krankenhäuser gebaut, Markthallen geschaffen, die Piraten verjagt. Zwei Jahre später wimmelte es hier von Menschen, die Bevölkerung ist zurückgekehrt und mit ihr Freude und Frieden.«

Bei seinen Visiten in Lang Song war Lyautey erstmals auf die Legion gestoßen. Sie hatte von Gipfel zu Gipfel befestigte Posten errichtet. »Unermüdliche Arbeiter, hervorragende Kämpfer«, das war sein erster Eindruck. Später, im Jahre 1901, in der Oase Ain Sefra erkannte Lyautey: »Nur mit dieser Truppe werde ich meinen Auftrag erfüllen können, Marokko zu erobern.«

Das Land jenseits der algerischen Südgrenze bot das Bild totaler Anarchie. Die Bewohner, die sich aus arabischen und berberischen Stämmen zusammensetzten, waren Nomaden wie auch seßhafte Oasenbauern, die mehr ihren Marabuts und dem Ältestenrat der Stämme gehorchten als den Caids des Sultans. Dieser hatte sich schon bei der Ausübung seiner Herrschaft verzettelt. Nacheinander residierte er in Fez, in Marrakesch und in Meknes. Zwischen 1875 und 1894 war es Sultan Muley Hassan gelungen, vorübergehend die Stämme unter seine Hoheit zu bringen.

Nach seinem plötzlichen Tod regierte sein minderjähriger Sohn Abdul Asis; ihm zur Seite stand sein Vormund, der Großwesir Bah-Ahmed. Politik interessierte den erst elfjährigen Sultan nicht. Wenn er von Besuchern Fahrräder, Spielzeugdampfschiffe und Bilderbücher geschenkt bekam, war er überglücklich. Als Bah-Ahmed gestorben war, kam ein Abenteurer an die Macht, ein Schotte, der sich Kaid MacLean nannte. Er hatte nach dem Genuß von fünf Flaschen Jamaica-Rum – so bezeugten es sämtliche Offiziere vor einem Kriegsgericht – an der Mündung des Tejo ein Kriegsschiff auf Grund gesetzt und sich dem Strafantritt durch die Flucht nach Marokko entzogen. Dort wurde er zunächst Instrukteur der Artillerie, dann Oberbefehlshaber der 12 000-Mann-Armee. Auf den ersten Blick wirkte MacLean wie ein Kneipenwirt, der sein bester eigener Gast ist: rundlich, nur 1,65 Meter groß, mit einem riesigen silbrigen Backenbart und einer beginnenden Glatze. Schlanken Berberinnen, die ihn um Hauteslänge überragten, gehörte seine besondere Zuneigung, doch sein Lieblingsvergnügen war das Abendkonzert mit einem Dudelsack, begleitet von einer Flasche Whisky, die von Gibraltar herüber geschmuggelt worden war. Der ganze Hofstaat jubelte, wenn Kaid MacLean, gekleidet in einen hellen Burnus, mit einem riesigen Turban auf dem Kopf, um den fortschreitenden Haarausfall zu verdecken und zwei Schwerter im Gürtel, dem Dudelsack die traurigen Melodien vom Tod der Maria Stuart entlockte. Um den lebensfrohen MacLean, der nur in den Musikstunden melancholisch wurde, scharten sich Dutzende britischer Abenteurer, die in der Armee und Administration bald in hohe Stellungen aufrückten. Die Alkoholgelage der Fremden empörten die Chefs der Nomadenstämme; in ihren Augen war Abdul Asis von der dekadenten europäischen Zivilisation verdorben. Um die Jahreswende 1902 riefen die Stämme des Südens den ehemaligen Gaukler Bu Hamara, genannt El Rogi, zum Sultan aus. El Rogi, der sich durch eine die Massen fanatisierende Beredsamkeit auszeichnete, war vorher als Feuerschlucker und Schlangenbändiger auf Jahrmärkten aufgetreten.

Bald meldeten General Lyauteys Kundschafter, daß ein neuer Abd el-Kader die Massen im benachbarten Marokko mobilisierte. Lyauteys Anregungen, die er aus Ain Sefra nach Paris schickte, den Bürgerkrieg zu nutzen, um in Marokko einzumarschieren, wurden immer dringlicher. Doch der Kriegsminister depeschierte ihm: »Halten Sie sich unbedingt zurück.« Wenn die anderen europäischen Großmächte wie die Schlange auf das Kaninchen starrten und den baldigen Zusammenbruch jeglicher staatlichen Autorität im Maghrebstaat erwarteten, so bestand im Gegensatz dazu in Paris eine ausgeprägte Abneigung gegen weitere koloniale Unternehmungen. Spanien hielt in Marokko nur einen schmalen Küstenstreifen besetzt und war für einen Feldzug zu schwach. Großbritannien setzte zunächst auf Kaid MacLean und hoffte, daß durch seine Mitwirkung aus Marokko ein zweites Ägypten werden würde. Auf keinen Fall wollte es aber gegenüber von Gibraltar eine andere europäische Schutzmacht dulden, doch MacLean versagte schon bei dem ersten Feldzug gegen El Rogi. Der Schotte verschwand dann von der Bildfläche – seine Karriere soll er als Türsteher einer Nachtbar in Los Angeles beendet haben.

Sir Arthur Nicolson, Londons Geschäftsträger in Tanger, sagte voraus: »Das Land versinkt im Chaos. Es gibt keine Fortschritte oder gar die Aussicht auf Reformen. Die Haupttätigkeit der Rivalen besteht darin, die Stämme gegeneinander auszuspielen, die Besiegten auszurauben und für die geleistete Hilfe auch vom Sieger Geld zu erpressen. Man zielt darauf ab, die Stämme zugrundezurichten und ihnen nur das Notwendigste zu lassen, um sie auf diesem Weg zu pazifizieren. Man geht dabei von dem Gedanken aus, daß ein Stamm, der sich ruhig verhält und zur Ordnung zurückkehrt, verhältnismäßig wohlhabend wird, dann aber Waffen und Munition kauft und die Herrschaft der Regierung abschüttelt. Kein Wunder, daß ein Land bei einem solchen System eher in der Entwicklung zurückfällt, als daß es Fortschritte macht. Nach dem, was mir zu Ohren kommt, würden die Marokkaner freudig jeden beliebigen europäischen Eroberer begrüßen. Des Chaos und des Bürgerkriegs sind sie unsagbar überdrüssig.«

Sir Arthur Nicolson empfahl dem Foreign Office, die Ansprüche Frankreichs zu unterstützen. Anfang 1901 besuchte er Sultan Abdul Asis in seiner Residenz in Rabat. Der jugendliche Monarch empfing den erfahrenen Diplomaten in einem Holzschuppen, der vor dem Palast stand; ein riesiger Billardtisch, einige Küchenstühle und der Käfig eines Leoparden bildeten das Interieur des Schuppens. Nicolson empfahl dem verwirrten Regenten, alles zu tun, auf daß sich seine Stämme den Franzosen an der Grenze zu Algerien gegenüber liebenswürdig und höflich verhielten.

Doch in einem Punkte irrte sich der altgediente Magreb-Diplomat Sir Arthur: »Ein gemeinsames Vorgehen der Franzosen und Deutschen in Marokko wäre ideal.« Er hatte nicht erkannt, daß Kaiser Wilhelm II. inzwischen längst eine andere Nordafrikapolitik als Bismarck eingeschlagen hatte, der die französischen Afrika-Interessen diskret gefördert hatte, um die Franzosen den Verlust von Elsaß und Lothringen vergessen machen zu lassen. Außerdem hatte Bismarck damit London irritieren wollen. So signalisierte er nach Paris, das sich erst allmählich vom Schock des verlorenen Kriegs 1870/71 erholte: »Die tunesische Birne ist reif.« Doch ab 1898 schlug Berlin unter Reichskanzler von Bülow einen neuen Kurs ein Er gab zu verstehen: »Stehen wir vor einer neuen Aufteilung der Welt? Das könnten wir nicht akzeptieren. Wir können nicht durchlassen, daß fremde Mächte neue Linien des Einflusses ziehen, ohne Deutschland zu befragen. Wenn die Engländer von einem neuen England sprechen, die Franzosen von einem neuen Frankreich, dann wir von einem Recht auf ein größeres Deutschland. Wie Träumer dazustehen, während sich die anderen Mächte den politischen Kuchen aufteilen, das wollen wir nicht und das können wir nicht.«

Großbritannien und Frankreich rücken nach diesen Drohungen wieder dichter zusammen. Bülow überredet Kaiser Wilhelm II. zu einer Reise nach Tanger: »Es ist die Visite bei einem Souverän eines allen Nationen offenstehenden Landes. Der Sultan erwartet diese symbolische Geste.« Zunächst zögerte der Kaiser, gab dann aber gegenüber Bülow nach und entschloß sich zu einer Blitzvisite. Als Bülow später sein Entlassungsschreiben einreichte, warf ihm der Kaiser vor: »Das war eine sinnlose Kavalkade.« Wilhelm II. hinterließ keine Notizen, was er mit dem Sultan besprochen hatte. Jedenfalls gab er ihm keinerlei militärische Zusagen. Erst am 16. Januar 1906 begann in der spanischen Hafenstadt Algeciras die Internationale Konferenz über die Zukunft Marokkos. Berlin konnte mit seinem Vorschlag, die Polizeimächte in Marokko zu internationalisieren und das Mandat in den großen Häfen auf Mittelmächte wie Dänemark, Belgien, die Schweiz und die Niederlande zu verteilen, nicht durchdringen. Aber das Abkommen von Algeciras war auch kein Erfolg für Frankreich. Ihm wurden nur die Mandatsrechte für die Häfen von Casablanca und Tanger zugestanden. Die Anarchie im Inneren des Reichs des Scherifen-Sultans ging weiter.

Die Depeschen der internationalen Diplomatie stapelten sich in General Lyauteys Kommandeurszelt. Als ständig Nomadenstämme aus Marokko über die Grenze zwischen Figuig und Ain Chair eindrangen, befahl Lyautey die Besetzung der weit im Süden liegenden Oase Bechar, die alle Pässe des gleichnamigen Gebirges beherrschte. Als Leutnant Selchauhansen den Ksar besetzt und den Erfolg nach Ain Sefra durchgegeben hatte, kam sofort ein Protest aus Paris: »Die Legion steht auf marokkanischem Boden. Sie muß sofort zurückgezogen werden.« General Lyautey reagiert gelassen: »Leutnant Selchauhansen steht in Colomb, nicht in Bechar.« Verwirrt kabelte Paris: »Dann ist ja alles in Ordnung.« Die Pariser Militärgeographen hatten nicht herausgefunden, daß die Oase mit den Befestigungen an den strategisch wichtigen Pässen von zwei rivalisierenden Stämmen beansprucht wurden: Einer nannte sie Colomb, der andere Bechar.

Als Sperriegel war die Oase nur bedingt brauchbar. Die Reiter des Marabut Bou-Amama, eines ehemaligen Einsiedlers, der erst als über Siebzigjähriger den Ruf Allahs vernommen haben wollte, die ungläubigen Franzosen zu vertreiben, überwanden die unwegsamsten Gebirgsstrecken, attackierten die Forts und Zeltlager und verschwanden wieder. Leutnant Selchauhansen berichtete General Lyautey: »Unsere bisherige Kolonnentaktik ist zu schwerfällig. Wenn vier oder fünf Kompanien zur Verfolgung eingesetzt werden, treffen sie nicht einmal mehr auf die Nachhut. Manchmal erinnern verscharrte Feuerstellen, wo noch Glut unter dem Sand zu finden ist, daran, daß die Banden noch vor einer Stunde an dieser Stelle kampiert hatten. Aber wir kommen immer zu spät.« Doch auch von einer reinen Kavallerie hielt Selchauhansen nichts: »Der normale Fußsoldat ist nicht schnell genug, aber der normale Reiter ist bei den vielen Zusammenstößen aus dem Hinterhalt viel zu verwundbar. Wir dürfen hier keine europäischen Maßstäbe anlegen. Unsere Operationsgebiete sind schwer zugängliche, kahle Gebirgszüge, ausgetrocknete Flußtäler, die sich in wenigen Minuten in reißende, lehmige Fluten verwandeln können, Hochplateaus, die von Dickicht bedeckt, meistens kaum zu durchbrechende Kameldornbäume sowie Palmengruppen, ein spurloses Verschwinden begünstigen.«

Leutnant Jaeglé stammte aus Appenzell. Der als tapfer, doch brav bis einfältig geltende Schweizer pflegte bei Kasinoabenden gerne von der heimischen Käsezubereitung oder der Technik des Trocknens von Fleisch zu erzählen. Kein Wunder, daß General Lyautey eher reserviert auf den Vorschlag des bedächtigen Schweizers reagierte, »berittene Kompanien« aufzustellen, die schneller sind als die bisherigen Infanteriekolonnen und doch nicht so verwundbar wie reine Kavallerie. Und diesmal war die Erinnerung Jaeglés an seine Heimat von Wert: Am Säntis und in den umliegenden Bergen spielte das Muli eine wichtige Rolle. Es trug auch die schwersten Lasten unter den ungünstigsten Klimabedingungen – im Sommer, wenn Pferde wegen der Hitze nicht bis zu den Almen hochkommen konnten und im Winter, wenn Schneemassen die Gebirgspfade versperrten. Ein Satz in der Denkschrift Jaeglés faszinierte Lyautey: »Es gilt einen Kriegs-Zentaur zu schaffen, der Schnelligkeit mit wirksamer Bewegungsfreiheit verbindet. Das kann nur eine völlig neue ›berittene Kompanie‹ sein.«

Zur Probe wurde eine Einheit aufgestellt, die weitgehend Leutnant Jaeglés Vorschlägen entsprach. Die »Zentauren-Truppe« setzte sich aus normaler Kavallerie und einer »leichten Gruppe« mit Maultieren zusammen. Nur sieben Kilometer von der Oase Colomb-Bechar entfernt, wie der befestigte Punkt seit dem Schweigen des Kriegsministeriums von den

Einsatzplanern genannt wurde, hatten die Djiouchs, die Krieger des Marabut Bou-Amama, einen kleinen Ksar ausgeraubt, die Dattel- und Hirseernte mitgenommen sowie alle Frauen unter zwanzig Jahren. »Schon um neun Uhr morgens hatten wir fünfzig Grad Hitze«, schrieb Selchauhansen in seinem Bericht. »Zuerst kam eine Ebene ohne Vegetation, nur durchsetzt von verdorrtem Buschwerk und von den mit dem Sand verwachsenen bizarren Pflanzen. Dann kam die ›Chbkha‹, ein Labyrinth schwarzer Felsen, in dem es fast unmöglich war, auf den Spuren der ›Djiouchs‹ zu bleiben. Dahinter weite Sanddünen, die in der Mittagssonne zu rauchen scheinen. Es ist eine feindselige Landschaft, die mit reiner Infanterie nicht zu durchqueren ist. Die Sonne brennt in den Augen und trocknet den Mund aus. Über der Wüste glaubt man plötzlich weite Seen flimmern zu sehen, die dann wie durch ein Wunder wieder verschwinden.«

Auf der »Hamada«, einem weiten Felsplateau, stellten die Verfolger die »Djiouchs«. Die Truppe des Marabut war so überrascht, daß sie nur ein kurzes Rückzugsgefecht lieferte. Dann verschwand sie hinter den »Gours«, zerbröckelnden Felsplatten, die an die Küste von Helgoland erinnern. Zurückgekehrt nach Colomb-Bechar, konnte Leutnant Selchauhansen nach Ain Sefra morsen: »In zwei Tagen einhundertfünfzig Kilometer zurückgelegt, die geraubte Beute den völlig verwirrten ›Djiouchs‹ wieder abgenommen.«

Leutnant Jaeglé wurde zum Instrukteur der neuen Truppe ernannt. Er übernahm den Grundgedanken des Pfadfinderlaufes: fünfzig Lauf- und fünfzig Gehschritte. Ein Reittier spielte sozusagen die Rolle einer »Staffel«. Ausgewählt wurden heimische Packesel aus den Bergen der Kabylei. Sie kamen überall durch, waren sicherer als die oft scheuenden Pferde, widerstandsfähiger und kamen in den Wüstenregionen mit einem Minimum an Futter und Wasser aus. Leutnant Jaeglé konzipierte als Modell für eine »Berittene Kompanie«: Die Offiziere sind zu Pferd. Jeder Adjudant-chef und Adjudant hat sein eigenes Lasttier. Ab Sergeant-chef abwärts kommen auf jedes Maultier zwei Reiter. Der Ältere ist verantwortlich, der andere gilt als das Doppel. Während des Marsches sitzt der Reiter auf einem arabischen Packsattel, wobei die Zeltplanen und Decken als Sitz benutzt werden. Die Rucksäcke sind am Sattelknopf festgemacht, rechts die Zeltstangen, links der Kochtopf. Dazu kamen die eisernen Rationen und das Futter für die Mulis, die geringe persönliche Habe der beiden Reiter (Bücher und Briefe) und auf dem Kreuz des Tragtiers die »Guerba«, ein Trinksack aus umgestülpter Schafshaut, der zwei Liter Wasser faßte. Taktisch sieht die Einteilung vor, daß der Marschierer immer in der Nähe des Mulis bleibt. Bei Alarm wird er zu einer Vorausabteilung abkommandiert, damit er als »Plänkler«, wie es in der damaligen Kommandosprache hieß, gegnerische Einheiten ausmacht. Bei einem offenen Gefecht bilden die Männer zu Fuß eine erste Schützenlinie. Die Reiter überlassen Pferde und Mulis einer Spezialwache und rücken nach. Jede Stunde kommt das Kommando »Reiterwechsel«. Leutnant Jaeglé rühmte nach den ersten

Expeditionen: »So ruht man sich abwechselnd aus, ohne daß die Kompanie ihren Marsch verlangsamt.« Capitaine Beuval im Stab von General Lyautey bestätigte: »Die ›Berittenen Kompanien‹ kamen von schwersten Märschen in einem überraschend frischen Zustand zurück. Es gab nicht mehr die Halbtoten, die auf einer Plane mühsam mitgeschleppt wurden. Die Stunde auf dem Muli ersetzt den Schlaf, die Stunde Marsch weckt wieder auf. Mit wenigen Stunden Halt für die Mahlzeiten und ein wenig Schlaf kann man den Legionär über Wochen hinweg marschbereit halten.«

Es wurden nur Legionäre mit ungewöhnlicher moralischer und psychischer Widerstandskraft zu den »Berittenen Kompanien« abkommandiert. Hob Leutnant Jaeglé hervor: »Es müssen nicht nur erstklassige Marschierer sein. Sie müssen auch auf dem Rücken eines schwer bepackten Mulis ausharren können, seine Vorzüge und Tücken kennen und die Fähigkeit haben, in der Stunde des Reitens praktisch in Tiefschlaf zu verfallen.« Die Behandlung der Mulis regelten einige Vorschriften, die länger sind als die für den Formaldienst. Der Legionär, der durch eigenes Verschulden die Verletzung eines Packtiers zuließ, wurde mit fünfzehn Tagen bei der Strafkompanie bestraft. Außerdem mußte er die ganze letzte Etappe zu Fuß zurücklegen, mit sämtlichem Material auf dem Rücken, das bis zu fünfzig Kilogramm wog.

Zehn bis fünfzehn Stunden waren das Tagespensum der »Berittenen Kompanie«. Die Route führte von Wasserstelle zu Wasserstelle. Nur alle drei Tage durften die Konserven der Marschrationen geöffnet werden. Sonst gab es nur das Nomadenbrot, »Kessara«, und in Fett gedünsteten Reis. Leutnant Jaeglé: »Nach einer Woche wußten wir gar nicht mehr, welche Farbe unser geliebter Wein eigentlich hatte.«

Bald waren die »Berittenen Kompanien« die Elite der Legion. Sie waren fähig, die Steppen oder Wüsten des Südens zu durchqueren, rasch und stets auf den Fährten der feindlichen Nomadenstämme. Sie wußten, wie das Überleben auch in Gegenden ohne Brunnen und mit einer Hitze bis zu sechzig Grad gesichert werden konnte. Nur auf die plötzlichen Schneestürme des Maghreb hatten sie sich nicht rechzeitig genug eingestellt. Im Februar 1908 wurde zwischen den marokkanischen Ortschaften Ain-ben-Kehli und Forthassa die 2. Kompanie des 1. Fremdenregiments von einem Schneesturm überrascht, der neun Tage dauerte. Von den zweihundertunddreißig Legionären überlebten nur neunzehn.

Am 9. April 1902 empfing Capitaine Letulle, der in Geryville, dem heutigen Asnam, das 1980 durch ein schweres Erdbeben zerstört wurde, stationiert war, eine lapidare Depesche aus Ain Sefra: Vorstoß bis nach Tabelkoza. Mühsam sucht er auf seiner Karte die Oase im Süden. Die Karte bestand weitgehend aus weißen Flecken, nur einige Kamelrouten waren mit dem Hinweis »Verlauf nicht gesichert« eingezeichnet. Kleine schwarze Punkte in diesem weißen Ozean sollten Brunnen und kleine Oasen markieren. Nach den Kategorien der ungenauen Karte bedeutete dies einen

Marsch von über fünfhundert Kilometern. Der militärische Auftrag lautete, die Banden des Marabut Bou-Amama, die sich bis weit in den Süden zwischen Timoun und Gourara zurückgezogen hatten, endgültig zu zerschlagen.

Capitaine Letulle wußte sofort, daß es ein Himmelfahrtskommando war. Es galt, den »Grand Erg« zu durchqueren, das »Land des Durstes«, das sogar die Salzkarawanen fürchteten. Der Sahara-Kenner Leutnant Selchauhansen, der sich freiwillig für die Sahara-Expedition gemeldet hatte, war Stellvertreter von Capitaine Letulle.

Am 22. April verließ die Kolonne Letulle Geryville mit neun Offizieren, neun Unteroffizieren und dreihundertvierundneunzig Legionären; einhundertsiebenundzwanzig einheimische Hilfskräfte, »Goumiers«, trieben die zusätzlichen vierhundertzweiunddreißig Kamele an, die die Fässer mit Frischwasser trugen, da man sich nicht darauf verlassen konnte, daß die auf der Karte eingetragenen Brunnen tatsächlich existierten.

Wie sehr die Legionäre auch ihre Träume brauchten, zeigt eine Tagebuchnotiz von Selchauhansen, die er kurz vor dem Abmarsch niederschrieb. Anlaß war ein Moderoman des Jahres 1902 von Pierre McOrlan, der von einer geheimnisvollen Sahara-Prinzessin handelte, die in einem riesigen Palast residierte, dort wo die Sahara am abschreckendsten ist. Auch Selchauhansen hatte das Buch über Prinzessin Antinea, eine exotische Schönheit mit grünen Augen und sinnlichen Lippen gelesen. »Es war seltsam«, berichtete er, »niemand glaubte an die Wahrheit dieses Schmökers, und doch träumte jeder von uns irgendwie von der schönen Prinzessin in ihrem verwunschenen Schloß hinter den tausend Palmen.« Der Marschbeginn ließ für Träumereien allerdings kaum Zeit: »Wir stapften durch einen Irrgarten hoher Sandberge, kaum höher als fünfhundert Meter. Auf der Gipfelhöhe war die Sicht frei auf unendliche Wellentäler aus Sand, dann kommen wieder Schluchten in der Form eines gigantischen Trichters. Man schreckt zurück beim Anblick dieser Abgründe und sogar die Kamele brüllten vor Angst auf.«

Nach drei Tagen war die Oase El Abiod erreicht. Die Kolonne folgte dann dem ausgetrockneten Flußtal Gharbi bis zu Brunnen von Benoud. Um den »Großen Erg« zu durchqueren, teilte Capitaine Letulle seine Truppe in vier Kolonnen auf. Es wurde nur in der Nacht marschiert, denn die Tagestemperaturen hatten sechzig Grad erreicht. Schneeweiß schimmerten die Sandwände im Mondlicht. Der kaum zum Überschwang neigende Selchauhansen berichtete: »Es war wie eine verhexte Schreckenslandschaft. Dahinter konnte man tatsächlich das Palais der Prinzessin Antinea vermuten.«

Am 11. Marschtag kam wieder eine Überraschung. Ein Gewitter zog auf und ein Tropenregen prasselte nieder. Plötzlich waren die Täler überflutet. Mühsam mußten die Legionskolonnen auf den Kämmen der Dünen weiter marschieren. »Beduinen, die sich mit uns auf die Hügelrücken retteten, sagten, ein Gewitter dieser Art läge mindestens zweihundert Jahre zurück«, trug Selchauhansen in seinen Marschbericht ein, und er fügte hinzu: »Jetzt sind wieder alle Fässer mit Frischwasser gefüllt.« Am 4. Mai erreichten die Legionskolonnen das Zentrum des »Großen Erg« mit seinen hohen Dünen, die wie Säbelschneiden gebogen sind und den spitzen Graten, die von den Legionären mühsam abgeflacht wurden, um den Kamelen den Marsch zu erleichtern. Das Marschtempo wurde langsamer, nur noch halbe Proviantportionen konnten ausgegeben werden. Doch am 16. Mai marschierten alle vier Kolonnen in der Oase Hassi El Mezzari ein. Die völlig überraschten Reiter des Marabut ergaben sich ohne Gegenwehr und wurden den Oasenbewohnern übergeben, die sie zuvor schikaniert hatten. Leutnant Selchauhansen: »Ihre Schreie waren stundenlang zu hören. Keiner von uns wollte sich das Massaker ansehen, obwohl uns der Dorfälteste der Oase dazu eingeladen hatte.« In der Abenddämmerung flammten rings um die Palmengruppen Feuer auf. Die Zahlmeister der Legion hatten alle verfügbaren Hammel, Ziegen und Schafe aufgekauft. Dazu gab es den heimischen Dattelschnaps. Leutnant Selchauhansen: »Das Gelage dauerte, bis die Sonne aufging.«

Über die alte Karawanenstraße traf drei Tage später Colonel Menestrel mit einem Infanterieregiment ein. An General Lyautey in Ain Sefra schrieb er per Kurier: »Die Legion war bereits da. Sie war auf Pisten marschiert, die völlig unerforscht waren und als todbringend galten. Trotzdem verlor sie keinen einzigen Mann. Bei meinem Eintreffen stellte sie sich in bester Haltung zur Parade auf.« Nach diesem Erfolg wollte Capitaine Letulle nicht auf dem gleichen Weg nach Geryville zurückkehren. Er marschiert quer durch die Sahara, um über Fort MacMahon, El Golea, Laghouat und Aflou wieder die Heimatgarnison zu erreichen. Es war ein Marsch von mehr als eintausend Kilometer. Nach fünfundneunzig Tagen, von denen zweiundsiebzig Tage reine Marschzeit waren, erreichten die Kompanien von Letulle nach eintausendachthundertfünfunddreißig Kilometern Marschzeit ihr Ziel Geryville. Nur sechs Legionäre waren erkrankt.

Beim ersten Morgenappell nach fünf Ruhetagen fragte Capitaine Letulle im Scherz, wer wieder mit auf die gleiche Piste ginge; Selchauhansen notierte in sein Tagebuch: »Es meldeten sich alle Legionäre.«

Wenig später besuchte der damals wohl prominenteste französische Militärschriftsteller D'Albeca die »Berittenen Kompanien« in Colomb-Bechar. Leutnant Jaeglé begleitete ihn. Später schwärmte D'Albeca im »Figaro«: »Der Abend senkte sich auf das im Viereck aufgeschlagene Feldlager, das in der Dämmerung kaum sichtbar ist. Nur einige kleine Feuer leuchten auf. Im Duft des Thymian, der von der nahen Oase herüberweht, sitzen die Legionäre in kleinen Gruppen zusammen, diskutieren, lachen und rauchen. Über die Anstrengungen der letzten Wochen wird nicht gesprochen. Sie reden schon wieder von neuen Expeditionen in die Sahara. Dann steigt ein von rauhen Kehlen gedämpft gesungenes, melancholisches Lied auf, ein Heimatlied aus Bayern, dann kommt ein lustiges italienisches Wanderlied und danach der neueste Schlager aus Berlin über die schönen Mädchen im Kabarett am Kurfürstendamm. Kurz vor zehn Uhr ein kurzes Trompetensignal. Die Feuer werden gelöscht. Die Legionäre hüllen sich in ihre Decken, das Gewehr griffbereit neben sich. Ringsum ist die Steppe wie ausgestorben. Sie wirkt bedrohlich. Ein leichter Nebel steigt auf. Auf den Höhen hocken einige versteckte Posten.«

Leutnant Jaeglé nimmt den Militärexperten am nächsten Tag zu einem Erkundungsritt mit: »Nie werde ich diesen Marsch vergessen«, rühmte D'Albeca. »Da war beim Aufbruch der rollende Lärm der Trommeln, die spitze Klage der Querflöten und dann das Dröhnen der Hörner. Sie sind der Rhythmus der Legion.« Leutnant Jaeglé informierte den Besucher aus Paris: »Nur die Besten bleiben bei uns. Sie haben nicht die Vergnügungen der Garnison in Sidi bel Abbes. Nur die ganz Starken überstehen die Anforderungen: Dickköpfig, rauh, willensstark und brutal, ausgestattet mit dem sicheren Instinkt der Tiere in der Wüste und ohne Sehnsucht nach der Zivilisation.«

Wie die Söldner früherer Armeen hatten diese Nomaden der Legion ihren Kontrakt unterschrieben. Der Sold war es aber nicht, der sie immer wieder in das Abenteuer Sahara trieb. D'Albeca wurde beinahe zum Lyriker: »Diese Menschen, diese Söldner, zusammengeströmt aus allen Winkeln der Welt, Männer ohne Heimat und Vaterland, die sich anwerben ließen, weil sie sich nach einem Stückchen Brot sehnten oder weil sie das normale Leben haßten, erdulden unerhörte Strapazen ohne Hoffnung auf Lohn.« Der Lohn war tatsächlich kärglich. Sieben Centime erhielten die Legionäre am Tag, Zuschläge für Wüstenmärsche gab es nicht. Es war auch nicht die Hoffnung auf eine rasche Beförderung, welche die Männer in die zwei Fremdenregimenter eintreten ließ. Am 19. Juni 1902 klagte Commandant Poirmeur, Chef des Personalbüros: »Ein Lehrgang für fünfunddreißig neue Caporale wurde bekanntgegeben. In die Liste trugen sich in den gesetzten vier Wochen aber nur neun Legionäre ein. Dabei hätte die Ernennung zum Caporal die Vervierfachung des Solds bedeutet.« Für die Offiziere anderer Armeen galten besondere Vorschriften. Wer die Urkunde des ehrenvollen Ausscheidens oder die Genehmigung einer unbefristeten Beurlaubung (wie Selchauhansen) vorweisen konnte, wurde sofort mit seinem früheren Rang eingestellt. Sonst wurden weder Offizierspatent noch der Nachweis der ehrenvollen Entlassung verlangt. Wer ein Photo vorlegte, das ihn in Offiziersuniform zeigte, wurde sofort vom Rekrutendienst befreit und kam gleich in die Unteroffiziersschule. Nach acht Wochen war er Caporal, nach vier Monaten Sergeant. Nur ein geringer Prozentsatz brachte es dann allerdings bis zum Offizier. Argwöhnte Personaloffizier Commandant Poirmeur: »Ein nicht geringer Prozentsatz dieser vorgeblichen Offiziere, die zwar herrliche Photos, aber kein Patent vorzuweisen haben, ließen sich vermutlich beim Kostümverleiher ablichten. Zuletzt wiesen wir einen angeblichen preußischen Rittmeister des 2. Garde-Kavallerie-Regiments ab. Er trug auf dem Photo den Tschako der österreichischen k. u. k Armee und den Waffenrock des bayerischen Infanterie-Leibregiments.«

Im April 1903 versetzte General Lyautey die »Berittenen Kompanien« der Legion in Alarmzustand. Seit dem 19. März hatte es schwere Kämpfe im Gebiet zwischen dem Djebel Bechar und dem Ksar El-Azoudj gegeben. Bei einer Frontvisite war sogar Algeriens Generalgouverneur Jonnart beinahe in die Gefangenschaft einer Reiterkavalkade der Krieger des Marabut geraten. Allein im April 1903 verzeichnete das Buch des 2. Fremdenregiments zweiundzwanzig Eintragungen, darunter: Eine Offensive der Marabut-Reiter aus der Gegend von Figuig, die zurückgeschlagen wurde; das Niederbrennen der Ksar von Beni Ounif und Bou-Kais; die Plünderung der Dörfer von Sfissifa und Sidi-el-Behar, da sie den Aufständischen Unterschlupf gewährt hatten; die Verteidigung des Dorfes Taghit, das von fast viertausend Mann belagert wurde, bis Entlastung aus Geryville gekommen war.

Am 4. August verließ eine Kolonne mit zweitausend Mann – Legionäre und Spahis – die Oase Djenien-ed-Dar. »Der Krieg wurde immer unbarmherziger«, skizzierte Selchauhansen die Lage. »Wenn wir einen Vorstoß aus Marokko abgeschlagen haben, kommen die Reiter des Marabut am nächsten Tag in doppelter Zahl zurück. Im Juli waren siebzehn Legionäre aus Ain Sefra desertiert, verlockt von den Versprechungen der ›Harkas‹ (wie die Angreifer sich nannten), sie könnten bei ihnen in Palästen wohnen, würden einen eigenen Harem erhalten. Auf halbem Weg zwischen Ain Sefra und Figuig stießen wir dann auf ihre schrecklich verstümmelten Leichen. Jeder Legionär hatte sein von den Berbern abgeschnittenes Geschlechtsteil im Mund. Chef de Bataillon Bichemin befahl, die siebzehn Toten in einer Reihe niederzulegen. Dann mußten alle drei Legionskompanien in glühender Mittagshitze zwölfmal an den Halbverwesten vorbeimarschieren, das Gewehr geschultert, wie bei einer Parade. Von diesem Tag an gab es keine Desertionen mehr.«

Nach neunzehn Marschtagen hatte die Vorhut der Legion erstmals Feindberührung. Hinter einem Felsen preschten über einhundert Reiter der Doui-Menia- und Qulad-Djerir-Stämme hervor. Sofort gingen die Legionäre in Schützenstellung und schlugen drei Angriffe ab, bis die »Harkas« verschwanden. Am 2. September kam der Befehl zum Aufbruch schon um drei Uhr früh. Gegen zehn Uhr wurde die Oase El-Moungar erreicht. Sie hatte bei den Legionären einen schlechten Klang, denn vor drei Jahren war hier eine Legionskompanie eingekreist worden. Nach vier Tagen Scharmützeln war es der Kompanie dann gelungen, in einer mondlosen Nacht die Belagerer zu überraschen und den Ring zu durchbrechen: trotzdem mußten damals acht Tote und neunzehn Verletzte zurückgelassen werden.

Capitaine Vauchez und Leutnant Selchauhansen führten diesmal die Vorhut an. Sie hatten das breite Tal von El-Moungar mit seinen schütteren Palmenhainen und den vulkanischen Felsen schon beinahe durchquert, als Hunderte von Harkas aus den Dünen kamen. Leutnant Selchauhansen konzentrierte seine Kompanie hinter einem Vulkankegel. Sein Landsmann Sergeant Peddersen sagte später aus: »Wir hatten sofort ein ungutes

Gefühl. Selten griffen die Harkas öfter als dreimal an. Wenn sie zu massiven Widerstand verspüren, verschwinden sie wieder in der Wüste. Dies mal war es anders. Wenn eine Angriffswelle den Rückzug antrat, preschte die nächste vor. Mindestens viertausend Mann standen hinter den Dünen versteckt. Sie hatten keinen genauen Angriffsplan; sie ritten eine Attacke, und wenn sie nicht näher als einhundert Meter an unsere Schützenlinien herangekommen waren, machten sie wieder kehrt. Dafür galoppierten schon die nächsten Harkas heran.«

Gegen dreizehn Uhr bestieg Leutnant Selchauhansen mit einem früheren sardischen Berghirten, der jede Tücke des Felsens kannte, den die Ebene beherrschenden Felskegel, um den feindlichen Aufmarsch auszuspähen. Als ein Scharfschütze von der Palmengruppe gegenüber ihn mit einem gezielten Schuß traf, gab Selchauhansen seinen letzten Befehl: »Legionäre, riskiert nicht Euer Leben, um mich hier herauszuholen!« Sergeant Peddersen vermerkte in seinem Tagebuch: »Die Legionäre hielten sich an diesen Befehl. Aber mitten im Kugelhagel fanden sie heraus, daß ihnen der schmale Leutnant, der so gar nicht zu dem Legionshaufen paßte, keineswegs befohlen hatte, nicht zu sterben, um ihn vor der Verstümmelung durch die Harkas zu bewahren. So kämpften sie bis zum Einbruch der Nacht mit der makabren Logik des Todessehnsüchtigen um seinen Leichnam.« Das Gefecht dauerte sieben Stunden und vierzig Minuten. Dann kam die Kompanie von Capitaine Susbielle und griff die Belagerer im Rücken an. Sergeant Peddersen: »Es war wie ein Spuk. In Sekundenschnelle waren die Harkas verschwunden.« Nachdem die Legionäre ihre Toten vergraben hatten, errichteten sie über dem Erdhügel einen Steinhaufen mit der Aufschrift: Hier haben die Legionäre der 22. berittenen Kompanie des 2. Fremdenregiments gegen marokkanische Invasoren gekämpft. Zwei Offiziere, Capitaine Vauchez und Leutnant Selchauhansen, wurden tödlich verletzt. Vierunddreißig Tote und siebenundvierzig Verwundete sind die unvergeßlichen Zeugen ihres heroischen Ausharrens.

Am nächsten Morgen kam ein hagerer Mönch in weißer Kutte in das Behelfslazarett. Es war Pater Charles de Foucauld, der die ganze Nacht über von seiner Einsiedelei in Beni Abbes nach El Moungar geritten war. Capitaine Susbielle warnte den Priester vor einem Besuch des Lazaretts: »Die Legionäre werden Ihnen einen grausamen Empfang bereiten«, doch Pater de Foucauld winkte nachsichtig ab: »Ich habe gute Nerven.« Capitaine Susbielle salutierte, denn kurz zuvor war eine Depesche von General Lyautey aus Ain Sefra eingetroffen: »Der Pater ist wie ein hoher Offizier zu behandeln.«

Charles de Foucauld sollte ursprünglich General werden. Er wurde am 15. September 1858 in Strassburg geboren. An die tausend Jahre reichte der Stammbaum seiner Familie zurück. Auf ihm waren Marschälle von Frankreich und Kabinettsminister, Kirchenfürsten und Höflinge zu finden. Nur diese erlauchte Ahnenreihe hatte es verhindert, daß die Militärärzte dem fettleibigen, trägen Bewerber den Eintritt in die Militärakademie St. Cyr verweigerten. General Laperinne, der wie Foucauld seine letzte Ruhestätte in der Sahara fand, sagte einmal: »Nur ein Wahrsager hätte vorhersehen können, daß sich hinter diesem verfressenen und versoffenen Kadetten ein Asket und Apostel verbarg.« Jahrgangskameraden in St. Cyr waren außerdem die späteren Marschälle Pétain und Louis Franchet d'Esperey.

De Foucauld kümmerte sich wenig um die Vorschriften der Militärschule. Zur Parade erschien er mit Haaren, die bis über den Kragen wuchsen und in der Reitschule wartete er mit Phantasieuniformen aus der Zeit des Sonnenkönigs auf. Beim Abschlußexamen in St. Cyr belegte er unter dreihundertsechsundachtzig Kandidaten Platz dreihundertdreiunddreißig. Der wohlhabende und hochmütige Foucauld wurde zum Schrecken eines jeden Regimentskommandeurs. Er veranstaltete Champagnerparties, hielt sich nie an den Dienstplan und nahm seine Geliebte mit, als seine Einheit nach Algier verlegt wurde, wo seine Mätresse auf den Bällen mit ungleich kostspieligeren Roben auftrat als die Frau des Kommandeurs. Im September 1880 kam es zum Eklat. Der Kommandeur der vierten Chasseurs d'Afrique zitierte den Lebemann de Foucauld zu sich: »Morgen werde ich das Kriegsministerium um die Streichung Ihres Namens aus der Aktivenliste des Heeres wegen grober Disziplinlosigkeit und allgemeiner schlechter Führung bitten.« Er machte eine Pause: »Ich betone, daß der Bericht morgen hinausgeht.« Foucauld winkte ab: »Ich sehe nicht ein, warum Sie Ihr Dossier nicht heute abschicken, meine Haltung wird sich weder heute noch morgen ändern.«

In den folgenden vier Jahren verschleuderte Foucauld 110 000 Goldfranc aus einem Erbe von 840 000 Goldfranc, das er von seinem Großvater erhalten hatte. Nachdem er einige Forschungsreisen nach Nordafrika durchgeführt hatte, zahlte er plötzlich seine Mätresse aus und trat in das Trappistenkloster Notre Dames des Neiges ein. Neunzehnhundertundzwei baute er sich seine Eremitage in Beni Abbes. Der Genießer, der wenige Jahre zuvor den Tag mit Champagnerfrühstück begonnen und der vor allem Gänseleberpastete mit Trüffel bevorzugt hatte, gönnte sich jetzt täglich nur zwei Mahlzeiten, bestehend aus ungewürzter, gekochter Gerste, zerkleinerten Datteln und ungesäuertem Maisbrot. Leon Lehuraux, oberster Verwaltungsbeamter der algerischen Südprovinzen, rühmte den exzentrischen Eremiten: »Wir lieben Pater de Foucauld. Auch als Priester blieb er immer Soldat.«

Das zeigte er bei seiner Visite im Behelfslazarett der Legion nach der Schlacht von El-Moungar. Er lächelte den siebenundvierzig Verwundeten zu, die bis auf ihre Verbände nackt auf Matratzen aus Palmblättern lagen. Kein Legionär blickte auf; sie ignorierten den Mönch einfach. Dann stand ein fast zwei Meter großer Deutscher auf und schrie: »Singen!« Die Legionäre stimmten ein unflätiges Lied an. Pater de Foucauld lächelte nur nachsichtig. Beim letzten Kehrreim verneigte er sich leicht und sagte: »Ich danke, meine Freunde, für diesen Empfang. Nur fürchte ich, daß Ihr mich mit Eurem General verwechselt habt.« Die Legionäre zeigten erste Ver-

Vorhergehende
Seite: Der Legionär
des Jahres 1831

Links: Legionäre
des 3. Regiments
der Fremden-
legion beim
Vorstoß in
den Urwald von
Guayana *(Foto:
Jean-Paul Cere/
Gamma)*

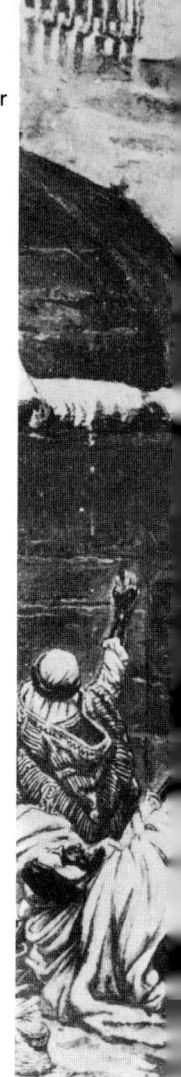

Links:
Pioniere des
3. Regiments
bauen eine
Zufahrtsstraße
zur »Trans-
amazonika«
Brasiliens
*(Foto: Jean-Paul
Cere/Gamma)*

Links: Bei ihren
Patrouillenfahrten
stoßen die
Legionäre auf
unbekannte
Indianerstämme
*(Foto: Jean-Paul
Cere/Gamma)*

Erstürmung der Festungsstadt Constantine, des Gibraltars von Algerien

Colonel Martinez, der ehemalige Geliebte der spanischen Königin Marie-Christine, wurde zum ersten großen Reformer der Legion

Historiengemälde
der Schlacht von
Camerone, die
zur Legende der
Legion wurde

Sous-Lieutenant
Maine, einer der
Verteidiger der
Hazienda von
Camerone

Die künstliche
Hand von
Capitaine Danjou
gilt inzwischen
als »Reliquie« der
Legion

Marschall de Mac-Mahon. Er sagte während der Schlacht von Solferino: »Die Legion steht in Magenta, der Sieg ist im Sack.«

Colonel Vienot fiel in der Schlacht um Sewastopol. Nach ihm wurden die Kasernen des 1. Fremden-regiments in Sidi bel Abbes und in Aubagne benannt

Marschall Bazaine diente sich vom Legionär zweiter Klasse zum Marschall von Frankreich empor

Links: Capitaine Danjou, Anführer der Legionäre in Camerone

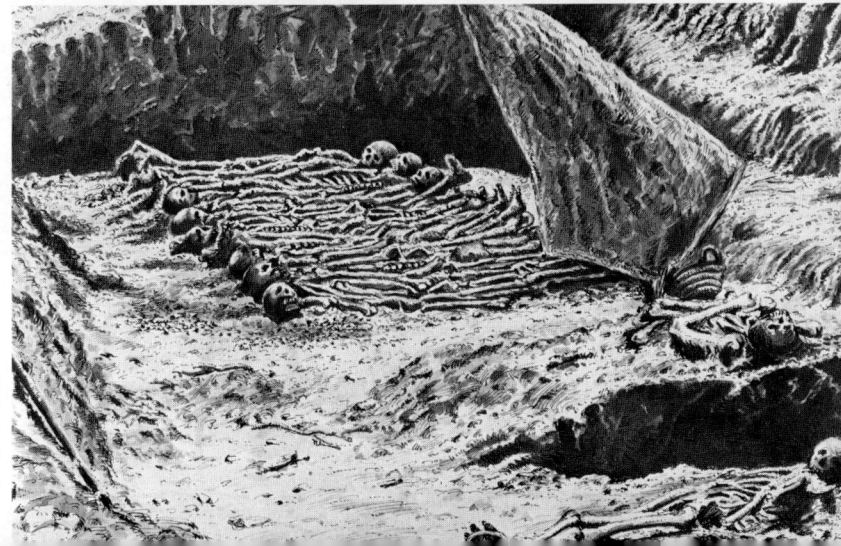

Exhumierung toter Legionäre nach der Schlacht um die Oase Zaachta

Bei der Erstürmung von Orléans durch
das bayerische Armeekorps unter General
von der Tann stand Hauptmann
Lissignolo, ehemals Leutnant in der
Legion, den Kampfgefährten des Feldzugs
in Mexiko gegenüber

Rechts oben: Sergeant
Pfirrmann, der Chronist des
ersten Indochinakriegs

Schlacht um die Zitadelle
von Tuyen-Quang in
Nordvietnam

Rechts:
Erstürmung
der Königs-
residenz
von Abomey
(Dahomey)

Oben: Angriff
des
Amazonen-
regiments in
Dahomey

Oben: Pater de
Focauld, der
Eremit der
Sahara, mit
Legionären

Rechts:
Lieutenant
Jaeglé, der die
Berittenen
Kompanien
einführte

Rechts:
Lieutenant
Selchauhansen,
Führer der ersten
großen
Stoßtruppunter-
nehmungen in
die südliche
Sahara

Links: Marschall
Lyautey, der
Eroberer
Marokkos

Unten rechts: Der deutsche
Dichter Ernst Jünger, der über
seine Legionszeit das inzwischen
klassische Buch »Afrikanische
Spiele« veröffentlichte (Foto:
Süddeutscher Verlag)

Unten: Legionäre beim Bau eines
neuen Postens

Links: Eine Berittene Kompanie vor dem Fort von Ain-Sefra

Unten: Legionsfort Bou-Denib in der Südsahara

Der Schweizer Colonel Tscharner stieß zu Beginn des Ersten Weltkriegs zur Legion und wurde eine ihrer großen Gestalten

Der Dichter Blaise Cendrars als Legionär

Colonel Rollet (Mitte) an der Westfront. Links: Lieutenant Mader, der zur gleichen Zeit wie Ernst Jünger in die Legion eintrat

Marschall Malinowski, Verteidigungsminister der Chruschtschow-Ära.
Er brachte es beim 3. Regiment der Legion bis zum Sergeanten
(Foto: Süddeutscher Verlag)

Der amerikanische Erfolgskomponist Cole Porter wurde im Ersten
Weltkrieg Caporal der Legion *(Foto: Ullstein-Camera Press)*

General Pechkoff, Adoptivsohn des Schriftstellers Maxim Gorki

General Rollet als Inspekteur der Legion

Unten: Leutnant Kreschartisky, ehemals Gardegeneral des russischen Zaren

Prinz Aage von Dänemark,
der Lebemann der Legion

Oben:
Saharapatrouille

Aufmarsch in den
Bergen Marokkos

Oben: Straßenbau in
der Wüste

Rechts und unten:
Legionseinheit am
berühmten Tunnel
von Foum-Zabel in
Südmarokko, der
von den Legionären
nur mit Hacke und
Spaten aus dem
Felsen gehauen
wurde. Kein Gramm
Dynamit wurde
verwendet

Oben:
Die 13. Halbbrigade
der Legion vor dem
Transport nach
Narvik

Straßenkampf in
Narvik

An die Truppen
von Bir Hacheim.

Weiterer Widerstand bedeutet
unnützes Blutvergießen. Ihr werdet
dasselbe Schicksal erleiden wie die
beiden englischen Brigaden in Got
Valeb, die vor kurzem vernichtet wurden.

Wir stellen den Kampf ein,
wenn Ihr weiße Flaggen zeigt und
ohne Waffen zu uns herüber kommt.

Rommel
Oberbefehlshaber

Kapitulationsaufforderung Rommels an die in der Wüstenoase Bir
Hacheim eingekesselten Legionäre der 13. Halbbrigade

Angriff der Legionäre in Bir Hacheim gegen die Stellungen des deutschen
Afrikakorps

Oben:
Ordensverleihung durch General
de Gaulle an die Überlebenden
der Schlacht
um Bir Hacheim

Unten:
Der armenische Prinz
Dimitri Amilakvari fiel während
der Schlacht
um El Alamein

Parade der
13. Halbbrigade
in Rom nach der
Schlacht von
Monte Cassino

Einmarsch der
Legion in
Stuttgart im
April 1945

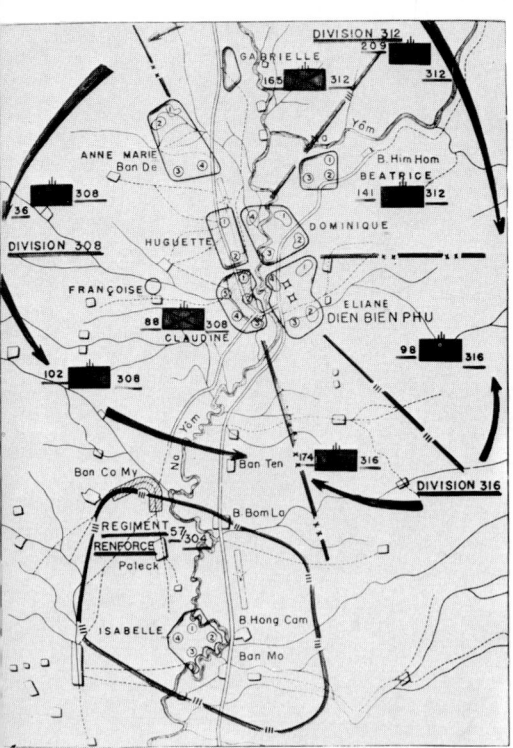

Schanzarbeiten in der eingekesselten
Festung Dien-Bien-Phu

Links: Lageplan von Dien-Bien-Phu

Legionäre beim Versuch, den
Belagerungsring von Dien-Bien-Phu zu
durchbrechen

Verstärkung durch Fallschirmjäger der
Legion für Dien-Bien-Phu

Oben: Unter den ersten Paras der Legion
waren die Veteranen
von Kreta und Monte Cassino

Erstmals erlernten die Legionäre in
Indochina die Praktiken des modernen
revolutionären Kriegs

Rechts: Eine Saharakompanie der Legion
in Paradeaufstellung

SOLDATS de L'ANP
LE CAMP de DJENIEN BOU REZG est L'OEUVRE
DES HOMMES de la LEGION ETRANGERE
CONSERVEZ INTACT ce BIEN, PRECIEUX pour votre PAYS
ET CE TEMOIGNAGE de la GRANDEUR des HOMMES

Am Eingang der Kaserne von Djenien
Bou Rezg erinnert eine Tafel die Soldaten
der algerischen Volksarmee an die
Leistungen der Legion, ihre einst so
erbitterten Gegner

Rechts: Jagd auf die Fellaghas
in der Sahara

Unten rechts: Während des Gefechts um
Khenchela rettet ein Legionär einen
verletzten Esel

Unten: Legionäre im
Hubschraubereinsatz

Oben: Bis in die abgelegensten Schlupfwinkel verfolgen die Legionäre die Aufständischen

Oben links: General Lardry im Jahr 1958 als Capitaine bei der Abwehr eines Angriffs der Fellaghas

Links: Colonel Jeanpierre machte den Hubschrauber zum Jagdhund des subversiven Kriegs ohne Kampflinien

Unten: Colonel Jeanpierre mit General Massu beim Abschreiten der Front des 1. Fallschirmjäger-Regiments der Legion

Oben:
Hubschrauber und
Infanterie bei der letzten
großen Kesselschlacht des
Algerienkriegs, der
Operation »Jumelles«, 1959
in der Kabylei

Links: Legionär
Zimmermann war der letzte
Legionär, der in dem
siebenjährigen Krieg auf
algerischem Boden fiel

Unten: Marsch zu den
Hinterhalten der FLN an der
Grenze nach Tunesien

Am Camerone-Tag verwandelt die Legion ihre Kasernen in theatralische Bühnenkulissen mit Szenen aus ihrer Geschichte

Parade auf den Champs-Élysées am 14. Juli

General Paul Lardry, gegenwärtig
Chef der über 8 000 Mann starken
Elitetruppe

Unten rechts: General Goupil,
heute Kabinettschef im
französischen Generalstab. Er
schloß die Reformen ab, die aus
der Legion eine hochspezialisierte
Eingreiftruppe machten

Unten: Colonel Robert
Devouges, Stellvertretender
Kommandeur der Legion

Oben:
Gemeinsames
Landemanöver mit
US-Ledernacken in
Korsika

Erkundungsfahrt der
Legion während des
Bürgerkriegs im
Tschad

Zwölf Wochen härtester Drill
stehen auf dem Plan für die
Rekruten der Legion;
Tagesmärsche bis zu 80 Kilometer
gehören zum Alltag der
Legionsregimenter. Beim Marsch
durch den Schotter der Berge der
Provence singen die Legionäre
noch immer die Lieder von den
endlosen Expeditionen durch die
Sahara *(Fotos dieser und der
folgenden Seite: Benno
Wundshammer)*

wirrung. Gespannt warteten sie auf die nächste Reaktion. Sie hatten an allen Wänden pornographische Darstellungen von Mönchen und Huren hingekritzelt. Foucauld betrachtete jede einzelne Zeichnung und bemerkte dann sanft: »Nicht übel, gar nicht übel. Unter Euch befinden sich ganz sicher einige hochbegabte Maler. Aber wenn ich darf, möchte ich doch einige Korrekturen anbringen.« Er holte aus seiner Soutane ein Stückchen Kohlekreide und veränderte die Zeichnungen mit wenigen Strichen, nahm ihnen das Zotige und Unflätige. Plötzlich hatten die Zeichnungen eine gewisse Heiterkeit. Die Legionäre schwiegen. Sie hatten dem Pater eine Lektion erteilen wollen und jetzt waren sie es, die beschämt worden waren. Dabei wollten sie sich doch alle Mühe geben, ihren Ruf zu bewahren, der härtesten Truppe der Welt anzugehören, die keinerlei Rücksichten oder gar Rührung kennt. Der Rädelsführer Hans Dembisch aus Kassel setzte sich auf und brüllte: »Du Schweinehund. Scher Dich zum Teufel. Vorwärts, du Gauner, du Schuft. Scher dich raus und komm ja nie wieder!« Foucauld lächelte weiter. Als Elsässer sprach er perfekt Deutsch. Zum Legionär Dembisch sagte er ungerührt, wobei der Tonfall der alten Kommandosprache durchschimmerte, den die Legionäre sofort spürten: »Ich bin kein Schweinehund. Ein Schwein ist ein großes Tier. Ich bin aber nur klein wie ein Maulwurf, ich bin der kleine Maulwurf Christi hier in der Sahara.« Und dann sagte er: »Jetzt wollen wir uns endlich kennenlernen.«

Er ging von Bett zu Bett, bis er zu Hans Dembisch kam. Der Tyrann der Schwadron gab sich alle Mühe, mürrisch dreinzuschauen. Aber dann sagte er: »Kommen Sie wieder, Pater«.

Foucauld kam jeden Tag. Er brachte für einige Verwundete Arzneien, die nur die Nomaden benutzten. Dembisch, wiewohl er einige Hemmungen hatte, den Pater um einen Gefallen zu bitten, fragte stockend, ob er nicht für ihn einen Brief schreiben könnte, denn über die dritte Volksschulklasse sei er nicht hinausgekommen. Es ginge um ein Mädchen in Sidi bel Abbes, Caroline. Sie verdiene sich ihren Unterhalt als Sängerin in zweifelhaften Lokalen und als Soldatenliebchen. »Aber wenn ich komme«, versicherte der hartgesottene Legionär, »bin ich der einzige, und sie ist mein Schatz. Sie heißt Caroline.« Der Pater setzte sich sofort hin und schrieb Caroline einen feurigen Liebesbrief. Dembisch war den Tränen nahe: »Das hätte ich nie so schreiben können.«

Unweit des Schlachtfeldes von El Moungar las Pater de Foucauld am nächsten Sonntag die Messe. Es kamen sämtliche Offiziere, aber auch alle Legionäre, die noch gehfähig waren. Der Adjudant-chef vom Dienst, ein schwergewichtiger Niederbayer aus Bogen im Bayerischen Wald, wartete vor der eilig errichteten Behelfskapelle auf den Pater. Zuerst dankte er ihm für die Messe und Ansprache. Dann flüsterte er hinter vorgehaltener Hand: »Schließen Sie nicht allzu dicke Freundschaft mit dem Dembisch. Der ist unverbesserlich, ein skrupelloser, zuchtloser Kerl, der im Einsatz nur nüchtern ist, weil er weiß, welche Strafen ihm für Trunkenheit im Dienst blühen würden.« Pater de Foucauld lächelte milde: »Kerle wie der

145

Hans sind meine besten Kunden. Ich verstehe sie, und sie verstehen mich.« Beinahe wie im Selbstgespräch fügte er zur Verwunderung des Adjudant-chefs hinzu: »Vielleicht habe ich deshalb so viele Sympathien für diese Legionäre, weil all die schrecklichen Eigenschaften, die Sie jetzt dem Dembisch zuschreiben, auch mir einmal nachgesagt wurden.«

Pater de Foucauld kannte die Legionäre, ihre Brutalitäten und ihre Schwächen. Er hatte nicht nur der Kolonialarmee angehört, sondern auch sämtliche Untugenden des rauhbeinigen Außenseiters selber mitgemacht – die gewaltigen Saufereien, das Aushalten leichter Mädchen und das Aufbegehren gegen die Offiziere. Der Pater konnte noch immer zum Vergnügen der Legionäre schlüpfrige Gassenhauer singen, die sie selbst in den Bordellen von Sidi bel Abbes noch nie gehört hatten. Er kannte sehr genau den Unterschied zwischen einem zynischen Kriminellen und einem Verzweifelten, der sich in hektische Betriebsamkeit und Großsprecherei flüchtet. Er konnte sich in die Gemüter der Legionäre versetzen, die fern der Heimat und ohne Familie unter der Leere des Wüstenalltags litten. Der Asket, der als Lebemann sogar Generale in Rage gebracht hatte, durchschaute die Großsprecher wie Dembisch, die ihre Kameraden tyrannisierten, aber im Grunde an Minderwertigkeitskomplexen litten.

Abbé Huvelin von Notre Dame, bei dem der Schwadroneur de Foucauld, der erklärte Atheist, wieder zum katholischen Glauben zurückgekehrt war, sagte einmal: »Pater Charles besaß alle Voraussetzungen, er hatte das Zeug zum erstklassigen Offizier und außerdem eignete er sich vortrefflich für einen Priester; er war ein Führer, der zu führen verstand, ohne jemals zum Antreiber zu werden.«

Vorübergehend hatte Pater de Foucauld mit dem Gedanken gespielt, Kaplan in der Fremdenlegion zu werden. Dann kam der große Ruf von seinem St. Cyr-Kameraden, dem inzwischen zum General avancierten Henri Laperinne, der die Region Südsahara kommandierte, zum unerforschten Hoggar der Tuareg-Stämme vorzustoßen.

Vor seinem Aufbruch in die schwarzen Berge des Hoggar, gaben ihm die Legionäre der Schlacht von El Moungar ein Fest. Maultiere hatten aus Geryville rechtzeitig die ersehnten Fässer Rotwein herangebracht. Sogar Pater de Foucauld trank einige Becher. Gegen drei Uhr morgens sang er einige elsäßische Trinklieder und die Legionäre klatschten dazu im Takt. Der Pater prostete ihnen beinahe abwesend zu. Seine Gedanken waren bei einem Hochplateau, mehr als eintausend Meter über dem Meeresspiegel, mit Bergen bis zu viertausend Meter Höhe, deren Gipfel zeitweise mit Schnee bedeckt sind. Der Hoggar liegt unmittelbar südlich des Wendekreises des Krebses, eintausendundsechshundert Kilometer von Algier und neunhundert Kilometer von Timbuktu entfernt. Die Nomaden der Kamelkarawanen sprachen von einem finsteren Land, voll violetter, steiler Steintürme. Kein Vogellaut war in dieser Einöde zu hören. Von Tamanrasset, seiner künftigen Einsiedelei wußte er nur, daß sie aus einigen rötlichen Lehmhütten bestand. Manchmal kamen Karawanen vom Niger oder von der tunesischen Küste. Sonst trieben Hirten in der kurzen Regenzeit ihre Ziegen und Schafe an das Ufer des breiten Flußes, der nur aus einigen stinkenden Tümpeln bestand.

Mehrmals wurde der Pater de Foucauld für die Seligsprechung vorgeschlagen. Doch die Rota, das höchste Gremium des Vatikans, winkte ab. Die Theologen ließen durchblicken, daß bei Pater de Foucauld die Grenze zwischen Missionar und Militär nie ganz eindeutig gezogen werden könnte. Der Sahara-Asket bekundete noch kurz vor seinem Märtyrertod: »Bisher habe ich keinen einzigen Tuareg bekehrt.« Zur gleichen Zeit soll er jedoch sehr genaue militärische Lageanalysen an das Hauptquartier in Algier über die verschiedenen Rebellenarmeen in der südlichen Sahara durchgegeben haben.

Trotzdem, der Trappist Charles de Foucauld lehrte ein radikal armes Leben in der Nachfolge Christi; seine Gedanken und eine von ihm verfaßte Ordensregel wurden allerdings erst nach seinem Tode wirksam; mehrere, heute große religiöse Genossenschaften berufen sich auf ihn.

Als de Foucauld im Hoggar angekommen war, errichtete er im heutigen Tamanrasset und auf dem höchsten Gipfel des Hoggar seine Einsiedelei. Im Jahr 1916 wurde er in seinem kleinen Fort im Tamanrasset von einer Bande aufständischer Senussi ermordet. Nach seiner Ermordung verehrte ihn die Legion als den Heiligen der Sahara; das vergilbte Foto des Einsiedlers hängt noch heute zwischen den Bildern von Generalen und Haudegen im Museum von Aubagne.

Für die dienstfähigen Legionäre kam am Morgen nach dem Fest der Befehl, zu den Hügeln von D'El-Menabha zu marschieren. Leutnant Jaeglé hatte das Kommando Selchauhansens übernommen. Die Legionäre spürten sofort den Unterschied – der Däne hatte das Risiko geliebt, während der Schweizer behutsam vorging. Jeder Wadi, alle Dünen mußten vorher genau erkundet werden, ehe sich die Hauptkolonne in Marsch setzte. Jaeglé führte die Vorhut von vier Kompanien des 2. Fremdenregiments und Colonel Levè befehligte die gesamte Aktion. Gegen Nachmittag erreichten die Kompanien die Palmenhaine von Nenabha. Leutnant Jaeglé diktierte dem Kompanieschreiber: »Es gibt keine Anzeichen, daß sich der Gegner auf den drei kugelförmigen Hügeln, die die Wasserstelle überragen, verschanzt hat.« Trotzdem wollte er drei Spähtrupps losschicken, doch Colonel Levè winkte ab: »Lassen Sie die Legionäre rasten, Leutnant, sie kommen noch früh genug an den Feind.«

Das Lager wurde im Viereck aufgebaut, die Tornister kunstvoll zu Schutzwänden zusammengefügt. Doppelwachen zogen auf. Bei Sonnenaufgang verließ der Chef der Wachmannschaft das Tornister-Carré. Ihm gelang noch der Warnruf »Zu den Waffen«, doch dann wurde ihm die Kehle von einem Krummsäbel durchschnitten. Sekunden später waren die Marokkaner über die knapp zwei Meter hohe Barriere geklettert. Sie waren völlig nackt und trugen als einzige Waffe ihre gebogenen großen Messer ohne Schneide, die sie den aus dem Schlaf aufschreckenden Legionären in die Kehlen stießen. Das Geviert war erfüllt vom Röcheln der Überrumpelten und den ersten Befehlen. Jaeglé schilderte das drohende Chaos: »Wie Reptile glitten die Nackten von Mann zu Mann. Ich konnte meine Uniformjacke nicht mehr anziehen. Sie war voll Blut. Ich holte meine Winchester heraus. Aber es gab keine Ziele. Erst als zwei Marokkaner auf mich zukamen, drückte ich ab. In diesem Augenblick begann von den Hügeln herab eine schwere Kanonade. Nach wenigen Sekunden war das ganze Lager in dunkle Rauchwolken gehüllt. Auf ihre eigenen Männer nahmen die Kanoniere keinerlei Rücksicht. Sie schossen, was die Rohre hielten. Zerfetzte Legionäre wirbelten durch die Luft. Verwundete schrien. Kein Kommando kam richtig durch. Trotzdem bewährte sich der sonst so sture Drill. Die überlebenden Legionäre rückten zusammen, sie bildeten Schützenlinien, kleine Kommandos fingen die Marokkaner mit den Messern zwischen den Zähnen ab. In weniger als zehn Minuten hatten wir wieder unsere Kampfbereitschaft erreicht. Als die erste Kanonade endete und Scharen von Reitern mit wehenden Burnussen aus den Palmenhainen hervorbrachen, hielt unsere Linie.« Zweiundzwanzig Tote wurden beerdigt, einhundertundfünf Verwundete kamen auf Tragbahren zwischen zwei Mulis in die Lazarette von Ain Sefra und Ounif. General Lyautey löste sofort Colonel Levè ab: »Ein Dummkopf, der in die Falle ging. Dafür sind mir meine Legionäre zu schade.«

Was der Rio Grande für die US-Kavallerie wurde, war das breite Flußbett des Moulouya für die »Berittenen Kompanien« der Legion. Beinahe täglich kamen die Reiter der Alouana und anderer Berberstämme über die Furten, fast jeden Tag kam es zu Scharmützeln an den von Palmen und Kameldornsträuchern bewachsenen Ufern, an den Stellen, wo die Legion ihre Forts baute und wo auf der anderen Seite die Wüstenkrieger ihre Ksars errichtet hatten, die oft bis zu zehn Stockwerke hohen Befestigungen, in denen bis zu dreißig Großfamilien und zweihundert Pferde Unterschlupf fanden. Den Band des 2. Fremdenregiments für das Jahr 1910 beendete der Tagebuchführer Sergeant Hebecker, ehemals Archivar im schwäbischen Nürtingen, mit dem Hinweis: »Die Kämpfe wurden nicht weniger. Jeder Legionär weiß, daß es an den Ufern des Moulouya-Flusses kein Pardon gibt.« Die letzten Toten des Jahres 1910 waren Caporal Wagmann und Legionär Breval. Sie waren verstümmelt aufgefunden worden, wie die anderen Angehörigen ihres Regiments, die bei Spähtrupps über den Fluß in einen der Hinterhalte geraten waren. Doch der Suchtrupp, der die Toten halb verscharrt auffand, machte eine Besonderheit aus – in den Taschen der Uniformröcke von Wagmann und Breval steckten ihre Gewehrschlösser. Noch im Sterben hatten sie den wichtigsten Teil des Gewehres ausgebaut, um dem Feind keine wertvolle Beute in die Hände fallen zu lassen.

»Nur Legionäre mit guten Nerven halten die Wochen und Monate am Moulouya-Fluß aus«, schrieb Sergeant Hebecker einmal in die Chronik des 2. Regiments. Zu diesem Menschentyp zählte auch Adjudant-chef Müssinger aus Dresden. Nach zwanzig Jahren Legionszeit war er in seine sächsische Heimat zurückgekehrt. Da er das Kasernenleben nicht ganz missen konnte, hatte er sich bei der königlich-sächsischen Armee beworben. Obwohl damals sogar Anti-Legionsbriefmarken gedruckt wurden, wurde Müssinger angenommen und trat im Rang eines Oberfeldwebels seinen Dienst im 2. Bataillon des 5. Infanterieregiments an. Seine Karriere schien gemacht, denn seine neuen Vorgesetzten hatten ihm nur die besten Beurteilungen ausgestellt. Aber nach zehn Monaten war Müssinger spurlos verschwunden, auf gut Deutsch desertiert. Im Fort St. Jean am alten Hafen von Marseille tauchte er wieder auf, und als er sich beim diensthabenden Offizier meldet, sagte er nur: »Ich will wieder ein Kommando am Moulouya-Fluß. Der europäische Militärdienst macht mich gemütskrank.« Als er wieder in Afrika bei seinem alten Haufen war, spendierte er seinen Legionären zwei Faß Wein. Siebzehn Tage danach war er tot. Auch er hatte sein Gewehrschloß in der Tasche.

Die Legionäre am Moulouya-Fluß machten sich keine Gedanken über die politischen Turbulenzen im Sultanat Marokko. Ihr Alltag bestand aus töten und getötet werden; entweder legten sie einen Hinterhalt oder sie gerieten bei ihren Stoßtruppunternehmungen in die Hinterhalte der Harkas. Der auf große Eroberungen bedachte General Lyautey meldete nach Paris: »Eine höchst unbefriedigende Situation.« Da das Kabinett ein eigenmächtiges Vorgehen des ehrgeizigen Generals befürchtete, kam die Rückberufung, versüßt durch die Ernennung zum Armeekommandanten in Rennes. Kurz nach Lyauteys Abreise stürzte im April 1911 Mouley-Hafid seinen Bruder Abdel Asis und prompt marschierten die Bürgerkriegsarmeen zwischen Fez und Rabat gegeneinander auf. In einer Depesche an den französischen Gesandten in Tanger erbat Mouley-Hafid Hilfe von den Franzosen. Und da solche Hilfeersuchen das schönste Alibi für jede Kolonialmacht sind, das eigene Territorium zu vergrößern, marschierten am 11. Mai 1911 französische Kolonialtruppen mit dem 2. Fremdenregiment an der Spitze in Fez ein. Der befehlshabende General Gouroud versicherte der Bevölkerung: »Es handelt sich nur um eine provisorische Maßnahme«, doch aus Berlin kam die Drohung, die ganze marokkanische Frage wieder aufzurollen. Reichskanzler von Bethmann Hollweg forderte von Frankreich die Städte Mogador und Agadir als deutsche Enklaven. Am 1. Juli glitt ein grauer, schlanker, bedrohlich aussehender Schatten in die weite Bucht von Agadir und warf direkt unter der alten Sarazenenfestung Anker. Es war das deutsche Kanonenboot »Panther«. Doch Kaiser Wilhelm II. zeigte sich bald wieder als Realist und beordert das Kanonenboot zurück. Resigniert erklärte er seinem Kanzler: »Die Franzosen sind in Fez. Ziehen wir uns würdig aus der Angelegenheit zurück.«
Frankreich geriet bald in eine neue Marokko-Krise. Am 30. März 1912 hatte der neue Sultan das Protektoratsabkommen unterzeichnet. Kurz danach brach in Fez ein Aufstand aus und die Berberstämme besetzten sämtliche Anhöhen der Umgebung. Ihr Anführer war Sidi Baho, ein erbitterter Gegner der Franzosen. Fez erwies sich für die französische Garnison als Mausefalle. Capitaine O'Craney, ein fast zwei Meter großer Ire, der

nach einigen Umwegen in der russischen und österreichischen Armee zur Legion gekommen war, erkannte die fatale Lage, als er ein Spähtruppunternehmen zu den Gräbern der Meriniden hoch über der Stadt und direkt unter den Kanonen der Berber führte: Die Wälle waren schwach, teilweise sogar schon eingerissen und würden keinem weiteren Beschuß standhalten. Dahinter lag das unentwirrbare, von vereinzelten Minaretts gekrönte Netz der Souks. O'Craney, ein erfahrener Troupier, wußte, daß in diesen schmalen, verwinkelten Gäßchen kein geordneter Straßenkampf geführt werden könnte, denn jeder Häuserblock war eine Festung für sich. General Gouroud bat Paris, abziehen zu dürfen, doch Ministerpräsident Raymond Poincaré ignorierte die Hilferufe aus Fez. Er holte General Lyautey aus Rennes und ernannte ihn zum Generalresidenten in Marokko.

An Bord des Panzerkreuzers »Jules Ferry« landete Lyautey in Casablanca und erreichte zwei Tage später die Außenbezirke von Fez. Capitaine O'Craney hatte mit seinen Legionären einen Weg ausgekundschaftet, der nicht von der Belagerungsarmee gesperrt war. »Nun, wie steht es«, erkundigte sich der Generalresident.

»Fast aussichtslos, mon Général«, antwortete O'Craney. »Einige Stunden später, und wir hätten Sie nicht mehr hereinholen können. Sämtliche Stämme in einem Umkreis von einhundertfünfzig Kilometern sind in Bewegung. Offiziell wird noch immer Optimismus verbreitet. Aber ich habe in den letzten zwei Wochen jeden Tag einen Spähtrupp durchgeführt. Ich weiß, wie der Belagerungsring immer enger wird.«

Am Westtor wartete Gouroud auf Lyautey. Der Generalresident begrüßte ihn kurz: »Mir scheint, die Lage ist wenig günstig.« Mit einem verächtlichen Blick auf Legionsoffizier O'Craney wehrte Gouroud ab: »Keine Rede davon. Wir haben alles unter Kontrolle.«

Mit großer Eskorte wurde Lyautey zum Palast Dar Menehbi geleitet. Während er seine Paradeuniform für die Visite beim Sultan anlegte, bestätigte Oberst Brulard, der Stellvertreter Gllourouds: »Es ist zu spät. Vor ein oder zwei Wochen hätten Sie, mon Général, vielleicht mit Ihren bewährten Methoden der Eingeborenenpolitik noch Erfolg haben können. Jetzt ist es zu spät, viel zu spät.«

Lyautey ließ sich nicht beirren und legte ungerührt seine Paradeuniform an, weiße Hosen, ein dunkelblauer Waffenrock, hohe Reitstiefel und ein wallender Federhut. Auf dem Weg zur Residenz des Sultans waren die orangefarbenen Mündungsfeuer der Kanonen auf den umliegenden Bergen zu sehen. In den Souks fielen Gewehrschüsse. O'Craney berichtete: »Erste Einheiten der Aufständischen stehen schon in der Stadt.«

»Ziehen Sie sich um, mon Capitaine, und kommen Sie mit zum Dinner. Es soll sich um zwanzig Gänge handeln«, antwortete Lyautey kühl.

Fast fünfhundert Personen waren zur Gala gekommen, die bis in die frühen Morgenstunden andauerte. Um sieben Uhr sprach General Lyautey die »Lage« durch: »Nach rein militärischen Gesichtspunkten müßte die Verteidigung außerhalb der Stadt verlegt werden, um von einer befestigten Stellung aus gleichzeitig die Angreifer und die Bevölkerung von

Fez in Schach zu halten. Aber diese Räumung ist unmöglich. Die europäische Kolonie ist über mehrere Stadtviertel verteilt. Außerdem gibt es hier ein Hospital für die Verwundeten. Wir müssen also an Ort und Stelle ausharren.«

Doch die Berichte des »Zweiten Büros« zeichneten ein düsteres Bild: »Es herrscht fieberhafte Unruhe in den Souks. In den Kasernen stecken scherifische Soldaten, die mit den Aufständischen sympathisieren.«

General Lyautey bat die Ulemas zu sich, weil er um ihren Einfluß auf die Bevölkerung wußte. Sie gaben zu: »Die reichen Kaufleute in den Souks wollen auf keinen Fall, daß die armen räuberischen Stämme in die Stadt kommen, denn sie wissen nur zu genau, daß nach einem Massaker unter den Franzosen auch ein Blutbad unter den städtischen Einheimischen folgen wird.« Und die Geistlichen fügten hinzu: »Jetzt ist es zu spät, viel zu spät.«

Da verfiel General Lyautey auf eine Kriegslist. Er befahl den Abzug der Legion. Sie erkämpfte sich den Durchbruch und zehn Stunden später war der Belagerungsring gesprengt. Kaum waren die Legionäre in Richtung Meknes abgezogen, gingen die Berber zum Großangriff über. »Sie dachten, das sei der Anfang vom Ende«, depeschierte Lyautey nach Paris. »Aber jetzt konnten wir unsere Artillerie voll einsetzen. Colonel Mazillier, ein alt erprobter Kolonialsoldat, trieb dann mit seinen Spahis die Reiterei der Berber mit einem Flankenangriff in die Flucht. Die Lage in Fez ist entspannt.«

Bis in den Frühsommer 1914 dauerten die Großoperationen von General Lyautey. »Es gab kaum noch größere Gefechte«, berichtete Capitaine O'Craney, der die Legionsvorhut beim Ausbruch von Fez angeführt hatte. »Lyautey bewegte nur ständig zwölftausend Mann hin und her und schüchterte dadurch die Bevölkerung indirekt ein. Ohne einen Schuß abzugeben, marschierten wir in die geheimnisvolle Stadt Taza ein. Am 16. Juni vereinigten sich die Truppen West- und Ostmarokkos auf der Linie Meknasse, Tahtania und Qued Amelil und General Lyautey nahm eine große Truppenparade ab.«

Unter den Legionären, die wegen besonderer Tapferkeit zum Caporal befördert wurden, befand sich ein drahtiger Legionär mit einem buschigen Schnurrbart, Gerhard Mader aus Stuttgart. Er hatte das Maurerhandwerk gelernt und sich dann zu den Pionieren gemeldet. Der Drill war hart und eintönig. Darüber hinaus wurde Mader vom Feldwebel seines Zuges fortwährend schikaniert. Der Feldwebel teilte ihn zu allen Schmutzarbeiten ein, strich Maders sonntägliche Ausgangsgenehmigung unter fadenscheinigen Vorwänden. An einem Sonntagnachmittag spülte Mader, der sich sonst von den Trinkgelagen der Kompanie fernhielt, in einigen Weinkneipen im Remstaler-Tal seinen Ärger hinunter. Schon etwas schwankend näherte er sich kurz vor dem Zapfenstreich der Kaserne. Plötzlich stand der Feldwebel vor ihm und schrie: »Mader, du besoffene Sau, du kommst in den Bau.« Wortlos ging der Beschimpfte auf ihn zu und umklammerte seine Kehle wie in einem Schraubstock. In dem dürren Pio-

niersoldaten steckten die Kräfte eines Schwergewichtlers. Der sadistische
Drillmeister sackte zusammen. Später sagte Mader: »Ich weiß nicht, ob
der Kerl tatsächlich tot war.« Er rannte zu seinem Bruder, holte sich dort
Zivilkleider und steckte seine Uniform in den Ofen. Der Bruder drängte:
»Scher dich zum Teufel, ehe es hell wird, mußt du weit weg sein.« Heimlich schlich er sich über die Grenze auf schweizerischen Boden. Bei einem
Glas Wein, das er mit seinen letzten Kreuzern bezahlte, traf er in einem
Vorort von Basel auf einen eben abgemusterten Legionär, der ihm den Rat
gab, nach Belfort zu gehen und dort in der alten Zitadelle einen Kontrakt
für den Eintritt in die Légion Étrangere zu unterschreiben. Im Frühjahr
1913 erreichte er Fort St. Jean. Mit ihm in der düsteren Schlafkasematte
lag ein Jüngling, den ganz andere Motive in die Legion verschlagen hatten
– Ernst Jünger. In den »Afrikanischen Spielen« schrieb dieser dreiundzwanzig Jahre später: »Ich stellte mir eine verwegene männliche Gesellschaft vor, deren Symbol das Lagerfeuer, das Element der Flamme: Die
Fremdenlegion.« Doch die Ankunft in Sidi bel Abbes war für Ernst Jünger enttäuschend: »Ich hatte gedacht, daß wir hier in Zelten wohnen würden, allein zu meiner Enttäuschung zogen wir in eine graue Kaserne ein.«
Bereits nach wenigen Wochen holte der Vater den erst sechzehnjährigen
Ernst Jünger wieder ab. Mader kam zum 2. Fremdenregiment in Marokko
und erwarb sich rasch den Ruf eines draufgängerischen Spähtruppführers.
Seine Gruppe war es, die als erste über einen stinkenden Abwasserkanal
und über die Tümpel der Gerberinnung mit ihrem grünlichen Kloaken-
wasser in die heilige Stadt Taza eingedrungen war.

Draußen in den Wadis und Oasen südlich des Qued Amelil erfuhren die
Legionäre wenig über die Ereignisse in Europa. Am 30. Juli 1914 erhielt
der inzwischen zum Marschall von Frankreich beförderte Lyautey in seinem Palast Dar Nenehbi von Kriegsminister Messimy den Befehl, alle
Vorposten im Süden zu räumen. Nur Fez und Meknes im Innern des Landes sollten gehalten werden. Zu verteidigen sei »Grenz-Marokko«. Fast
alle Truppen erhielten die Order, nach Frankreich abzuziehen. Kriegsminister Messimy schloß: »Die Marokkofrage wird am Rhein gelöst.« Marschall Lyautey verabschiedete elftausend seiner fünfzehntausend Mann
am Kai von Casablanca, wo die Truppentransporter warteten. Unter seinem Kommando blieben zurück einige Spahi-Schwadronen, zwei Artille-
rie-Bataillone mit veralteten Haubitzen sowie das 2. Fremdenregiment,
das zum größten Teil aus Deutschen und Österreichern bestand. Den ersten Teil des Befehls ignoriert der Marschall – er räumt trotz des Truppen-
abzugs nicht die Territorien im Süden. Trotz seines Rangs als Marschall
von Frankreich wußte der Generalresident in den Prachträumen des Pala-
stes von Fez, daß er mit diesem eigenmächtigen Vorgehen das Kriegsgericht riskierte. Lyautey schätzte jedoch die Situation richtig ein. Mit der
marokkanischen Mentalität hatte er inzwischen genügend Erfahrungen
gemacht. Er wußte, daß die Berberstämme auf Halbheiten sofort reagieren. Entweder die Truppen blieben oder sie würden sich ganz nach Casa-

blanca zurückziehen. Träten sie den Rückzug an, müßten die Stämme, die sich unter das französische Protektorat gestellt hatten, mit grausamer Vergeltung rechnen. Lyautey erläuterte seinen Stabsoffizieren: »Wenn wir jetzt strategisch wichtige Punkte freiwillig aufgeben, müssen wir sie irgendwann unter blutigen Verlusten wieder zurückerobern. Aber das wichtigste ist, wir verlören unser Gesicht. Das wäre das Signal für einen großen Aufstand in ganz Nordafrika.«

Bereits in den ersten Monaten des Ersten Weltkrieges wurden die Prognosen des Marschalls bestätigt: Deutsche Agenten hatten sich zu den Aufständischenführern Chengutti und Abd el-Malek durchgeschlagen. Auf Fischkuttern kamen Gewehre und Maschinengewehre. Als sich die Nachrichten von gesprengten Eisenbahnen, gefällten Telegrafenmasten, durchschnittenen Drähten und verminten Straßen häuften, sah sich Lyautey bestätigt: »Hätten wir uns auf nur einige Brückenköpfe zurückgezogen, wären wir längst vernichtet.«

In erbitterten Gefechten hielten die »Berittenen Kompanien« der Legion die Forts im Mittleren-Atlas: Sidi Abdel Khaman, Araba de Thala, El Herri und Khenifra. Der zum Chef de Bataillon avancierte O'Craney, den die Schlachtfelder an der Marne und an der Somme nicht lockten, gestand ein: »Immer häufiger verlieren wir Gefechte. Wir haben es mit Kämpfern zu tun, die jeden Pfad in den Bergen kennen, die wie Besessene kämpfen und die wie echte Affen über die scheinbar unüberwindlichen Steilhänge herunterkommen.« Nicht weniger blutig waren die Scharmützel in den Oasen mit ihren hochragenden Ksars, den aus Schilfgras zusammengefügten Hecken, den unzähligen Bewässerungsgräben und den fast mannshohen Lehmmauern in den Gärten. O'Craney wurde bei einem nächtlichen Überfall der Berber auf die Oase Gaouz im November 1914 durch Dolchstöße getötet. Bei diesem Überfall war die Schützenlinie der Legion schon auseinandergebrochen, als ein Sandsturm niederprasselte, in dessen Schutz sich die Überlebenden auf den Posten von Tighmart zurückziehen können. Zurück blieben in den Wassergräben siebenundvierzig Tote. Neunzehn Legionäre verirrten sich im Sandsturm.

Für den Einsatz an der europäischen Westfront wurde bereits im August das 3. Marschregiment der Legion aufgestellt. Zu den wenigen Deutschen, die genommen wurden, zählte der zum Sergeant avancierte Mader. Er wußte nicht, daß er im Frühjahr 1916 am »Pfefferrücken« am Chaffour-Wald beim berühmten Fort Douamont dem Stoßtruppführer Leutnant Ernst Jünger, dem ehemaligen Bettnachbarn von Fort St. Jean, gegenüberliegen würde. Mader, der einstige Pionier aus Stuttgart, wurde zum Ritter der Ehrenlegion ernannt. Ernst Jünger erhielt als jüngster Frontoffizier den Pour le Mérite.

Grabenkrieg

Albert von Tscharner war Ende Juni 1914 nach Paris zu einem Bildungs-
urlaub gereist. Der hünenhafte Berner hatte sich in einer kleinen Pension
am Montparnasse eingemietet, wo vor allem Maler und Schriftsteller
wohnten. Sie kamen aus dem ganzen alten Europa, aus Petersburg und
Wien, aus Stockholm und Berlin, aus Rom und Madrid. Jeder hoffte auf
seine Entdeckung. Bis weit nach Mitternacht wurde in der schäbigen
Empfangshalle mit ihren durchgetretenen Teppichen, abgewetzten Ses-
seln und den mit Weinflecken übersäten Tischen aus Gedichten und Ro-
mankapiteln vorgelesen. Maler leiteten aus den Strichen ihrer expressioni-
stischen oder abstrakten Bilder philosophische Thesen ab. Tscharner gehörte bald zur Runde der Pensionsgäste, die hier von der trüben Hoffnung auf Ruhm existierten. Die Tatsache, daß er einige Runden Rotwein –
und den nicht von der billigsten Sorte – spendierte, beförderte ihn beinahe
zum Mäzen. »Schlimm wurde es nur«, erinnerte sich Tscharner, »wenn
meine Genies im beginnenden Vollrausch verlangten, ich solle ihnen
ebenfalls meine Lyrik oder aus meinem Roman vorlesen. Ich konnte ihnen doch schlecht sagen, daß ich Instruktor bei der schweizerischen Armee im Range eines Hauptmanns war. Wenn sie nicht zu ihren geistigen
Höhenflügen ansetzten, gaben sie sich als rabiate Pazifisten. Die meisten
hatten sich in ihren Heimatländern vor dem Militärdienst gedrückt. Um
mir nicht die Gunst dieser Träumer und verkannten Genies zu verscher-
zen, wehrte ich den Auftritt mit dem vieldeutigen Hinweis ab, ich sei so
etwas wie ein Privatgelehrter.«

Drei Wochen verbrachte Tscharner im Louvre, bewunderte als Pionier
den Eiffelturm und seine kunstvollen Stahlverstrebungen, genoß, wie er
nach Bern schrieb, die Champs-Elysées. Als er am 1. August in einer kleinen Bar auf dem Prachtboulevard einen Ricard als Apéritif vor dem Mittagessen trank, waren die Gehsteige plötzlich voll von Zeitungsverkäu-
fern mit Extrablättern, die alle nur eine Schlagzeile hatten: »Der deutsche
Kaiser hat den Krieg erklärt.«

Wie gelähmt blieb Tscharner vor seinem Glas sitzen. Draußen bildeten
sich diskutierende Gruppen, die Marseillaise wurde gesungen und an den

Häusern wurde die Trikolore gehißt. Tscharner hatte keinen Appetit mehr. Er ging zum nächsten Postamt, schickte ein Telegramm an das Eidgenössische Militärdepartement in Bern und bat um weiteren unbezahlten Urlaub. Am Nachmittag sprach er im französischen Kriegsministerium vor. Der Kabinettschef des Ministers bot Tscharner einen Cognac an und zeigte sich entzückt: »Wir werden ein neues Fremdenregiment aufstellen, das 3. Marschregiment. Selbstverständlich werden Sie mit Ihrem bisherigen Rang als Capitaine übernommen.«

Die Gäste seiner Pension, in der er wohnte, saßen bedrückt und schweigend im Foyer. Selbst der besonnene Tscharner trank an diesem Abend mehr als sonst. Nicht, daß er Furcht vor dem Krieg hatte, denn wie grauenvoll dieser Krieg werden sollte, konnte er damals nicht wissen. Für ihn existierte ein anderes Problem: »Für mich gab es nur eines – ich wollte dabei sein«, doch das war mit Schwierigkeiten verbunden. Seit 1848 war den Schweizern aller Kantone der Kriegsdienst in anderen Armeen verboten worden. Einzige Ausnahme: Die Schweizer Garde des Papstes.

Seit dem ausgehenden Mittelalter hatte die kleine Schweiz den Armeen Europas siebenhundert Generale, sechsundsechzigtausend Offiziere und zwei Millionen Soldaten geliefert. Auch die Tscharners hatten seit dem 16. Jahrhundert zu den Soldoffizieren in fremden Diensten gehört und sich abwechselnd bei den Regimentern Frankreichs, Hollands, Sardiniens und Österreichs verdingt. Tscharners Vater Karl-Albert hatte für sich eine Ausnahmegenehmigung des Verbots von 1848 erwirkt und dann bis zu seiner Pensionierung als Oberst beim Infanterie-Regiment Nr. 11 »Wallis« gedient. Bereits am 3. August war Antwort aus Bern eingetroffen: Antrag genehmigt.

Tscharner fuhr hinaus nach Neuilly, wo das 3. Marschregiment der Legion aufgestellt werden sollte. Schon am nächsten Tag wollte er umkehren. In sein Tagebuch schrieb er: »Die Kaserne war seit Jahren nicht mehr bewohnt. Sie ist praktisch eine Ruine, das Dach löchrig, die Fenster fehlen. Zum Glück herrscht heißes Sommerwetter. Was sich auf dem Kasernenhof abspielt, ist das totale militärische Chaos.« Bis zum Eintreffen der Bataillone aus Afrika unterstand die Kaserne einem Gendarmerieoberst und die Unteroffiziere kamen von der Pariser Feuerwehr. »Brave Burschen«, gab Tscharner zu. »Doch mit den Zugelaufenen aus ganz Europa, die im Fremdenregiment dienen wollten, wurden sie einfach nicht fertig. Was sich da gemeldet hatte, waren keine Soldaten, sondern Schwärmer, die sich ihrem zweiten Heimatland verpflichtet fühlten« – Künstler und Studenten, Geschäftsleute und Handwerksburschen auf der Walz. Die meisten von ihnen hatten noch nie ein Gewehr in der Hand gehabt, fast keiner kannte die militärischen Kommandos. Viele waren auch in das Fremdenregiment geflüchtet, um der Internierung zu entgehen, die allen Ausländern drohte. Capitaine Tscharner hatte das schnell erkannt: »Natürlich versuchte einiges Gesindel Zuflucht zu finden, doch durch seine Disziplinlosigkeit fiel es rasch auf. Wir verjagten dieses Gelichter. Trotzdem waren wir weit entfernt davon, eine militärische Einsatztruppe zu bilden.«

Die Wende kam erst, als die zwei Bataillone aus Sidi bel Abbes kamen, verwegene Gestalten, mit von der Sahara ausgedörrten Gesichtern. Kommandiert wurden sie von Colonel Rollet, der sich in den Reihen der »Berittenen Kompanien« der Legion emporgedient hatte. Rollet war bekannt für seine exzentrische Art. In Reuilly weigerte er sich, wie in den folgenden vier Jahren auch, die Frontuniform mit dem Poilou-Helm anzuziehen. Er trug weiter sein Sahara-Képi und eine weiße Uniformbluse ohne Unterhemd. Wenn die Winterschneeregen einsetzten, holte Rollet nur eine Wolldecke der Nomanden der Sahara heraus. Das reichte ihm. Die Legions-Annalen versuchen zwar Rollet zu verklären, doch kann nichts darüber hinwegtäuschen, daß er als Soldat eher Mittelmaß war. Den Legionären allerdings gefiel es, daß ihr Kommandeur, der, wie sie wußten, mit einer schlechten Note in St. Cyr abgeschlossen hatte, für sie immer einen jovialen Scherz parat hatte. Menschenverachtung und ein merkwürdiges Vatergefühl bestimmten Colonel Rollets Verhältnis zur Legion. Nach Kriegsende schuf er die ersten Sozialdienste der Legion. Im Gefecht handelte er stets nach der törichten und doch von Legionsgenerationen kolportierten Spruchweisheit von General Négrier: »Ihr seid Legionäre. Ihr seid für den Tod bestimmt. Ich werde Euch dorthin führen.«

Colonel Rollets mächtige Baßstimme brachte rasch eine erste Ordnung in die Kaserne von Reuilly. Mit ihm waren der damalige Sergeant Mader und einige Dutzend altgedienter Caporale gekommen. Wenn auch Paris es offiziell untersagt hatte, Deutsche, Österreicher, und Bulgaren aus dem 3. Fremdenregiment zuzuführen, so kamen jedoch die meisten Unteroffiziere aus den Staaten der Mittelmächte. Als das Kriegsministerium diese Tatsache monierte, antwortete Colonel Rollet herablassend: »Mit den zivilen Freiwilligen läßt sich gewiß ein schöner Jahrmarkt veranstalten. Nur ohne die echten Legionäre können wir mit ihnen keinen Krieg führen.« Sogar gegen die Marschälle Foch und Pétain muckte Rollet auf, wenn Kritik aus dem Hauptquartier über die oft unorthodoxen Methoden des Legionregiments kamen. So hatte Marschall Pétain einmal das Verhalten einer Legionskompanie gerügt, die im Kampfabschnitt »Kalte Erde« vor Verdun Januar 1917 lag. Die Legionäre waren bei einem verstärkten Stoßtrupp zufällig in einem deutschen Unterstand auf fränkische Bratwürste und einige Kisten Bier, Würzburger Hofbräu, gestoßen. Der Auftrag hatte gelautet: Erkundung des Abschnitts und sofortiger Rückzug. Die Legionäre jedoch holten sich aus den Verstrebungen einige Balken, rösteten die Bratwürste am Feuer und leerten die Bierflaschen. Danach schliefen sie sich erst einmal aus. Zwei Legionäre, die die kürzeste Dienstzeit aufwiesen, mußten Wache halten. Erst vierundzwanzig Stunden nach der angeordneten Rückkehr waren sie wieder bei den eigenen Linien eingetroffen. Marschall Pétains Stab forderte strenge Disziplinarmaßnahmen, doch Rollets Antwort an das Stabsquartier lautete: »Weil die Legionäre vierundzwanzig Stunden länger als vorgesehen im Feindesland ausgeharrt haben, habe ich ihnen einen vierundzwanzigstündigen Etappenurlaub gegeben.«

Auch der britische Oberbefehlshaber in Flandern, Douglas Earl of Haig, hatte am Sahara-Aufzug des Legions-Colonels, an seinem zerknautschten Képi, der kurzen Leinenhose und den Schnürstiefeln aus Eselsleder Anstoß genommen, weil Rollet während eines Galadiners in diesem unkonventionellen Aufzug erschienen war. Der auf Etikette bedachte Engländer beschwerte sich bei seinem Tischnachbarn Pétain: »Einer Ihrer Leute sieht wie ein Strauchdieb aus.« Der Marschall murmelte etwas von den Eigenarten der Legion. Danach erfolgte allerdings die Anordnung, Colonel Rollet sei erst dann wieder zu gesellschaftlichen Veranstaltungen einzuladen, wenn er die vorschriftsmäßige Uniform trage. Rollet gab zurück: »Gut essen und saufen kann ich auch mit meinen Legionären. Dazu brauche ich nicht die britischen Lackaffen.«

Der aus einer respektablen Söldnerfamilie kommende Capitaine Tscharner war dem Enfant terrible Rollet sofort aufgefallen. Ihm vertraute er die 1. Kompanie an. Vier Wochen danach war der schweizerische Instruktionsoffizier nahe daran, sich nach der Ordnung der Kasernen seiner Heimat zu sehnen. »Zu gegensätzliche Soldaten werden hier zusammengewürfelt«, klagte Tscharner. »Die Legionäre aus Afrika sind von einer Härte und Brutalität, die unter europäischen Soldaten ihresgleichen sucht. Die anderen Angehörigen meiner Kompanie sind Schöngeister und Schwärmer mit einem Hang zum Chaos. Kürzlich mußte ich dazwischen gehen, weil einer der Caporale schon am ersten Tag einen ehemaligen Bildhauer beinahe zu Tode geprügelt hätte. Augenzeugen konnten allerdings bestätigen, daß der Caporal zunächst mit größter Geduld das Auseinandernehmen des Gewehrs beschrieben hatte. Nach fünf Stunden setzte der Rekrut die Flinte immer noch falsch zusammen.« In seiner Schreibstube befragte Tscharner den Geprügelten, warum er diese einfachen Handgriffe nicht hatte lernen können. Der Künstler bekannte: »Was sollte das Gewehr. Ich hatte neue Einfälle für eine ›Trilogie der Leidenden‹.« Der Caporal, der seine dreiundzwanzig Dienstjahre auf dem Buckel hatte, hörte dem Verhör in strammer Haltung zu. Als sich der Bildhauer mit der Andeutung eines militärischen Grußes verabschiedet hatte, sagte er: »Mon Capitaine, der Kerl gehört in die Irrenanstalt und nicht in ein Regiment der Legion.« Gegen Ende des Krieges kämpften dann auch nur noch die Legionäre aus Afrika, die Enthusiasten der ersten Stunde waren entweder gefallen oder in ihre Heimat zurückgekehrt.

Die Kompanie von Capitaine Tscharner war recht bunt zusammengesetzt, sodaß die Ausbilder, Sergeant Mader und seine Caporale, eiserne Legionsdisziplin durchsetzen mußten. »Sie sind praktisch rund um die Uhr im Dienst«, bekannte Tscharner, »und kommen mit zwei bis drei Stunden Schlaf aus. Manchmal sitzen sie bei einem Becher Rotwein zusammen oder lassen eine Cognacflasche kreisen, doch wird dabei ein Gepäckmarsch besprochen oder Scharfschießen angesetzt. Diese Legionäre aus der Sahara sind Besessene. Sie sind wie Spürhunde, darauf ausgerichtet, einen Gegner in kürzester Zeit auszuschalten.«

Rasch Anschluß an die »Afrikaner« fand ein kräftiger Russe, der sich unter dem Namen Rassulow eintragen ließ. Über seine Vergangenheit hatte er sich eisern ausgeschwiegen, doch immerhin wurde bei den nächtlichen Alkoholgelagen bekannt, daß er zunächst Rekrut in der zaristischen Armee gewesen war, sich dann zu den Bolschewiken abgesetzt hatte, als Deserteur gejagt wurde und über Konstantinopel nach Frankreich gekommen war. Rassulow avancierte rasch zum Sergeanten. Tscharner: »Er ging stoisch ins Feuer. Manchmal schien es, als riskiere er bewußt sein Leben, wolle es einfach wegwerfen. Etappenurlaub nahm er nie. Aus Mädchen machte er sich nichts. Nur manchmal trank er eine Flasche Fusel auf einen Sitz aus, war danach jedoch nie betrunken. Den meisten in der Kompanie war der schweigende Russe unheimlich. Nur bei Angriffen stieß er ganze Litaneien von russischen Schimpfworten aus, die, wie andere Russen sagten, meistens sehr obszön sind.« Aus dem Legionssergeanten Rassulow wurde nach 1918 ein Leutnant der »Roten Armee« unter Lenin und Trotzki. Chruschtschow machte ihn dann zu seinem Verteidigungsminister. Es war der spätere Marschall der Sowjetunion, Rodion Jakowlewitsch Malinowski.

In der gleichen Stube wie Rassulow hausten ein farbiger Amerikaner namens Cole Porter; ein schmächtiger, hochgeschossener Amerikaner, Alan Seeger, der in die Berufsrubrik »Poet« eingetragen hatte und ein Schweizer, Frédéric Sauser, der unter dem Namen Blaise Cendrars in die Literaturgeschichte einging.

»Cole Porter ließen sogar die Altgedienten aus Sidi in Ruhe«, schrieb Tscharner in seinen Erinnerungen an die Kaserne Reuilly. »Er war sportlich, ein vorzüglicher Schütze. Nur um den Formaldienst drückte er sich mit den unmöglichsten Ausreden. Der sonst so harte Mader ließ sie ihm durchgehen. Am Abend holte Cole Porter eine Gitarre hervor, die er irgendwo hatte mitgehen lassen. Dann sang er Blues vom Mississippi oder Eigenkompositionen, meistens sehr heitere Weisen. Plötzlich gab es keinen Unterschied mehr zwischen den ›Afrikanern‹ und den ›Zivilen‹. Alle klatschten mit im Rhythmus von Cole Porter.« Die Kasernenabende waren für Cole Porter die ersten Auftritte als Komponist. Der musische Capitaine Tscharner erkannte: »Das war ein ganz neuer musikalischer Ton, nicht mehr Operette.« Er konnte nicht ahnen, daß sein Legionär Cole Porter der Mitbegründer einer ganz neuen Form des Musiktheaters, des Musicals, werden sollte. Seine »Westside Story« oder »Kiss me Kate« kamen vom Broadway bis in das kleinste Provinztheater, seine Melodien fehlten in kaum einem Sonntagskonzert. Tscharner machte Cole Porter zum Kompanietrompeter: »In dieser Funktion war der Musikus immer für eine Überraschung gut. War er schlecht gelaunt, blies er möglichst schrill und rasch den Zapfenstreich runter. Hatte er gute Stimmung, blies er die schönsten Melodien, die auch die müdesten und pessimistischsten Legionäre wieder munter machten. Um zehn Uhr war Zapfenstreich. Es konnte vorkommen, daß Cole Porter erst um Mitternacht aufhörte. Zwischendurch holte er immer wieder seine Gitarre hervor. Dann führte er seine neuesten Kompositionen vor, Rhythmen, die sofort ins Blut gingen. Und die anderen Legionäre klatschten dazu. Jeder vergaß dann, daß an den Fronten die Entscheidungsschlacht begonnen hatte. Cole Porter ließ die Zeit vergessen. Er war ein Zauberer der Melodie.« Tscharner hat nie eines der berühmten Musicals Cole Porters gesehen. Nach 1918 hatte er seine Beurlaubung verlängern lassen und war an die Süd-Marokko-Front gekommen. Sein Bataillon zeichnete sich in der Schlacht von El-Himeimat aus, die den französischen Truppen den Weg über den Hohen Atlas ebnete. Neunzehnhundertdreiunddreißig zitierte Bern den zum Oberstleutnant beförderten Tscharner zurück. Vor der Abreise verlieh ihm General Rollet das Großkreuz der Ehrenlegion. Siebenmal war Tscharner verwundet worden, an sechs Feldzügen hatte er teilgenommen und elfmal wurde er im Armeebericht erwähnt. Neunzehnhundertachtundvierzig starb Tscharner als Oberst der schweizerischen Armee. Ein Jahr danach wurde in Zürich das erste Musical von Cole Porter aufgeführt.

Korrekt, beinahe stur versah der Legionär Sauser seinen Dienst. Die Caporale der Ausbildungskompanie sahen nur mit einiger Verwunderung, daß er in den wenigen Pausen der Übungen nicht verschnaufte, sondern sofort Papierzettel herausholte und zu schreiben begann. Bald stellt es sich heraus, daß es keine Notizen waren, sondern lange Gedichte, Elegien über die heimatliche schweizerische Gebirgswelt. Tscharner rätselte über seinen Landsmann: »Auf den ersten Blick sieht Sauser aus wie der Türsteher in einem finsteren Nachtlokal. Ein Schlägertyp. Es gibt Anhaltspunkte, daß er einige Zeit als Zuhälter auf dem Montmartre gelebt hat. Seine Ausdrucksweise ist oft obszön. Er verschafft sich mit Schlägereien auch unter den ›Afrikanern‹ Respekt. Wenn man sich aber mit ihm unterhält, und er nüchtern ist, hat man es mit einem hochgebildeten Mann zu tun. Er kennt die Klassiker und die modernen Autoren. In seinem Marschgepäck führt er die bis dahin erschienenen Bände von Marcel Proust's ›Auf der Suche nach der verlorenen Zeit‹ mit sich, vollgeschrieben mit Anmerkungen. Ganz offensichtlich hat sie Sauser mehrmals gelesen.« Versuche Tscharners, mit dem literarischen Landsmann ins Gespräch zu kommen, scheiterten: »Mich interessiert nur mein Dienstplan, mon Capitaine.«

Mitte September kam weiterer Nachschub nach Reuilly: Ein Bataillon Italiener, das den Namen »Garibaldi« annahm und dann wurde, abweichend von der bisherigen Legionspraxis, wieder eine Nationalitätenkompanie jeweils mit Polen, Tschechen und Griechen aufgestellt.

Erste Frontstation des 3. Marschregiments war der Argonnerwald, ein undurchdringliches Waldgebiet, mit sumpfigen Tälern und stacheligem Unterholz. Kaum zehn Meter reichte die Sicht. Den an die Berge der algerischen Kabylei gewöhnten Legionären gefiel der sogenannte »Teufelswald«. Sie machten bald Schneisen aus und robbten sich bis an die Schützengräben der Deutschen heran.

Den deutschen Infanteristen in der ersten Linie erschien es wie eine Halluzination, wenn sie von den gegnerischen Gräben deutsche Laute hörten oder abends »Am Brunnen vor dem Tore« oder »Ännchen von Tharau« herüberscholl. Nicht nur das Liedgut irritierte die deutschen Landser. Sie sahen sich einem Feind gegenüber, der Sümpfe und Unterholz perfekt ausnutzte, plötzlich im Unterstand auftauchte und mit einer Feuergarbe die ganze Besatzung niederschoß. Wer sich noch rührte, bekam einen Schnitt durch die Kehle. Bald setzten die Legionäre eine weitere Spezialität ein, die sie beim Kampf um die Berberfestungen entwickelt hatten: Flugminen, die in Sekunden ganze Gräben in Rauchwolken aufgehen ließen. Nur zwei Monate hatten die Legionäre im Argonnerwald gelegen. Nach ihrem Abzug bestanden die buschigen Buchen und Eichen nur noch aus zersplitterten Baumstrünken.

Etwas neues hatten die Legionäre lernen müssen. »Eingraben« hatte nie auf dem Ausbildungsplan der Legion gestanden – mehr als Schützenlöcher oder Stollen für unterirdische Minen hatten sie nie gegraben. Doch jetzt hatten sie sich unterirdischen Angriffsgräben, Sappenangriffen und Stoßtruppunternehmen anpassen müssen. Bereits im Argonnerwald sahen sie sich dem Zwang gegenüber, ihre ersten provisorischen Unterkünfte zu einem zusammenhängenden Grabensystem zu verbinden, doch an das Improvisieren waren sie gewöhnt. Nach zwei Wochen konnte Capitaine Tscharner Colonel Rollet melden: »Die Gräben fallen nicht mehr beim ersten Artilleriebeschuß zusammen. Sie sind mit Bohlen abgestützt. Die Unterstände schützen schwere Bretter. Ein eigener Pionierzug mit ehemaligen Zimmerleuten und Maurern wurde zusammengestellt. Einige Gräben sind zwanzig Meter tief. Auch schwere Artillerie kann sie nur bei einem Direkttreffer zerstören. Auf die Frontlagen stellten sich die Legionäre sofort ein.« Tscharner machte trotzdem eine gewisse Verunsicherung bei den Profis aus Afrika aus: »Sie waren übersichtliche Fronten gewohnt. Jetzt waren sie nur noch ein winziges Mosaiksteinchen inmitten einer gigantischen Militärmaschinerie.«

Bereits auf der Fahrt zur Front hatten sie gesehen, wie Division auf Division aufmarschiert war. Die zweitausenddreihundertfünfundvierzig Mann des 3. Fremdenregiments waren auf der »Großen Lage« von Marschall Joseph Joffre noch nicht einmal verzeichnet, der zu Beginn des Jahres 1915 über 2,1 Millionen Soldaten kommandierte. Sein Gegenspieler, der deutsche Generalstabschef Erich von Falkenhayn, hatte ebensoviele Mann unter seinem Befehl. Vom Kanal bis zur Schweizer Grenze hatten sich mehr als vier Millionen Soldaten eingegraben, das größte Aufgebot in der Kriegsgeschichte. Zwischen diesen Truppenmassen bewegte sich das frustierte Legionsregiment, unzufrieden, wütend auf das starre Grabensystem, denn sie kannten bis dahin nur den Überraschungsangriff. Beim Abzug aus dem Argonnerwald kam der Zug des zum Adjudant-chef beförderten Mader an einem deutschen Graben vorbei, den er vor sieben Wochen erobert hatte. Totenköpfe schauten aus den feldgrauen Uniformen. Einige Legionäre nahmen sie als Souvenir mit.

An der mühseligen Strategie der Verschanzungen wollte Marschall Joffre nicht festhalten. Im Frühjahr 1915 häuften sich in seinem Hauptquartier die günstigen Nachrichten: Die Österreicher hatten in Galizien schwere Niederlagen einstecken müssen und berühmte Regimenter wie das 4. Infanterieregiment »Hoch- und Deutschmeister« oder das der Tiroler »Kaiserjäger« waren mit knapper Kompaniestärke aus den Vernichtungsschlachten von Gorlice, Rowno und Wilna zurückgekehrt. Die Oberste Heeresleitung mußte Verbände aus der Westfront zur Verstärkung der verbündeten k.u.k. Armee abziehen. Marschall Joffre sah in seinem Hauptquartier in Chantilly die Chance eines tiefen Durchbruchs. General Foch, sein Nachfolger, schwärmte in einer Denkschrift bereits von einem »möglichen Marsch zum Rhein«. Foch prägte auch die Parole: »Es reicht, wenn wir die Front der Deutschen auf einer Breite von zwanzig Kilometern aufbrechen. Dann haben wir sie aus den Angeln gehoben.«

Als schwächsten Punkt des gegnerischen Grabensystems hatten die Alliierten den Höhenzug von Vimy, in der Nähe von Arras, ausgemacht. Zu erobern waren die Höhen 132 und 140, kahle Erhebungen aus Kalkstein, gesichert durch Dutzende von Stacheldrahtverhauen und Sperren aus Laufgräben mit Maschinengewehren. Aus Chantilly kam der Befehl: Die Legion nach vorne. An der anvisierten Durchbruchstelle marschierte das 33. Korps auf. Hinter der Legion rückte die 3. Marokkanische Division in die Sturmgräben. Der mit den Praktiken des Gebirgskrieges vertraute Tscharner äußerte in seinem Tagebuch einige Zweifel über den Sachverstand des Stabs von Marschall Joffre: »Die Hügel waren kaum höher als hundert Meter. Aber sie bildeten einen natürlichen Riegel. Auch wenn die Höhen geringer besetzt waren, mußte ein Durchbruch ungleich mehr Schwierigkeiten machen, als ein Überraschungsangriff in der Ebene.«

Optimistischer reagierten die Legionäre aus Algerien und Marokko. Sie waren bei Stoßtrupps gegen die Festungen der Kabylen und Berber auf über tausend Meter hohen Bergen dabei gewesen. Die gegenüberliegenden Buckel erschienen ihnen wie sanfte Anhöhen für einen Sonntagsausflug. Außerdem hatten sie die Bereitstellung der Artillerie gesehen. Bei ihren nordafrikanischen Belagerungen waren höchstens sechs bis zehn veraltete Haubitzen zum Einsatz gekommen, die mehr Krach machten, als daß sie Zerstörung anrichteten. Im Halbkreis um die Höhen 132 und 140 dagegen wurden siebenhundertachtzig Feldgeschütze (mit fünfhundert Schuß pro Kanone) in Stellung gebracht, weiter dreihundertundsieben schwere Geschütze und einhundertneununddreißig Achtundfünfziger Mörser.

Leichter Nieselregen ging am 9. Mai 1915 nieder. Seit Tagen hatten die Aufklärungsflieger nicht mehr starten können. Trotzdem trommelte die Artillerie seit dem 3. Mai auf die zwei strategischen Höhenzüge. Sie verschwanden hinter einer ständigen schwarzen Wolke, die sich in den Nebelschleiern verlor. Tscharner: »Die Legionäre wollten nicht mehr schlafen. Sie beobachteten das Schauspiel der Detonationen. Apathisch standen die regulären Regimenter in den Gräben. Sie dösten vor sich hin. Von den Legionären wurde jedes Sperrfeuer genau registriert, die Länge des Feuervorhangs, wie lange der Splitterregen über den Höhen blieb. Stunden vor dem Angriff machten sie die günstigsten Trassen zu den Hügeln aus!« Die Legionäre waren von dem Flächenfeuer fasziniert. Sie sahen aber auch als geübte Kämpfer, daß die Feuerwände meistens über die gegnerischen Gräben hinwegfegten. Sie konnten nicht die Freudenbekundungen der Befehlsstände in der Etappe teilen, die der Ansicht waren, daß die französische Artillerie die feindlichen Stellungen zermalmt hätte. Noch während des Trommelfeuers ging Sergeant Mader mit einem Spähtrupp nach vorne, bis an die ersten Stacheldrahtsysteme der Deutschen. Einige Durchbrüche machte er aus, hörte aber aus den nahen Gräben in den kurzen Pausen des Geschützfeuers Befehle, Lachen, das Klirren von Blechgeschirren. Der sonst so wortkarge Mader meldete dem Capitaine Tscharner: »Das wird kein Spaziergang. Die dort drüben sind noch sehr lebendig. Die Artillerie hat sie keineswegs unter einer Lehmflut begraben. Die meisten Unterstandssysteme sind noch intakt.«

Genau um fünf Uhr morgens ertönten die Signale der Hornisten. Zuerst kletterten die Bataillone der Legion aus dem Graben. Gehemmt durch das schwere Schanzzeug und die Marschausrüstung kamen die Legionäre nur langsam voran. Mißtrauisch sahen sie sich um. Das Gegenfeuer der Deutschen hatte noch nicht eingesetzt. In weniger als einer Viertelstunde war das Niemandsland durchquert. Dann kamen die ersten Stacheldrahthindernisse. Sie waren nur teilweise von Granaten zerfetzt. Die Afrikaner unter den Legionären suchten die kleinen Schneisen aus, signalisierten die verlassenen Unterstände. Sie waren kaum noch zu erkennen. Durch Schlammwasser hatten sie sich gerobbt, an rostigem Stacheldraht verletzt. Das Blut sickerte über vom Lehm verschmierte Gesichter. Jetzt setzte das Knattern der deutschen Maschinengewehre ein. Aus den deutschen Gräben kam der erste Gegenangriff. Es waren ebenso verwegene Typen wie die Legionäre, die auch von der Schußwaffe kaum Gebrauch machten und den Feind mit dem Bajonett niedermetzelten. Sachverständig vermeldete Sergeant Mader: »Ihre Seitengewehre haben einen tieferen Stich. Unsere Berbermesser wirken schneller. Sie sind unauffälliger anwendbar.«

Die Legionäre stellten sich sofort auf die veränderte Situation ein. Im offiziellen Report legte Capitaine Tscharner nieder: »Die regulären Bataillone gingen hundert bis zweihundert Meter zurück. Dann gingen die Spähtrupps der Legion vor und erkundeten jene Stellen, die das Trommelfeuer tatsächlich in eine Lehmfläche mit trüben Wasserlachen verwandelt hatte. Manchmal ragten noch Bajonette heraus.« Als der Fuß der Höhen 132 und 140 erreicht war, lief alles in wenigen Minuten ab. Die Legionäre legten Minen. Zwei Stoßtrupps griffen von hinten an. Wie in der Kabylei kämpften sich die Legionäre durch die Gräben. Sie fluchten auf deutsch und schnitten den Gegnern professionell die Kehlen durch. Erst der Regimentspfarrer Abbé Gas beendete das Blutbad. Danach mußte er sich erbrechen. Bis zu den Knien stand er in einem mit Wasser und Blut gefüllten Granattrichter. Sofort hatten sich die afrikanischen Legionäre wieder ein-

gegraben, die alten Unterstände okkupiert. In der zweiten Linie rückten die Garibaldianer, die Tschechen, Polen und Griechen vor. Sie kamen wie zu einer Parade und führten ihre Nationalflaggen vor sich her. Als sie aus der Flanke von einem Maschinengewehrhagel empfangen wurden, zogen sie sich sofort wieder zurück. Auf den Höhen von Vimy war alles ruhig. Sie schienen geräumt. Nur vier Kilometer waren es noch bis zum flachen Gipfel. Die Gruppe Mader suchte zwischen Regenpfützen, rutschigen Kreidefelsen, halb zerstörten Stacheldrahtverhauen und geborstenen vorgeschobenen Unterständen den direkten Weg zur Anhöhe. Gegen 12.30 Uhr war sie erreicht. Das Trommelfeuer ging weiter. Dunkle Schwaden zogen über die Höhe von Vimy. Capitaine Tscharner war überrascht: »Wir waren gerade in eine winzige Lücke geraten. Rechts in Neuville hielt eine württembergische Division. Links wurde die 70. Division immer wieder aus den Trümmern des Dorfes Carency geworfen. Spähtrupps der Legion verfolgten die Deutschen über die Höhe 140 hinaus. Sergeant Mader hat berichtet: ›Wir sind in der deutschen Etappe angekommen. Keine Maschinengewehrstellungen mehr. Nur noch Depots und Küchen‹.« Aus den deutschen Gulaschkanonen wurde Essen ausgeteilt – Erbsensuppe mit Würstchen und ein Topf dampfenden Sauerkrauts. Tscharner: »Die ganze Müdigkeit war wie weggewischt. Seit vier Uhr früh waren die Legionäre auf den Beinen. Sie hatten vierzehn Kilometer kämpfend, laufend, kriechend zurückgelegt. Die Essensrationen der Deutschen erinnerten sie an ihre einstige Heimat. Es wurde nur so geschmatzt und anschließend geschnarcht.«
Zur gleichen Zeit warteten die Offiziere ungeduldig auf den versprochenen Ersatz. Sie schickten einen Kurier zu General Blondlat, dem Kommandeur der Marokkanischen Division, der sich sofort telefonisch mit dem Hauptquartier des 33. Korps in Verbindung setzte. Es gab den Hilferuf an das Armee-Oberkommando weiter. General d'Ulbal versprach: »In einer Stunde rücken die Reserven an.« Es wurde 15 Uhr. Keine Ersatztruppen waren zu sehen. In Neuville und Carency wurde immer noch gekämpft. Auf eine neue Anmahnung des 33. Korps antwortete General d'Ulbal: »Der Einsatz verzögert sich noch etwas. Aber die Höhe 140 ist nicht gefährdet. Wir haben Informationen, daß die Deutschen völlig verwirrt sind. Bei ihren höheren Stäben herrscht das totale Chaos.« Davon merkten die Legionäre nichts. Gegen 16 Uhr setzte schweres deutsches Trommelfeuer ein. Und dann kamen die Feldgrauen in immer neuen Wellen heran. Capitaine Tscharner spricht in seinem Kompaniereport von sechsfacher Überlegenheit. Eine halbe Stunde hielten sich die Legionäre in den von den schweren Granaten fast flachgewalzten Gräben. Dann kam der Befehl zum Rückzug. Erst als sie wieder in ihren alten Unterständen waren, kamen die Reservebrigaden an. Tscharner: »Für einen neuen Angriff auf die Höhe 140 war es zu spät.«
Die nächsten Wochen wurde um die Dörfer Carency und Givenchy gekämpft, die nur noch aus wenigen Mauerresten bestanden. Die Frontlinien verschoben sich manchmal lediglich um fünfzig bis hundert Meter.

Als das 3. Regiment am 18. Juni aus der Hauptkampflinie herausgezogen wurde, waren einundzwanzig Offiziere und sechshundertvierundzwanzig Legionäre gefallen.

An der Mühle von Perthes in der Champagne gruben sich die Legionäre im September ein. Seit Tagen hatte es geregnet. Der Boden war aufgeweicht. Schon nach einem Meter versanken die Spaten in schmutzigem Sickerwasser. Am 22. September hörten die Regengüsse auf. Klares, sonniges Herbstwetter nahm den halb überfluteten Wiesen der Champagne mit ihren Pappelalleen, die sich irgendwo wie ein schwarzer Punkt am Horizont verlieren, ihre ganze Düsternis. Marschall Joffre befahl ein Trommelfeuer, diesmal aus zweitausendsechshundertunddreißig Geschützen. Der manchmal von leichten Morgenschleiern verdeckte Septemberhimmel verschwand hinter einem Flammenmeer. Zweiundsiebzig Stunden, ohne Unterbrechung, feuerte die Artillerie. Als dann der Befehl zum Angriff kam, war das Wetter wieder umgeschlagen. Die Beobachtungsballone konnten nicht aufsteigen. Gegen eine graue Wand, in der nur einzelne Befestigungswerke erkennbar waren, stürmten die Divisionen von zwei Armeen an, der II. Armee unter General Pétain und der IV. Armee unter General de Langlé. Zur Eingreifreserve wurde diesmal das 3. Fremdenregiment abgestellt.

Von der Mühle von Perthes aus war in den Regenschleiern der Kampfverlauf nur zu ahnen. »Manchmal trug der Wind das dumpfe Brüllen der Nahkämpfer herüber«, hielt Capitaine Tscharner fest. »Nach einigen Stunden stand für uns auch ohne Information vom Armeekommando fest, daß der Angriff festgefahren war. Zuerst entfernten sich die Rufe, das Geknatter der Maschinengewehre. Dann blieben sie stets gleich nah oder fern, wie immer man die Geräusche im Prasseln des Regens beurteilen mochte.« Als die ersten Poilous mit verzerrten Gesichtern aus der Frontlinie auftauchten und hysterisch schrien: »Das war die Hölle, das war die Hölle«, befahl Caporal Weidemann noch vor dem offiziellen Angriffsbefehl, seinem Zug die Waffen bereit zu halten.

Der bullige Thüringer mit dem rötlichen, breiten Gesicht war bereits seit sechzehn Jahren Angehöriger der Legion. Zweimal war er schon Adjudant-chef gewesen, zweimal wurde er zum Caporal degradiert, nicht wegen Trunkenheit im Dienst oder einem der sonst üblichen Legionsdelikte. Ferdinand Weidemann legte nur immer die Befehle der Offiziere sehr eigenwillig aus. Bei Lagebesprechungen widersprach er offen dem Kompaniechef und schlug andere Taktiken vor. Etwas verunsicherte Vorgesetzte ließen die Vergangenheit Weidemanns näher durchleuchten. Seine oft sehr fachmännischen Einwände ließen sie vermuten, daß es sich um einen einstigen Angehörigen des Großen Generalstabs in Berlin handelte. Die Auskunft war überraschend: Weidemann war nicht, wie er bei der Unterschrift seines Legionskontraktes angegeben hatte, Kaufmann, sondern Theologe und Pater in einem Karmeliterkloster in Wien gewesen. Ohne Grund war er nach einer Frühmesse aus dem Kloster verschwunden. Einige Tage zuvor hatte er allerdings dem Prior angedeutet: »Ich bin vielleicht doch mehr Soldat als Geistlicher.« Der väterliche Ordensobere schlug ihm einen Ausweg vor: »Du kannst doch Feldkurat werden.« Doch Weidemann wurde von der Legion angezogen.

Von der Mühle von Perthes aus beobachtete er wieder kritisch den Vormarsch. Zum Mißvergnügen der Offiziere rechnete er den Freiwilligen seines Zuges, in der Mehrzahl Amerikaner, sämtliche vermeintliche Fehler von Marschall Joffre vor. Nur Capitaine Tscharner räumte ein: »Der Weidemann hat einfach ein Gespür für Frontsituationen. Er riecht Chancen und Gefahren.« So gab der Caporal sichtlich mißmutig den Befehl zum Aufbruch, als General Pétain die längst bekannte Losung ausgab: Die Legion nach vorne. Ziel war die in riesigen Granattrichtern verschwundene Farm von Navarin auf dem Hügel von Souain. Den Legionären kamen lange Reihen deutscher Kriegsgefangener entgegen, die verblüfft reagierten, als ihnen französisch Uniformierte entgegenriefen: »Jetzt kommt ihr Halunken doch noch nach Paris.« Oder die Frage stellten: »Ist einer von euch aus Hamburg. Geht die dicke Marlies noch auf den Strich?«

Die Gruppe Mader war bereits vom Spähtrupp zurückgekommen, als sich das Regiment am Zugang zum Hügel von Souain eingrub. Maders Leute hatten ausgekundschaftet, daß die meisten Stacheldrahtsperren noch intakt waren, ebenso die Kasematten am linken Flügel. Gegen 14 Uhr kam der Angriffsbefehl. Der Trompeter Wingeler, einstmals Konzertmeister in Berlin, blies den »Boudin«. Über die ersten zehn Töne kam er nicht hinaus; seine Trompete schimmerte noch im Abendlicht, als er schon längst zwischen Stacheldraht und Schlamm versunken war. Im Verlauf des Tages sollte er nicht der einzige bleiben. Dem Schweizer Poeten Blaise Cendrars wurde in der zweiten Welle der rechte Arm zerfetzt. Bevor er in tiefe Bewußtlosigkeit verfiel, fragte er den Sanitäter: »Ist es sehr schwer auf Linksschreiben auszuweichen?« Der Sanitäter band die Arterien ab und schnauzte ihn an: »Wenn du Trottel noch weiter blutest, kannst du dir in der Hölle über deine linke Hand Gedanken machen.«

Die Legion kam über die ersten Stacheldrahtbarrieren nicht hinaus. Capitaine Tscharner registrierte voller Entsetzen die Dramen, die sich dort abspielten: »Mit ihrem schweren Sturmgepäck verstrickten sich die Legionäre in den Eisenzacken. Sie mühen sich herauszukommen. Manche sind halbnackt und die Uniform hängt ihnen in Fetzen vom Leib. Ihre Hände und Arme sind blutig. Wenn sie sich aus dem Gewirr halbwegs und bereits auf das schwerste verstümmelt herausgearbeitet haben, setzt das deutsche Maschinengewehrfeuer ein. Es ist nur noch ein barbarisches Scheibenschießen. Kein Sanitäter geht mehr nach vorne. Flüche und Bittrufe kommen herüber. Hebt einer der verwundeten Legionäre die Hand, wird er sofort mit einer Maschinengewehrgarbe eingedeckt.«

Am 29. September kam der Befehl, den Angriff einzustellen. Vom Zug des Caporal Weidemann waren nur fünf Mann zurückgeblieben. Sein eigenes Gesicht war von Blut verkrustet, die halbe Nase zerfetzt, ein Ohr abgerissen. Doch in ein Lazarett wollte er sich nicht begeben. »Heiraten

will ich nicht und den Anblick meiner Visage werde ich schon ertragen.«
Mit Bedauern verabschiedete er sich von Blaise Cendrars: »Bleib du beim
Schreiben.« Und er fügte hinzu: »Wahrscheinlich wärst du ein guter Le-
gionär geworden.«

Beim ersten warmen Essen in der Etappe schimpfte der wegen Tapferkeit vor dem Feind zum Sergeanten beförderte Weidemann: »Jeder Ber-
berhäuptling hätte diesen Angriff besser organisiert, als dieser Marschall
und seine unfähigen Generale. Wer schickt seine Soldaten schon in ein undurchdringliches Netz von ›spanischen Reitern‹?« Und er haderte mit
dem Schicksal, das ihn offenbar auf die falsche Seite des Krieges verschlagen hatte: »Die Franzosen werden nie gute Soldaten. Die Amerikaner
sollten überhaupt nie eine Uniform anziehen. Die Deutschen werden den
Krieg gewinnen.« Nach einem langen Schluck aus der Rotweinflasche be-
endigte Weidemann seine Philosophie des Krieges: »Ich habe mein Wort
Frankreich gegeben. Ich werde es bis zum bitteren Ende halten.« Als Ausbilder nach Sidi bel Abbes zurückgekehrt, beschimpfte er die Legionsrekruten aus den geschlagenen deutschen Armeen. Ehe er sie mit den Finessen von Gewaltmärschen in der Wüste vertraut machte, hielt er ihnen vor:
»Warum habt ihr nicht den Krieg gewonnen, ihr Vollidioten? Jetzt müßt
ihr euch für ein paar Franc abschinden.« General Rollet übersah die Wut-
ausbrüche seines besten Ausbilders, der inzwischen zum Adjudant-chef
befördert worden war. Wenn sich jüngere Offiziere über die antifranzösi-
schen Tiraden Weidemanns mokierten, winkte der sonst so unnachsichti-
ge Rollet ab: »Die Materialschlachten haben jeden Soldaten verändert.
Der Weidemann sieht gelegentlich rot, weil sich seine Prophezeiungen
über die militärische Überlegenheit seiner früheren Landsleute nicht erfüllt haben.«

Zuerst kamen Weinberge hinter dem in der Weinprovinz Sauterre gelegenen Dorf Belloy, dann ein dichter Buschwald, der von den Deutschen in
ein Gewirr von Unterständen und Geschützstellungen verwandelt worden war. Am Rand von Belloy stand nur ein Infanteriebataillon, das sich
in den düsteren, tiefen Weinkellern verschanzt hatte. Noch in Sichtweite
des Weindorfes gruben die Legionäre des 3. Regiments kleine Schanzen
aus. Zur gleichen Zeit kreiste Marschall Joffre am 27. Juni 1916 das bis dahin nur unter Weinkennern bekannte Winzerdörfchen rot ein: »Hier ist
die Front der Deutschen aufzubrechen.«

Bereits im April hatten die Vorbereitungen für die Schlacht begonnen.
Die britischen Divisionen unter General Haig hatten ihre rechte Flanke
bei Peronne, wo die Somme eine weite Biegung macht und lagen einer
Hügelgruppe am Nordufer gegenüber, das aus schmalen Schluchten,
sumpfigen Tälern und mit vermoderten Baumstrünken übersäten Wäldern bestand. Die leicht wellige Hochebene von Sauterre war für die Franzosen vorteilhafter. Am 16. Juni notierte der inzwischen zum Chef de Bataillon beförderte Tscharner in sein Tagebuch: »Seit zwei Monaten laufen
die Vorbereitungen. Neue Straßen wurden gebaut, das Schienennetz der

Eisenbahnen verbessert. Allein hinter unserem Regiment stehen fast fünfhundert Geschütze aller Kaliber. Alles geht methodisch und doch sehr
langsam vor sich. Diese Angriffsabsichten lassen sich einfach nicht verbergen. Der Gegner wird alarmiert. Wie bei einem Schachspiel kann er rechtzeitig seine Gegenzüge vorbereiten. Keine der beiden Armeen ist noch zu
einem Überraschungsangriff fähig, der tatsächlich die Front aufreißt.«
Doch Joffre hielt an dem Mirakel eines tiefen Durchbruchs fest. Unterstützt wurde er dabei vom britischen General Haig: »Wenn die Artillerie
die deutsche Front zermalmt, werden wir wie bei einer Parade durchmar-
schieren.« Fünf Tage lang wurden die Linien der Deutschen mit einem un-
unterbrochenen Störungsfeuer eingedeckt, dann kam vierundzwanzig
Stunden konzentrisches Trommelfeuer, bei dem auch Giftgasgranaten
eingesetzt wurden. Da es jedoch zu regnen begonnen hatte, verloren die
graugelben, giftigen Schwaden ihre Wirkung. Als der Angriff der Legionäre fünfzig Meter vor Belloy stockte, ging nochmals eine Feuerwalze der
Artillerie über dem Weindorf mit seinen breitfrontigen Winzerhäusern
nieder. Als sich der Rauch lichtete, standen nur noch zerborstene Mauern
mit Fensterhöhlen. Noch im Splitterregen robbten sich die ersten Legionäre zu den ersten Häusern vor und gingen dort nach dem Rezept vor, das
sie in den Bergdörfern der Kabylen angewandt hatten: Sie räucherten die
ersten Weinkeller mit Handgranaten aus und brachten dann Sprengladungen an den Wänden zum Nachbarhaus an. Auf diese Weise kämpften sie
sich bis zur Ortsmitte vor.

Bei der Besetzung des Hauptplatzes fiel der amerikanische Dichter
Alan Seeger. Zusammen mit einhundertsiebenunddreißig anderen Legio-
nären wurde er in einem Sammelgrab auf dem Dorffriedhof bestattet.
Neunzehnhundertundneunzehn kam der Vater Seegers nach Belloy. Von
der Kirche stand nichts mehr und der Friedhof bestand aus einigen mit
Unkraut überwucherten Granattrichtern. Er stiftete der Kirche eine
Glocke, die den Namen Alan Seegers trägt und zweimal täglich die Gläu-
bigen zur Andacht ruft.

Bereits nach einer Woche mußte die Legion Belloy wieder räumen und
in ihre Ausgangsstellungen zurückkehren. Als die Legionäre wieder ihre
alten Gräben bezogen, fanden sie dort die neuesten Zeitungen aus Paris
vor, die triumphierend die Eroberung von elf Dörfern meldeten – die alle
inzwischen wieder geräumt waren.

Im April 1917 bestand das 3. Regiment nur noch aus einem Bataillon.
Auch Tscharner war bei Belloy verwundet worden. Als er aus dem Lazarett zurückkam, sah er wohl noch einige vertraute Gesichter wie die von
Mader und Weidemann, aber auch einige neue Soldaten, die aus Sidi bel
Abbes gekommen waren, nachdem sie ihre früher deutschen Namen in
russische und englische umgewandelt hatten. Um eine neue Großoffensive in der Champagne vorzubereiten, war von Marschall Foch, der inzwischen Joffre abgelöst hatte, die Eroberung des Dorfes Auberive östlich
von Reims, mitten im Bergrücken von Moronvilliers befohlen worden.
Die Legion wurde als Avantgarde eingeteilt. Colonel Rollet, ein schlech-

ter Leser von Generalstabskarten, aber mit einem Gespür für Stoßtrupps begabt, stellte dem Korps-Kommando eine Bedingung: Es dürfe keine Artillerievorbereitung geben und der Angriff müsse bei Regen stattfinden. Die Legionäre ließen ihre Gewehre in den Unterständen und holten statt dessen ihre scharfgeschliffenen Berbermesser heraus. Darüber hinaus nähten sie sich Säcke, in denen sie Dutzende von Handgranaten verstauten. Unter den Legionären stieg die Stimmung, wie Tscharner notierte: »Sie fühlten sich nicht eingespannt in eine namenlose Mammutoffensive. Das Ziel war klar definiert, denn sie sollten das Gebirgsdorf mit jenen Mitteln nehmen, die sie in den Bergen der Rif-Kabylen erlernt hatten.«

Der Anmarsch war mühsam. Dicht prasselte am 18. April der Regen herab. Die Gräben waren überflutet. Jeder Legionär hielt sich am Kragen des Vordermannes fest. Zwanzig Meter Marsch. Dann wieder zehn Minuten Pause. Auch die auf Gewaltmärsche trainierten Legionäre waren an der Grenze ihrer Leistungsfähigkeit. Das Wasser in den Schützengräben hatte sich in einen lehmigen Brei verwandelt. »Schon nach wenigen Metern hatte ich meine Stiefel verloren«, notierte Tscharner über den Vormarsch auf Auberive, »mit bloßen Füßen stapften wir vorwärts.« Fünfzehntausend Handgranaten schleppten die eintausendeinhundert Legionäre mit sich, jeder Leinensack wog fast dreißig Kilo. Drei Tage dauerte der Kampf in dem Gewirr der Schützengräben. Die deutschen Verteidiger bezeichneten die schemenhaften Gestalten, die plötzlich auftauchten, einen Graben ausräumten und dann plötzlich wieder in irgendwelchen schlammigen Granattrichtern verschwanden, als Gespenster und Teufel. Am 21. April detonierten die letzten Handgranaten in Auberive und das Legionsregiment wurde im Armeebericht lobend erwähnt. Es gab Auszeichnungen. Tscharner rechnete nach: »Wir waren ganze eintausendvierhundert Meter in die deutschen Linien eingedrungen.«

Das stark reduzierte Fremdenregiment aus der Champagne wurde auf den Pfefferrücken in der Nähe von Forts Douaumont bei Verdun verlegt. Bei einem Spähtrupp machte Adjudant-chef Mader in einem ehemaligen Steinbruch eine gut versteckte deutsche Batterie aus. Tscharner, der nie eine gewisse Abneigung gegenüber dem Spähtrupperfektionisten unterdrücken konnte, mußte eingestehen: »Mader war in seiner Art ein Genie. Er roch den Feind. Und er drillte seine Legionäre so, daß sie kein Geräusch von sich gaben. So kam er von den meisten Feinderkundungen ohne Verluste zurück.« Auch hier war Mader wieder erfolgreich. Der Posten am Zugang zum Steinbruch wurde lautlos erstochen und die Legionäre standen plötzlich hinter den Besatzungen der schweren Geschütze. Mader brüllte im schönsten Schwäbisch: »Keine Bewegung.« Einhundertundsieben Artilleristen und Infanteristen trotteten ohne Waffen an den einundzwanzig Legionären vorbei. Dann wurden die sieben Geschütze gesprengt. Mader erhielt die Auszeichnung des Ritters der Ehrenlegion und wurde zum Leutnant ernannt. Im Juni 1918 zerschmetterte an der Hindenburglinie, die an den Flüssen der Somme und Ouise aufgebaut war, ein Granatsplitter die rechte Schulter Maders und der Arm mußte im nächsten Feldlazarett amputiert werden. Nach Sidi bel Abbes kam Mader nicht mehr zurück. Er wurde Oberaufseher im Schloß von Versailles.

Im Juli 1918 bestanden die sechs Kompanie der Legion nur noch aus je dreißig Mann und wurden an die Front zwischen Nancy und dem Chateau-Salins versetzt, wo sie noch an vereinzelten Grabenkämpfen beteiligt waren. Am 11. November kam für die gesamte Westfront der Befehl zum Feuer einstellen. Tscharner zog ein Resümee: »Die vier Jahre hatten fast nur die alten ›Afrikaner‹ überlebt. Sie zeigten keinerlei Jubel und trösteten sich mit der Hoffnung: In Algerien und Marokko wird es schon wieder etwas zu tun geben.« Zuerst ging es allerdings nach Paris, wo sich Tscharner diesmal wie ein Fremder fühlte: »Ich hatte mich auf die Champs-Elysées gefreut. Wie oft hatte ich mir das Diner mit einigen Offizierskameraden ausgemalt, doch wir stocherten alle nur lustlos in den feinen Genüssen herum.« Am 14. Juli 1919 paradierte das Fremdenregiment auf den Champs-Elysées. An der Spitze Colonel Rollet, dem der Kriegsminister am nächsten Tag die Ernennung zum General übergab und den Auftrag erteilte: »Stellen Sie eine neue Legion auf.«

Das »Kaiserreich« der Erbauer

Im Halbdunkel des heraufdämmernden Morgens sah General Rollet die lange Liste der neuen Rekruten durch. Schon um zehn Uhr morgens war der Kasernenhof von Sidi bel Abbes unter einer milchigen Dunstglocke verschwunden. Zweiundvierzig Grad im Schatten wurden gemessen. Doch die in der vergangenen Nacht angekommenen künftigen Legionäre standen in der prallen Hitze. Sie hatten ihre ersten Monturen gefaßt, geflickte Hosen, zerrissene Gamaschen, Schuhe mit tiefen Rissen und Uniformröcke, die so oft in harten Seifenlaugen geschrubbt worden waren, daß ihre ursprüngliche blaue Farbe kaum noch zu erkennen war. Wie schon seit Monaten in diesem Sommer 1920 sahen die Rekrutierungslisten immer gleich aus: Russen, die gegen die bolschewistische Rote Armee gekämpft hatten und geschlagen wurden, Deutsche, die keine Aufnahme in das neue Hunderttausend-Mann-Heer der Reichswehr gefunden hatten, Polen, Spanier, Österreicher und einige »Belgier« und »Luxemburger«, die nach den Aussagen der Vernehmungsoffiziere in Fort St. Jean überraschend gut den Pariser Argot beherrschten: »Vermutlich Diebe, Hehler, Zuhälter aus Paris. Die Personalien nochmals überprüfen.« Gegen elf Uhr inspizierte General Rollet die Neuen. Am Anfang standen die Russen, verwegene Reitersoldaten. Rollet fragte den hünenhaften Flügelmann nach seinem früheren Dienstgrad:

»Capitaine, mon Général.«

»Und Du?«

»Chef de Bataillon, mon Général.«

»Und Du?«

»Colonel, mon Général.«

»Und Du?«

»General, mon Général«, antwortete der hochgewachsene Neugeworbene mit seinem fast weißen Vollbart. Und auf seine Landsleute weisend, fügte er hinzu: »Das war mein Stab im 2. Garderegiment des Zaren.«

Nach 1917 hatte General Kreschatisky mit den Resten seines Regiments in den Reihen der Kosakenarmeen der Generale Krasnow und Denikin gekämpft und war bei der Blitzoffensive bis nach Woronesch dabeigewesen. »Lassen Sie sich eine Offiziersuniform ohne Rangabzeichen geben, Graf Kreschatisky«, ordnete General Rollet an. »Und kommen Sie zum Essen in die Messe.« Das Mittagessen dauerte bis in die Abendstunden. Kreschatisky erzählte von den Schlachten um Zarizyn an der Wolga, wo erstmals der Volkskommisar Josip Wissarionowitsch Stalin aufgetaucht war, und Omsk. Und er berichtete von der militärischen Wende im Winter 1919/20, als Trotzki und sein fähigster Frontkommandeur, Michail Frunse, die Hochburgen der weißrussischen Armeen in Saratow, Astrachan und Turkestan überrannt hatten. Kreschatisky unternahm nicht den Versuch, die militärische Situation seiner Einheiten nachträglich zu beschönigen: »Wir hatten zuletzt bei der Bevölkerung keinen Rückhalt mehr. Wir waren die Nachhut des verhaßten zaristischen Regimes. Nach anfänglichem Zögern fanden die Parolen der Roten Armee ein immer größeres Echo. Sie versprachen die Gleichberechtigung der Nationalitäten und eine grundlegende Landreform. Außerdem erwies sich Frunse immer mehr als brillanter Stratege und Taktiker, der die verschiedenen Feldzüge mit viel Dynamik und Einfallsreichtum leitete.«

General Rollet gefielen die nüchternen Lageberichte des einstigen Zarengenerals: »Sie werden mit ihren Kosaken die erste Kavallerie-Einheit der Legion aufstellen.« Kreschatisky wurde als Leutnant übernommen, seine Stabsoffiziere wurden zu Sergeanten ernannt und rückten in den nächsten Jahren ebenfalls in den Offiziersrang auf. Aber die Gemeinsamkeit aus den Zeiten des Kampfes gegen die Bolschewiken zerbrach bald. Kreschatisky brachte es bis zum Colonel und Kommandeur der von ihm im Sommer 1920 in Saida aufgestellten Reitereinheit, dem 1. Kavallerie-Regiment. Er war der disziplinierte, unpersönliche, harte und oft überhebliche Militär geblieben, der seine Karriere in St. Petersburg nicht zuletzt kühler Berechnung verdankt hatte. Sein einstiger Chef des Stabes, Jefremow, schaffte den Übergang zur Legion nicht. Auch er bekam die Goldlitze eines Leutnants, trug sie jedoch nicht lange. Zu sehr vermißte er den Kaviar und Champagner zum Frühstück; Cognac und algerischer Wein schmeckten ihm nicht und so hielt er sich an den Pernod. Der grünweißliche Absinth vergiftete seinen Körper. Schon ab 11 Uhr morgens war er nicht mehr ansprechbar. Wenn er seinen ersten Rausch ausgeschlafen hatte, pöbelte Jefremov im Kasino die anderen Offiziere an. Nach dem dritten oder vierten Glas Pernod bezeichnete er lärmend die Legion als eine Bande von Proleten und Verbrechern. Als er die Frau eines hohen Beamten in der Kasinotoilette eingesperrt hatte, um sie dort zu vergewaltigen, wurde Jefremow degradiert. Doch schon beim ersten Appell nach der Degradierung drehte er durch. Sein Kompaniechef, Capitaine Pokroskin, war einst sein Untergebener im Stab Kreschatiskys gewesen. Pokroskin war nicht von adeliger Herkunft, hatte eine deutlich schlechtere Beurteilung auf der Kriegsakademie erhalten und war zudem fünf Jahre jünger. Mit dem Bajonett versuchte Jefremow dem Erfolgreicheren den Hals abzuschneiden. Wegen Mordversuchs an einem Vorgesetzten wurde der Strafkompanie in Colomb-Bechar verurteilt. Er kehrte nicht mehr zurück.

Den Kavalleristen aus der Zarenarmee ließ der sonst so penible General Rollet weitgehend freie Hand. So schmückten die Kavalleristen um Kreschatisky das 1. Fremdenregiment der Kavallerie kurzerhand mit dem elitären Zusatz »Royal Étrangère«, den es bis heute behielt. Auch die Ränge wurden geändert. Wie bei der Kavallerie der Bourbonen gab es einen Chef de Escadron statt eines Capitaine. Lederstiefel für die Offiziere und Ledergamaschen für die Legionäre ersetzten die Baumwollgamaschen der Infanterieregimenter. Über das Képi wurde ein kleiner Turban geknüpft und der weiße Umhang wurde bei den Offizieren durch zwei kleine gekreuzte Degen zusammengehalten, bei den Legionären von zwei Berberklingen. Reich verziert waren die Satteldecken mit den Insignien des neuen Regiments. Die Musik bestand aus Fanfarenbläsern und Trommlern.

Am 10. Januar 1921 gab General Rollet die neue Zusammensetzung der Legion bekannt:

1. Fremdenregiment mit 1., 2. und 3. Bataillon in Algerien, 4. Bataillon in Tonking, 5. Bataillon erst im Aufbau;

2. Fremdenregiment mit 1., 2. und 3. Bataillon in Marokko, 4. Bataillon in Tonking, 5. Bataillon noch in der Aufstellung;

3. Fremdenregiment mit 1., 2. und 3. Bataillon in Marokko, 4. Bataillon in Kambodscha, 5. Bataillon, bestehend aus zwei Kompanien;

4. Fremdenregiment mit 1., 2. und 3. Bataillon in Marokko, 4. und 5. Bataillon im Libanon und in Syrien.

1. Fremdenregiment der Kavallerie, im Aufbau.

Immer mehr neue Gesichter waren jetzt im Offizierskasino zu sehen. Die neue, vergrößerte Legion brauchte Offiziere, und General Rollet nahm sie aus allen Armeen des Ersten Weltkriegs: Russen und Deutsche, Österreicher und Ungarn, Serben und Bulgaren. Doch die Regimentslisten zeigten, daß nur wenige Karriere machten. Hinter den meisten Namen steht degradiert, desertiert oder gestorben. Nur die wenigsten aus dem Schwemmsand der demobilisierten Heere Europas waren der Härte der Legion gewachsen.

Unter den Neuen fiel besonders ein kahlköpfiger Russe mit einem jugendlichen Gesicht auf, Zinovi Pechkoff. Im Januar 1884 wurde er in Nischi Nowgorod geboren. Sein Vater war Schauspieler, die Mutter schrieb romantische Gedichte. Nach dem frühen Tod des Vaters adoptierte der Stückeschreiber und Romancier Alexei Maximovitch Pechkoff den Halbwaisen. In die Literaturgeschichte ist der Ziehvater von Pechkoff junior als Maxim Gorki eingegangen. Im Jahre 1910 hatten die beiden eine Weltreise begonnen, die sie über Berlin und Paris bis nach New York führte. Im Juni 1914 trafen sie auf Capri ein. Als die Großmächte Europas mit der Mobilisierung ihrer Armeen begannen, reiste Maxim Gorki mit einem der letzten durchgehenden Schnellzüge über Wien und Lemberg nach St. Petersburg, wo er sofort Kontakte zu den Bolschewiken im politischen

Untergrund aufnahm. Zinovi Pechkoff blieb zunächst auf Capri. Als Italien 1915 in den Krieg gegen Deutschland und Österreich eintrat, meldete er sich beim französischen Konsul in Neapel, der ihn an das Rekrutierungsbüro der Legion in Nizza verwies. Nur wenige Wochen blieb der Legionär zweiter Klasse an der Front. Dann wurde der ungediente Pechkoff überraschend zum Capitaine auf Zeit ernannt. Aus den Ranglisten der Legion verschwand sein Name.

Der polyglotte Pechkoff tauchte in diskreten Missionen in Washington und auch in St. Petersburg auf, wo er allerdings jeden Kontakt zu Gorki vermied. Missionen, bei denen sich Diplomatie und Geheimdienst mischten, sollten eine Spezialität für Pechkoff bleiben.

Im Jahr 1917 ließ sich Pechkoff beurlauben und kehrte über das neutrale Schweden in das von den Wirren des Bürgerkrieges geschüttelte St. Petersburg zurück, wo er sich sofort der gegen die Bolschewiken kämpfenden »Weißen Armee« anschloß. Sein Bruder Jakob Sverdlov stand auf der Seite der »Roten Armee« und brachte es bis zum Präsidenten des Exekutivkomitees der UdSSR, während sein Ziehvater Maxim Gorki als der literarische Klassiker der proletarischen Revolution gilt. Pechkoff dagegen betonte in seinem Tagebuch: »Ich war nie ein Anhänger des Zaren. Aber die Revolution der Bolschewiken ist ein Rückfall in die Barbarei. Auf Massenhinrichtungen läßt sich keine politische Zukunft aufbauen.« Hellsichtig wird unter dem Datum des 4. Februar 1919 hinzugefügt: »Unsere Armee steht auf der Seite der Verlierer, obwohl die Westmächte beginnen, uns mit Waffen zu unterstützen. Hinter den Parolen von Lenin und Trotzki stehen aber nur die Anleitungen zum nackten Terror. Das ganze Rußland geht in eine babylonische Gefangenschaft, grausam und dunkel.«

Im Januar 1920 bat Pechkoff um Reaktivierung in der Legion. Er wurde mit seinem alten Grad als Capitaine aufgenommen. Seine Beurteilung, von General Rollet abgezeichnet, lautete: »Kein Frontoffizier. Doch für Aufgaben in den Stäben vorzüglich geeignet. Wird von den Legionären nicht ganz ernst genommen. Schreibt Gedichte.« Auch die anderen Offiziere amüsierten sich über die literarische Beflissenheit des musischen Russen. Nicht weniger als 2 734 Seiten, alle gestochen scharf beschrieben, füllte er bis 1940. Das Genie seines Ziehvaters Maxim Gorki besaß er allerdings nicht. Aus der Zeit vor 1914 stammt die folgende schwülstige Passage, die Pechkoff auf der Anhöhe über dem marokkanischen Meknes notierte: »Wäre nicht Jerusalem die ›himmlische Stadt‹, dann müßte diese es sein. Wie Visionen ragten die Tempelsäulen aus römischer Zeit und die Moscheen der Sultane aus dem elften bis siebzehnten Jahrhundert auf. Eine fremdartige Sensation überwältigt mich. Ich ahne das Geheimnis Afrikas.«

Im Jahr 1943 schickte ihn General de Gaulle als Botschafter des Freien Frankreichs in das Kuomintang-China unter Tschiang Kai-scheck. Zwei Jahre vor seinem Tod im Jahr 1964 erhielt er seinen heikelsten Auftrag – im Auftrag de Gaulles mußte er dem greisen Generalissimus auf Taiwan die Motive darlegen, warum Frankreich Rotchina diplomatisch anerkannt habe.

Exotischer und völlig anders als der normale Legionsoffizier mit seinem sturen Drilldenken war ein hünenhafter Däne, der 1922 in Sidi bel Abbes eintraf: Prinz Aage von Dänemark, Sohn von Prinz Waldemar, einem Bruder des Königs. Prinz Aage hatte für seinen Legionseintritt eine sentimentale Geschichte parat, die sogar historisch richtig ist: 1901 war der Leutnant Selchauhansen bei Vater Waldemar zu Besuch gewesen. Aage bewunderte den Legionsoffizier, der abenteuerliche Geschichten über den Kampf gegen die Reiter der Sultane Marokkos zu berichten wußte. Daraus wurde in den Memoiren des Prinzen Aage »eine teuflische Lust, auch in die Legion zu gehen, auf der Suche nach Abenteuern und Sonne«. Zunächst tritt er aber als Leutnant in das königliche Wachbataillon ein. Neunzehnhundertundzwanzig machte das Bankhaus, auf dem er sein Geld liegen hatte, Bankrott und das ererbte Familienvermögen war verloren. Dazu kam eine weitere Komplikation: Prinz Aage hatte erhebliche Spielschulden und wohl nicht aus purer Abenteuerlust allein erinnerte er sich an die Legion.

Schon nach vier Wochen wollte General Rollet den eigenwilligen und jede Routine verachtenden Dänen wieder aus seinem Offizierskorps entfernen, doch Kriegsminister Maginot kabelte: »Capitaine Prinz Aage bleibt.« Auch der Chef de Bataillon, Tscharner, dem der Prinz als stellvertretender Bataillonskommandeur zugeteilt wurde, urteilte merklich distanziert: »Er ist der geborene Komödiant und spielt die Rolle des Haudegens und Lebemanns zugleich. Bei den Legionären ist er populär.« Bereits zum Frühstück trank er zwei Flaschen Wein und mehrere Cognacs. Bei einem Ausflug nach Nizza heiratete er eine reiche Amerikanerin und Tscharner merkte ziemlich pikiert an: »Das einzige Regelmäßige an dieser Ehe sind wohl die Dollarüberweisungen«, die dem Prinzen einen neuen feudalen Lebensstil erlaubten. Das »Hôtel Transatlantique« in Fez verwandelte er zeitweise in einen Ballsaal der Belle Époque. Und sogar draußen in den Ksars der vorgeschobenen Linien bestand er darauf, daß der wacklige Holztisch korrekt mit weißem Damast gedeckt war und der Champagnerkübel aus Sterlingsilber vom nächsten Quellfluß angekühlt war. Das Képi trug er immer schief wie eine Matrosenmütze. Um Befehle kümmerte er sich nur, wenn sie im Gefecht gegeben wurden. Einmal schloß er eigenhändig das Truppenbordell in Marrakesch wieder auf, als es vom Militärgouverneur wegen Ausschreitungen der Legion gesperrt worden war. Mit dem aufgesetzten Bajonett hatten einige Legionäre die attraktivsten Insassinnen nackt durch die Straßen gejagt. »Sehr gut«, lobte der Prinz die rabiaten Legionäre, »jetzt wissen auch die Einheimischen, daß wir hübsche Mädchen im Puff haben.« Er drückte jedem der Legionäre einen Fünfzig-Franc-Schein in die Hand, mit dem sie das Bordell die ganze folgende Woche mieten konnten.

Unzählige Anekdoten über den Dänenprinzen machten bei den Legionären die Runde, beispielsweise die über seine vergebliche Liebe zu einer

Tuareg-Prinzessin. Prinz Aage hatte den Vormittag im Kasino verbracht und neben drei Flaschen Wein auch noch ein gutes Dutzend Cognac getrunken und dabei mit zwei russischen Leutnants ein offiziell verbotenes Glücksspiel ohne größere Verluste durchgehalten. Auf dem Weg zur Kaserne hatte er Mühe, einigermaßen Haltung zu bewahren. Als ein Lastkraftwagen, der ihm entgegenkam, zu rasch um die Kurve bog und dabei zwei Passanten vor ihm zu überfahren drohte, sprang Prinz Aage vor und riß die beiden zur Seite. Vor ihm standen eine tief verschleierte Frau und ein hochgewachsener Greis, der das Kreuz der Ehrenlegion auf dem blendend weißen Burnus trug. Der Alte sagte im makellosen Französisch: »Sie haben meiner Tochter das Leben gerettet. Ich kann Ihnen nicht dafür danken, doch Allah möge es tun.« Der Prinz salutierte: »Ich habe nur meine Pflicht getan.«

Am nächsten Morgen beorderte General Rollet den Prinzen in sein Dienstzimmer. Mühsam versuchte Aage sich zu erinnern, wie der letzte Abend geendet hatte. Es fielen ihm keine schwerwiegenden Entgleisungen ein. Rollet setzte aber sofort eine freundliche Miene auf: »Prinz Aage, Sie haben der Legion und der Nation einen bedeutenden Dienst erwiesen.«

»Sie scherzen, mon Général«.

»Doch, doch«, winkte Rollet ab. »Sie haben einem der wichtigsten Stammesfürsten des Südens und seiner Tochter Amina das Leben gerettet. Scheich Boudiaf lädt Sie heute zum Mittagessen in das ›France‹ ein.«

Das Essen dauerte fast bis in die Abendstunden, wobei sich der Scheich als amüsanter Plauderer erwies. Seine Tochter war diesmal unverschleiert, eine Schönheit mit hellem Teint und dunklen Augen.

Der Prinz war fasziniert und setzte seinen ganzen weltläufigen Charme ein. Zurück in der Kaserne, gab er seiner Ordonnanz sofort den Auftrag, einen Strauß roter Rosen in die Hotelsuite des Scheichs zu bringen, begleitet von einem goldgerändertem Billett: »Auf ein baldiges Wiedersehen. Aage.«

Im Kasino gab er immer neue Champagnerrunden aus. »Trinkt auf meine neue Liebe«, konnte er zuletzt nur noch lallen. Wieder wurde er am Morgen zum Rapport beim General bestellt. Neben Rollet stand ein Zivilist, der bei der Vorstellung nur undeutlich seinen Namen murmelte. Lediglich die Worte »Arabisches Büro« war zu verstehen. Der General drängte: »Machen Sie es kurz.«

Der unscheinbare Besucher bemühte sich: »Hoheit, Sie waren gestern mit Scheich Boudiaf und seiner Tochter Mittagessen. Sie haben beiden das Leben gerettet. In den Stammesburgen der Sahara herrschen noch die Gesetze des Mittelalters. Amina hat die besten Schulen in Frankreich besucht, aber jetzt ist sie wieder den patriarchalischen Gesetzen ihres Stammes unterworfen. Einer Scheichtochter schickt man weder rote Rosen noch verliebte Zeilen.«

An diesem Tag vervierfachte Prinz Aage seinen Wein- und Champagnerkonsum, nicht zu vergessen viele Cognacs. Der Arzt stellte eine mittlere Alkoholvergiftung fest und empfahl Alkoholabstinenz für die nächsten vier Tage.

Eine andere Prinzen-Anekdote blieb ebenfalls einige Legionsgenerationen im Umlauf. Der neue Oberkommandierende der algerischen Truppen hatte sich in Sidi bel Abbes zur Inspektion um zehn Uhr morgens angesagt. Bereits um acht Uhr stellten sich die ersten zwei Bataillone vor dem Denkmal auf. Um viertel vor zehn war harter Marschtritt zu hören. Prinz Aages Bataillon rückte heran. Um zehn Uhr dreißig trat Chef de Bataillon Aage vor die Front. Er rief den Capitaine der ersten Kompanie heran: »Führen Sie das Bataillon ab. Die Legionäre haben bis zum Abendappell dienstfrei.« Mit gezücktem Degen und strammer Haltung stellte sich Prinz Aage wieder auf. Kurz vor zwölf Uhr kam der General an. Die Musik spielte den »Boudin«. Der Regimentskommandeur meldete drei Bataillone. Etwas unsicher sah sich der General um. Vor ihm standen nur zwei Bataillone und ein einzelner Mann an der Stelle, wo das 3. Bataillon hätte stehen müssen. Aage senkte präzise nach Vorschrift den Degen: »Drittes Bataillon, mon Général. Stand: Ein Chef de Bataillon.«

Der General keuchte: »Wie ist Ihr Name, Commandant?«

»Chef de Bataillon, Prinz Aage von Dänemark, mon Général.«

»Wo sind Ihre Legionäre?«

»In den Kasernen, mon Général, auf ihren Stuben.«

»Was soll das heißen?«

»Das heißt, mon Général, daß Sie kurz vor zwölf gekommen sind. Angesetzt wurde Ihre Ankunft auf zehn Uhr. Meine Legionäre sind nicht dazu da, auf unpünktliche Generäle zu warten. Ich habe sie zu äußerster Pünktlichkeit erzogen, und wer gegen sie verstößt, muß mit Strafe rechnen. Ich kann mir mein Bataillon nicht verderben lassen. Auch nicht von einem General.«

»Commandant, das werden Sie mir büßen. Ich lasse Sie zum Legionär zweiter Klasse degradieren.«

In strammster Haltung antwortete der Prinz so laut, daß es in allen Kasernentrakten zu hören war: »Sie werden gar nichts, mon Général. Sie sind unpünktlich gewesen, haben also gegen die Disziplin der Armee verstoßen. Außerdem, was wollen Sie überhaupt? Das dritte Bataillon ist angetreten. Ich repräsentiere es. Es gibt keine Vorschrift, wieviel Mann eines Bataillons zur Inspektion antreten müssen. Sie können mich inspizieren, mon Général, von allen Seiten. Auch von hinten.«

Der General zischte seine drei Adjutanten an: »Gehen wir, ich habe genug von diesem Haufen.«

Mit Johlen und Rufen begrüßten die Legionäre seines 3. Bataillons den Prinzen. Er wies den Verpflegungs-Sergeanten an: »Heute für jeden eine Flasche Wein extra. Die Rechnung geht an mich.«

Mit einiger Beklemmung verfolgte General Rollet die Auftritte seines populärsten Bataillonskommandeurs. Doch er wußte, daß Prinz Aage der ideale Vorzeige-Legionär war und die Legionäre sich danach drängten, in sein Bataillon einzutreten. Sie bewunderten den Mann, der einen Königsnof verlassen hatte, um die Legion als das neue »Vaterland« zu betrachten. Für ihre Flucht oder ihr Scheitern konnten sie den Prinzen als Kronzeugen anrufen. Darüber hinaus verschaffte ihm sein Alkoholkonsum den Respekt der größten Säufer und im Gegensatz zu seinen Offizierskollegen ging er regelmäßig mit seinen Legionären auf Sauftour. Der spätere Colonel Ungerman erinnerte sich an seine Rekrutenzeit im Juni 1938 in Sidi bel Abbes. Seine Gruppe hatte den ersten Sold und den ersten Ausgang erhalten:

»Wir suchten uns eine kleine ruhige Kneipe abseits der Hauptstraßen aus, wo die Preise niedriger waren. Jeder schmiß eine Runde Rotwein. Als wir bei der sechsten waren, öffnete sich die Tür und ein herkulisch gebauter Offizier mit gerötetem Gesicht und strahlend blauen Augen trat ein. Unser Caporal flüsterte: ›Das ist der Prinz‹. Er wollte zu einer Ehrenbezeugung aufstehen, doch der Chef de Bataillon winkte ab. ›Kann ich mich zu euch setzen?‹

›Selbstverständlich, mon Commandant‹, lallte Caporal Heisinger, der schon neunundzwanzig Jahre Dienstzeit hinter sich hatte. ›Sie sind unser Gast.‹

›Eigentlich wollte ich Euch einladen. Aber gut, Ihr bezahlt die erste Runde.‹

Es wurde ein feucht-fröhlicher Abend. Beim Klang der Clairons für den Zapfenstreich standen die Legionäre auf.

Caporal Heisinger: ›Wir haben keine Urlaubsscheine.‹ Der Prinz winkte ab: ›Macht nichts. Ich gehe mit Euch in die Kaserne zurück.‹ Spät nach Mitternacht kamen wir am Kasernentor an. Der wachhabende Sergeant ließ vor dem Prinzen salutieren, uns aber wollte er in die Zellen der Hauptwache stecken. Der Prinz war plötzlich wieder völlig nüchtern. ›Diese neun Legionäre waren meine Gäste. Wenn Sie sie einsperren, müssen Sie mich mit einsperren.‹

Der Sergeant am Gittertor zauderte eine Sekunde. Dann brüllte er: ›Zu Befehl, mon Commandant‹.

›Kinder, schlaft gut‹, verabschiedete sich der Prinz und verschwand im Offizierstrakt.«

Die Legion pflegt dieses liebevolle Erinnerungsbild des Prinzen als abenteuerliche Heldenfigur, verschweigt jedoch interessanterweise die Tatsache, daß er, allerdings nur in dänischer Sprache erschienen, Memoiren geschrieben hat. Seine Eskapaden, etwa daß er als Schlagzeuger im vornehmsten Restaurant von Casablanca aufgetreten war oder einen eifersüchtigen Ehemann über die Terrasse des Hotels »Transatlantique« in Fez geworfen hatte, wurden ihm geradezu begeistert nachgesehen. Als jedoch Colonel Maire, der direkte Vorgesetzte des Prinzen im 1. Fremdenregiment, sich von einem dänischen Legionär einige Seiten aus den Memoiren Aages vorlesen ließ, war er entsetzt: »Hören Sie auf, das ist ja der schlimmste Kitsch, den ich jemals gehört habe. Für dieses Machwerk hat der Prinz sich wohl nur melodramatische Geschichten gemerkt, als ob er das Drehbuch für einen schlechten Hollywoodfilm schreiben wollte.«

Die von dem Prinzen aufgezeichneten Legionärsschicksale sind an Rührseligkeit und Schwülstigkeit kaum zu überbieten. Ein Beispiel dafür bietet die Geschichte des Caporal Kerver, der sich in die Innenfläche seiner rechten Hand eine nackte Frau hatte tätowieren lassen. Jedesmal wenn er vor einem fremden Offizier salutierte, wanderte er in den Bau. Sobald er wieder entlassen war, folgte eine Alkoholorgie von mindestens vierundzwanzig Stunden. Bei einem Scharmützel an einem namenlosen Sahara-Fort wurde er tödlich verletzt. Als ihm der Leutnant seine wenigen Habseligkeiten abnahm, ehe er begraben wurde, fand er in der verschlissenen Brieftasche Kervers das Foto einer Frau – es zeigte die Mutter des Leutnants. Der verkommene Legionär war sein Vater.

Nicht weniger dramatisch, laut Prinz Aage, war das Schicksal des Legionärs Landau. Er hatte Griechisch und Lateinisch an einem Gymnasium in Hannover gelehrt, schwieg sich allerdings über die Motive, warum er in die Legion gegangen war, aus. Sofort nach Dienstende begann er regelmäßig, sich zu betrinken, schlug auf die Holztische in der Kantine und schrie dabei: »Wann kann ich endlich vergessen, wann setzt mein Gedächtnis aus.« Bei einem Bummel durch das Vergnügungsviertel lernte er in einem Bordell eine junge spanische Tänzerin aus Malaga kennen. Er verliebte sich, heiratete sie und stellte das Trinken ein. Von den überraschten Vorgesetzten wurde er auf die Unteroffiziersschule geschickt, die er als bester Teilnehmer in seinem Kurs verließ. Er avancierte dann zum Sergeanten und sein Tanzliebchen aus dem Bordell wurde Friseuse. Bei einer Expedition in die unruhigen Regionen der Tuaregs in der Sahara war der Sergeant gefallen. Als die Nachricht von seinem Tode die Frau erreichte, ging sie wortlos und ohne zu weinen in das Schlafzimmer, wo sie am nächsten Morgen gefunden wurde. Sie hatte sich selbst erdolcht. Malte der Prinz aus: »Mit letzter Kraft hatte sie den Vornamen ihres Mannes mit ihrem Blut auf den Boden geschrieben.«

Glaubwürdiger klingt dagegen der Fall des Legionärs Vogler, den sich Prinz Aage als Ordonnanz geholt hatte: »Er war kein Stockpreuße, denn er war weder Pommer, noch Brandenburger, noch Berliner. Er kam aus dem Gebiet westlich der Elbe, aus dem preußischen Sachsen. Trotzdem war er ein Preuße wie aus dem Bilderbuch. Er war der Sohn eines Bataillonskommandeurs des 16. sächsischen Ulanenregiments, das sich im Deutsch-französischem Krieg 1870 in der Brigade Bredow ausgezeichnet hatte. Vogler wurde ebenfalls Offizier, wurde in die Reichswehr übernommen, nahm aber seinen Abschied und kam 1925 zur Legion. Über die Gründe schwieg er sich aus. Ich habe selten einen so eindrucksvollen Soldaten gesehen. Er war schlank, stockgerade und fast 1,90 Meter groß. Wenn die Kompanie aufmarschierte, war er immer der rechte Flügelmann. Den preußischen Drill konnte er nie verleugnen. Man bemerkte es daran, wie er die Waffen handhabte, wie er defilierte, wie er seine Salven beim Stehendschießen abgab. Mehrmals wurde Vogler für die Unteroffiziersschule vorgeschlagen, doch er lehnte immer ab. Es war, als wollte er den untergeordneten Dienst der Legion als Buße betrachten. Wenn er von den morgendlichen Eilmärschen des Bataillons zurückkam, ging er nicht wie die anderen Legionäre auf die Stube, sondern holte sich sein Essen aus der Küche und aß es, sitzend auf einer Treppenstufe. Gewehr, Tornister und die andere Feldausrüstung gab er seinem Bettnachbarn mit. Wenn ich aus dem Kasino zurückkam, war die Dusche vorbereitet, das Zimmer aufgeräumt, frische Kleidung lag auf dem Bett. An einem kalten Winterabend sagte ich zu Vogler: ›Versuch Holz aufzutreiben und mach Feuer im Kamin.‹ Als ich vom Abendessen zurückgekehrt war, prasselte ein Feuer im Kamin, so groß, daß man einen Ochsen hätte braten können. ›Wo, verdammt nochmal, hast Du diese Holzscheite geklaut?‹ Vogler grinste: ›Mon Commandant, die Spanier sind so dumm.‹ Mehr war von ihm nicht zu erfahren, und es kamen auch keine Klagen.

Vogler sprach gut französisch, fast ohne jeden deutschen Akzent. Aber seine Reden waren gespickt mit ›justement‹ und ›directement‹, die er direkt der deutschen Militärsprache entnommen hatte, nämlich ›richtig‹ und ›gerade‹. Er sprach häufig von seiner Militärdienstzeit bei seinem Heimatregiment, von seinen Einsätzen während des Ersten Weltkriegs. Als ich einmal nebenbei bemerkte, daß morgen der Oberst des Kavallerieregiments in Luneville, Lefort, zu Besuch kommen würde, sagte er: ›Ich kenne den Colonel Lefort noch als Leutnant. Im Juni 1914 hat er eine Apothekerstochter in Strassburg geheiratet. Die Offiziere der Garnison bildeten vor dem Münster ein Spalier mit gezücktem Degen. Es war ein großes Fest. Selbstverständlich trug der Leutnant Lefort die Paradeuniform seines Regiments.‹

Solange mein Bataillon in Sidi bel Abbes war, hielt sich Vogler gut und trank nicht zuviel vom algerischen Rotwein. Wenn er tatsächlich über den Durst getrunken hatte, stellte er sich steif wie bei einer Parade vor mich hin und schlug die Hacken zusammen:

›Mon Commandant, ich bin besoffen.‹

›In Ordnung, Vogler, geh schlafen.‹«

Im Frühjahr 1936 sprach eine Abordnung der Weinbauern der Umgebung bei General Rollet vor. Die Ernte des Vorjahrs war besonders reichlich ausgefallen und der Absatz stockte. Der Wortführer der Winzer sprach ganz offen: »Mon Général, unsere Weinfässer quellen über. Wenn die schlechten Geschäfte so weitergehen, müssen wir den Wein wegschütten. Aber Ihre Legionäre, mon Général, haben doch einen unbezähmbaren Durst. Wir machen Sonderpreise.«

Eines nach dem anderen wurden die Bataillone des 1. Fremdenregiments nach Saida und Mascara abkommandiert. Das Bataillon des Prinzen Aage mit über achthundert Mann blieb zwei Wochen in Mascara: »Es war eine unbeschreibliche Sauforgie«, bekannte der trinkfeste Dänenprinz. »Einige Winzer gingen so weit, den Legionären ihre Weinkeller für zwei Sous in der Stunde zur Verfügung zu stellen. Was folgte, war eine Katastrophe. Der Zapfenstreich wurde nicht eingehalten und mindestens die Hälfte aller Legionäre erschien stockbetrunken zum Frühappell. Caporale und Sergeanten, die sich jahrelang fehlerlos aufgeführt hatten, wurden aufsässig und mußten degradiert werden. Auch Vogler geriet in dieses Saufgelage ohne Ende. Eines Abends drehte er durch, warf dem Caporal vom Dienst, der zum Aufbruch drängte, ein hartes Stück Bauernbrot an den Kopf. Anschließend verpaßte er ihm einige Fußtritte. Der körperliche Angriff auf einen Vorgesetzten ist eines der schwersten Vergehen in der Legion. Ich ließ Vogler am nächsten Tag kommen. Er trug bereits Sträflingskleidung. Sein Gesicht war verschwollen. Die erste ›Sonderbehandlung‹ der Sergeanten in der Strafkompanie hatte er also schon hinter sich. Sein Blick war widerspenstig und traurig.

›Was hast Du denn angestellt, Vogler?‹

›Dummheiten, mon Commandant.‹

Mehr war aus ihm nicht herauszubekommen. Ich legte ein Gnadengesuch bei General Rollet ein, das ohne Begründung abgelehnt wurde. Zusammen mit siebenundzwanzig anderen Legionären, die im Rausch ebenfalls gegen ihre Caporale und Sergeanten vorgegangen waren, verurteilte ein Militärgericht Vogler zu vierzehn Monaten Zwangsarbeit in der Strafkompanie in Colomb-Bechar. Danach ist sein Name nie wieder in den Listen der Legion aufgetaucht. Er hat die Hölle dieser Sondereinheit wohl nicht überlebt.«

Die Oase Colomb-Bechar im Süden war die Endstation für straffällige Legionäre. Zur Rechtfertigung der Schikanen und Grausamkeiten, die in diesem Straflager die Regel waren, merkt das »Goldene Buch« der Legion salbungsvoll an: »In der Legion dienten immer Soldaten aus Dutzenden von Nationen. Sie kamen aus den verschiedensten Kulturkreisen. Da war es schwierig, eine einheitliche Disziplin aufzubauen. Oft konnten nur drakonische Strafen den Dienstbetrieb sichern. Strafeinheiten waren auch in anderen Armeen mehr ein Bagno als eine militärische Einrichtung.«

Wenn der bestrafte Legionär sich bisher gut geführt hatte und die Stimmung des Militärgerichts dementsprechend war, konnte der Legionär selbst bei schweren Vergehen, die mit bis zu einem Jahr Straflager geahndet wurden, noch Glück haben und in Sidi bel Abbes bleiben. Wiederholungstätern und mehrfach Verurteilten blieb Colomb-Bechar nicht erspart.

Für Sergeanten war die Haft in Sidi bel Abbes eher eine kleine Erholung. Sie bekamen eine zwar winzige und fast lichtlose Einzelzelle zugewiesen, doch das Bett war mit weißem Leinen bezogen und es gab zwei Wolldecken. Dreimal am Tag brachte die Ordonnanz die Mahlzeiten, außerdem zwei Liter Wein. Jeden vierten Tag durfte der bestrafte Sergeant in der Unteroffiziersmesse verbringen. Verboten war nur das Verlassen des Kasernengeländes.

Weniger glimpflich erging es den Legionären in der Strafkompanie von Sidi bel Abbes. Sie mußten Koppel und Leibbinde abnehmen, ebenso Hosenriemen, Wickelgamaschen und Schnürsenkel. In einem Leinensack befand sich nur die Blechgamelle für das Essen und Waschzeug. Kaum ein bestrafter Legionär vergaß das dumpfe Trampeln, wenn er sich dem Gefängnistor näherte. In der Mitte des blankgefegten Hofes stand ein Sergeant, der Brüllaute ausstieß. Zwischen dreißig und fünfzig Legionäre trabten mit schweren Tornistern auf dem Rücken im Kreis. Ihre Gesichter waren verzerrt. Wie weiße Kruste bröckelten der in der Sonne getrocknete Schweiß ab. Zwischendurch befahl der Aufsichtssergeant: »Marsch«. Die Sträflinge fielen in den normalen Marschtritt zurück, quälten sich über den Hof, mühsam Halt wahrend in den Stiefeln, die sie wegen der fehlenden Schnürsenkel ständig zu verlieren drohten.

Jeder Neue kam in eine Gemeinschaftszelle mit vierzig harten Holzpritschen; nur eine dünne Decke gab es. Dort lag bereits der Tornister, angefüllt mit Ziegelsteinen, einen halben Zentner schwer. Mit einer Stunde Laufschritt begann der Tag in der Strafkompanie. Wer zusammenbrach, wurde von den Caporalen mit Fußtritten und Stockhieben aufgescheucht. Reagierte der Legionär nicht darauf, kam er in eine Einzelzelle, ohne Fenster, zwei Meter lang, einen Meter hoch. Ein Becher Wasser und ein Stück trockenes Brot war die ganze Tagesration.

Bekannte Prinz Aage: »Es gab für einen Legionär nur eine Chance: Entweder er hielt am nächsten Tag das Laufen und Marschieren mit dem Ziegeltornister durch oder er kam als Leiche nach fünf oder sechs Tagen aus der Dunkelzelle.« Zwischen den Marschübungen kam das Kommando: »Gepäck ablegen, Tornister leeren«. Dann mußten die Legionäre im Eiltempo Ziegelhaufen aufbauen, sie ebenso schnell wieder abbauen, auf die andere Seite des Hofes schleppen und sie dort erneut aufrichten.

Wer dagegen nach Colomb-Bechar gekommen war, bekam nicht einen Vorgeschmack auf die Hölle, sondern durchlitt sie. Jeder Neuankömmling wurde dem gleichen Zeremoniell unterworfen: Ein Sergeant, dessen Visage ihm kaum eine Chance gegeben hätte, in eine Henkergewerkschaft aufgenommen zu werden, zeigte auf den Friedhof mit einigen frisch aufgeworfenen Erdhügeln und auf das Tor: »Das sind die einzigen Wege, die aus diesem Lager herausführen. Du hast die Wahl, welchen Weg Du gehen willst. Ich will auch nicht wissen, warum Du hier bist. Du bist ein übles Element und wir werden Dich kurieren.« Mit einem Fußtritt beendete er seinen Vortrag: »Wir sind hier Deine Seelenärzte. Und wir werden Dich kurieren.«

Im Gegensatz zu Sidi bel Abbes, wo die kürzeren Disziplinarstrafen abgedient wurden und es die normale Kost, nur ohne Wein gab, wurden in Colomb-Bechar nach einem Tag, der aus nicht abreißenden Torturen bestand, um vier Uhr früh begann und erst um zehn Uhr abends endete, nur kleinste Rationen verteilt. Nach vierzehn Tagen waren die Legionäre abgemagert und apathisch. Einige spuckten Blut. Andere bekamen Wahnvorstellungen. Als Glückskinder wurden die Sträflinge betrachtet, die noch aufrecht gehen konnten und deren Füße »nur« eine unförmige Mischung aus Blut und Eiter waren. Sogar die Stiefel wurden den Sträflingen abgenommen. Dafür bekamen sie Holzpantinen, die vor dem Betreten der Baracken ausgezogen werden mußten. Jede Bewegung mußte im Laufschritt gemacht werden, selbst der Gang zum Essenfassen oder zur

Latrine. Auch winzige Verfehlungen wurden bestraft mit Dunkelzelle, wenig Wasser und wenig Brot. Jeden Arrest zogen die Schreibstuben-Sergeanten von der Strafe ab. Wer mit vierzehn Monaten Strafmaß nach Colomb-Bechar gekommen war, mußte durch diese Praktiken mit mindestens achtundzwanzig Monaten rechnen. Die Statistiken enthüllen: Von zehn Sträflingen kehrten neun nicht mehr zu ihren Einheiten zurück. Durchschnittlich waren knapp dreihundert Mann in der Strafkompanie. Auch in den wenigen Viertelstunden der Essenspausen wurde nicht gesprochen. Jeder Sträfling war zu müde, zu apathisch. Überleben war der einzige verzweifelte Gedanke, der die Legionäre beherrschte. Arrest bedeutete den fast sicheren Tod. Unzählige Formen des Quälens hatten sich die Aufsichts-Sergeanten ausgedacht. An einem Tag wurde exerziert: Die Übungen, die mit normalem Kasernenhofdrill kaum noch etwas zu tun hatten, bestanden aus Aufspringen, Laufschritt und Hinlegen in greller Sonne bei einer Temperatur zwischen 50 und 60 Grad. Das Blut rann aus den Holzpantinen und unzählige Schmeißfliegen sammelten sich an den Füßen. Wer vor Entkräftung nur einen falschen Schritt machte, bekam drei Tage Dunkelarrest – das bedeutete drei Tage Backofenhitze und drei Nächte Frieren bei Temperaturen um Null Grad.

Am Tag nach dem Exerzieren kam »Arbeiten«: Mit bloßen Händen mußten in den Sand tiefe Löcher gegraben werden. Die Nägel brachen ab, die Finger verwandelten sich in blutige Klumpen. Es kam zu Blutvergiftungen. Natürlich gab es in Colomb-Bechar eine Sanitätsstation, nur fehlten die Medikamente. Der Sanitätsfeldwebel, ein angesehener ehemaliger Frauenarzt aus Linz, der wegen Abtreibung seine Approbation verloren hatte, kontrollierte nur den nachlassenden Puls. Wenn er pfiff, wußten die anderen Legionäre, daß sie wieder einmal eine Tragbahre zum Friedhof schleppen und dort ein Grab ausheben mußten.

Sobald ein Legionär beim Arbeitseinsatz ein Loch gegraben hatte, scharrte es der Aufsichts-Sergeant mit seinen Stiefeln wieder zu und mit dem Ausbuddeln mußte der Legionär daneben beginnen. Wer nur eine Sekunde mit dem Scharren aufhörte, wurde getreten und mußte sich wüste Beschimpfungen anhören.

Gelegentlich mußte das Lager Bauziegel für neue Kasernen oder Forts im Süden herstellen. Die »Steine« bestanden aus Lehm, Stroh und Wasser. Das tägliche Soll betrug für fünf Sträflinge tausend Ziegel pro Tag. Wurde das Soll nicht erfüllt, gab es halbe Essensportionen. Am nächsten Tag, wenn das Soll abermals nicht erfüllt wurde, kam der Befehl: »Ab in die Dunkelzelle.«

Bestraft wurde nach Gutdünken der Sergeanten. Sie warteten zu Dritt oder Viert vor den Dunkelzellen, wenn ein Sträfling nach einigen Tagen heraustaumelte. Die meisten zuckten in der grellen Hitze zusammen. »Was, Du Verbrecher«, schrien die Schinder. »Du lachst uns aus.« Dann schlugen sie den fast Ohnmächtigen zusammen. Kam er nicht rechtzeitig wieder hoch, mußte er zurück in die Dunkelzelle.

Prinz Aage schrieb: »Dante war nicht nach Colomb-Bechar gekommen. Er hätte die Hölle gewiß noch finsterer und auswegloser beschrieben.« Heute ist das festungsartige Gebäude mit den hohen Mauern und den Lehmbaracken verschwunden. Ein Park mit Palmen, sprudelnden Quellen, Blumen und kleinen Getreidefeldern ist erhalten geblieben. Als die Legion 1962 ihr Gefängnis sprengte, lag die idyllische Anlage, errichtet von Legionären ohne Hoffnung, noch einige Kilometer außerhalb der Stadt. Heute stehen hier Häuser des sozialen Wohnungsbaus für die Bergarbeiter der nahen Eisenminen. Im Palmenschatten spielen Kinder. Wo die Kreuze namenloser Legionäre standen, wurde ein kleines Karussell aufgebaut. Am Tor der Strafkompanie von Colomb-Bechar stand nie »Legio Patria Nostra«. Dafür verkündete ein Schild:

Wie Löwen kommt Ihr herein,
Bald werdet Ihr wie Lämmlein sein.

Die Strafkompanie wurde 1962 aufgelöst. In Corte auf Korsika entstand ein Bewährungszug, der normalen Dienstbetrieb durchführte. Lediglich die bestraften Legionäre hatten Ausgangssperre und waren auf den halben Sold gesetzt; 1977 löste der damalige Legions-Oberkommandierende General Goupil auch diese Einheit auf: »Es ist einfacher, einen disziplinlosen Legionär hinauszuwerfen.«

Das Kapitel Colomb-Bechar, das nicht zu den Ruhmesblättern der Legion zählt, war zu Ende.

Prinz Aage wurde 1923 zum ersten Fronteinsatz nach Fort Bou Khamoudj, direkt an der Grenze zu Spanisch-Marokko, kommandiert. Den Lebemann plagte rasch die Langeweile: »Eine Befestigung aus ungemörtelten Steinen, auf einem Gipfel des Rif-Gebirges. In einigen Nächten geht der Regen in Schnee über. Gegen Mittag fegt ein Sandsturm über die Anhöhen.« Irgendwo in den Felsen der kaum markierten Grenze tauchten immer häufiger Reitertrupps auf. Sie überfielen kleinere Vorposten und Versorgungskolonnen der Legion. In den Souks von Tetuan, Fez und Rabat wurde der Name eines neuen Befreiers geflüstert, des Berberfürsten Abd el-Krim, der Spaniern und Franzosen den »Heiligen Krieg« verkündet hatte. Der schwarzbärtige Messias hatte sich an die Spitze seines Stammes der Beni-Quiriaghel gestellt. Zuerst griff er die spanische Armee an. Bei Bou-Afra stellten seine Reiter die neunzehntausend Mann starke Truppe von General Sylvestre, von denen nur dreitausend Mann den Kampf überlebten. Sylvestre beging Selbstmord. Die Überlebenden schlugen sich nach Tetuan oder Tanger durch oder suchten Zuflucht in den Forts der Legion.

Im Frühjahr 1925 setzte Abd el-Krim zur Großoffensive an. Anfang Juni standen seine Truppen bereits vor Fez. Der zum Chef de Bataillon beförderte Tscharner sicherte mit seiner Truppe die strategisch wichtige Straße nach Taza. Tscharner übte deutlich Kritik an der defensiven Kriegsführung des inzwischen alt gewordenen Marschall Lyautey. An das Hauptquartier in Fez mußte er fortwährend Schreckensmeldungen durchgeben, etwa diese: Zwei Monate hielt Leutnant Fessmann das Fort von El Mers. Als die Rifkabylen in einem Nachtangriff über die Mauern kamen, zündete Fessmann die vorher angebrachten Sprengladungen. In einer Feuersäule verschwanden seine vierzig Legionäre und mit ihnen über hundert Krieger.

In den ersten vier Monaten verlor das Bataillon Tscharner sieben Vorposten. Stämme, die den Treueeid auf Frankreich geschworen hatten, gingen zu Abd el-Krim über. Lyauteys Defensivsystem drohte zusammenzubrechen. Da entschied sich Paris, den Verteidiger von Verdun, Marschall Pétain, nach Marokko zu entsenden. Der Technologe der Vernichtungsschlachten ging vom Kleinkrieg zum Einkreisungsfeldzug über. Am 8. Mai 1926 begann eine Großoffensive mit über tausend Geschützen bei Targuist. Auf einem Hügel hatte Pétain seinen Befehlsstand aufgeschlagen. Neben dem Telefon stand ein Kübel gut gekühlter Champagner. Auf dem Sessel neben dem Marschall saß ein untersetzter, drahtiger Oberst der spanischen Fremdenlegion, der spätere Generalissimus Franco.

Tscharner stand mit seinem Bataillon auf der Höhe 710: »In aufgelokkerter Schützenordnung gingen die Reitereinheiten vor. Sie wurden von der Artillerie zermalmt. Am Ende des 8. Mai sah es auf den Abhängen um den Djebel Derkoul aus wie 1917 in der Champagne: Zerfetzte Bäume, eine Trichterlandschaft, Schwelbrände, die bis weit in die Nacht anhielten.«

Drei Tage lang ging Abd el-Krim mit seinen Reitern gegen die Materialwalze von Marschall Pétain vor. Dann hißte er die weiße Fahne. Commandant Tscharner erhielt den Auftrag, den Berberfürsten mit einem Kommando über die Linien zu bringen. Pétain und Franco baten den Rebellenchef zum Mittagessen an einen Picknicktisch mit Damastdecke. In der Nähe waren noch immer Schüsse zu hören. Es war die Abteilung Klems, die sich in den Süden durchzuschlagen versuchte.

Rüdiger Klems war 1920 in die Legion gekommen. In einem hessischen Regiment hatte er sich vom Unteroffizier bis zum Oberleutnant an der Westfront emporgedient. Bereits 1922 war er Sergeant bei einer berittenen Kompanie des 2. Fremdenregiments in Marokko. Seine Akte schildert ihn als vorzüglichen militärischen Führer, aber auch als rücksichtslosen Sadisten und Rohling gegenüber den Untergebenen. Neunzehnhundertunddreiundzwanzig kam er wegen fortgesetzter Ausschreitungen vor ein Kriegsgericht. Den Vorsitz hatte Klems Vorgesetzter, von Tscharner. In der Urteilsbegründung – Klems wurde zu achtzehn Monaten Strafkompanie in Colomb-Béchar verurteilt sowie degradiert – sagte Tscharner: »Der Angeklagte ist ein Bandit, kein Legionär. Es spricht nicht für die einstige deutsche Armee, daß ein solcher Mann wie Klems zum Offizier aufrücken konnte.« Tscharner übte in seinem Urteil aber auch Kritik an der Legion: »Ein Mann mit derart verwerflichen Charakterzügen hätte nie aufgenommen werden dürfen.«

Auf dem Weg nach Colomb-Béchar gelang es Klems, der Begleitmannschaft zu entkommen. Er schlug sich nach Norden zu den Reitern von Abd el-Krim durch. Dem Berberfürsten kam der Flüchtling gelegen. In seiner fast fünfzehntausend Mann starken Truppe hatte er zwar genügend Draufgänger, aber es fehlten ihm die Militärspezialisten mit einer Ausbildung in den europäischen Armeen. So machte er Klems sofort zum »Großmeister der Artillerie«. Obwohl Klems nie zum Islam übergetreten und auch nie nach Mekka gepilgert war, bekam er den Ehrentitel »El Hadschi Aleman«. In wenigen Monaten gelang es »Großmeister« Klems, das bunte und wenig wirksame Waffenarsenal Abd el-Krims mit eingeschmuggelten Krupp-Kanonen, Haubitzen aus den französischen Waffenschmieden Schneider, Creuzot und Lafitte sowie Maschinengewehren aus Großbritannien, Frankreich und Italien in eine feuerkräftige Einheit zu verwandeln.

Unter dem Kommando von Klems wurden nach dem Selbstmord von Sylvestre die restlichen spanischen Truppen in die Küstenfestungen zurückgedrängt. Sämtliche Sperrforts vor Tetuan und Tanger wurden in tagelangen Bombardements dem Erdboden gleichgemacht. Klems erwies sich als fähiger Planer. Er disziplinierte die ebenso stolzen wie widerspenstigen Reiterhorden. Die Umrisse eines Feldzugsplans wurden erkennbar. Dabei wählte Klems zwei Hauptstoßrichtungen aus: Die Eroberung von Casablanca und Rabat sowie die Einnahme von Fez. Ehe Marschall Pétain mit seiner Gegenoffensive ansetzte, standen schon neunzehn Geschütze und dreiundsiebzig Maschinengewehre auf den Anhöhen von Fez. Mitten in den Belagerungslinien ließ der siegessichere Abd el-Krim eine kleine weiße Moschee bauen. Das Freitagsgebet machte er zur Demonstration seiner militärischen Macht. Sein ungläubiger Großmeister Klems mußte einige Geschütze aus der Front herausholen und am Portal postieren. Bei der Ankunft des Rebellenführers schossen sie Salut. Begleitet wurde Abd el-Krim von seiner Schwarzen Garde, wie sie auch die Sultane der Sherifen unterhalten hatten. Die Berberherrscher wollten damit erinnern, daß ihre einstigen Reiche bis an den Niger und den Gambiafluß reichten. Die Gardisten, alle Neger, trugen scharlachrote Röcke, riesige weiße Pluderhosen und Turbane in Schwarz und Weiß. Vor ihnen postierten sich die Hornbläser, die nur eintönige Weisen aus ihren Instrumenten holten. Gekleidet waren sie in lachsrosa Gewänder und beim Musizieren hüpften sie wie Derwische. In einer Glaskutsche ließ sich Abd el-Krim zur Moschee fahren. Doch am kriegerischsten wirkten die fast hundert »Hofdamen«, gekleidet in gelbe und weinrote Gewänder mit echten Pailetten aus Gold. Sie kreischten die alten Kriegsrufe der Stämme des Rif, aus deren Zischlauten nur der Refrain zu hören war: Jujuh, jujuh. Seit Jahrhunderten begleiteten die Berberfrauen die zum Kampf ausreitenden Krieger mit diesem anfeuernden Geschrei. Tod, Rache und Wollust fanden Berberforscher aus den Urlauten heraus.

Nach der Kanonade vom 8. Mai 1926 bei Targuist waren auch die gewalttätigen Gesänge der »Hofdamen« verstummt. An Fez vorbei führte Chef de Bataillon Tscharner den Gefangenen Abd el-Krim mit zwei Kompanien nach Casablanca. Nur aus der Ferne sah er die Stadt mit ihren zinnenbewehrten Stadtmauern und den hohen Toren. Tscharners Geschichte der marokkanischen Königsstädte blieb unvollendet. Als Wachoffizier des geschlagenen Abd el-Krims schrieb er im Biwak bei Fez: »Noch immer lebt das Mittelalter in dieser Stadt. In den Gassen haben die letzten Jahrhunderte ihre Bedeutung verloren. Die verlorene Zeit ist hier noch lebendig. In den steilen Gassen geht es zu wie im Mittelalter in Basel, Bern oder St. Gallen, nur mit dem Unterschied des Orientalischen. Fez liegt da, wo die letzten Ausläufer des Rif in einer weiten, fruchtbaren Ebene enden. Es erhebt sich genau am Schnittpunkt der wichtigsten Karawanenstraßen. Von hier geht es hinüber nach Algerien, aber auch nach Meknes und zu den Städten am Atlantik.«

Mehrmals hatte Klems versucht, mit den Reitern Abd el-Krims, die sich nicht ergeben hatten, Fez zu erobern. Bei einem schweren Gefecht um das Mahruk-Tor verlor er die letzten Geschütze. Er tauchte im Bordellviertel von Casablanca unter, wo ihn eine Bauchtänzerin für die ansehnliche Summe von 30 000 Franc verriet. Ein Militärgericht verurteilte Klems zum Tode. Doch das Auswärtige Amt in Berlin legte Einspruch ein. Der »Großmeister« Abd el-Krims war in der deutschen Presse zum heroischen Freiheitskämpfer hochstilisiert worden. In einer zweiten Verhandlung wurde Klems zu sieben Jahren Straflager in Colomb-Bechar begnadigt. Überraschend schlug die Lagerleitung nach drei Jahren seine vorzeitige Entlassung vor. Es war von »vorbildlichem Verhalten« die Rede. General Rollet entsprach dem Gesuch.

Klems wurde wieder zum Caporal befördert und erhielt den Posten eines Aufsehers in Colomb-Bechar. Überlebende des Bagnos schilderten Klems als »Bluthund« mit einer »krankhaften Phantasie für Torturen«. Nach vier Jahren Colomb-Bechar wurde Caporal Klems dazu eingeteilt, einen Trupp von neun Sträflingen in Sidi bel Abbes abzuholen. Als er am Abend vor der Rückfahrt in das Vergnügungsviertel ging, wurde er am nächsten Morgen enthauptet vor einem Bordell aufgefunden. Der Regimentsarzt stellte fest: »Tod durch einen gewaltigen Bajonetthieb.« An seinen Caporalslitzen heftete ein Zettel in verstellter Druckschrift: »Dieser Tod war viel zu schnell und gütig.«

Nach dem Ende der Berberkriege wurden den Legionären Brechstangen, Schaufeln, Spitzhacken und Spaten in die Hand gedrückt. Sie bauten Straßen, hoben Brunnen zur Bewässerung aus, gruben Fundamente für Kasernen und Krankenhäuser, die von Zivilingenieuren entworfen worden waren. Die Sergeanten der Legion erwiesen sich rasch als fähige Ingenieure, während die Caporale die Aufsicht übernahmen und die Legionäre wie Sklaven beim Bau der ägyptischen Pyramiden schufteten. Marschall Lyautey verschönte den Legionären die Knochenarbeit mit dem heroischen Hinweis: »Ihr gehört zu denen, die Wege öffnen, Länder fruchtbar machen und neue Städte bauen.«

Zum Symbol dieser Arbeit in Friedenszeiten wurde der Tunnel von

Foum-Zabel – kein Wunderwerk der Technik, denn er wurde nicht von Ingenieuren geplant. Sogar die Abmessungen sind bescheiden: Die Straße ist acht Meter breit, der Durchbruch drei Meter hoch und der ganze Tunnel sechzig Meter lang. Noch heute verraten die Tunnelwände, daß der Fels nur mit Eisenstangen, ohne Bohrer, bearbeitet wurde. Es gab kein Dynamit, und jeder Meter mußte mit der Spitzhacke und der Schaufel erarbeitet werden. Der Tunnel führt durch einen Ausläufer des Mittleren Atlas. In der Tiefe der Schlucht fließt der Qued Ziz, der nur in den Frühjahrstagen Wasser führt. Sonst fließen winzige, lehmige Rinnsale über die Kiesel. Am Ufer stehen einige Palmen und rosafarbene Lorbeerbüsche. Ganz oben auf dem Hügel liegt ein Berberdorf mit festungsartigen Häusern. Die Straße am Qued Ziz kommt aus dem Norden von Midelt. Einige Felsbarrieren versperrten den Weg weiter nach Süden, nach Efoud. Vom Oktober 1927 bis Mai 1928 schlugen achthundert Legionäre diese Straße durch den Granitfelsen. An der Nordseite meißelten sie ein:

Der Berg versperrte uns den Weg.
Es erging der Befehl,
Ihn trotzdem zu durchqueren.
Die Legion führte ihn aus.

Am Südausgang stand:

Die Kraft ihrer Muskeln
Und ihr unbeugsamer Wille
Waren ihre einzige Hilfe.

Die Armee des Königs von Marokko entfernte diese Inschriften, während sich dagegen die Befehlshaber der Volksarmee Algeriens großzügiger zeigten. Am Gittertor des einstigen Hauptquartiers in Sidi bel Abbes ist die Inschrift: »Legio Patria Nostra« verschwunden. Dafür wurde eine Bronzetafel angebracht: »Soldaten der Volksarmee, diese Kaserne hat die ›Légion Étrangère‹ erbaut. Sie wurde uns ohne Tadel übergeben. Soldaten, erweist Euch würdig dieser Verpflichtung.«

Selbst das zu falscher Heroisierung neigende »Goldene Buch« der Legion merkt schamhaft an: »Nach der Befriedigung Marokkos gab es nur noch wenige militärische Aktionen.« Von Tscharner nahm seinen Abschied und kehrte in die Schweiz zurück. Eine Woche vor seiner Abschiedsfeier im Kasino von Sidi bel Abbes notierte er merklich erschüttert: »Dieser Friede ist im Grunde ein Drama. Nicht zuletzt die Bataillone der Legion machten den endlosen Raubzügen und Anschlägen auf das Leben der anderen Stämme ein Ende. Der Schaamba ist kein Krieger, der Maure kein Menschenjäger mehr. Der Tuareg kein Räuber mehr. Wenn sie weiter eine Waffe tragen wollen, müssen sie sich mit einem französischen Armeekarabiner begnügen und in eine der Kompanien der Gums oder Meharisten eintreten. Trotz des besseren Solds, der vorteilhafteren Lebensbedingungen wurde den Stämmen der Sahara der traditionelle Lebensfaden durchschnitten.«

Nach 1930 flackerten in den Südterritorien nur noch selten Stammesaufstände auf, die mit Strafexpeditionen rasch niedergeschlagen wurden. Prinz Aage kommandierte einen solchen Vorstoß im März 1937. Vierzig Tage ging es auf Karawanenstraßen in den Süden. Zweimal kam der gefürchtete Sandsturm, der Ghibli, auf. Neun Legionäre erstickten. Dann stießen sie auf ein namenloses Fort südlich von Reggane, das quadratisch mit zwei Wachtürmen ausgelegt war. Der Posten begrüßte das Kommando des Prinzen mit einem obszönen Fluch. Im Hof lagen die Legionäre. Zu einer Ehrenbezeugung waren sie nicht mehr fähig. Der Fort-Kommandant meldete dem Prinzen: »In den zurückliegenden neunzig Tagen hatten wir keine Feindberührung. Doch gab es neun Selbstmorde und vier Desertationen. Die Leichen der Deserteure wurden uns von den Tuaregs wieder vor das Tor gelegt.« Nach zwei Monaten Wachdienst kam es unter den Truppen Prinz Aages zu den ersten Schlägereien. Tag und Nacht mußten die Legionäre auf eine tote Landschaft starren: Zwei Sanddünen, die jeden Tag ihren Gipfel veränderten und neun Palmen, die nach jedem Sturm tiefer im Sandmeer versanken. Das Gesicht des sonst so lebenslustigen Prinzen wurde alt und grau.

Als er nach neun Monaten nach Sidi bel Abbes zurückgekommen war, mietete er das teuerste Restaurant. Auf dem Rücken schleppte er einen Sack mit Steinen mit. Nach Mitternacht war das vornehme Etablissement nur noch eine Ruine. Wegen gezielter Steinwürfe des Prinzen mußten zwei Kellner und der für den Wein zuständige Maître in das nächste Hospital eingeliefert werden. General Rollet war zu diesem Zeitpunkt schon in Pension. Sein Nachfolger, Colonel Maire, ein alter Troupier, regelte den Schaden diskret. Der Restaurantbesitzer wurde voll entschädigt und der Prinz auf halben Sold gesetzt. Unter General Rollet wäre der Dänenprinz nicht so glimpflich davongekommen, denn der schwadronierende Sproß des dänischen Königshauses hatte Rollet, dem Sohn eines kleinen Landwirts, von Anfang an mißfallen. Zum offenen Eklat war es aber erst gekommen, als General Rollet mit sechzig Jahren geheiratet hatte. Er hatte sich in eine üppige Nachtklubtänzerin eines zweifelhaften Lokals in Casablanca verliebt. Obwohl dem »Zweiten Büro« der obskure Lebenslauf der künftigen Generalsgattin bekannt war, stimmte der Generalgouverneur in Algerien der Heirat Rollets mit der füllige Janine zu. An den Rand der Akte, in der das ›Zweite Büro‹ seine Einwände niedergelegt hatte, schrieb er: »Einem Denkmal kann eine auch fragwürdige Heirat nicht verwehrt werden.«

Janine, die bis dahin allenfalls mit Caporalen und Sergeanten Umgang hatte, genoß die neue gesellschaftliche Stellung. Sie achtete streng darauf, daß die Wache am Tor sie wie einen höheren Offizier grüßte. Eines Nachmittags hatten drei Legionäre und ein Sergeant, die vom 2. Fremdenregiment nach Sidi bel Abbes versetzt worden waren und die Frau des Generals nicht kannten, Aufsichtsdienst. Als sie vollbusig und gravitätisch heranrauschte, blieben sie achtlos stehen.

Die grell geschminkte Madame Rollet schrie den Sergeanten an: »Warum lassen Sie nicht grüßen?«

Sergeant Theile antwortete höflich: »Wir haben nur Befehl, Militärpersonen zu grüßen.«

»Ich bin die Frau des Generals.«

Sergeant Theile, der nahezu fünfzehn Dienstjahre auf dem Buckel hatte, erinnerte sich an alle einschlägigen Vorschriften: »Trotzdem Madame. Militärische Ehrenbezeugungen stehen Ihnen nicht zu.«

Mit ordinären Schimpfworten, die sie in den Puffs von Casablanca gelernt hatte, eilte Madame Rollet zurück. An diesem Tag hatte der Prinz Aage die Wache unter sich. General Rollet zitierte ihn zu sich: »Bestrafen Sie den wachhabenden Sergeanten und alle Legionäre mit vierzehn Tagen Arrest.«

Doch Prinz Aage knallte die Hacken zusammen: »Ich denke nicht daran, mon Général.« Und ohne das Gesicht zu verziehen, fügte er hinzu: »Ich bezweifle auch, daß die beiden uniformierten Hinausschmeißer in der ›Paradies-Bar‹ in Casablanca Madame Janine jemals gegrüßt haben.«

Im Juni 1939 kehrte Prinz Aage von einer Europareise zurück, die ihn nach Kopenhagen, Berlin und Wien geführt hatte. »Es steht ein Krieg vor der Tür«, erzählte er im Kasino. »Die Würfel sind gefallen. Chamberlain hat sich von Hitler einwickeln lassen.« In Frankreich wurden zwei neue Regimenter der Legion aufgestellt: Das 11. und 21. Marschregiment. Prinz Aage meldete sich sofort dorthin. Aus Paris kam keine Antwort. Als eine Halbbrigade aus dem 1. und 2. Fremdenregiment gebildet worden war, wurde die Hälfte des Bataillons des Prinzen dorthin abkommandiert. Doch es kam kein Marschbefehl. Von einem Einsatz im von der Roten Armee bedrängten Finnland wurde jetzt gesprochen. Prinz Aage gab sich euphorisch, es gehe in nördliche Regionen in Europa. Dorthin, wo er sich auskennte. Auf ihn würde man nicht verzichten können. Aber am 25. Februar 1940 wurde ihm das Kommando über das 10. Bataillon entzogen, das nach Grenoble abmarschierte, um dort Skier und Gebirgsjägeruniformen zu beziehen.

Zwei Tage nach dem Abmarsch seiner Legionäre war Prinz Aage tot. Der Regimentsarzt stellte Herzversagen fest. Am Abend vor seinem Tod hatte Prinz Aage geschrieben: »Die Legion hat mir alles gegeben. Ich konnte der Monotonie der europäischen Zivilisation entfliehen. Doch jetzt hat mir die Legion auch wieder alles genommen.« Und in Vorahnung seines baldigen Todes bestimmte er in seinem Testament: »Ich will wie ein einfacher Legionär auf dem Friedhof von Sidi bel Abbes begraben werden, mit der Grabinschrift: Prinz Aage, Offizier der Fremdenlegion.«

Aber der Friedhof von Sidi bel Abbes sollte nicht seine letzte Ruhestätte werden. Bei ihrem Abmarsch aus Algerien am 29. September 1962 nahm die Legion drei Tote mit: General Rollet, Prinz Aage und den Legionär Zimmermann, der als letzter im Algerienkrieg gefallen war. Sie wurden auf dem kleinen Friedhof Payloubier in der Provence beigesetzt. Die »teuflische Lust« des Dänenprinzen nach Ruhm in der Fremdenlegion war endgültig zu Ende.

Der große Orlog

Am Morgen des 6. Mai 1940 tauchten aus dem Nebel schneebedeckte Berge, steile Felsschluchten und riesige Gletscher auf. An der Reeling des zum Hilfskreuzer umgebauten Frachters »El Djezair« drängten sich die Legionäre der neu aufgestellten 13. Halbbrigade. Sie kamen aus der Berittenen Kompanie in Marokko und kannten zerklüftete Gebirge, doch was sie jetzt am Horizont sahen, war ihnen völlig neu: Zwischen Nebelschwaden und Schneeschauern ragten spitze weiße Kegel auf. »Das sind Wolken«, sagten die Veteranen der Rif-Kriege, »so hoch sind nicht einmal die Berge Norwegens.« Doch Sergeant Jakob Rest aus Innsbruck belehrte sie in guttturalem Französisch: »Das sind bessere Hügel. Nur weil sie aus dem Meer herausragen, wirken sie so groß und schrecklich.«

Unter den Legionären stand auch Capitaine Dimitri Amilakvari, der beim Anblick der Berge ebenso wie Jakob Rest an seine Heimat, an Armenien, erinnert wurde. Während der bolschewistischen Revolution 1917 war die Familie des Prinzen nach Frankreich geflüchtet. Nach einem Speziallehrgang in der Offiziersschule St. Cyr war der damals zwanzigjährige Unterleutnant Amilakvari 1926 in das 1. Fremdenregiment eingetreten. Seine Personalakte ist gefüllt mit Auszeichnungen und Feldzügen: Der schüchterne Armenier-Prinz, der eigentlich Gymnasiallehrer werden wollte, war bei den Gefechten von Imi N'Taghia und Ait-Alloui dabei gewesen, bei denen von Isk N'N'Oumlou und Izeroualem, und bei Ait-Alliou-Ikko und am Djebel Baddou. Im Jahr 1931 war er Kompaniechef unter von Tscharner. Dem Schweizer blieb der armenische Prinz unheimlich und fremd, doch: »Er zeigt Umsicht und persönlichen Mut. Seiner inneren Veranlagung nach wäre er besser in den Jesuitenorden eingetreten.«

Anders als der Dänenprinz blieb Amilakvari immer ein Außenseiter in der Legion. Manchmal versuchte er, den jovialen und populären Aage nachzuahmen und mischte sich unter die Legionäre. Dabei gab er einige Lokalrunden aus und hörte sich die Legionärsgeschichten an, doch sein Lachen blieb gequält. Eher erleichtert warf er beim Zapfenstreich das Geld auf den Tisch und verschwand mit einem flüchtigen Gruß. – Von Frauengeschichten wurde nichts bekannt und auch das Offizierskasino, wo er nie mehr als zwei Schoppen Wein trank, verließ er pünktlich um zehn Uhr – »sonderbarer Heiliger« nannten ihn bald die Legionäre. Eine einzige Extravaganz leistete er sich. Des öfteren bestellte er eine Gemüsesuppe nach heimischem Rezept, die dem aus Schleswig-Holstein stammenden Koch viel Kopfzerbrechen bereitete. Da wurden Kräuter verlangt, die im Kaukasus wachsen und nicht im Rif, und die Bergziegen Marokkos gaben auch eine andere Milch wie die Ziegen im Kaspischen Meer. Colonel Magrin, der spätere General Monclar, der die Aufstellung der 13. Halbbrigade überwacht hatte, setzte den Prinzen nur zögernd als Kompaniechef ein: »Er ist ein Heimatloser. Warum sollten wir ihm seinen Rang in der Legion verweigern? Wir würden unseren Grundsätzen untreu werden, wenn wir nur noch Fremdenoffiziere nehmen, die sofort bei den Legionären Beifall auslösen. Unsere Truppe ist kein Zirkus.«

Dem Prinzen blieb seine Isolierung nicht verborgen. In seinen fragmentarischen Aufzeichnungen beklagte er häufig seine isolierte Stellung in der Legion: »Diese Truppe der Fremden ist tatsächlich meine neue Heimat. Trotzdem werde ich wie ein exotischer Außenstehender betrachtet.«

Die im Dunst liegende Küste, gesäumt mit silbrig schimmernden Birkenwäldern und bunt gestrichenen Holzhäusern, rückte näher. Fast lautlos glitten die Transporter dahin. Die schwere Küstenartillerie der Deutschen sollte nicht vorzeitig alarmiert werden. Irgendwo zwischen Klippen und Strandsperren lagen die Gebirgsjäger von General Eduard Dietl.

In der Nacht vom 6. auf 7. April 1940 hatten die Deutschen auf einem Zerstörergeschwader unter der Führung von Kapitain zur See Bontè vom Pier des Hafen Wesermünde abgelegt. An Bord befand sich das Gebirgsjägerregiment 139 der 3. Gebirgsdivision mit General Dietl als Befehlshaber. Ziel war der Erzhafen Narvik, direkt am Polarkreis. Unten im Mannschaftslogis weihten die Matrosen die Älpler aus Kärnten und der Steiermark in die Geheimnisse des heißen Grogs ein. Dafür spendierten die Jager den Blauen Jungs hochprozentigen Obstler. Oben auf der Kommandobrücke des Zerstörers »Wilhelm Heidkamp« herrschte Beklemmung. Geschwaderkommodore Bontè und Gebirgsjägergeneral Dietl wußten, daß sie zu einem Wettlauf mit einem weit überlegenen Landungskorps der Briten und Franzosen angetreten waren. Die deutschen Fernaufklärer hatten gestochen scharfe Luftaufnahmen geliefert: Danach hatten die Schlachtschiffe »Hood« und »Nelson«, der Flugzeugträger »Glorious« und über dreißig Transportschiffe den Kriegshafen Scapa Flow in Richtung Nordnorwegen und mit Narvik als Hauptziel verlassen. Immer wieder zirkelten Bontè und Dietl die Routen ab. Lapidar meinte Dietl: »Da müssen wir mehr Glück und Verstand haben.« Etwas indigniert quittierte der streng gescheitelte Bontè die saloppe Lagebeurteilung Dietls. Zwei unterschiedlichere Befehlshaber waren nicht denkbar: Kommodore Bontè kam ganz aus der Schule der kaiserlichen Marine, während Dietl eher der Typ des jovialen Soldatenvaters war. Eine Kriegsschule hatte er nie besucht. Als er 1936 die Olympischen Winterspiele in Garmisch organisiert hatte, erwies er sich als ein Meister der Improvisation. Der oberste Grundsatz des trinkfesten und immer zu einem derben Witz aufgelegten Dietl lautete: »Nur kein Schema.« Churchills Expeditionskorps sollte das unberechenbare operative Spiel des Haudegen Dietls zu verspüren bekommen. Mit »Nur kein Schema« hatte er aus einem isolierten Gebirgsjägerregiment und gestrandeten Matrosen eine feuerstarke Kampfgruppe gemacht. Churchill räumte in seinen Kriegserinnerungen ein: »General Dietl hatte ich unterschätzt. Ich hielt ihn für einen militärischen Lakaien Hitlers, gerade gut genug, Skispringen auszurichten. Er war natürlich weder ein Manstein noch ein Rommel. Aber er war ein Fuchs, der den Gebirgskrieg kannte, seine Tücken und Unwägbarkeiten. Die Schlacht um Narvik schlug er im verwegenen Geist des ›Verlorenen Haufens‹.«

Doch an diesem Morgen des April sah noch alles nach einem deutschen Sieg aus. Die von der Überfahrt angeschlagenen Jäger hatten beim Anblick der Gletscher und Schneekuppen aufgeatmet und wieder Appetit bekommen, denn sie verzehrten sogar ihnen so fremde Gerichte wie grünen Hering, Labskaus und weiße Bohnensuppe. Dann kam der erste Auftrag: Zwei Kompanien sollten die Sperrforts am Zugang des Ofotfjords im Handstreich nehmen. Sie kämpften sich durch Nebel und Hagelschauer und fanden aber nur eine Baustelle vor. Von schwerer Artillerie war nichts zu sehen. Die Zerstörer glitten tiefer in den Ofotfjord hinein; um 5.15 Uhr tauchten die ersten Häuser von Narvik auf. Kurz vor dem Ausbooten entdeckten die Spähtrupps an der Hafeneinfahrt einen stählernen Koloß. Es was das norwegische Küstenpanzerschiff »Eidsvold«, das mit 21-cm-Kanonen bestückt war. Schon hatten die Rohre sich auf die heranpreschenden Zerstörer gerichtet. Doch als ein Torpedo das unbewegliche Ungetüm mittschiffs getroffen hatte, brach es auseinander und versank in wenigen Minuten. Nach der Landung richtete General Dietl seinen Gefechtsstand im »Hotel Royal« ein und konnte gegen Mittag bereits die ersten neuen Verteidigungslinien auf den Lagekarten einzeichnen. Narvik war genommen. Zwei norwegische Ski-Bataillone hatten sich kampflos zurückgezogen. Am Straßenknotenpunkt nach Tromsö und am Truppenübungsplatz Elvegaardsøen gruben sich die Kampfgruppen von Oberst Windisch ein. Als sich dann gegen Nachmittag der Nebel gelichtet hatte, setzte Ernüchterung ein. Sämtliche Ausgänge des Fjords waren von britischen Kriegsschiffen blockiert. General Dietl kommentierte lapidar: »Teifi, Teifi, da san mir ja um Millimeter nur an den Engländern vorbeigekommen.«

Am 10. April rächte sich der britische Admiral Warburton-Lee an dem deutschen Zerstörergeschwader, das so unbemerkt in den Ofotfjord hineingeschlichen war. Bei Tagesanbruch eröffneten seine Kreuzer und Zerstörer ein wildes Feuer auf die Schiffe im Hafen von Narvik. Fünf Zerstörer von Kommodore Bontè verwandelten sich in Flammenfackeln und trieben gegen Mittag kieloben, zersiebt von unzähligen Treffern, in der eisigen See. Kapitain Bontè ging auf der Kommandobrücke der »Wilhelm Heidkamp« mit seinem Schiff unter. Fünfzehnhundert Matrosen konnten sich an Land retten und wurden von den Gebirgsjägern mit Mänteln und Pelzkappen versorgt. General Dietl gliederte die Überlebenden in sein Regiment ein. Später berichtete er: »Das Unglück der Zerstörer war das Glück meiner Kampfgruppe. Ohne die blauen Jungs hätten wir Narvik nie überlebt.«

Die Matrosen ergänzten die gebirgserfahrenen Landser in idealer Weise, sie sorgten für Funkverbindungen, organisierten die Landung von Fallschirmjägern auf einem gefährlichen Hochplateau und hörten den feindlichen Funksprechverkehr ab, sodaß General Dietl immer wußte, wo der nächste Angriff drohte. Große Hoffnungen, durchhalten zu können, machte er sich allerdings nicht. Aus dem Führerhauptquartier war die Nachricht gekommen, daß die »Überführung und Versorgung mit weiteren Kräften nicht möglich ist«. Dagegen war ein starkes französisch-britisches Expeditionskorps am 17. April bei Andalsnes und Masos angelandet, das die Dietl-Truppen vom Süden her einkreiste. Sieben Tage später mußte Oberst Windisch den Oallge-Pass räumen. Anfang Mai hielt General Dietl nur noch fünfzehnhundert Mann in der vorderen Frontlinie.

In der Nacht vom 12. auf 13. Mai war die Bucht von Narvik plötzlich taghell erleuchtet. Ein Trommelfeuer ging auf die Unterstände der Gebirgsjäger nieder, dann kam der infanteristische Angriff. Die Verteidiger sahen französische Stahlhelme, doch beim Nahkampf hörten sie deutsche, polnische und spanische Flüche. Durch verwüstete Straßen, Minensperren und Hinterhalte erkämpfte sich die 13. Halbbrigade der Legion den Durchbruch in das Stadtzentrum. Überrascht bekannte General Dietl: »Die Kerle kennen sich ja im Gebirge aus. Die kamen über unwegsame Pfade, die wir nicht vermint hatten.« Er konnte nicht wissen, daß die meisten Kompanien der Legion direkt aus dem marokkanischen Rifgebirge kamen.

Im Januar 1940 hatte die Aufstellung der 13. Halbbrigade begonnen. Ihr Auftrag lautete: Die Armee Finnlands bei der Abwehr der Roten Armee zu unterstützen. Zur gleichen Zeit spielte sich am Westwall und an der Maginotlinie der »Drôle de guerre« ab, der komische Krieg mit gelegentlichen Feuerüberfällen und weitaus häufigeren gemeinsamen Weingelagen. Die meisten Legionäre mußten erst auf der Landkarte Finnland suchen. Oberst Magrin, mit dem Kommando beauftragt, gab schon nach drei Tagen nach Sidi bel Abbes durch: »Meine drei Bataillone haben ihre volle Stärke erreicht. Ich könnte die Einheit auf das Doppelte vergrößern.«

Zu der neuen Truppe hatten sich vor allem Polen und Spanier gemeldet, die dem Bürgerkrieg entkommen waren, aber auch Deutsche, die zunächst nicht wußten, daß sie gegen ihre eigenen Landsleute würden kämpfen müssen. Allgemein wurde angenommen, daß es gegen die Rote Armee Stalins gehen würde, die das kleine Finnland überfallen hatte. Doch noch während der Umrüstung auf Polarkleidung mit Skischuhen, Gebirgsjägerhosen, Wollstrümpfen, Anoraks und dem neuen Schnellfeuergewehr

Modell 36 kam die Nachricht, daß die Divisionen Stalins den letzten eis-
freien Hafen Finnlands an der Barentsee, Petsamo, besetzt hatten. Bereits
am 8. April erhielt die 13. Halbbrigade den neuen Befehl zum Abmarsch
nach Nordnorwegen.

Am Camerone-Tag 1976 berichtete der Adjudant-chef Hermann Eckstein dem Autor ausführlich, warum er seine Freiwilligenmeldung aufrecht erhalten hatte, als es klar war, daß der Einsatz gegen deutsche Truppen ginge: »Ich war kein Hitler-Gegner. Sein Regime hatte ich nicht erlebt. Geboren 1903 in Neresheim, trat ich mit einundzwanzig Jahren in
die Legion ein. Ich nahm an den Rif-Feldzügen in Marokko teil.« Neun-
zehnhundertsiebenundzwanzig kam Eckstein für drei Jahre nach Tongking, wurde dann 1932 zum Caporal befördert und war Ausbilder in Sidi
bel Abbes. »Schauen Sie mein Dienstbuch an«, sagte der dreiundsiebzig-
jährige Eckstein während der Camerone-Festlichkeiten. »Sie enthalten
nicht weniger als neunzehn Kommandierungen bis Anfang 1940. Garnisonsdienst in Sidi bel Abbes löste sich mit Frontdienst in den Forts im Süden der Sahara oder jenseits des Großen Atlas ab.«

»Hatten Sie nie die Absicht, wieder nach Deutschland zurückzukehren?«

»Warum, ich wollte Soldat werden, die Legion bot mir diese Chance.«

»Als das Ziel Narvik bekannt wurde, da wußten Sie auch, daß es gegen
Ihre Landsleute geht.«

»Ich könnte es mir nachträglich leicht machen und sagen, daß ich zu
diesem Zeitpunkt bereits französischer Staatsbürger war. Aber ein anderer Paß gibt noch kein verändertes Bewußtsein. Entscheidend war die Zu-
gehörigkeit zur Legion. Das grenzt vermutlich bereits an Philosophie.
Und ich bin ein Militär, kein Philosoph. Ich müßte lügen, wenn ich sage,
daß es irgendwelche Gemütsregungen gab, als ich in den Straßen von Narvik erstmals deutsche Kommandos hörte, als ich tote Soldaten der Wehrmacht sah. Anders als die deutschen Juden in meiner Kompanie, die Spanier, die gegen Franco gekämpft hatten und die Polen, die der Niederlage
von 1939 entkommen waren, hatte ich keine Haßgefühle gegen Hitlers
Soldaten. Ich wußte ganz genau, daß ich ebenso auf der anderen Seite hätte stehen können, wenn mich nicht die Arbeitslosigkeit und ein gewisser
Hang zum Abenteuer zur Legion gezogen hätten.«

»Stimmt also die Verdächtigung, daß der Legionär für seinen Sold auf
jeden Gegner schießt, auch auf seine Landsleute?«

»Von Geldgier und Verrohung kann nicht die Rede sein. Ich hätte bei
einer der Berittenen Kompanien in Marokko bleiben oder mich zum 5.
Regiment nach Saigon versetzen lassen können. Das deutsche Vaterland
bescherte mir eine recht kärgliche Kindheit. Die Legion fragte nicht nach
Herkommen und Zeugnissen. Sie schenkte mir nichts, aber ich wurde auf
die Schulen für Caporale und Sergeanten geschickt. In Neresheim hatte
ich ganze vier Volksschulklassen besucht. Dann mußte ich zur Landar-
beit. Als ich im benachbarten Ulm anfragte, ob ich nicht in die Reichs-

wehr eintreten könnte, sagte der Feldwebel: ›Bleib auf Deinem Misthaufen, Du Bauernlackel‹.«

»Und es gab auch keinen Schock, als in Narvik Dietls Gebirgsjäger kämpften? Das war doch eine ganz andere Situation als gegenüber den Rif-Kabylen und den Tuaregs?«

»Obwohl der kleinere Teil der deutschstämmigen Legionäre keine politische Motivation hatte, fühlten wir uns keineswegs als Verräter. Die Legion hatte uns aufgenommen. Sie gab uns einen neuen Lebensinhalt. Bis heute blieb ›die Legion ist unser Vaterland‹ kein leerer Sinnspruch. Den Vorwurf des vaterlandslosen Gesellen habe ich nie verstanden. Mit der Unterschrift unter meinen ersten Kontrakt war ich Legionär. Das war ein Bruch mit der gesamten Vergangenheit, die bei mir nicht allzu groß war. Ich ließ nicht einmal ein Mädchen zurück, das mir treulos war oder dem ich ein voreiliges Eheversprechen gegeben hatte. So lauten doch die gängigen Legionslegenden. Als ich mich zur 13. Halbbrigade meldete, wollte ich der Legion nur zeigen, daß ich immer bereit bin, dort zu kämpfen, wo es am härtesten ist. Immerhin war ich 1940 schon siebenunddreißig Jahre alt, und ich hätte im Garnisonsdienst keinerlei Nachteile gehabt.«

Neben Hermann Eckstein stand an der Reling der »El Djazair« der Sergeant Jakob Rest aus Innsbruck. Als Siebzehnjähriger hatte er sich der damals von der Regierung Dollfuß verbotenen NSDAP angeschlossen. Er beteiligte sich am mißlungenen Putsch, versteckte sich einige Wochen auf einer Schutzhütte im Sandkar über Innsbruck und floh dann über das Karwendelgebirge nach Mittenwald. Jakob Rest, ein bärenstarker Landarbeiter, der das Schießen als Wilderer gelernt hatte, kam wegen seiner Körpergröße – 1,92 Meter – und absoluter Linientreue in die »Leibstandarte Adolf Hitler«. Am 9. November 1936 wurde Rest vor der Münchner Feldherrnhalle feierlich vereidigt. Hitler nahm das Zeremoniell persönlich ab.

Der monotone Wachdienst war jedoch für den unruhigen Rest eine erste Enttäuschung. Nur die Kaserne, die ehemalige Kadettenanstalt Berlin-Lichterfelde mit ihren verschachtelten Gebäuden, dem Exerzier- und Paradeplatz, der Turnhalle und dem Reitplatz, dem Viehhof für die Küche und den vier verschiedenen Kasinos und Restaurants, gefiel dem Neuling, der jetzt den schwarzen Waffenrock mit dem Totenkopf auf dem Kragenspiegel trug. (Als er später in der Legion war, hatte der Legionär Rest schon nach zwei Tagen Dienst in Sidi bel Abbes vier Tage Arrest aufgebrummt bekommen, weil er sich über die »Bruchbude im Vergleich zur Kadettenkaserne des Kaisers« mokiert hatte.) Sonst machte der einstige Hitler-Verehrer den Tagesablauf der Leibstandarte eher lustlos mit. Den Dientplan vom 30.1.1937 zur Bewachung des Reichstags in der Kroll-oper hat er sich aufbewahrt:

5 Uhr Wecken.
8.30 Uhr Abfahrt von Lichterfelde.

10 Uhr Reichskanzlei. Vorbeimarsch der gesamten Leibstandarte.
10.30 Uhr Verpflegungsempfang bei den »Zelten«.
12.30 Uhr Spielmannszug, Musikzug, 1. Kompanie stellen Ehrenkompanie vor der Krolloper. Der Rest Ehrenspalier und Absperrung.
17 Uhr Teeempfang bei den »Zelten«.
18 Uhr Gesamtes Regiment Absperrung für den Fackelzug durch die Wilhelmstraße.
22 Uhr Abfahrt nach Lichterfelde.

Wenige Wochen nach diesem Tag wurde die 2. Kompanie der Leibstandarte zu einer Flaggenparade in das KZ-Dachau abkommandiert. Jakob Rest erlebte hier den »praktizierten Nationalsozialismus«, mit Tausenden geschundener Häftlinge und mit Wärtern, die die gleiche Uniform wie er trugen. Zur unerträglichen inneren Belastung wurde für Rest eine Szene am Ende des makabren Zeremoniells, das für Heinrich Himmler veranstaltet wurde. Unter klingendem Spiel rückte die Kompanie der Leibstandarte ab. Da am Eingangstor die Busse noch nicht vorgefahren waren, ging Rest einige Meter zurück zu den Baracken. Hier mußte er mit ansehen, wie die SS-Mannschaften mit Kolbenhieben die entkräfteten Häftlinge in die Massenquartiere trieben. Einige Häftlinge waren zusammengebrochen. »Als ich sah, wie ein Mann, der die gleiche Uniform wie ich trug, einem Grauhaarigen, der sich nicht wieder aufrichten konnte, mit den Stiefeln das Gesicht in eine blutige Masse verwandelte, da wußte ich, daß ich mich einer Truppe von Henkern angeschlossen hatte«, berichtete Jakob Rest zwanzig Jahre später über seine Abkehr vom Nationalsozialismus. Er desertierte im April 1937. Der inzwischen zum Sergeanten avancierte ehemalige Hitler-Gardist Jakob Rest gehörte zu den ersten, die sich in den Meldelisten der 13. Halbbrigade eintrugen.

Im alliierten Expeditionskorps herrschten zwischen den britischen und französischen Militärs ernsthafte Spannungen. Oberbefehlshaber sämtlicher alliierter Streitkräfte des Sektors Narvik war Admiral Lord Cork, ein rothaariger, nervöser Dandy, der ständig ein Monokel an einem dicken Goldband trug. Chef der Landstreitkräfte war General Mackenzie, ein braver Troupier, der seine Dienstzeit hauptsächlich in Sambia und Kenia verbracht hatte. Den norwegischen Schneeregen nannte er eine »Infamie des Teufels« und seinen Stabsoffizieren versprach er: »Wenn ich wieder im ›New Stanley‹ in Nairobi sitze, halte ich die Bar eine Woche lang frei. Da trinke ich auch den versoffensten Großwildjäger unter den Tisch.« Der Kolonialklatsch der Briten irritierte den französischen General Bethouard, der bald erkennen mußte, daß er keinerlei Kommandobefugnisse besaß: »Seit ich es mit Lord Cork und Mr. Mackenzie zu tun habe, kann ich die Zornausbrüche Napoleons besser verstehen. Militärkoalitionen sind eine fatale Sache.«

So drang Bethouard nicht mit seinem Vorschlag durch, Narvik direkt anzugreifen. Lord Cork gab dem draufgängerischen Franzosen Nachhilfeunterricht in Geschichte: »Frontale Anlandungen von See her haben nur selten Erfolg. Der byzantinische General Belisar führte amphibische Schlachten durch. Aber denken Sie, lieber General, an das Dardanellen-Fiasko im Jahre 1915.« Cork und Mackenzie überstimmten Bethouard. Entsprechend dem neuen Plan wurde jetzt achtzig Kilometer südlich von Narvik der erste Teil des Landungskorps ausgeschifft. Es mußte sich durch tiefen Schnee, verminte Straßen und durch von den deutschen Gebirgsjägern gut geschützte Pässe vorarbeiten. Bei Gratanger-Elvens stockte der Vormarsch. Der Brückenkopf von Namsos mußte wieder geräumt werden.

General Bethouard machte sich für eine neue Offensive stark und forderte, Narvik direkt anzugreifen: »Zweitausend Legionäre stehen als Einsatzreserve bereit. Sie werden Dietls Befestigungsring sprengen.« Über das Zaudern der Briten setzte er sich mit dem Hinweis hinweg, daß Narvik die letzte Station der »Straße des Eisens« sei, die abzuschneiden sei, denn keine hundert Kilometer von der nahe gelegenen schwedischen Grenze entfernt, in den Minen von Kiruna, Gellivare und Malberget lägen Millionen Tonnen Erz, das zu sechzig Prozent reines Eisen enthält. Der einfachste Zufahrtweg in Richtung Meer, der auch im Winter nicht vereist, ist die Eisenbahn von Narvik, eine der größten technologischen Leistungen der letzten Jahrzehnte mit über tausend Serpentinen, fünfundzwanzig Tunnels und der fast zweihundert Meter langen Brücke von Norddal. Allein im Jahr 1938 wurden auf diesen Schienen vierzehn Millionen Tonnen Eisenerz zum gigantischen »Malmkai« in Narvik transportiert. Bethouard drängte: »General Dietl hat bereits über vier Wochen Zeit gehabt, sich in Narvik mit seinen Gebirgsjägern zu verschanzen. Noch schwieriger ist es, die ›Straße des Eisens‹ mit ihren Biegungen an senkrechten Felswänden und Tunnels bis zu dreihundert Meter Länge einzunehmen. Trotzdem bin ich sicher, daß die Legion auch diesen Auftrag erfüllen wird.« Der Infanteriegeneral Bethouard brachte außerdem einen seestrategischen Aspekt in die Diskussion: Bergen und Trondheim seien von den deutschen Truppen besetzt worden, an eine Rückeroberung sei nicht zu denken. Narvik sei für die Seemacht Großbritannien der Schlüssel, die Nordsee weiterhin kontrollieren zu können und vor allem, eine Blockade der südlichen Nordsee durchführen zu können.

Zögernd stimmten Lord Cork und General Mackenzie dem französischen Narvikplan zu, der einen Angriff in zwei Wellen vorsah. Erster Teil: Sobald die Kriegsschiffe stoppen, setzt ein Trommelfeuer ein. In ihrem Schutz gehen die ersten Kompanien der Legion an Land, bilden Brückenköpfe. Nächste Phase, das Feuer der Kriegsschiffe wird weiter landeinwärts verlegt. Eigene Landungsfahrzeuge schaffen Panzer und Artillerie an Land.

Als abenteuerlichen Indianerkrieg lehnte Lord Cork den Plan Bethouards ab, vierzig Legionäre noch vor dem Trommelfeuer an Land zu schaffen. Sie sollten General Dietl und seinen Stab im »Hotel Royal« gefangen nehmen. »Ich gehörte zu diesem Kommando«, berichtete Adjudant-chef Eckstein. »Wir hatten eine Bucht im Norden ausgemacht, die zwar nur einen schmalen steinigen Strand hat, den Dietls Soldaten aber nicht besetzt hielten. Außerdem führte ein schmaler Schafspfad direkt in die Vororte von Narvik. Solche Kommandos führten wir in Marokko zu Dutzenden durch. Nur die Temperaturen hatten mehr Tücken. Wir bekamen sie später bei der normalen Landeoperation zu verspüren. Nur gegen Mittag, wenn die Sonne schien, näherten sich die Temperaturen Anfang Mai der Nullgradgrenze. Nachts und bei dichter Bewölkung sanken sie immer noch auf minus zwanzig Grad Celsius. Das Mai-Tauwetter machte die Bedingungen noch schwieriger. Tagsüber taute der Schnee. Nachts vereiste er wieder. Da er weich und krustig war, wurde jeder Tritt zur Gefahr. Die Kanten waren so scharf wie ein Berberschwert. Hinzu kam die Lawinengefahr an den Steilhängen. Dort durfte nur in der Nacht vorgegangen werden. Dann trug der Schnee besser. In den Tälern schmolzen die Sturzbäche und gingen unter den Schneehalden über die Ufer, breiteten sich zu großen vereisten Sumpfflächen aus.«

Mitten in die Landungsvorbereitungen platzten nach dem 10. Mai 1940 Schreckensnachrichten aus Frankreich. »Zuerst kam keine Panikstimmung auf«, betonte Prinz Amilakvari in seinen Aufzeichnungen. »Die Deutschen hatten eine Großoffensive gegen Holland und Belgien begonnen. General Bethouard sprach von deutscher Einfallslosigkeit: ›Sie haben lediglich den Plan von Feldmarschall Schlieffen wieder aufgewärmt. Unsere Armeen werden die Wehrmacht aufhalten. General Gamelin läßt sich sicher nicht überrumpeln‹.« Die Stimmung im Expeditionskorps am Polarkreis jedoch sank, als Guderians Panzer nach der Sichelschnittstrategie Mansteins durch die Ardennen vorstießen, die bis dahin für Panzer als unpassierbar galten. Als die deutschen Panzer Sedan eingekesselt hatten und bis zur Kanalküste vorgestoßen waren, blies Admiral Lord Cork zum Rückzug: »Was sollen wir hier in Narvik, wenn Dünkirchen bedroht ist.« Doch General Bethouard blieb hartnäckig: »Narvik ist wichtiger als ein Stück der Maginotlinie.«

»Sogar wir Offiziere der mittleren Ebene wußten nichts von den Rivalitäten und gegensätzlichen operativen Vorstellungen der Generale«, gab Amilakvari zu. »Erst sehr viel später wurde offenkundig, daß die Briten so schnell wie möglich abhauen wollten. General Bethouard wollte sich seinen Sieg über Narvik und Dietl nicht in letzter Minute nehmen lassen. Und er hatte ein mehr politisches als militärisches Argument, dem sich auch Lord Cork anschließen mußte: ›Wir können die Norweger nicht einfach fallen lassen. Sie sind schließlich unsere Alliierten‹.« Cork setzte aber General Bethouard und der Legion eine Frist: Die Operation müsse bis zum 2. Juni abgeschlossen sein. Zeichnet sich dann ein Sieg der Alliierten in Frankreich ab, würde Narvik gehalten werden, käme es zu einer Niederlage, müsse die Evakuierung begonnen werden.

Die Legionäre machten zuerst auf den Hügeln über Narvik die roten Fahnentücher mit dem schwarzen Hakenkreuz auf weißem Grund aus. »Die Deutschen hatten den Vorsprung genutzt«, bekannte Prinz Amilakvari. »Jede Erhebung hatten sie zur Festung ausgebaut.« Dem Stab von

General Bethouard bot sich ein für die Alliierten gefährliches Lagebild: Auf den Strandbergen standen schwere Kanonen, die aus den zuvor zerstörten Kriegsschiffen der Deutschen stammten. Das Ufergelände war offensichtlich vermint, außerdem durch dichte Stacheldrahtsperren gesichert. Vor den Tunnels der Eisenbahnlinie waren Sandsäcke und improvisierte Unterstände mit Betonplatten und schweren Baumstämmen aufgebaut. Es würde nicht leicht sein, diese geschickt aufgebaute Verteidigungslinie der Deutschen zu stürmen.

Die Schlachtschiffe »Resolution« und »Vindictive« sowie die schweren Kreuzer »Kairo«, »Fame« und »Southampton« übernahmen für die alliierten Angreifer den Feuerschutz. Auf der anderen Seite von Oifjord, am Strand von Seynes und außerhalb der Befestigung Dietls, warteten zwei flache gepanzerte Transportboote mit den Legionären der 13. Halbbrigade auf den Einsatzbefehl.

Unter den ersten zweihundertneunzig Legionären befand sich auch Adjudant-chef Eckstein: »Die Kanonade der Engländer verwandelte Narvik in eine Flammenhölle. Es war taghell, als gegen 1 Uhr morgens der Befehl zum Angriff kam. Zuerst hatte jeder von uns noch einen kräftigen Schluck Feigenschnaps genommen, den wir aus Algerien mitgebracht hatten. Wir bekamen Handgranaten, um Breschen in die Stacheldrahthindernisse zu schlagen. Mit Drahtscheren hätten uns die Gebirgsjäger nacheinander abgeschossen. Den ersten Brückenkopf bildeten wir am Strand von Orneset, der im toten Winkel zu den Uferbefestigungen von Narvik lag. So konnten wir einige der wichtigsten Verteidigungsriegel von hinten her nehmen. Auf der Höhe 457 sammelten sich die Deutschen. Außerdem hatten die Gebirgsjäger den letzten Tunnel vor dem Verladehafen zu einem Sperriegel ausgebaut.«

Prinz Amilakvaris Kompanie hatte sich an den Tunnel herangerobbt: »Auf den Geleisen standen einige ausgebrannte Waggons, Lokomotiven, die nur noch wie ein Sieb aussahen. Zwei Dutzend Legionäre schleppten eine 25-cm-Kanone den Steilhang herauf. Bereits der erste Schuß verwandelte die dunkle Einfahrt in eine Flammenhölle.«

Eckstein ging mit fünf Legionären weiter vor. Aus einer Nische am Zugang schrie er: »Ergebt Euch. Wir werden Euch wie auf einer Treibjagd abschießen.« Wütendes Gewehrfeuer war die Antwort. Wieder schoß die 25-cm-Kanone. Es dauerte eine Stunde, bis sich die Rauchwolken verzogen hatten. Eckstein band sich ein nasses Taschentuch um Nase und Mund und ging vor. Es kamen keine Schüsse mehr. Im Dämmerlicht erkannte er einen Zug mit vier Waggons, einer Plattform für Maschinengewehre und ganz hinten eine Lafette mit einer 7,7-cm-Kanone. Wieder schrie Eckstein: »Ergebt Euch.« Sechzehn Gestalten, die merklich unter einem Schock standen, kamen vom anderen Ende des Tunnels her. Eckstein dirigierte sie mit angeschlagenem Gewehr zum Ausgang. Als er eine Tür des Personenwaggons öffnete, fielen ihm zwei Tote entgegen. Auf den Bänken lagen zerfetzte Leichen. Die zweite Salve hatte den Zug in seiner ganzen Länge durchschlagen und war erst explodiert, als sie die 7,7-cm-Kanone erreicht hatte.

Eckstein konnte die Gefangenen nicht mehr zum Sammellager bringen, denn als er und seine Männer den Tunnel verließen, empfing sie ein Sperrfeuer von der Höhe 457. Zur gleichen Zeit nahm die zweite Angriffswelle der Alliierten den Hügel Orneset, achtzig Meter hoch, steinig, voller Gras, Moos und Birken. Achtundvierzig Stunden danach standen die Legionäre im Zentrum von Narvik. General Dietls Gebirgsjäger leisteten nur noch hinhaltenden Widerstand entlang der Eisenbahnlinie. Bis zur schwedischen Grenze waren es noch vierzehn Kilometer und die Gebirgsjäger bereiteten sich auf eine Internierung im neutralen Schweden vor. Den Durchhalteparolen Hitlers hielt Dietl lapidar entgegen: »Ich bin nicht der Metzger meiner Jager.« Dann erhielt General Bethouard den Befehl, jedes weitere Vorrücken einzustellen. »Wir hatten alle fünfundzwanzig Tunnels erobert«, erinnerte sich Eckstein. »Und sogar den alten Legionären fiel es nicht leicht, nach tagelangen Kämpfen plötzlich Totengräber zu spielen. Die von Granaten zerfetzten schwarzen Höhlen waren voll von Leichen. Sie waren erstickt oder vom Luftdruck der Granaten in Stücke gerissen worden.«

Der Rückzug war kaum weniger schwierig als der Angriff. Prinz Amilakvari erinnerte sich: »Wir mußten still verschwinden, uns Meter für Meter zurückziehen, ohne daß es General Dietl und seinen Gebirgsjägern auffiel. Wir bauten Stellungen im Schnee auf, um den Gegner zu täuschen. Es war ein schreckliches Gefühl: Wir waren die Sieger und wir mußten uns förmlich auf Zehenspitzen zurückziehen.«

Am 7. Juni überreichten die Frauen von Narvik den Legionären eine gestickte Fahne. Dafür verteilte die Halbbrigade ihre ganzen Rationen an die Zivilbevölkerung. Zwei Stunden vor der Abfahrt sprengten Pioniere fünf Tunnels und viel Kilometer Schienen. Der Erzschienenweg konnte monatelang nicht mehr benutzt werden. Um 24 Uhr hat der letzte Legionär Narvik verlassen. Dem norwegischen Oberbefehlshaber General Fleischer schrieb General Bethouard: »Ich verlasse Norwegen tief traurig. Ich lasse Ihrem Boden das wertvollste, was ich als Soldat habe, meine Toten.« An der Reling der »Duchess of York« blickten die Legionäre auf das nächtliche, kaum erleuchtete Narvik zurück. Nur noch vereinzelte Schüsse waren zu hören. Sie fragten nicht nach den bizarren Schatten am Sternenhimmel. Sie wußten, daß es keine Wolken waren. Auf diesen Bergen hatten sie gekämpft.

Die Ausschiffung der 13. Halbbrigade im Hafen von Brest ließ vier Tage auf sich warten. »Wir lagen außerhalb der Sichtweite der Hafenanlagen«, berichtete der damalige Sergeant Eckstein. »Aber wir sahen riesige Rauchwolken aufsteigen. Dann kamen erstmals die Stukas an. Über diese Wunderwaffe Görings hatten wir viel gelesen. Wir wußten von dem Schock, den die Flugzeuge mit dem geknickten Flügel und dem entsetzlichen Heulton beim Sturzflug auslösten. Als die Stukas dann tatsächlich kamen, in einer langen Reihe, zwanzig oder dreißig Maschinen, die sich auf unseren Konvoi stürzten, war alles ungleich furchterregender. Unser Pfarrer meinte, daß die Trompeten von Jericho gewiß nicht grausamer gewesen seien. Einige Schiffe neben uns gingen in Flammen auf. Es war an diesem 13. Juni 1940 ziemlich hoher Wellengang. Einige Rettungsschiffe kenterten.«

In der Nacht wurde die Narvik-Truppe ausgeladen. Da die erwarteten LKW nicht am Kai standen, hieß der neue Befehl Bahntransport. Eckstein konnte sich noch gut an die zahllosen, sich ständig widersprechenden Befehle erinnern, die alle fünf Minuten neu ausgegeben wurden: »Es war ziemlich häufig die Rede von einer Festung Bretagne, einem großen Brückenkopf, von dem aus die Gegenoffensive gegen die Deutschen gestartet werden sollte. Wir kamen bis nach Rennes. Über das Radio hörten wir bereits vom Einmarsch der Wehrmacht in Paris. Auf der Kommandantur in Brest hatte uns ein Garnisonsoberst erzählt, der Vormarsch der deutschen Division sei wie 1914 an der Somme zusammengebrochen.« Am Stadtrand von Rennes grub sich die 13. Halbbrigade ein. Eckstein: »Neben uns sollten zwei Panzerregimenter stehen. Als ich mit zwei Legionären die Verbindung herstellen wollte, sah ich tatsächlich Dutzende von Panzern. Nur trugen sie alle das schwarze Balkenkreuz der Wehrmacht.« In Eilmärschen ging die 13. Halbbrigade nach Brest zurück.

Ihr ursprünglicher Auftrag hatte gelautet, die Marschregimenter der Legion, das 11., 21. und 22., zu entlasten. Doch als die 13. Halbbrigade Narvik geräumt hatte, waren diese Regimenter bereits auf dem Rückzug in Richtung Sedan. Und bei der Anlandung in Brest lieferten sie am Waldrand von Inor zwischen Maas und Chiers letzte Rückzugsgefechte gegen die Panzer Guderians.

Unter den Legionären, die im Chaos einer geschlagenen Armee dahintrieben, befand sich auch der später weltberühmte Romancier Hans Habe. Wie der heutige Porzellanfabrikant Philip Rosenthal hatte sich der Autor der Bestseller »Die Tarnowska« und »Palazzo« im September 1939 zur Fremdenlegion gemeldet. Rosenthal kam in das sichere marokkanische Hinterland der »Berittenen Kompanien«, Hans Habe an die Maginot-Linie, wo sie am gefährlichsten war, zwischen Château Salins und Saint-Michel. Der vorgeschobenste Ort war der elsäßische Flecken Mommenheim.

Kurz nach Kriegsausbruch war der immer elegant gekleidete Journalist mit dem hochmütigen Gesicht und einem unbändigen Haß auf die Nationalsozialisten über die Schweiz nach Frankreich gekommen. Nachdem er sich einige Tage in Paris aufgehalten hatte, meldete er sich im Legionslager Barcarès in den Ost-Pyrenäen, um gegen Hitler-Deutschland zu kämpfen. Hans Habe hatte gerade den sofort in mehrere Sprachen übersetzten Erfolgsroman »Über die Grenze« veröffentlicht. Neunzehnhundertdreiunddreißig war er zum meistgesuchten Journalisten im deutschsprachigen Raum geworden, denn er hatte nach langen Recherchen im Grenzort Braunau herausgefunden, daß Hitler gar nicht Hitler hieß, sondern

Schicklgruber. Als Starreporter in Genf und Erfolgsautor hatte Hans Habe eigentlich nichts gezwungen, sich unter dem Brüllen reaktivierter alter Legionssergeanten über den Sandstrand von Barcarès jagen zu lassen, doch: »Ich war jung. Ich glaubte an Kreuzzüge.«

Seit Kriegsausbruch hatten die Rekrutierungsbüros der Legion größeren Zulauf: »Tausende junger Ausländer lebten in Paris, ohne je die Staatsbürgerschaft erwerben zu können. Weißrussen aus vornehmen Familien, galizische Juden, Flüchtlinge ohne Papiere, rumänische Bergarbeiter, Abenteuer suchende Söhne Schweizer Patrizier, Ungarn, die vor der Diktatur Horthys geflohen waren. Manche hatten sich selbst nach Frankreich durchgeschlagen. Andere waren mit ihren Eltern schon in ihrer Kindheit angekommen. Nur wenige besaßen einen Reisepaß. Kaum ein Beamter für die Einwanderung glaubt ihnen, daß sie jemals einen besessen hatten. Jeder sehnte sich nach einem Reisepaß, nach der französischen Nationalität. Nach dem Krieg, so versprachen die französischen Behörden, würden sie Franzosen werden, Papierbesitzer, gleichberechtigt.«

Aber in Bacarès, in Baracken, die einstmals Holzarbeitern als Unterkunft gedient hatten, fand Hans Habe auch andere Angeworbene des 21. Marschregiments vor: »Tausende spanischer Flüchtlinge, Loyalisten, darbten unter menschenunwürdigen Umständen in Konzentrationslagern. Die Werber zogen durch die Lager, versprachen den Kampferprobten eine Uniform, Freiheit und später die alleinseligmachenden Papiere. Vorderhand bekamen sie Waffen.« Hans Habe zählte zur dritten, sehr kleinen Gruppe: »Man beobachtete uns mit Achtung und Mißtrauen. Mit Achtung, weil wir aus dem Ausland gekommen waren, bei Kriegsausbruch von dem Wunsch beseelt, gegen Hitler zu kämpfen. Ich war aus der Schweiz gekommen, mit einem gültigen Reisepaß. Mißtrauen aber auch, weil es doch kaum mit rechten Dingen zugehen konnte, daß jemand annahm, es handle sich hier wirklich um einen Kreuzzug.«

Dreiundzwanzig Nationen waren im Lager von Barcarès versammelt. Die Angeworbenen bekamen das weiße Képi und die Uniformen mit den grünen Aufschlägen und der Granate mit den sieben Flammen verpaßt. Die Ausbildung war mangelhaft und überstürzt: »Sie fand in einem früheren Strandbad statt, wo man bis zu den Knöcheln im Sand versank, wo es unmöglich war, ein Maschinengewehr in Stellung zu bringen oder einen Schützengraben zu ziehen. Das einzige Manöver war eine Geländeübung, die aus ausgedehnten Spaziergängen bestand.« Auch die Bewaffnung war veraltet – der Legionär Hans Habe bekam eine acht Kilo schwere Remington aus dem Jahr 1891, die neu geölt wurde, deren Verschluß aber trotzdem klemmte. Es war praktisch unmöglich, den Oldtimer zu laden. Außerdem fehlten die Gewehrgurte: »Es wurden daher für das ganze Regiment die Stoffgurte verwendet, mit denen man sonst die Gasmasken umhängte. Die Gurte für die Gasmasken wurden nie ersetzt. Die Gewehre waren schwer, die Gasmasken unbrauchbar. Sie waren außerdem undicht. Dafür wurde uns im letzten Augenblick ein drei Pfund schwerer

Sack aufgedrängt, der uns gegen ein angeblich neues deutsches Gas schützen sollte. Nachdem ich dieses Ungeheuer während des ganzen Feldzuges mit mir herumgeschleppt hatte, stellte ich bei den Deutschen in der Gefangenschaft fest, daß es dieses vorgebliche Gas gar nicht gab.«

Zur Motorisierung bekam das Regiment einige Motorräder, die man in der Umgebung bei Bauern requiriert hatte und die vorher unbrauchbar gemacht worden waren. Eine Zumutung waren die Uniformen: »Unsere langen Mäntel hinderten uns am Marschieren im Winter, im Sommer waren sie viel zu heiß. Statt Tornister erhielten wir Wachstücher, in die wir unsere Habe so notdürftig verpacken konnten, daß wir, ächzend unter einer Last von fast fünfzig Kilo, wie Landstreicher oder Bettler aussahen.«

Noch schlimmer stand es um die medizinische Versorgung des Regiments. Im »Heim des Soldaten« sollten Kurse für Krankenpfleger und Krankenträger abgehalten werden. Legionär Habe fand jedoch ein fröhliches Großkonzert vor: »Die Tragbahren sowie verschiedene medizinische Instrumente waren die Wände entlang aufgestellt. Zahlreiche Pakete mit Verbandsstoff lagen herum. Am Klavier saß mein alter Freund Joseph Hajos, ein Komponist zahlreicher erfolgreicher Filme. Er spielte seine neuesten Schöpfungen vor. Um ihn standen dreißig Legionäre und applaudierten. Der Regimentsarzt dirigierte die schmissige Melodie.« Habe hatte des Rätsels Lösung rasch herausgefunden: »In den neun Monaten eines unblutigen Kriegs hatte niemand daran gedacht, daß es auch Verwundete geben könnte. Jetzt stand der Marsch zur Front bevor. Es mußte also ein Schnellsiederkurs für das Sanitätspersonal durchgeführt werden. Woher aber die Schüler für diesen Kurs nehmen? Jedes Regiment und ganz besonders die Regimenter der Legion besaßen Kapellen bis zu 100 Mann. Sie waren der Stolz eines jeden Kommandeurs. Die gute Lunge eines Trompeters war in der französischen Armee des Jahres 1939 wichtiger, als das scharfe Auge eines Infanteristen. Wenige Kilometer vor dem Feind begannen auch die Befehlshaber daran zu zweifeln, ob die Deutschen ein schön gespielter Donauwellenwalzer einlullt, ob sie sich vor einem pathetischen Trompetenstoß ergeben werden. Für Flötisten, Dirigenten, Hornbläser und Paukenschläger mußte eine Beschäftigung gefunden werden. Aus dem Musenpersonal war Sanitätspersonal geworden.«

Beim 21. Marschregiment nahm die Legion nicht nur Abschied von Kampfkraft und solider Organisation. Sie wurde einer ihrer Hauptüberzeugungen untreu, dem guten Essen für Legionäre. Legionär Hans Habe, ein Gourmet, der bis zu seinem Tod nur in den feinsten Restaurants Europas verkehrte, merkte mit Grauen an: »Die ›Kampfrationen‹ bestanden aus elf Stück Zwieback, einer Schachtel Sardinen und einer Schachtel Gefrierfleisch. Wir bemerkten sofort, daß die weiße Zinkdose mit einer undurchsichtigen Farbe, dunkelblau oder dunkelbraun, sorgfältig übermalt worden war. Kaum im Zug zur Front, begannen wir die dicke Farbe zu entfernen und wir stellten fest, daß unsere eisernen Rationen aus den Jahren 1916 bis 1920 stammten. In der Zeit, in der das Gefrierfleisch in der Büchse geruht hatte, konnte der kleinste Schimpanse zum größten Gorilla wachsen.«

Colonel Debuissy, den Regimentskommandeur, plagten nicht unbedingt die ranzigen Rationen für die Legionäre. Als Wachposten hörte Legionär Hans Habe wenige Stunden vor dem Transport zur Front, wie der Veteran Debuissy seinen Divisionsgeneral anbrüllte: »Mon Général, von meinen 2 300 Legionären haben achthundert keine Gewehre. Wollen wir einen Krieg ohne Waffen führen?« Trotzdem hielten die 21. Étrangères vier Wochen den Abschnitt zwischen Le Chesne und Petit Les Armoises. Zuletzt zog sich das Regiment in die Wälder von Alain zurück. Erinnerte sich Legionär Habe: »Wir ernährten uns von Brombeeren. Über Funk hörten wir, daß General Weygand unsere hundert Mann zu zwölf Divisionen aufbauschte, die er als ›Inseln des Widerstands‹ bezeichnete.«

Das Ende des 21. Regiments war ruhmlos. Legionär Habe hing keinen Illusionen über die Folgen einer deutschen Gefangenschaft nach: »Sie würde bestenfalls den Tod bedeuten, im schlimmsten Fall KZ.«

An einer Moselbrücke traf Hans Habe auf einen Major seines Regiments, einen älteren Herren, der drei geleerte Weinflaschen neben sich stehen hatte. Auf die Frage, wo er sich mit seinen Legionären verteidigen solle, lallte der Major: »Gehen Sie auch in den Weinkeller. Das ist die einzige Weisung, die ich Ihnen noch geben kann, Sie Idiot.«

Am Tag danach war das 21. Regiment überrollt, Hans Habe in der gefürchteten Gefangenschaft. Er gab sich als Sohn eines schweizerischen Konsuls aus und der Lagerkommandant beschäftigte ihn wegen seiner Zweisprachigkeit als Dolmetscher. Nach zwei Wochen traf eine Liste von »Volksfeinden« ein, die auf der Seite der Franzosen als Fremdenlegionäre gekämpft hätten. An vierter Stelle stand der Name Hans Habe. Doch Habe entging dem grausamen Ende, das auf ihn wartete. Der deutsche Unteroffizier Walter Mechtel verhalf Habe, der sich die Papiere des Soldaten Maurice Ponnier verschafft hatte, zur Flucht: »Er ist knapp zwanzig, ein großer schlanker Junge mit hellblonden Haaren und hellblauen Augen, Hitlers Traum von einem Arier. Wir haben uns im Lager kennengelernt, als Mechtel den Gefangenen Briefe ihrer Angehörigen zuschmuggelte. Mir brachte er zweimal Bücher, kam abends oft zu mir. Wir sprachen von deutscher und französischer Literatur, vom Lieben Gott und seinen Feinden. Walter Mechtel aus Schweinfurt war ein gebildeter, überzeugter Katholik.« Der Unteroffizier Mechtel organisierte die Flucht des gesuchten Legionärs Habe. Nur am Rande, und doch erwähnenswert: Mechtel entging, im Gegensatz zu Habe, seinem Schicksal nicht. Im Jahr 1968 starb er auf den Stufen des Postamtes von Aden. Als Korrespondent des ARD-Fernsehens hatte Mechtel enthüllt, daß von den Truppen Nassers im Bürgerkrieg zwischen dem Nord- und Südjemen sowjetisches Giftgas eingesetzt worden war. Ein, wie man vermutet, vom KGB geleiteter Trupp des Nasser-Geheimdienstes erschoß Walter Mechtel achtundzwanzig Jahre nach seinem ersten Abenteuer, als er einen abgerissenen, aber geistvollen Legionär ganz einfach am Hotel St. Sebastian in Nancy »vergaß«, dem Treff für die Flucht in das unbesetzte Frankreich.

In Annecy ließ sich Hans Habe bei den Gebirgsjägern ordnungsgemäß entlassen. Vier Jahre danach kam der einstige Leginär Hans Habe als Major der US-Armee wieder nach Europa zurück.

Die 13. Halbbrigade sollte jetzt nach England evakuiert werden. Noch vor der Einschiffung in Brest trafen die schlechten Nachrichten von den Niederlagen ein, die das geschundene Frankreich erleiden mußte. »Einige unserer Transporter waren bereits gesunken«, erinnerte sich Eckstein. »Die nervösen und von widersprüchlichen Befehlen malträtierten Hafenbeamten besorgten einige größere Fischkutter. Nur in der Nacht konnten wir uns dem Pier nähern. Tagsüber bombardierten fast ununterbrochen die Stukas die Hafenanlagen. Meine Kompanie geriet in einen Bombenteppich. Von einhundertfünfzig Mann gingen noch zweiundzwanzig Legionäre an Bord.« Als die Überlebenden der 13. Halbbrigade den Hafen von Brest verließen, waren bereits die Mündungsfeuer der deutschen Panzer zu sehen.

Die Reste des 21. Marschregiments dagegen kämpften noch an der Mosel und wichen zurück. Befehlshaber des 11. Marschregiments in jenen wirren Tagen war zunächst Colonel Maire, einer der »Caids« des Marschall Lyautey, ein Draufgänger und Schwadroneur, ein Legionsoffizier der vergangenen Belle Époque, ein Fossil in diesem modernen Krieg. Er wurde seines Kommandos enthoben, doch da war es eigentlich schon zu spät, denn bei Gefecht hatte er seinen Legionären, nachdem ihn fünf Flaschen Champagner sinnlos betrunken gemacht hatten, mit folgenden Worten befohlen, gegen die Panzer Guderians vorzugehen: »Marsch, brave Legionäre, holt die verfluchten Berber vom Pferd.«

Doch auch zu anderen, erfreulicheren Ereignissen war es gekommen. So riskierten siebenhundert, kurz nach dem Waffenstillstand bei Verdun in Gefangenschaft geratene Legionäre, einen gefährlichen, aber geglückten Massenausbruch. Die Veteranen des 11. Marschregiments schlugen sich nach Marseille durch und meldeten sich am 23. Juli 1940 in Fort St. Jean. Doch Oberst d'Allegron war höchst verwundert über die Zusammensetzung der Ankömmlinge: Es meldeten sich nicht nur Überlebende der Regimenter 11, 12 und 21, sondern auch ihre einstigen Bewacher, annähernd zweihundert deutsche Soldaten, Unteroffiziere und Mannschaftsdienstgrade, erschienen im Fort St. Jean. Oberst d'Allegron schrieb in seinem Rapport für Sidi bel Abbes: »Mit den geschlagenen Legionären kamen auch die Sieger. Über ihre Motive schwiegen sie. Einige sagten: ›Wir hatten immer von der Legion gehört. Jetzt haben wir sie als tapferen Gegner erlebt. Wir wollen uns unseren einstigen Gegnern anschließen‹.«

In der Nacht zum 17. Juni verließ das letzte Boot der 13. Halbbrigade Brest. »Unser Kapitän schimpfte ununterbrochen«, berichtete Eckstein. »Er wies auf Hunderte von Fischen, die im brackigen Hafenwasser trieben: ›Die Bomben haben sie zerfetzt. Wir werden jahrelang nicht mehr auf Fang gehen können.‹ Auf der Reede von Brest brannten einige Schiffe. Wir sahen noch, wie Feuerwehr anrückte. Sie mußte ihre Wasserschläu-

205

che zurückziehen, denn die Wasserfontänen verdunsteten.« Kaum war die Küstenlinie wie ein rötlicher Feuerstreifen verschwunden, meldete sich über Bordfunk eine tiefe, väterliche Stimme. Es war Marschall Pétain, der Sieger von Verdun. Im Jahr 1976 sagte Eckstein rückblickend: »Ich kann mich noch an jedes Wort erinnern. Wir waren wie betäubt. Wir waren geflüchtet, Frankreichs Armee war der große Verlierer. Erst Marschall Pétain machte uns das ganze Ausmaß der Kathastrophe bewußt.«

Der von allen bis dahin verehrte Feldherr sagte: »Ich bin mir der Zuneigung unserer bewunderungswürdigen Armee sicher. Sie kämpfte gegen einen an Zahl und Waffen weit überlegenen Gegner. Und sie erwies sich wieder ihrer heldenhaften Tradition würdig. Obwohl besiegt, kann sich diese Armee des Vertrauens aller Franzosen sicher sein. Jetzt schenke ich Frankreich meine Person, um sein Unglück zu lindern. Franzosen, ich sage Euch mit blutendem Herzen, daß man versuchen muß, den Kampf zu beenden. In dieser Nacht habe ich mich an den Feind gewandt, um ihn zu fragen, ob er bereit ist, gemeinsam mit uns, und unter Soldaten und nach dem Kampf in aller Ehre nach Möglichkeit zu suchen, dem Kampfgeschehen ein Ende zu bereiten.«

Wenige Stunden später hörten die Legionäre eine andere Ansprache, mitreißend, voller Hoffnung. Es hielt sie nicht ein ruhmvoller Marschall, sondern der bis dahin weitgehend unbekannte General Charles de Gaulle: »Gewiß, unsere Armeen wurden von den ungleich moderneren technisierten Land- und Luftstreitkräften förmlich erstickt. Aber es ist nicht richtig, was Marschall Pétain sagt, der den Deutschen die Kapitulation anbietet, daß die Zahl der Flugzeuge und Panzer der Deutschen unsere Truppen geschlagen hat. Überrollt wurden wir von der neuen Strategie der Deutschen. Aber ist deswegen schon das letzte Wort gesprochen? Ist die Niederlage endgültig? Ich sage Nein. Für Frankreich ist nichts verloren. Die gleichen Mittel, die uns im ersten Waffengang besiegt haben, können uns im nächsten zum Sieg führen. Dieser Krieg ist nicht auf das unglückliche Territorium unseres Landes begrenzt. Mit der Schlacht um Frankreich wird dieser Krieg nicht entschieden. Dies ist ein Weltkrieg. In den letzten Wochen wurden wir von den mechanisierten Armeen der Deutschen überrollt, weil jene Marschälle und Generale, die jetzt dem Feind die Waffenruhe anbieten, jede Reform der Armee Frankreichs verhinderten. Was auch immer geschehen mag, die Flamme des französischen Widerstands darf nicht erlöschen und wird nicht erlöschen.«

Vier Tage später sahen die Legionäre der 13. Halbbrigade den hochgewachsenen General mit dem unerschütterlichen Glauben, daß sich Frankreichs Niederlage wieder in einen Sieg verwandeln wird. Der zum Chef de Bataillon beförderte Prinz Amilakvari schrieb: »Schweigend schritt er die Front ab. Dann salutierte er vor unserer Fahne und sagte: ›Legionäre kämpft für die Freiheit‹. Er strahlt natürliche Autorität aus. Angeblich soll General de Gaulle schon vor dem Jahre 1930 die Aufstellung einer beweglichen Panzerarmee mit einem starken Luftschirm verlangt haben, so wie sie jetzt von der deutschen Wehrmacht eingesetzt wurde. Dieser General benutzt große Worte. Aber sie klingen bis in die letzte Silbe glaubhaft.«

Die 13. Halbbrigade wurde im Camp Aldershot neu organisiert. Prinz Amilakvari: »Offiziell blieb es bei der Einteilung in Kompanien. Die Manöver im Gelände wurden durchwegs nur mit kleinen, zehn bis fünfzehn Mann starken Kampfgruppen durchgeführt. Geübt wurde das nächtliche Eindringen in die feindlichen Linien, das Sprengen von Depots und Kasernen im Hinterland. Ganz offensichtlich wurde eine Art modernen Buschkriegs geprobt. Die britischen Offiziere verhielten sich uns gegenüber höflich und reserviert, aber ohne jede echte Kameradschaft. Wir wurden wie Außenseiter behandelt. Alle Gespräche im Kasino drehten sich um die Frage, wann die USA in den Krieg eintreten werden.«

Nicht ohne Bitterkeit vermerkte Prinz Amilakvari: »Wir sahen uns plötzlich in der Rolle lästiger Bittsteller. An kriegsentscheidenden Situationen sollten wir offensichtlich nicht teilnehmen. Uns wurde eine Art Pfadfinderrolle zugedacht.« In der 13. Halbbrigade gab es – zumindest unter den Offizieren – kaum eine Diskussion über die Frage: De Gaulle oder Pétain. Prinz Amilakvari: »Die Älteren hatten alle Pétain erlebt und sprachen mit großer Hochachtung von ihm. Er wurde auch nie hart kritisiert, doch in die Zukunft wies General de Gaulle. Er war ein Magier. Er ließ die Gegenwart vergessen. Da gab es eigentlich keine Gewissensentscheidung mehr. Drüben auf dem Kontinent stand eine Armee, die den Blitzkrieg zur Strategie machte. Auf der Seite der Alliierten mußte erst umgedacht werden. Debatten mit britischen und kanadischen Offizieren ließen keinen Zweifel, wie sehr sie noch in den Schablonen des Ersten Weltkriegs dachten. Bei uns waren die Schriften General de Gaulles im Umlauf. Schon 1928, als ganz Frankreich auf die Maginotlinie vertraute, hatte de Gaulle auf jene Strategie gesetzt, die den Deutschen dann später zum Sieg verholfen hatte: Man wird sehen, wie schnelle Truppen den Feind auf große Distanzen verfolgen, ihn an schwachen Punkten angreifen und seine Pläne durchkreuzen.« Gerade für die Legion schrieb Prinz Amilakvari ein von de Gaulle zitiertes Wort des Dichters Paul Valéry nieder: »Man wird es erleben, daß Unternehmungen einzelner ausgesuchter Leute, die in Mannschaften zusammenarbeiten, in einigen Augenblicken, in einer Stunde an unvorhergesehener Stelle verheerende Wirkungen erzielen.«

Weniger in der Erwartung künftiger Feldzüge erlebte Sergeant Eckstein die Zeit in Camp Aldershot. Er genoß mit seinen Legionären die Annehmlichkeiten britischen Lebensstils: »Es regnete zwar jeden Tag, doch die Pubs waren gemütlicher als die Bistros in Sidi bel Abbes. An das dunkle Bier konnte man sich gut gewöhnen. Es machte keinen so schweren Kopf wie der algerische Wein.«

Einer der Kompaniechefs in der 13. Halbbrigade war ein Lothringer: Pierre Messmer. Messmer war später von 1958 bis 1969 Verteidigungsminister, dann von 1972 bis 1974 Ministerpräsident. Als Verteidigungsminister bewahrte er 1961 die Legion vor der Auflösung. Prinz Amilakvari rühmt an dem Neuen: »Er ist so etwas wie ein preußischer Franzose, ohne deshalb ein Zwitter zu sein.«

Ende September 1940 waren die Manöver im Camp Aldershot beendet. Prinz Amilakvari erwartete die Verlegung der 13. Halbbrigade an die Kanalküste: »Täglich wurde die Invasion der deutschen Wehrmacht erwartet. Görings Luftwaffe flog rund um die Uhr Einsätze. Auch von unserem Camp aus waren die Brände in London zu sehen. Der Himmel war erfüllt von den Leuchtspuren der Flak-Geschütze und vom Widerschein der Brände.«

Auf dem Höhepunkt der Luftschlacht um England verließ jedoch die 13. Halbbrigade das Camp, um in Southampton an Bord der Truppentransporter »Neuralia«, »Tuareg« und »Cap des Palmes« zu gehen. Unter dem alten Kolonialhaudegen Colonel Monclar wurde Prinz Amilakvari stellvertretender Kommandeur der 13. Halbbrigade. Er war deutlich verunsichert: »Die deutschen Bombenangriffe wurden täglich stärker. Es muß doch damit gerechnet werden, daß die Deutschen die Bastion England sturmreif schießen. Und jetzt werden wir abgezogen. Und niemand kennt das Ziel.« Doch schon am ersten Tag, als die Schiffe ausgelaufen waren, gab es über den Kurs keinen Zweifel mehr. Es ging nach Süden. Über die Kasinogerüchte notierte Prinz Amilakvari: »Wir fuhren an Madeira vorbei, auch an der Straße von Gibraltar, an den Kanarischen Inseln. Afrika hieß plötzlich die Devise. Wir waren alle enttäuscht und irritiert. Was sollten wir in den Urwäldern Zentralafrikas? Die deutsche Wehrmacht bedrohte England. Sie marschierte in Richtung Mittelmeer auf. Und unser Kurs wies in Richtung Flucht.« Doch am 18. Oktober 1940 realisierte Prinz Amilakvari: »Vorläufig war die Schlacht um Europa verloren und General de Gaulle baut sich eine neue Basis in Afrika auf.«

In dem von deutschen Militärarchitekten vor 1914 erbauten Duala in Kamerun bekämpften sich für einige Stunden die Truppen, die Marschall Pétain die Treue halten wollten, und die freifranzösischen Streitkräfte de Gaulles. Es war eine Polizeiaktion, die der 13. Halbbrigade aufgetragen wurde. Nacheinander hißten sie die Trikolore mit dem Lothringer-Kreuz de Gaulles über Libreville in Gabun mit seinem starken Fort »Port Gentil« und über Brazzaville in Kongo.

Als General Leclerc, de Gaulles fähigster Feldkommandeur, am 11. November, dem Tag des Endes des 1. Weltkriegs, in Libreville ein großes Te Deum zelebrieren lassen wollte, reagierte der dortige Bischof, ein Anhänger Pétains, kühl: »Die Kirche läßt sich nicht für politische Veranstaltungen einspannen. Wir können allenfalls ein Vaterunser für einen rebellierenden General beten.« Leclerc ließ dies völlig ungerührt: »Die Legion kann alles. Sie wird auch morgen ein Hochamt einrichten.« Prinz Amilakvari bekam den Auftrag, das Hochamt zu organisieren. Es war Monsunzeit. Zwei Kompanien der 13. Halbbrigade konnten nur unter Schwierigkeiten an Land gebracht werden. Die Legionäre waren durchnäßt. Sogar im ersten Hotel, dem »Transatlantique«, war kein Bügeleisen aufzutreiben. Beim Appell meldeten sich aber unter den Legionären zwei Geistliche, ein Domkapitular aus Preßburg und ein Kaplan aus Wiener Neustadt. Neun Legionäre hatten Erfahrungen als Ministranten. Um das Hochamt zu zelebrieren, benötigten die Legionäre geistliche Gewänder. Der Erzbischof von Libreville, Monsignore Brelitte, reagierte höchst empört, als Sergeant Eckstein, in der Nähe der Benediktinerabtei Neresheim geboren und als Ministrant aufgewachsen, um Meßgewänder bat. Noch mehr als dreißig Jahre danach bekannte Eckstein bekümmert: »Der Bischof brüllte mich an, er sei doch kein Kostümverleiher.«

Eckstein war mit den katholischen Riten vertraut. Vom Domkapitular, einem Unterleutnant, und dem Kaplan, jetzt Adjudantchef der Versorgung, besorgte er sich die Dokumente über die ordnungsgemäßen Weihen. Am Sonntag hatte die 13. Halbbrigade den Hauptplatz von Libreville in eine offene Kathedrale verwandelt. Zu Tausenden säumten die Gläubigen den »Platz der Republik«, der drei Jahre danach in »Place General de Gaulle« umbenannt wurde. »Es war ein ergreifendes Hochamt«, bekannte Sergeant Eckstein, der zum erstenmal seit fünfzehn Jahren wieder das Weihrauchfaß schwang. »Am Ende sangen wir dreimal das Te Deum. Wie im Theater verlangten die Gläubigen den Auftritt unserer Singgruppe als Zugabe.« Anschließend gab Commandant Mutin, der spätere General Kœnig, ein großes Abendessen. Zu aller Überraschung erschien auch der vorher so abweisende Bischof und bekannte: »Bisher stand die Legion ja nicht unbedingt im Ruf, sich aus Chorknaben zusammenzusetzen.«

Nach der Abfahrt von Libreville kam die 13. Halbbrigade unter das Kommando des britischen Generals Hume, Oberkommandierender der britischen Afrikatruppen. Im südafrikanischen Durban empfing er den Chef de Bataillon Kœnig alias Mutin und Prinz Amilakvari in einem beschlagnahmten Grandhotel. Es war eine frostige Unterredung: »General Hume hatte ein gut gefülltes Glas Whisky neben sich stehen«, erboste sich der Prinz. »Uns ließ er in Hab-Acht-Stellung stehen. Nach einer längeren, ziemlich wirren Auslassung über die Weltlage, ging General Hume an eine Afrikakarte und zeigte auf das Kaiserreich Äthiopien. ›Ihre Einheit‹, so befand er, ›wird zusammen mit der 7. britischen Brigade die Italiener aus Eritrea vertreiben‹.«

Nach einer kurzen Pause in Aden legten die Transporter der 13. Halbbrigade in Port Sudan an. Wieder war Prinz Amilakvari wütend: »Die Engländer legten sich größte Zurückhaltung auf. Wenn die Italiener ausnahmsweise tatsächlich einen Schuß abgaben, hieß es sofort: ›Wo sind denn die Legionäre?‹ Von Planung und Übersicht war bei diesem Feldzug nichts zu bemerken. Zu siegreichen Kämpfen kam es nur, weil sich die Italiener noch chaotischer verhielten.« Nacheinander besetzte die 13. Halbbrigade Adrar und Cheren auf dem eriträischen Hochplateau. Asmara wurde eingenommen. Doch hier gab es Probleme, denn es wurde jetzt schwierig, die Disziplin bei den Legionären wieder herzustellen. Prinz Amilakvari: »Mitten in Afrika kamen wir in eine Stadt wie Bologna oder Turin. Italienische Straßennamen, italienische Geschäfte. Und vor allem italienische Restaurants, die Keller bis zum Rand mit Fässern Valpolicella und Sangovese gefüllt.« Die Legionäre machten tatsächlich ein »Faß auf«.

Drei Tage dauerte das Gelage in Asmara. Selbst die zuerst feindselige Stimmung der Italiener schlug jetzt um – zumindest gegenüber den Legionären. Amilakvari hatte einige Offiziere in ein Restaurant an der Hauptstraße Benito Mussolini eingeladen, wo der Maître den Besuchern allerdings mitteilte, daß der Küchenchef krank sei. Der Prinz befahl, die Legionäre Bardi, Rovelli und Tiglio zu holen, die sofort damit begannen, ein Menü mit mehreren Gängen zusammenzustellen. Plötzlich gab es Krach in der Küche. Der angeblich kranke Küchenchef war erschienen, angelockt von den Düften von Salbei und Lamm. Er ließ eine endlose Schimpfkanonade auf die drei an Kriegsrationen in der Legion gewohnten ehemalige Köche los und erweiterte das Essen sofort um vier weitere Gänge. Bei Amilakvari entschuldigte er sich: »In meiner Heimatstadt Rimini wäre das Diner selbstverständlich sehr viel kultivierter ausgefallen. Wir sind hier in Afrika.« Und mit einem verächtlichen Blick auf die einheimischen Kellner sagte der Künstler der deftigen Küche der Emiglia Romagna: »Hierzulande steht eben dreimal am Tag Brei auf dem Plan.«

Die 13. Halbbrigade blieb nur vier Tage in Asmara. Dann begann der Abmarsch in Richtung der Hafenstadt Massaua. »Es war eine elende Schinderei«, gab Sergeant Eckstein offen zu. »Asmara, das war wie ein kleines Paradies. Einige meiner Legionäre mußten allerdings mit schweren Verletzungen ins Lazarett eingeliefert werden. Sie hatten einigen Töchtern aus streng neapolitanischen Familien die Ehe versprochen. Als sie wieder in der Kaserne verschwunden waren, warteten die Brüder mit gezücktem Messer auf sie.«

Auf Amilakvari machte Massaua einen furchterregenden Eindruck: »Wir hatten eine Steilküste erreicht. Unten lag das Rote Meer, eine heiße, bleierne Fläche ohne jeden Wellenschlag. Davor die Hafenstadt: Ein Pier, einige weiße Handelskontore, Slums, und mitten an der Zufahrt zur Stadt die Festung Montecuccoli, benannt nach einem Feldherrn der Habsburger, der aus Italien stammte und den die Italiener nachträglich als ihren strategischen Denker reklamieren.« Offen räumte Amilakvari ein: »Von diesem General Raimondo Montecuccoli wußte ich vorher nichts. Ob er wirklich so heimtückisch war wie sein Fort vor Massaua, kann ich auch nicht sagen. Jedenfalls setzte es sich aus unzähligen Hinterhalten, kleinen Befestigungen, schlammigen Gräben, stinkenden Kasematten und gut getarnten Artilleriestellungen zusammen. Vierzehntausend Mann hatten sich in dem weit verzweigten Festungsgelände verschanzt. Wir stürmten zunächst mit vierhundert Mann, denn die Briten hatten Autopannen oben an der Abfahrt zur Steilküste.«

Sergeant Eckstein führte den Zug, der sich durch das Gewirr von Befestigungsanlagen und verdeckten Fallen schlug und die schweren Geschütze sprengte: »Eigentlich war der Angriff gar nicht so schwierig. Die Italiener hatten sich auf eine Belagerung nach europäischer Konzeption eingerichtet. Zunächst sah alles danach aus. Einige Luftgeschwader, die in Asmara stationiert waren, bombardierten die Festungsanlagen. Von See her eröffneten ein schwerer Kreuzer und einige Zerstörer das Feuer. Die Briten hatten eine langfristige Belagerung eingeplant. Die Italiener in der 13. Halbbrigade holten aber die entscheidenden Informationen aus einigen Gefangenen heraus. Und da zeigte es sich, daß die Bauarbeiten nicht beendigt waren. Am Ostteil waren die Geschützstellungen leer. Die italienischen Kriegsgefangenen berichteten uns, daß an dieser Stelle Massaua direkt an die Malariasümpfe grenzt. Allein der Gestank von salzigem Schlamm, der Kot Dutzender Geier und der Ausfluß einer Kläranlage machte dieses Festungsviereck zum Schrecken eines jeden Angreifers, weshalb Admiral Bonetti sich entschieden hatte, hier nur einige Wachen zu postieren.«

Es gab keinen Alarm, als Sergeant Ecksteins Legionäre den Salzsumpf durchwatet hatten und die Beobachter auf den noch nicht fertigen Stellungen überwältigten. Eckstein: »Um 24 Uhr hatten wir die erste Linie durchbrochen, zehn Minuten später waren wir schon in Massaua. Im Offizierskasino spielte eine Kapelle aus Verona Melodien aus ›Aida‹. Es war ein festlicher Anblick. Die Offiziere trugen ihre Galauniformen, die Damen waren in die neuesten Roben der Modeschöpfer von Rom und Mailand gehüllt... Wir stanken sicher wie die Schweine. Der Prinz hatte seine Uniform notdürftig gesäubert. Er versuchte, der Frau des Admirals einen Handkuß zu geben. Sie zischte ihn an: ›Welch eine Zumutung. Sind die Barbaren gekommen?‹ Der Prinz antwortete: ›Nein, nur die 13. Halbbrigade der französischen Fremdenlegion‹.«

Sergeant Eckstein beobachtete, wie General Gonzoni kurz vor der Festnahme sein kunstvoll geschmiedetes Schwert in das Meer warf. Er holte es am nächsten Tag bei Ebbe wieder heraus. Klagte Eckstein nachträglich: »Es war ein herrliches Werk, von Hand geschmiedet, mit kostbaren Gravuren. Nur einen Nachteil hatte die Beute. Sie war einige Kilo schwer. Manchmal war ich wirklich in Versuchung, diese Waffe mit Elfenbeinknauf, Goldverzierungen und purem Silber einfach wegzuwerfen.« Doch er behielt die Trophäe.

Nächste Station war das damalige britische Protektorat Palästina. Als die 13. Halbbrigade in der Nähe von Tel Aviv kampierte, kam der Befehl: Abmarsch nach Damaskus. In Syrien hatten sich die französischen Streitkräfte unter dem Kommando von General Dentz auf die Seite von Marschall Pétain gestellt. Als General Dentz von der Ankunft der 13. Halbbrigade hörte, sagte er verächtlich: »Wir werden die Rebellen zu Kleinholz machen.«

Der 13. Halbbrigade stand das 6. Kavallerieregiment der Legion gegenüber. Dreiundvierzig Tage lang wurde gekämpft, bis die zweite australische Division die Entscheidung brachte. »Erstmals kämpften Legionäre gegen Legionäre«, klagte Prinz Amilakvari. »Jede Seite erfüllte ihre militärischen Aufträge. Es gab Tote und Verwundete. Aber es war zu spüren, daß die Legion sich nicht zerfleischen wollte. Erst die Australier brachten die Wende. Die meisten des 6. Regiments gingen zu uns über.« Am Ende der Kämpfe wurde der Prinz zum Kommandeur der 13. Halbbrigade ernannt.

Als die Halbbrigade das Libanongebirge von Damaskus nach Beirut überquerte, schneite es. Sylvester 1941 feierte sie in der Nähe des Katharinenklosters auf der Halbinsel Sinai und am Abend des 2. Januar traf die 13. Halbbrigade in Kairo ein. Ihr wurde eine verschmutzte Kaserne auf der Straße zwischen Kairo und Alexandria zugewiesen. »Ein echter Drecksladen«, empörte sich Sergeant Eckstein. »Unser Vorgänger war eine Truppe von Einheimischen, die jede Stube auch als Klo benutzt und den Unrat nicht hinausgekehrt hatten, sondern mit einem Sandhaufen zusammenschütteten. Die Hälfte der Säle war mit diesen stinkenden Haufen voll. Zwei Tage mußten wir schuften, bis die Mannschaftsräume gereinigt waren. Erst dann gab es Ausgang.« Bis zum Stadtzentrum von Kairo waren es siebzehn Kilometer. »Die englischen Laster nahmen uns mit«, sagte Eckstein. »Wenn wir Ausgang bis zum Wecken hatten, mußten wir marschieren. Aber das hatten wir ja in Marokko gelernt. Heute ist von Jogging die Rede. Wir trabten zur verlotterten Kaserne zurück. Und nach einer durchzechten Nacht waren wir wieder voll in Form.«

Im Kairo des Januar 1942 schossen die Nachtlokale wie Pilze aus dem Boden. Kairo war Etappe und der Sold saß locker. Auch bei den Legionären. Der sonst eher zurückhaltende Eckstein geriet bei der Erinnerung an die Nächte von Kairo ins Schwärmen: »Wir mußten uns auf Whisky umstellen. Champagner war trotz Frontzulage beinahe unerschwinglich. Umso freundlicher und zutraulicher waren die Bauchtänzerinnen. Die Briten hatten da so ihre Schwierigkeiten. Entweder waren sie arrogant oder zu direkt. Wir hatten unsere Erfahrungen aus Casablanca und Marrakesch. Zu Dutzenden erlebten die Legionäre ihre ›Große Liebe‹ mit fülligen Ägypterinnen.« Nostalgisch schwärmte Eckstein: »Obwohl wir die britische Armeeverpflegung mit zwei Steaks am Tag hatten, Dosen mit Schweinefleisch aus Australien und mindestens zweimal in der Woche Lamm am Spieß, war die Etappe Kairo doch sehr anstrengend. Als Sergeant hatte ich Urlaub bis zum Wecken. Das bedeutete, daß ich meine Bauchtänzerin, die sich auf einem Nilboot niedergelassen hatte, eine Stunde vor dem Appell verließ. Taxis gab es nur selten. Armeefahrzeuge waren auch nur gelegentlich unterwegs. Also hieß es Dauerlauf.«

Beklemmung und Sorge herrschten dagegen in den höheren Stäben des britischen Oberkommandierenden, Generals Auchinleck. Prinz Amilakvari sprach von einer »Strategie von Ebbe und Flut in der Wüste«. Und das Reizwort bei den Briten hieß Rommel. Nach endlosen Lageanalysen und neuen Feldzugsvorbereitungen kam der Armenierprinz instinktiv zur Überzeugung: »Rommel hat keine langfristige Strategie bereit, nur das Ziel bis zum Nil durchzubrechen. Aber er denkt sich fast jeden Tag eine neue operative Überraschung aus. Das verwirrt die Briten. Ihnen liegt das Improvisieren gar nicht. Am liebsten wäre es ihnen, wenn sie den Ablauf eines Gefechts festlegen könnten, das erst in ein oder zwei Jahren stattfindet.«

Mit der Weisung Nr. 44 087 des Oberkommandos der Wehrmacht vom 6.2.1941 hatte das Eingreifen des deutschen Afrikakorps unter dem Decknamen »Sonnenblume« in der Cyrenaika begonnen. Die Divisionen des italienischen Generals Graziani standen vor einer vernichtenden Niederlage. Dabei war das Duell in der Wüste schon im September 1940 losgegangen. Die Italiener näherten sich der ägyptisch-libyschen Grenze. Vier Monate später warf sie ein britischer Gegenangriff zurück. General Graziani mußte sich mit den noch vorhandenen Divisionen in die Oasen im Innern des Landes zurückziehen. Auch Tripolis war bedroht. Da ging am 14. Februar das 5. deutsche Panzerregiment in Tripolis an Land. Am 11. März überrollte es El' Agheila und Ende April hielt Rommel den ganzen Uferstreifen der Cyrenaika besetzt, hatte Bengasi und Bardia erobert. Nur Tobruk konnte von Briten und Neuseeländern gehalten werden. Die Briten mit ihren Divisionen aus allen Kolonialreichen errichteten bei Sollum, bereits auf ägyptischem Boden, eine provisorische Verteidigungslinie. Am 18. November starteten sie die Gegenoffensive und das Afrikakorps mußte sich bis nach Agedabia, und zuletzt sogar bis El'Agheila, zurückziehen. General Auchinleck erwies sich bei diesen Offensiven und Rückzügen als bedachtsamer Planer, der deshalb immer im Schatten des so imageträchtigen »Wüstenfuchs« Rommel gestanden hat. Doch Prinz Amilakvari, den es mehr zum anonymen Generalstabsdienst zog, als zum Truppenkommando, erkannte sofort das Konzept von Auchinleck. Zu improvisierten Lageskizzen schrieb er: »Im Wüstenkrieg zählten die Entfernungen entschieden weniger als in Mitteleuropa. Entscheidend sind gewisse strategische Punkte und Ausweichlinien im Innern des Landes.« Dies zeigte sich bei der dritten Offensive Rommels bei Sidi Rezegh, wo Auchinleck den Vorstoß der Deutschen aufgehalten hatte; Großbritanniens bedeutendster Militärhistoriker Sir Basil Lidell-Hart urteilte dazu: »In dieser Endphase siegte der prüde, gelegentlich einfallslose Auchinleck über den ungestümen, aber auch unseriösen Deutschen.«

Dagegen steht, daß Rommel mit seinem Afrikakorps in siebzehn Tagen über fünfhundert Kilometer zurücklegte. Prinz Amilakvari: »Es steht kein System hinter Rommels Feldzügen, wie sie auf den heutigen Kriegsakademien gelehrt werden.« Am 26. Mai 1942 stieß der Prinz mit seiner 13. Halbbrigade auf Rommel und seine Soldaten. Bewundernd notierte er: »Gewisse Praktiken des Beduinenkriegs verbindet Rommel mit heutigen Panzertaktiken.«

Bir Hacheim hieß der Punkt, der der 13. Halbbrigade zugewiesen wurde: Kein Dorf, keine Oase, lediglich ein Brunnen mit schlammigem, stinkendem Wasser, ein Ort, den selbst die Kamelkarawanen mieden. Auf der gedachten Linie von General Auchinleck war Bir Hacheim wie ein Leuchtturm, der eine Verteidigungskette fixiert, die über hundert Kilometer in die Wüste hineinragt. Flach und eben, nur von wenigen Erhebungen markiert, zieht sich die Wüste von Marmarique dahin. Bei der Lagebesprechung in Kairo verdeutlichte Auchinleck, daß Bir Hacheim das Ende eines Dammes sei. Gäbe es hier einen Dammbruch, seien auch die

213

anderen Teile gefährdet. Dabei hatte sich die britische Verteidigung inzwischen den Überrumpelungsschlägen Rommels angepaßt, denn es wurde keine komplizierte, durchgehende Linie aufgebaut. Bir Hacheim war das südlichste der Widerstandsnester und im Norden an der Küste endeten sie an der »Via Balbia«. Doch die Dünen an der Küste waren ungünstiges Panzergelände, außerdem durchsetzt von Ortschaften und improvisierten Befestigungen. Also würde Rommel seine Panzer nach Süden lenken, direkt auf Bir Hacheim.

Bei einer ersten Rekognoszierung des Geländes von Bir Hacheim entdeckte Amilakvari eine alte Araberfestung, fünfzig Meter vom Brunnen entfernt, ein Lehmfort mit einer drei Meter hohen Mauer und zwei sechs Meter hohen Aussichtstürmen. Der in den Operationen von Marokko und Südalgerien erfahrene Amilakvari erkannte sofort, daß dieser Ksar nicht einmal gegen einen gegnerischen Nomadenstamm über mehrere Tage erfolgreich verteidigt werden könnte. Obwohl mit Schießscharten versehen, handelt es sich bei dem Ksar lediglich um eine Zufluchtsstätte für Karawanen, wenn der Sandsturm aufkommt und der glühende Sand selbst durch die dicken Gesichtstücher dringt. Fast zehn Kilometer vom Ksar entfernt ließ der Prinz eine neue, dreieckig angelegte Anlage ausheben; der Frontabschnitt als Basis war vier Kilometer lang, die ins Hinterland weisenden Schenkel des Dreiecks jeweils sieben Kilometer. Einige Unterstände wurden gegraben und ganz vorne sicherten ein verwinkeltes Stacheldrahtnetz und Minenfelder den Zugang. Nur zwei Zugänge, über die sich die Stoßtrupps zu ihren vorgeschobenen Stellungen schlichen, wurden minenfrei gehalten. Am 25. Mai kommandierte Sergeant Eckstein eine Patrouille: »Wir drangen drei oder vier Kilometer über unsere vorderen Linien hinaus. Dann wurde das Rasseln von Panzerketten immer lauter, wir hörten deutsche Kommandos, das Klappern von Geschirr und Lachen. Ganz offensichtlich konzentrierte sich direkt vor unserer Front ein starker, feindlicher Aufmarsch.«

Noch in der Nacht zum 26. Mai ließ Amilakvari weitere Gräben ausheben und durch Sandsäcke schützen. Lastwagen brachten vierundvierzig Feldkanonen älterer Modells, fünfundachtzig Panzerabwehrkanonen und vierundvierzig Granatwerfer heran. Schwere Artillerie hatte der Prinz vergeblich angefordert. Dem britischen Kommandeur der 8. Armee, General Ritchie, bedeutete er bei einem Besuch kurz vor Morgengrauen: »Das Lager ist eine einzige Improvisation. Von einer befestigten Stellung kann nicht die Rede sein.« Hinter der 13. Halbbrigade hatten sich weitere dreitausendfünfhundert Mann der 1. Freifranzösischen Brigade unter General Kœnig eingegraben. Amilakvari versuchte, sich in die Operationsmethoden Rommels einzufühlen: »Der ausgewählte Punkt ist Bir Hacheim. Wenn dieser Punkt gefallen ist, so wird sich Rommel überlegen, muß sich der Gegner nach Tobruk zurückziehen, um sich endgültig wieder in Ägypten zu sammeln. Der Brunnen könnte eine Art Sedan der Wüste werden.« Und er fügte hinzu: »Rommel hat weniger Soldaten und Panzer. Aber er ist immer bereit, mit überholten operativen Methoden rücksichtslos zu brechen.« Nur aus fünfzigtausend Soldaten setzte sich Rommels Afrikakorps zusammen, denen über einhunderttausend alliierte Soldaten gegenüberstanden. Rommel hatte jedoch den Vorteil der inneren Linie und konnte jederzeit den Schwerpunkt des Angriffs wählen, die schwächste Stelle für eine erfolgversprechende Offensive heraussuchen.

Gegen 8 Uhr morgens verdunkelte sich der Horizont im Osten und Norden, doch es zog kein Sandsturm herauf. Aus der Sandwolke lösten sich beinahe hundert Panzer. In der ersten Linie kamen Panzer mit dem deutschen Balkenkreuz, dann griff die italienische Elitedivision »Ariete« an. Gefangenenaussagen bestätigten hinterher: Die wenigen Erdarbeiten in Bir Hacheim hatten die Panzerrudel irritiert. Weitere Befestigungen konnten sie nicht ausmachen. Alles war perfekt eingegraben: die Kommandobunker, das Netz der Gräben, das Notlazarett, die Lager für Lebensmittel, die Benzinkanister und die wenigen Wasserzisternen. Sogar das Zelt, in dem General Kœnig seinen Kommandoposten eingerichtet hatte, ragte kaum aus der Erde. Auch die eingegrabenen, unter Tarnnetzen verborgenen Geschütze waren kaum sichtbar.

Als die ersten Minen hochgingen, merkten die Angreifer, daß sie es nicht mit einem verlassenen Beduinentreffpunkt zu tun hatten. Schon in den ersten Angriffsstunden meldeten Deutsche und Italiener an ihre rückwärtigen Stäbe, daß in Bir Hacheim keine schwerfälligen Briten kämpften, keine sturen Neuseeländer, keine angriffswütigen, aber rasch entmutigten Australier, keine Gurkhas, die kein Pardon kennen, aber vor jedem Panzer davonlaufen und keine Inder, die noch immer nicht den Übergang von Kriegsfolklore zur Panzerschlacht gefunden hatten. Gegen Mittag funkte eine deutsche Aufklärungseinheit: Der französischen Brigade gehört auch eine Einheit Fremdenlegion an. Rommels Stabschef General Westphal gab zu: »Fremdenlegion, das war für uns deutsche Soldaten eine Banditengruppe, militärischer Abschaum. In Bir Hacheim mußten wir uns korrigieren. Immer wenn wir glaubten, daß der Widerstand gebrochen ist, kamen die Männer der Legion, verminten wieder die aufgerissenen Angriffsstraßen, sprengten Panzer mit Benzinflaschen in die Luft.«

Dabei ging bei den deutschen Abwehrstellen Abenteuerliches über die Legion um. Noch fünfunddreißig Jahre nach Kriegsende verbreitete der sonst renommierte Militärhistoriker Wilhelm Ritter von Schramm in seinem Buch »Der Geheimdienst«: »Im Wüstenfort Bir Hacheim, südwestlich von Tobruk, lag ein Bataillon Deutscher, lauter deutsche Kommunisten. Es wurde von Ludwig Renn kommandiert, der den vielbeachteten Bericht ›Krieg‹ geschrieben hatte und in Wirklichkeit Arnold Vieth von Glossau hieß.« Dabei hatte die deutsche Funkaufklärung rasch herausgefunden, daß die Legionseinheit wie in sentimentalen Hollywoodfilmen tatsächlich von einem echten Prinzen kommandiert wurde. Doch im Mai 1942 saß der spätere Vorzeigeschriftsteller der DDR im fernen Mexiko.

Sergeant Eckstein konnte sich nicht erinnern, daß geflüchtete deutsche Kommunisten in der 13. Halbbrigade waren: »Sergeant Rest kam sogar aus der ›Leibstandarte Adolf Hitler‹. Sergeant Ungerman, der spätere

Colonel, hatte überhaupt keine politischen Motive, als er 1936 kam. Er sagte einmal auf dem Camerone-Tag 1945: ›Jetzt bin ich froh, daß ich in diesem Krieg auf der richtigen Seite stand. Als ich mich bei der Legion einschrieb, stand dahinter nur die recht deprimierende Einsicht, daß in Paris niemand meine Bilder kaufen wollte.‹ Sergeant Hans Stockmann war Verkäufer bei der Firma Elektrolux in Wien, stieg sogar mit fünfundzwanzig Jahren bis zum Abteilungsleiter auf. Am 14.5.1938 fand er in seinem Regenmantel einen Zettel: ›Verlasse Österreich noch heute. Die Gestapo ist Dir auf der Spur.‹ Stockmann ging in die Schweiz, die frühere Firma wollte ihn einstellen, aber er bekam keine Arbeitsgenehmigung. In Marseille unterschrieb er am 18. April 1939 seinen Kontrakt mit der Legion.« Kommunisten, so glaubt Eckstein, befanden sich nur unter den vor Franco geflüchteten Spaniern. Aber er schränkte sofort wieder ein: »Politische Diskussionen gab es unter Legionären und Unteroffizieren nicht. Also kann ich nur einige Vermutungen äußern. Jedenfalls kann von einer Kommunisteneinheit nicht die Rede sein.«

Gegen Mittag des 26. Mai zogen sich die italienische Division »Ariete« und einige deutsche Unterstützungsgruppen zurück. Zweiunddreißig ausgeglühte Panzerwracks lagen vor den Drahtbarrieren. Einige LKWs wurden von den Legionären abgefangen, deren Ladung aus Parmaschinken, Salami, Gemüsekonserven, Weinfässern und Schnapsflaschen bestand. Sergeant Eckstein: »Es wurde ein fröhlicher Abend.« Über Lautsprecher gab General Kœnig durch: »Wir haben einen Sieg errungen. Wir müssen noch zwei Tage durchhalten.«

Nach zwei Tagen waren jedoch die angekündigten »Kings Royal Rifles« noch immer nicht eingetroffen. Statt dessen wurde es im Norden gegen Mitternacht taghell. Schweres Artilleriefeuer war zu hören. Die 90. Panzerdivision walzte in weniger als einer halben Stunde die 150. englische Brigade in Gott el-Qualeb nieder. Dreitausend Engländer und Australier wurden gefangengenommen. Dazu erbeuteten die Deutschen einhundertvierundzwanzig Kanonen und weit über fünfhundert Fahrzeuge. Noch am gleichen Tag machten die 90. deutsche Panzerdivision und die italienische Division »Trieste« einen operativen Schwenk und gingen gegen Bir Hacheim vor. Allein zur Vorhut gehörten einhundertundsieben Panzer sowie siebenundsechzig Sturmgeschütze. Am Abend des 2. Juni wußte General Kœnig, daß sein befestigtes Camp eingekreist war. Bis fünf Uhr nachmittags dauerte das Trommelfeuer aus den 105-mm-Haubitzen. Doch als im Dämmer die Panzer angriffen, ging ein Drittel von ihnen in Feuersäulen auf.

Selbst Rommel bewunderte die Abwehr der Legionäre, die sich mit den einfachsten Mitteln behelfen mußten und sprach sich lobend über ihre Hartnäckigkeit und Unvernunft aus. Als Kenner des Wüstenkriegs wußte er, daß die Verteidiger von Bir Hacheim keine Chance hatten. Doch er mußte zugeben: »Die Legionäre hatten ausgezeichnet aufgebaute Positionen, Gräben, Verbindungslinien. Sie kennen die Wüste, sie wissen, wie man in ihr zum Kampf antreten soll. Die Legionäre benutzten einzelne

Löcher, gut versteckte Blockhäuser, praktisch unsichtbare Gräben für Granatwerfer und Maschinenpistolen. Das ganze Gelände war von einem breiten Minengürtel umgeben. Diese Art von raffinierten Verschanzungen, die sich vom Eingraben der Briten grundsätzlich unterschied, schützte ausgezeichnet vor Flächenbombardements und dem Einsatz der Stukas. Ein gezielter Schuß kann allenfalls ein Einzelloch zerstören. Das wußten die Legionäre. Diese Lektion hatten sie in den Wüsten der Sahara erlernt.«

So bietet Rommel den Legionären in Bir Hacheim die Kapitulation an: »Jeder weitere Widerstand würde ein Blutbad hervorrufen.«

Doch General Kœnig antwortete: »Unser Auftrag ist es, um jeden Preis durchzuhalten.«

Rommels Antwort ließ nicht lange auf sich warten. Am 3. Juni griffen bei Einbruch der Dunkelheit einhundertfünfzig Stukas in immer neuen Angriffswellen an. Gleichzeitig begannen deutsche Pioniere, die Minenfelder vor den Stacheldrahtverhauen abzusuchen und Breschen für den Vormarsch auszukundschaften. Begünstigt wurde der Vormarsch der Pioniere durch das Aufkommen eines schweren Sandsturms. »Manchmal war die Sichtweite gleich Null«, sagte Sergeant Eckstein. »Wir Altgedienten aus der Sahara waren daran gewöhnt. Wir wußten, wie wir uns mit einem nassen Tuch gegen die Hitze schützen können, die einem den Atem zu rauben droht. Schlimmer waren die deutschen Pioniere dran. Sie glaubten zu ersticken und liefen in Panik in die Minen hinein. Im Prasseln des rötlichen, glühend heißen Sands waren Explosionen zu hören, das Schreien der Verwundeten.«

Erst am 4. Juni ließ der Sturm nach. Wieder setzte Trommelfeuer ein. Rommel befahl die schwere Artillerie mit 155-mm-Haubitzen nach vorne. Die 13. Halbbrigade hatte dem nur leichte 75-mm-Feldgeschütze entgegenzusetzen. Bis zum 11. Juni registrierte das Tagebuch der 13. Halbbrigade über eintausenddreihundert Angriffe und Bombardierungen. Nachts versuchten die Legionäre für Sekunden mit Leuchtpistolen die Stellungen zu markieren. Dann warfen britische Transporter, die im Tiefflug kamen, Tonnen mit Wasser, Medikamenten und Munition ab. »Die meisten Abwürfe landeten drüben bei den Deutschen«, beobachtete Eckstein. »Zunächst wurde die Wasserration für jeden Legionär auf einen Liter pro Tag festgelegt. In den letzten Tagen gab es gar kein Wasser mehr. Dafür ging der Beschuß rund um die Uhr weiter. Der Staub der Explosionen machte uns fast blind. Wir konnten den Gegner nur noch schemenhaft erkennen. Jede Viertelstunde mußten wir unsere Waffen reinigen. Aber das hatten wir schon bei unseren ersten Gepäckmärschen in den Süden von Sidi bel Abbes gelernt.« Vorne im Schützenloch hatte Eckstein nichts von dem Befehl General Kœnigs an Amilakvari erfahren: »Es geht um jeden Tag. General Auchinlek braucht eine Atempause, um die Gegenoffensive vorzubereiten.«

Rommel wurde ungeduldig. »Diese Legionäre sind doch keine Übermenschen«, klagte er gegenüber seinem Chef des Stabes, General Westphal. »Sie sind nur besonders hartnäckig.« Zwar war es Rommels 90.

leichter Division gelungen, in der Nacht vom 6. auf 7. Juni drei Schneisen in das Vorfeld von Bir Hacheim zu schlagen. Aber die Angreifer konnten lediglich im Nordteil die kleinen Höhen 107 und 108 besetzen. Rommel gestand ein: »Das war eine vorzügliche Ausnutzung des Geländes durch die Legionäre. Während der Nacht setzten wir den schweren Beschuß fort, um den Gegner daran zu hindern, sich auszuruhen. Und trotzdem: Als am nächsten Morgen die 90. Division wieder angriff, wurde sie von einem heftigen Abwehrfeuer gestoppt, als hätte das Gefecht eben begonnen. Die Legionäre versteckten sich in ihren winzigen Gräben und Schützenlöchern und blieben praktisch unsichtbar.«

Am 10. Juni setzte Rommel eine Spezialtruppe unter dem Kommando von Oberst Baade ein, der es gelang, die äußeren Positionen des Stützpunktes einzunehmen. »Aus den entschlüsselten Funksprüchen wußten wir«, ließ Lieutenant-Colonel Amilakvari in das Kriegstagebuch schreiben, »daß mindestens fünfzig Panzer anrollten. Wir hatten kein Wasser mehr. Die Munition reichte nur noch für zwei Stunden Kampf. In den Gräben vorne an den Minenfeldern sagten die Legionäre stoisch: ›Dann machen wir eben ein neues ›Camerone‹.«

Doch am 9. Juni gegen 17 Uhr traf der Befehl General Auchinlecks ein: »Ausbrechen.« Erst in der Nacht vom 10. auf 11. Juni verließ die 13. Halbbrigade als Nachhut Bir Hacheim. Sergeant Eckstein gehörte zur Kompanie, die den Rückzug zu decken hatte: »Wir wußten, daß es ein Todeskommando war. Entweder wir fallen oder die Deutschen stellen uns als Vaterlandsverräter an die Wand. Aus dem Funkverkehr wußten wir, daß ein eigener Führerbefehl vorlag. Er ordnete die Erschießung eines jeden Fremdenlegionärs an.«

Amilakvari hatte angeordnet, den winzigen Karawanenpfad nach Südosten als Rückzugslinie für die 13. Halbbrigade zu nehmen. Es war Null Uhr fünfzehn. Rommels 90. Division hatte die Beschießung verstärkt. Leuchtspurgranaten erhellten die Wüste mit den zerschossenen Panzern, den aufgerissenen Stacheldrahtzäunen und den bis zur Unkenntlichkeit zerbombten Gräben und Unterständen. Nur als hastende, winzige Punkte waren die Legionäre noch erkennbar. »Es ging alles genau nach Befehl«, notierte der Prinz. »Gegen Null Uhr dreißig verstärkten die Deutschen den Artilleriebeschuß. Eine Infanterieeinheit entdeckte unsere Absetzbewegung. Sie dirigierte das Feuer auf uns. Wir mußten absitzen und die meisten Fahrzeuge zurücklassen. Das Maschinengewehrfeuer wurde stärker. Die ersten Artilleriegranaten rissen die Kompanie auseinander. Einige Trupps versuchten auszuweichen und gerieten in die eigenen Minenfelder. Ein Chaos drohte auszubrechen. Ich gab den Befehl ›Aufschließen. Wenn wir nicht bis zum Morgengrauen diesen schmalen Rückzugspfad hinter uns haben, radieren uns die Stukas aus‹. Sofort bildeten die Legionäre Stoßtrupps, die die gegnerischen Maschinengewehrnester aushoben. Wir mußten drei weitere deutsche Stellungen durchbrechen, bis wir den von den Briten in der Wüste festgelegten Punkt erreichten, den von drei roten Lampen gekennzeichneten Hügel 837.«

Für Sergeant Eckstein war die Absetzbewegung zu spät gekommen. Er war an der rechten Hand verletzt worden. Ein Sanitäter versorgte ihn mit einem Pflaster. Verbandsmaterial fehlte. Der Lastwagen, der ihn und drei andere Legionäre weit nach Mitternacht aufnahm, fuhr auf eine Mine. Nur Eckstein überlebte; von der Druckwelle wurde er nahezu unverletzt in den Wüstensand geschleudert. Bei Morgengrauen nahm ihn eine Patrouille der 90. Division gefangen. Der deutsche Feldwebel gestikulierte mit der Maschinenpistole und radebrecht: »Prisonnier, Prisonnier«.

Eckstein: »Gib mir lieber eine Zigarette oder einen Schluck Schnaps.«

»Was, Du bist Deutscher?«

»Nein, Legionär, ich weiß, Du mußt mich an die Wand stellen. Trotzdem, ein anständiges Frühstück hätte ich ganz gerne.« Er sollte es bekommen: »Sogar Spiegeleier.« Dann sah er, wie über hundert Stukas Bir Hacheim angriffen. Er wußte, daß nur noch Verwundete und Tote in den Gräben lagen. Die Vorhut der 90. Division funkte gegen acht Uhr in Rommels Hauptquartier: »Die Stellung ist leer. Kein weiterer Widerstand.« Vierhundert Verwundete hatten sich ergeben. Ihretwegen nahm Rommels Stab Ärger in Kauf, denn die Deutschen hatten einen Führerbefehl ignoriert und Sergeant Eckstein hatte keine falschen Parolen gehört: Rommels Chef des Stabes, General Westphal, schildert in seinen »Erinnerungen«: »Wir erhielten einen Funkspruch Hitlers, gefangengenommene Legionäre ›im Kampf niederzumachen‹. Wir verbrannten diesen Befehl, da wir mit solchen Methoden nichts zu tun haben wollten.« Und er hob hervor: »Bir Hacheim wurde durch die 13. Halbbrigade der Fremdenlegion besonders tapfer verteidigt.« Um in der Zukunft nicht weiteren Führerbefehlen ausgesetzt zu werden, hielt sich Rommels Stab an die Abmachung zwischen Berlin und Rom: Die Gefangenen wurden den italienischen Einheiten übergeben.

»Sie hatten es sehr eilig, die Deutschen, uns Legionäre loszuwerden«, berichtete Sergeant Eckstein. »Die Gespräche mit den Unteroffizieren waren sehr kameradschaftlich. Sie wollten Näheres über die Legion hören, und sie waren sehr erstaunt, als ich sagte, daß ich noch nie in meiner einstigen Heimat mit der Polizei und Justiz in Konflikt geraten war. Dafür erzählten sie von einem Sonderregiment 361, das sich fast ganz aus früheren Fremdenlegionären zusammensetzte.«

In den ersten Morgenstunden des 12. Juni besuchte Rommel das Schlachtfeld von Bir Hacheim. In sein Tagebuch schrieb er: »Wir hatten diesen Sieg mit Ungeduld erwartet.« Zur gleichen Zeit traf Lieutenant-Colonel Amilakvari mit der Nachhut der 13. Halbbrigade in der Oase Gasr-Al-Abid ein. Beinahe wären sie in den Hinterhalt jener Sondereinheit Rommels geraten, dem Regiment 361, das gegen die britischen Kommandos unter Colonel Stirling aufgestellt wurde. »Nachdem wir alle unsere Fahrzeuge in die Luft gesprengt hatten, gingen wir in Gruppen zu zwei oder drei Mann vorwärts«, schrieb der Prinz in der Chronik seiner Halbbrigade. »Jenseits einiger Erhebungen sahen wir plötzlich Lichtschein, das Blinklicht von Taschenlampen. Zwar war nichts zu hören.

Aber das war ein schwerer Fehler. Ein Berber oder Tuareg hätte ihn nie begangen. Die Legionäre brauchten keine Kommandos. Sie legten ihre Patronentaschen und Lederriemen ab, steckten Pistole und Messer oben in die Uniformblusen. Ihre Köpfe verhüllten sie mit den längst zerfetzten Badetüchern. In der Wüste wird jedes Geräusch verzehnfacht. So hörten sie leises Rascheln. Aus dem Hinterhalt des deutschen Kommandos wurde ein kurzes Gefecht. Plötzlich sahen sich die Angreifer eingekreist. Der Schußwechsel dauerte nicht ganz drei Sekunden. Dann hatten wir dieses Hindernis hinter uns.« Eintausendeinhundertundneun Offiziere und Legionäre waren in Bir Hacheim gefallen oder verwundet worden. Für den Prinzen lag ein Kabel von General de Gaulle vor. Der Armenier rasierte sich, verlangte nach Rühreiern und einem starken Kaffee. Dann öffnete er das Kuvert. Es enthielt nur einen Satz: »Ganz Frankreich ist stolz auf Ihre Legionäre, Lieutenant-Colonel.«

Am 23. Oktober 1942 sah sich der Prinz mit seiner 13. Halbbrigade wieder weit im Süden der libyschen Wüste. Ziel war das El-Himamat-Gebirge, eine zerklüftete Hügellandschaft, einhundert Kilometer von El Alamein entfernt. Churchill hatte den zögernden und trotzdem geschickt operierenden Oberkommandierenden der britischen Streitkräfte im Mittleren Osten, General Auchinleck sowie den ihm unterstellten General Ritchie, der die 8. Armee befehligte, abgelöst. Nachfolger von Auchinleck war General Alexander, der von Ritchie General Montgomery. Dem Prinzen Amilakvari und seinen Legionären wurde für die neue Großoffensive der südlichste Punkt zugewiesen, das letzte Scharnier, von dem aus die Front der Angreifer von hinten her aufgerollt werden konnte. Nur die Landschaft war diesmal bizarrer. Operativ erinnerte der Auftrag an Bir Hacheim. Aber diesmal galt es eine vulkanische Bergspitze mit steilen Abhängen zu nehmen, wo Rommel ehemalige Gebirgsjäger und Fallschirmjäger postiert hatte. Das Massiv war mit schwerer Artillerie bestückt. Im Vorfeld standen Panzer. Der Prinz funkte in General Montgomerys Hauptquartier: »Ich brauche Artillerie und Panzerabwehrkanonen. Der Höhenzug von El-Himamat ist eine mit schweren Waffen gesicherte Festung.« Doch Montgomery antwortete: »Es bleibt bei der Anweisung vom 20. Oktober. Weitere Verstärkungen sind nicht vorgesehen.«

Von der Materialschlacht, die bei El Alamein geschlagen wurde, um den Durchbruch zu erzwingen, sah der Prinz nur den grellen Widerschein. Eine seiner letzten Eintragungen sagt aus: »Es ist, als wäre ein Vulkan ausgebrochen.« Von den letzten Stabsbesprechungen in Kairo wußte er, daß Montgomery den bewunderten, aber auch verhaßten Rommel mit einer Feuerwalze erledigen wollte. Als Zeitpunkt hatte Montgomery, der auf der Offiziersschule in Sandhurst lediglich durch Faulheit aufgefallen war, den Urlaub Rommels in den Bergen Österreichs ausgewählt. Rommels Stabschef General Westphal war verwundet, sein Vertreter Bayerlein in Urlaub. Montgomerys strategisches Denken war über die

Materialschlachten des Ersten Weltkriegs nicht hinausgekommen. Feldmarschall Mansteins These vom »flüssigen Gefechtsfeld« war ihm fremd. Er betrachte Armeen als Mühlstein, der den Gegner erdrückt. Die Mittel dazu hatte er von seinem Protektor, Premierminister Winston Churchill erhalten: Elf Divisionen, vierzehnhundert Kampfpanzer, neunzehnhundert schwere Artilleriegeschütze.

Von all diesem Überfluß blieb für die 13. Halbbrigade der Legion nichts übrig. Sie besaß beim Angriff auf El-Himamat drei Jeeps und fünf Granatwerfer. Trotzdem erreichte ein Vorkommando am 24. Oktober gegen 12 Uhr mittags die Hauptstellungen. Spezialkommandos der Legionäre hatten mit Brandflaschen über ein Dutzend Panzer kampfunfähig gemacht. Bei einem Gegenangriff der Verteidiger von El-Himamat wurde Lieutenant-Colonel Amilakvaris Jeep von einem Granatwerfergeschoß getroffen und ging in Flammen auf. Sergeant Eckstein, der kurz zuvor aus italienischer Gefangenschaft entkommen war, konnte auch nach über dreißig Jahren auf dem Camerone-Tag 1976 seine Ergriffenheit nicht verbergen: »Der Prinz war ganz einfach ein ›Chef‹. Früher wäre er wahrscheinlich ein Marschall von Frankreich geworden. Er kommandierte immer vorne. Sein Vorbild war ein anderer Fremder in den Diensten Frankreichs, Moritz von Sachsen, der Sieger von Fontenoy. Unter den wenigen Habseligkeiten, die wir bei dem Toten fanden, befand sich ein zerlesener Band ›Mes Rèveries‹, versehen mit unzähligen Anmerkungen. Und immer wieder fand sich der Satz: ›Die Bewaffnung und die Gliederung einer Einheit ändert sich. Der Soldat nicht. Er muß immer im Mittelpunkt unseres Denkens stehen‹.«

Die grünrote Flagge der Legion flatterte über der Trikolore, als der Prinz in einer felsigen Mulde der Wüste beigesetzt wurde. Eckstein: »Wir wollten verhindern, daß ihn die Schakale wieder ausgraben. Die drei Steine, die wir aufbauten, waren schon am nächsten Tag vom Flugsand überweht.«

Danach klingen die Gefechtsberichte der 13. Halbbrigade eher eintönig. Die meisten von ihnen schrieb Adjudant Slavomir Ungerman. Amilakvari hatte über den eher musischen Österreicher, der ziemlich zufällig 1915 in Warschau geboren worden war, geurteilt: »Ein nachdenklicher Legionär. Er hat das Zeug zum Offizier.« Als Lieutenant-Colonel wurde Ungerman nach dem Juli 1963 zu den bedeutenden Reformern der Legion, der als Rekrutenoffizier eine neue Generation von Legionären herangezogen hat, Soldaten einer neuen Interventionstruppe.

Dabei war Ungerman eher zufällig zur Legion gekommen: »1934 kam ich nach Paris. Ich war überzeugt, daß ich als Maler ein Genie bin. Aber als ich die ersten Arbeiten in Galerien vorzeigte und die Herren mir ohne Kommentar die Türe wiesen, da begriff ich, daß ich wohl doch nicht der neue Picasso bin. Alle Gemälde und Aquarelle der damaligen Jahre sind verloren gegangen. Offengestanden, ich habe nur noch unklare Erinnerungen an sie. Wenn mich mein Gedächtnis nicht trügt, habe ich eine ebenso wirre wie merkwürdige Mischung aus österreichischer Bauernmalerei und Pariser Surrealismus versucht. Den Gönner für diese Art von Malerei fand ich nicht.«

Um die Miete für sein winziges Atelier bezahlen zu können, arbeitete Ungerman am Abend in einer kleinen Bar am Montmartre: »Ich wusch die Gläser, schenkte Bier ein und spielte am völlig verstimmten Klavier Modeschlager. Nur als der Patron sagte, ich solle ›Am Brunnen vor dem Tore‹ spielen und singen, da weigerte ich mich. Zum Bilderbuch-Boche wollte ich mich nicht machen lassen.« Slavomir Ungerman schlug auch das Angebot einiger Prostituierter rings um das Moulin Rouge aus, ihren Beschützer zu machen. Zum Zuhälter fühlte er sich nicht berufen. Allerdings auch nicht zum Legionär: »Der Barbesitzer hatte mich hinausgeschmissen, der Zimmerwirtin war ich schon einige Mieten schuldig, bei den Galeristen war mein Name schon bekannt. Nur sehr ungünstig. Monsieur Randat, der später mit den geometrischen Bildern Buffets Millionen machte, nannte meine Bemühungen kühl eine Zumutung. Seiner Hilfe befahl er, die Tür zuzusperren, wenn ich nur aus der Ferne zu sehen war. Da erinnerte ich mich an Abenteuerheftchen, die Wüstenkriege der Legion schilderten. Auf dem Umschlag waren schneebedeckte Berge, Palmen und stolze Forts zu sehen. Alles Motive, die mich reizten. Also meldete ich mich am 18. Mai 1935 zur Legion.«

Der Drill in Sidi bel Abbes behagte dem Schöngeist Ungerman nicht. Statt exotische Landschaften zu malen, mußte er unzählige Gepäckmärsche machen, Uniformen, die bereits am Zerfallen waren, wieder nähen und ein rostiges, völlig veraltetes Gewehr mit Öl und Schmiere auf Hochglanz bringen. Zweimal desertierte Ungerman. Als ihm 1966 der damalige Verteidigungsminister Pierre Messmer, sein Kompaniechef des Afrikafeldzugs, die Legion d'Honneur verlieh, bekannte er: »Ein Legionär, der nicht zumindest einmal den Versuch macht, zu desertieren, ist wahrscheinlich ein schlechter Legionär. Zur Legion gibt es nur die Liebe auf den zweiten Blick. Auf den ersten Blick ist sie nur bedrückend, hart, erniedrigend.«

Durchwegs negative Beobachtungen machte Adjudant Ungerman auch auf dem Feldzug nach der siegreichen Schlacht von El Alamein: »Wir sind die armen Mitläufer der VIII. Armee Montgomerys. Für uns gibt es keine schweren Waffen, meistens nur die schlechteste Verpflegung. An die Front werden wir geworfen, wenn britische Elite-Bataillone nicht weiter kommen.« So verhindert die 13. Halbbrigade am 14. Februar 1942 den Versuch der Rommel-Truppen, über die tunesische Oase Gafsa nach Algerien in den Raum von Tebessa vorzudringen. Beim Kampf um den Djebel Mansour, vierzig Kilometer von Tunis entfernt, schlugen die 13. Halbbrigade und das aus Sidi bel Abbes herangeführte 3. Fremdenregiment die mit modernsten Waffen ausgerüstete deutsche Eingreifdivision »Hermann Göring«. Dann kam der gemeinsame Vorstoß nach Pont du-Fahs, nach Zaghouan und Takrouna. Am 11. Mai hißten die letzten deutschen Truppen am Cap Bone die weiße Flagge. Die Legion trat zur Flaggenparade auf den Ruinen von Karthago an, und die Musik spielte den melancholischen »Cessez-le-feu«, die Erinnerung an unzählige Gefechte und Scharmützel. Allein die Legion machte über fünftausend Gefangene.

Sergeant Eckstein: »Wir machten nur Handlangerdienste für die Amerikaner. Die Personalien der Gefangenen wurden aufgenommen. Nachgeforscht wurde, ob sie an irgendwelchen Kriegsverbrechen beteiligt waren oder der höheren Nazi-Hierarchie angehörten. Und vor allem fahndeten wir nach Angehörigen des Regiments 361, das den größten Erfolg mit der Eroberung von Tobruk hatte und zumindest teilweise aus ehemaligen Legionären bestand.«

Näheres über das geheimnisumwitterte Regiment erfuhr Eckstein durch Zufall: »Ein Oberfeldwebel schrie meinen Schreiber, der ihn abweisen wollte, im perfekten Legionsfranzösisch an: ›Halt's Maul, Du blauer Sack, ich will meinen alten Kameraden Eckstein sprechen‹.« Es war der ehemalige Caporal-chef Wolfgang Schinkel, der zusammen mit Eckstein in Tongking, Algerien und Marokko gewesen war. 1938 hatte Schinkel zehn Jahre Dienstzeit hinter sich und stand kurz vor seiner Beförderung zum Sergeanten. Da bekam er aus Nürnberg die Nachricht vom Tod seines Vaters.

Eckstein: »Schinkel verlängerte seinen Kontrakt nicht. Ein Notar hatte ihm mitgeteilt, daß er der Erbe von vier Mietshäusern und sechs Einzelhandelsgeschäften ist. Den Traum vom wohlhabenden Bürger in Nürnberg mußte Wolfgang Schinkel schon wenige Stunden nach seiner Ankunft in seiner Heimatstadt aufgeben. Die Gestapo holte ihn ab. Zwei Wochen später war Schinkel im KZ Dachau, denn ›wegen meiner Dienstzeit in der Legion war ich ein vaterlandsloser Geselle‹.«

Die beträchtliche Erbschaft Schinkels kam unter Zwangsverwaltung. Den Schindermethoden der SS setzte Schinkel die Sturheit eines altgedienten Legionärs entgegen: »Wenn die Herren Scharführer mir hundert Liegestützen verpaßten, dann machte ich das, ohne einmal in Atemnot zu kommen. Natürlich brachen neben mir ehemalige Professoren, Parteisekretäre und Geistliche zusammen. Sie hielten die Brutalitäten nicht aus. Mit mir waren etwa zwei Dutzend einstiger Legionäre im Lager. Die Chefs teilten uns zu den härtesten Arbeiten ein. Einmal wurden wir aus der Arbeitskolonne herausgeholt. Mit einem LKW wurden wir zum Schießplatz der SS gebracht. Dort hieß es: ›Scheiß-Legionäre, zeigt doch, daß ihr überhaupt schießen könnt.‹ Wir erhielten Gewehre und Pistolen, die wir vorher nicht kannten. Keiner von uns schoß schlechter als eine Elf. Der Durchschnitt bei der SS war viel ungünstiger. Dafür bekamen wir einen halben Zentner Ziegelsteine aufgepackt und mußten einhundertfünfzig Kilometer marschieren. Der Ex-Legionär Lahn wurde krankenhausreif geschlagen, als er danach dem Scharführer sagte: ›Jetzt nochmals die gleiche Runde. Das war doch etwas für Bubis‹.«

Anfang 1941 plötzlich hieß es: »Legionäre vortreten«, erzählte Schinkel. »Wir kamen auf einen Truppenübungsplatz in Pommern. Die Offiziere fragten uns stundenlang über den Wüstenkrieg aus. Bis dahin hatten wir als wehrunwürdig gegolten. Jetzt bekamen wir Uniformen und die Dienstgrade, die wir in der Legion hatten. Im Regiment 361 wurden wehrpflichtige Auslandsdeutsche zusammengefaßt, die in Afrika gelebt hatten. Da waren die Söhne von Farmern in Südwestafrika vertreten und Weinhändler in Südafrika, die vom Kriegsausbruch in Deutschland überrascht wurden. Den Kern bildeten wir Legionäre. Aus den verschiedensten Konzentrationslagern wurden wir zusammengeholt. Keiner von uns war begeistert. Aber der neue Militärdienst war immer noch besser als die vorherige Schufterei im KZ.«

Es waren die Legionäre im Regiment 361 gewesen, die nach einer monatelangen Belagerung Tobruks die Schwachstelle der Neuseeländer ausfindig gemacht hatten, eine schmale Gasse durch das Minenfeld schlugen und das eng verklammerte Befestigungsnetz so aufbrachen wie die Legionsbataillone bei der Belagerung von Berberfestungen. Mit Caporal-chef Schinkel gingen die Legionäre des Regiments 361 fast geschlossen zur 13. Halbbrigade über. Merkte Kriegstagebuchführer Ungerman an: »Jene Anforderungen, die an die anderen Fremdenregimenter erst im Mai 1945 gestellt wurden, größere Einheiten der Wehrmacht aufzunehmen, bewältigten wir in der 13. Halbbrigade schon im Mai '43.«

Neu eingekleidet und mit den Litzen eines Legionssergeanten versehen, beteiligte sich der einstige Kriegsgefangene Schinkel am 20. Mai an der großen Siegerparade in Tunis, die der amerikanische General Patton abnahm. Seinen eigenen Einheiten stellte Patton ein schlechtes Zeugnis aus: »Unsere Leute waren zwar alles Prachtkerle, glänzend ausstaffiert, aber es gab keine Fahnen, nicht einmal Kompaniestandarten. Die Regimentskommandeure marschierten rechts vom Schlußglied der führenden Kompanie. Bei Paraden stellen unsere Leute nicht viel dar. Ich glaube, wir sind auf unser Soldatentum noch nicht stolz genug und müssen dieses Gefühl erst entwickeln.«

Besser gefiel dem Panzer-Haudegen das französische Kontingent: »An der Spitze die fast hundert Mann starke Kapelle der Fremdenlegion mit dem traditionellen weißen Képi und roten Epauletten. Und dann zogen beinahe eine Stunde lang alle französischen Formationen vorbei, die an den Kämpfen teilgenommen hatten. Ihre Haltung war ausgezeichnet. Sie besitzen eine angeborene Freude am Paradeschritt. Wir sahen Einheiten aus weißen Franzosen, Senegaltruppen, marokkanischen Goumiers und die Fremdenlegion. Diese Legionäre sind eine herrliche Truppe mit gewaltigen Backenbärten, von denen viele blond oder rötlich sind. Meinem Gefühl nach setzt sich die französische Fremdenlegion zum großen Teil aus Deutschen und Schweden zusammen.«

Als General Patton später erfuhr, daß sich die von ihm bewunderte Truppe nicht zuletzt aus den versprengten Teilen des Regiments 361 zusammensetzte, sagte der hartgesottene Troupier: »Das sind ja Teufelskerle. Da salutierte ich vor Soldaten, die meinen Divisionen vier Wochen vorher am Kasserine-Paß ganz empfindliche Verluste zufügten.« Der Militär Patton zog aus der Parade in Tunis sofort weitreichende Anordnungen: »Die Legionseinheiten hatten sich mit einer Ausstattung aus dem Ersten Weltkrieg vorzüglich geschlagen. Zuletzt während der Kämpfe um Djebel

Mansour hatten die Legionäre nur einige Thomson-Schnellfeuergewehre und Bazookas amerikanischer Herkunft zur Verfügung. Jetzt werden sie selbstverständlich sofort mit modernsten amerikanischem Leih- und Pachtmaterial ausgerüstet.«

Sergeant Eckstein geriet ins Staunen: »Plötzlich waren wir Überflußsoldaten. Jeder Legionär bekam jeden Tag eine frische Uniform. Das alte Bügeleisen konnte er wegwerfen. Und die Uniform bestand nicht nur aus Ausgehanzug und Kampfanzug, ganze Sortiments von Unterwäsche und Hemden wurden mitgeliefert, Eßgeschirr für Menüs und natürlich Waffen im Überfluß. Bei dem ersten Appell bei Tunis sah ich eine ganze Reihe von Legionären, die eines der neuen Schnellfeuergewehre geschultert trugen. Im ›Sack‹ steckten drei weitere.«

Als erste Legionseinheit betrat die 13. Halbbrigade nach der Niederlage von 1940 wieder europäischen Boden. Bei der Schlacht um Monte Cassino wurde ihr der Abschnitt im fast weglosen Aurunice-Gebirge zugeordnet. Adjudant Ungerman sprach von einer entnervenden Zuschauer-Rolle: »Wie vom Balkon eines Opertheaters sahen wir den drei Schlachten um das altehrwürdige Kloster zu. Mit unseren knapp zweitausend Mann waren wir auch kaum für Großoperationen geeignet«, für die den Alliierten einundzwanzig Divisionen und elf Brigaden zur Verfügung standen. Den Klosterhügel und die umliegenden Berge hielten vierzehn deutsche Divisionen. Ganz vorne kämpfte die 1. Fallschirmjägerdivision, die zum Schrecken der 36. Texas-Boys, einer harten Truppe mit später Cowboy-Tradition wurde. Die Texas-Rangers mußten zugeben: »Die Grünen Teufel sind allgegenwärtig. Nach jedem Artillerieschlag kamen sie wieder aus Kellern und Löchern. Und sie schossen mit einem unbezähmbaren Fanatismus.«

Dabei konnten die deutschen Verteidigungslinien nur immer durch neue Improvisation geschlossen werden. Adjudant Ungerman sagte: »Richtig Nacht wurde es nie. Rund um die Uhr trommelten die alliierten Geschütze auf die Brückenköpfe der Deutschen. Es gab jedoch nicht den großen Durchbruch.« Dabei hatten die alliierten Divisionen je neun Bataillone, die deutschen knapp sechs Bataillone. Die angreifenden Divisionen waren ausgeruht, mit voller Mannschaftsstärke und mit modernstem Material ausgerüstet. Die deutschen Einheiten waren abgekämpft, oft nur mit der Hälfte ihrer Sollstärke. Bei der Infanterie lag das Mißverhältnis bei 1:5; bei der Feuerkraft sogar bei 1:10.

Nicht ohne Mißmut sahen die Legionäre der 13. Halbbrigade auf den Gipfeln des Aurunice-Gebirges, wie eine andere Elite-Einheit durch die Ziegelberge und zerborstenen Dachstöcke unterhalb des Klosterbergs zum Henkershügel vorgeschickt wurde; die Gurkhas. Gegen Abend des 17. März 1943 setzten wolkenbruchartige Regenfälle ein. Den Henkershügel mit dem Code Höhe 209 hielten die Fallschirmjäger von Hauptmann Kratzert: »Die Gurkhas benutzten nur selten ihre Gewehre. Ihr Kampfmittel war ein langes Messer. Mit ihm durchschnitten sie im lautlo-

225

sen Anschleichen die Kehlen der Wachtposten. Darauf stellten wir uns nach den ersten Toten sofort ein. Das Kampfmesser wurde zu unserer wichtigsten Waffe. In der Nacht vom 17. und 18. März schnitten meine Männer zweiundvierzig Gurkhas die Kehle durch. Im Morgengrauen schmissen wir sie in Planen gehüllt in Richtung der gegnerischen Hauptkampflinie.«

Nur zweimal trafen Gurkhas und Legionäre vor Monte Cassino zusammen. »Es gab Sprachschwierigkeiten«, bekannte Adjudant Ungerman. »Ihr Englisch war ziemlich unverständlich für uns. Unsere Mischung aus französisch, deutsch und englisch veranlaßte sie nur zu asiatischer Höflichkeit. Sie lächelten und verbeugten sich und sagten irgendetwas über ›Victory‹ und dabei deuteten sie die Geste des Halsabschneidens an.«

Zwei Monte-Cassino-Schlachten mußten die Legionäre sowie Marokkaner und Algerier in ihren Berghöhlen überstehen. An klaren Tagen sahen sie, wie die polnische Division in immer neuen Wellen den Calvarienberg zu nehmen versuchte. Den Höhenzug hielt das Fallschirmjäger-Regiment Nr. 3 unter Major Vieth. Allein am 13. und 14. Mai griffen die Polen viermal den Calvarienberg an. In sein Kriegstagebuch schrieb Major Vieth: »Verwundeten-Transport unmöglich. Feind schießt pausenlos Nebelgranaten. Sehr viele Tote vor den Höhen. Gestank. Kein Wasser. Kein Schlaf seit Tagen. Amputationen ohne Narkose im Gefechtsstand.« Der künstliche Nebel zwang die Fallschirmjäger unter die Gasmasken. Der Leichengeruch wurde unerträglich. Als sich am 17. Mai die letzten »Grünen Teufel« aus den Ruinen von Monte Cassino zurückzogen und Oberfeldwebel Karl Schmidt die letzten Tretminen anbrachte, waren viertausend Polen an einem vier Kilometer breiten Frontabschnitt gefallen.

Marschall Juin war ein wortkarger Befehlshaber, hochmütig und unberechenbar wie sein Vorbild General Lyautey. Deutlich angewidert beobachtete er die Materialkriegsführung der Generale Alexander und Clark. Von den Höhen des Lirials spähten die Fallschirmjäger von General Heidrich den Aufmarsch der Amerikaner und Briten aus: »Ein unablässiger Strom alliierter Panzer und Fahrzeuge ergoß sich nach Westen«, berichtete Major Vieth. »War das eine Materialflut. Zum ersten Mal sahen wir deutschen Landser den ungeheuren Reichtum des Gegners. Wer sollte dieser Übermacht noch standhalten?«

Aber die Entscheidung brachten nicht die Bombenteppiche der Generale Alexander und Clark. Marschall Juin, der Befehlshaber des kleinsten und am buntesten zusammengewürfelten alliierten Kontingents, hob die »Gustavlinie« der Fallschirmjäger von hinten her aus den Angeln.

Wochenlang stand das 1500 Meter hohe Petrella-Massiv, schon weit hinter den deutschen Fallschirmjägern, vor den Wartestellungen der 13. Halbbrigade. Da kam am 13. Mai der Befehl, das Massiv zu nehmen. Marschall Juin erhielt die Zustimmung vom alliierten Oberkommando nur zögernd. US-General Mark Clark sprach von einer »wahnwitzigen Idee«. Für Adjudant Ungerman war es eine »mittlere Kletterpartie«: »Endlich mußten wir nicht stur vor einer Linie der Deutschen warten, zusehen, wie

Unmengen von Bomben abgeworfen werden, einen Angriff riskieren und uns dann nach den ersten Schüssen wieder zurückziehen. Vom Ersten Weltkrieg her kannten wir natürlich den Begriff der Materialschlacht. Bei uns hatte er keinen guten Klang. Er war eher mit Verschwendung und Sinnlosigkeit verbunden.«

Bei der 13. Halbbrigade gab es beim Marsch zum Monte Petrella plötzlich wieder Angriffsgeist ohne einen Stapel von Befehlen: »Das ganze schwere Material mußten wir zurücklassen«, notierte Adjudant Ungerman. »Es gab auch keine Artillerieunterstützung oder Bombardements der Luftflotte. Marschall Juin hatte sich den Moment der Überraschung ausgebeten. Die alten Legionäre aus den Berittenen Kompanien in Marokko führten die zwölftausend Mann starke Angriffsarmee mit viertausend Tragtieren an. Sie fühlten sich in ihrem Element. Die wenigen Hirtenpfade führten an steilen Abhängen vorbei. Hier hatten die Deutschen keine Verteidigungslinien eingerichtet. Jeder Tritt mußte auf den allenfalls fünf bis zehn Zentimeter breiten Wegen genau vorberechnet werden. Die Steine waren glitschig, oft konnte über Kilometer hinweg nicht der genaue Verlauf festgestellt werden. Im Sommer 1944 hatten die Hirten ihre Ziegen- und Schafherden nicht zum Monte Petrella getrieben. Genau das gefiel den Legionären. Zehntausend Schuß auf einen zwei Kilometer breiten Frontabschnitt, das war nicht ihr Krieg. Jetzt zwischen Steinen, nassem Moos und Fährten, die sich in unzählige Weideflächen verästelten, da fühlten sich die Legionäre wieder als Kundschafter, da waren ihre Kenntnisse der Berge im marokkanischen Atlas wieder gefragt.«

Zwanzig Kilometer hinter der »Gustav-Stellung« brach die 13. Halbbrigade durch, Marschal Juins Unterstützungstruppen hielten den Korridor offen. Am Morgen des 18. Mai stand die Kompanie Ungermans an der Straße Itri Pico. Der Weg hatte über den Monte Cechito und den Monte Fammera bis zum Monte Revolo (1307 m) geführt. Sechsunddreißig Baltimore-Bomber versorgten den Vortrupp an einer gut erkennbaren Felsekke mit Munition und Verpflegung. Adjudant Ungerman: »Wir gingen den Gegner von hinten an, suchten uns Schleichpfade aus. Trotzdem blieb alles im Rahmen des Materialkriegs. Verwundete wurden mit kleinen Flugzeugen ausgeflogen, die auf winzigen Wiesen landeten. Jeden Morgen hatten wir unseren eisgekühlten Grapefruitsaft und die obligaten Eier mit Schinken. Einige deutsche Legionäre mit zwanzig und mehr Dienstjahren gingen zu den deutschen Fallschirmjägern über. Sie hinterließen auf Zetteln, daß dies kein Krieg der Legion mehr ist. Echten Krieg würden die Fallschirmjäger auf der anderen Seite führen.«

Bereits vierundzwanzig Stunden später meldete BBC, daß die Überläufer vor ein Kriegsgericht in Florenz gestellt worden seien. Das Urteil lautete auf Tod durch Erschießen. Sie wurden als Spione und Saboteure hingerichtet. Adjudant Ungerman resümierte: »Die barbarische Reaktion der Wehrmachtsjustiz trieb dem Legionär mit dem größten Cafard aus, sich auf das Überwechseln auf die andere Linie einzulassen.«

Der Frühlingsregen hatte die Zufahrtsstraßen zum Serra del Lage aufgeweicht. Noch vor dem Zeitplan Marschall Juins war die 13. Halbbrigade am Monte Majo und nahm die Ortschaft Vallemajo ein. Dann stieß sie durch die rückwärtigen Sperren Castelnuovo und Ausonia. Zwei Tage wurde um Esperia gekämpft, ein Hirtendorf auf einem steilen Hügel, in das sich ein Regiment der 71. deutschen Infanteriedivision zur Auffüllung zurückgezogen hatte. Zur Verstärkung war das Panzer-Grenadier-Regiment 200 gekommen.

Adjudant Ungerman schrieb im Report der 13. Halbbrigade: »Die erste Attacke war voller Schwung. Nach drei Stunden Stellungskampf ging ihnen die Munition aus. Sie mußten sich zurückziehen.« Auch die Auffangstellung des Regiments 200 wurde von der 13. Halbbrigade der Legion in Olivia überrannt. Am 19. Mai stand die 13. Halbbrigade der Legion in der Stadt Compodimale und unterbrach die Straße Itri-Pico. Ungerman, der erst vier Jahre später die höhere Kriegsschule in Paris besucht hatte, beschrieb exakt, wie gelernt, den Zusammenbruch der deutschen Front: »Das XIV. deutsche Panzerkorps versucht mit allen Anstrengungen, eine neue Verteidigungslinie hinter der ›Gustavlinie‹ aufzubauen. Die Reserven sind jedoch zu schwach. Völlig durcheinandergewürfelt wirken die gegnerischen Verbände. Bataillone und Regimenter verschiedener Divisionen kämpfen neben- und untereinander. Zunächst stand uns die 44. Infanteriedivision gegenüber. Dann rückte die 26. Panzerdivision an und wurde alsbald von der 71. Infanteriedivision abgelöst. US-General Clark meldete große Erfolge. Knapp dreihundert Legionäre hatten die 94. Infanterie-Division, die noch immer am Zugang nach Rom stand, zurückgedrängt.« Ungerman ließ nur wenig Groll erkennen: »Natürlich machten wir die Drecksarbeit für die Amerikaner. Dafür ließ sich General Clark als neuer Napoleon feiern. Unser Marschall Juin stand bei den Wochenschauaufnahmen zwei Reihen hinter dem Aufschneider. Inzwischen hatten wir uns an die Amis gewöhnt. Wir mochten sie nicht. Wir betrachteten sie als notwendiges Übel. Für unsere Siege bekamen wir frisch aus Kalifornien eingeflogene Pfirsiche.«

Bei der Siegesparade in Rom vor dem Koloseum marschierte auch die 13. Halbbrigade mit. Der Romaufenthalt veranlaßte Ungerman, sich Gedanken über eine Armee im Überfluß zu machen: »Hätten die Deutschen Dollar, dann könnten sie Panzer auf dem schwarzen Markt von Rom zu Hunderten kaufen. Die US-Soldaten bieten praktisch alles an: Von der Maschinenpistole bis zur Panzerhaubitze, von der Feldküche mit eingefrorenen Gerichten für die nächsten vier Wochen bis zur Unterwäsche für alle Witterungen.«

Zusammen mit dem nachgerückten 3. Marschregiment wurde die 13. Halbbrigade jetzt der Operation »Anvil« zugeteilt. Am 2. Juni 1944 kam der Befehl, am 15. August in der Provence eine Landeoperation, jetzt unter dem Codenamen »Dragoon«, durchzuführen. Aus Nordafrika, Korsika und Italien wurde eine Invasionstruppe von 250 000 Soldaten zusammengestellt. Bekennt Adjudant Ungerman: »Wir Legionäre waren in der ersten Welle. Aber wir gingen unter in der Flut des alliierten Aufmarsches. Nicht mehr gewagte Unternehmen waren gefragt, sondern das genaue Einhalten von Vormarschpunkten. Manchmal kamen wir uns wie Eisenbahner vor, die sich an den Fahrplan zu halten haben.«

So fühlte sich die 13. Halbbrigade etwas verloren auf ihrem Marsch von Toulon nach Marseille und dann weiter in den Norden. Französischer Oberkommandierender war jetzt General de Leclerc. Dem draufgängerischen Wüstenkrieger, der eine Division von Dakar quer durch die Sahara bis nach Südtunesien geführt hatte, wies das US-Oberkommando nur untergeordnete Aufgaben zu: Sicherung der Nachschublinien. Erst im Rhonetal bei Chalon-Sur-Saone hatte die 13. Halbbrigade erste Feindberührung. Doch die deutschen Truppen unter General Wiese leisteten hinhaltenden Widerstand: »Nur einzelne versprengte Trupps schossen noch«, hielt Adjudant Ungerman als Momentaufnahme fest. »Straßen und Eisenbahnlinien waren zerstört. An allen Kreuzungen lagen ausgebrannte Panzer, Lastwagen und Kanonen. Skelette von Menschen und Pferden verwesten in den Straßengräben. Unsere Pioniere mußten mit Bulldozzern vorrücken und die Straßen freimachen.«

General Leclerc de Tassigny, der es leid war, Oberkommandierender des Nachschubs zu sein, zog seine erste gepanzerte französische Division gegen den Befehl der Amerikaner nach vorne, nahm Colmar ein und durchbrach in einem Überraschungsangriff die Vogesen. Zur 13. Halbbrigade war jetzt aus Tunesien auch das 3. Infanterie-Regiment der Legion gestoßen. Beide Einheiten standen in der Nähe von Gambsheim, nördlich von Straßburg, als die Ardennenoffensive unter Generalfeldmarschall von Rundstedt begann. Adjudant Ungerman: »Die Amerikaner wollten Straßburg bereits wieder räumen. Wir gruben uns am Stadtrand ein. Drei Wochen lang, vom 6. bis 27. Januar 1945, mußten wir weit überlegene Angriffe der Waffen-SS abwehren. Legionskommandeur Colonel Tritschler, ein Schweizer, sagte nicht ohne Pathos: ›Wir Legionäre wollen da sein, wenn das Schicksal zögert‹.« Am 7. Januar versuchte ein Regiment der 553. Volksgrenadierdivision die Stützpunkte der 13. Halbbrigade zu durchbrechen. Adjudant Ungerman: »Die Angreifer stützten sich auf den Rheindamm und auf kleinere Forts der einstigen Maginotlinie. Die Zugänge sind von gut erhaltenen Anti-Panzergräben geschützt. In den Vororten von Straßburg beginnt ein harter Infanteriekampf. Die Deutschen setzen schwere Artillerie in der vordersten Front ein. Doch gegen Abend zog sich das Regiment auf die Ausgangsstellungen ab. Es blieb in einem angeforderten Bombenteppich liegen.«

Die nächsten Stationen waren Karlsruhe, Pforzheim und Stuttgart. Ungerman: »Der Feind ist in vollem Rückzug. Sein Mut ist gebrochen, die Truppen sind zerstreut.« Aber die Tagebucheintragungen zeigen, daß die Deutschen wohl auf dem Rückzug sind, nicht jedoch immer auf der Flucht. Es kam zu immer neuen Gefechten um Straßenkreuzungen, um Waldstücke und Dörfer. Bei Großglattbach im Württembergischen hielten Teile der versprengten SS-Division 17 einen Abschnitt auf einem Höhenkamm: »Zwei Tage wurden wir aufgehalten«, notierte Ungerman. »Die Abwehr der Amerikaner sprach von zwei Regimentern. Als wir den kleinen Fluß überwunden hatten, ergab sich ein Unterscharführer, der das Ritterkreuz trug. Er sagte aus: ›Wir waren ganze zweiundfünfzig Mann mit vier Granatwerfern und neun Maschinengewehren. Unterstützt wurden wir von neunzehn Männern des Volkssturms‹.« Nicht im offiziellen Bericht erwähnt Ungerman die nächste Szene: Der Unterscharführer, mit Namen Brenner, warf sein Ritterkreuz auf den Tisch. Der Vernehmer des Zweiten Büros verhörte Brenner zwei Tage lang, ohne eine Auskunft zu erhalten. Dann fragte er: »Was hast Du gelernt?«

»Nichts. Mit achtzehn Jahren wurde ich Soldat. Ich war an der Ostfront. Jetzt an der Westfront.«

Adjudant Ungerman: »Beim nächsten Morgenappell hatten wir einen neuen Legionär zweiter Klasse – sein Name lautete Brunner. Er war der erste Freiwillige, der von der anderen Seite zu uns kam.«

Noch vor der Waffen-SS waren die Soldaten der Wlassow-Armee in die Legion gedrängt. Deswegen war es in Colmar zu einer heftigen Auseinandersetzung zwischen Legion und US-Armee gekommen. Zwei Kompanien der Wlassow-Armee hatten sich geschlossen in die Legion verpflichtet. »Kurz danach«, so erinnerte sich Ungerman, »kam ein US-Colonel ganz aufgeregt und schrie: ›Sofort die Uniformen ausziehen. Die Russen kommen nach Magdeburg. Ein Verbindungsoffizier der Roten Armee ist bereits eingetroffen‹. Colonel Tritschler, bereits vom Tode gezeichnet, sagte: ›Das sind alles Legionäre. Es muß sich um den Irrtum eines amerikanischen Generals handeln, der nicht genügend ausgelastet ist. Lassen Sie uns den Herrn von der Roten Armee kommen. Er ist uns auch willkommen. Als Legionär zweiter Klasse‹.«

Der zum Adjudant avancierte Sergeant Eckstein wurde die rechte Hand des Rekrutierungsoffiziers: »Später wurde immer wieder behauptet, die Legion hätte die Soldaten der Wehrmacht und der Waffen-SS in ihre Dienste gepreßt. Zumindest nach Februar '45 waren wir damit beschäftigt, den Andrang unter Kontrolle zu halten. Einige Reste der Divisionen hätten wir komplett übernehmen können.«

Am 30. April 1945 feierte die 13. Halbbrigade den Camerone-Tag in Bregenz. Es schneite und oben im Bregenzer Wald kämpften noch immer einige Einheiten der Waffen-SS. Vor dem Stabsquartier drängten sich die Gefangenen. Adjudant Eckstein: »Das waren keine Kriegsverbrecher auf der Flucht vor Bestrafung. Sechs Jahre lang hatten sie Uniformen getragen. Ein Zivilleben in einem zerstörten Land konnten sie sich nicht vorstellen.«

»Freund, hörst du den schwarzen Schwarm der Raben?«

Die Ju 52 drehte eine letzte Runde über Long Song. Unten waren noch die weiten Windungen des Song Ky Kong-Flusses zu sehen. Die im neugotischen Stil errichtete Kathedrale ragte aus den schnurgeraden Avenuen der im Kolonialstil der neunziger Jahre des vorigen Jahrhunderts erbauten Stadt. Jetzt waren Reisfelder, Dörfer und Pagoden zu sehen. Die Berge rückten näher, sie waren steil, bedeckt von undurchdringlichem Urwald. Eine weißschimmernde Schlangenlinie zeichnete sich unten im Tal ab: die Rue Coloniale Nr. 4. Keiner der Legionäre in der Ju schaute zur Dschungelstraße hinunter. Sie kannten jede Kehre und noch besser die Stellen, wo selbst streng bewachte Konvois von den Viet Minh-Kommandos Ho Tschi Mins in die Luft gejagt wurden.

Seit 1948 galt die RC 4 bei den Legionären als die »Straße des Verreckens«, während die Generalstäbler sie vornehmer als das »Tor nach China« bezeichneten. Am gefährlichsten waren die fünfzig Kilometer zwischen Cao Bang direkt an der chinesischen Grenze und dem Knotenpunkt That Khe. Allein für den Februar 1949 hatte Colonel Simon, Chef des 3. Fremdenregiments mit der Festung Kilua als Hauptstützpunkt, folgende Bilanz aufgemacht: Von einhundertneun Fahrzeugen waren dreiundzwanzig durchgekommen, an Toten wurden siebenundfünfzig Legionäre gezählt, dazu kamen zweiundachtzig Verletzte. An diesem 1. Oktober 1950 war That Khe wieder das Ziel der Legionäre des 1. Fallschirmjäger-Bataillons (BEP). Jeweils im Abstand von zehn Minuten starteten zwölf weitere Ju nach Norden in die Bergschluchten der RC 4. Das 1. BEP, die operative Feuerwehr der Legion, sollte die Evakuierung von Cao Bang sichern. Mehr als dreitausend Mann warteten dort auf die Gelegenheit zum Ausbruch und auf die Legionäre des 1. BEP, die in der in den Turbulenzen schleudernden und mit Material vollgestopften Ju seelenruhig Skat und Poker spielten oder vor sich hin dösten.

Ganz vorne neben Commandant Segretain saß Sous-Lieutenant Meyer, ein Berliner mit strohblondem Bürstenhaarschnitt. Bei den Legionären war er gefürchtet. Wenn ihm die Vorgesetzten mehr Zurückhaltung empfahlen, klopfte er mit einem Bambusstöckchen gegen die blank geputzten Springerschuhe und sagte lakonisch: »Man muß die Besten verprügeln, um die Helden zu formen.« Meyer war erst einundzwanzig Jahre alt gewesen, als er mit den Resten des III. Batallions der deutschen 1. Fallschirmjägerdivision in Gefangenschaft geraten war. Aber er trug schon das EKI und das Deutsche Kreuz in Gold, und er war Hauptmann. Obwohl sich in seiner Personalakte die negativen Eintragungen wegen arroganten Auftretens und unnötiger Schinderei von Untergebenen häuften, war Meyer in zwei Jahren vom Legionär zweiter Klasse zum Sous-Lieutenant aufgestiegen.

Ein Handstreich am Loung-Phai-Paß am 25. April 1949 hatte ihm die ersten goldenen Offizierslitzen eingebracht. Kurz vor Einbruch der Nacht war der Zug des damaligen Adjudant Meyer an der Basdoubrücke, drei Kilometer nördlich von That Khe, abgesprungen. Durch Sumpf und Buschwerk hatte sich der Trupp zu einer freiliegenden Höhe vorgearbeitet. Meyer suchte mit dem Fernglas jedes Detail an der Brücke ab. Die Legionäre gruben sich weit auseinandergezogen in den Boden ein. Sous-Lieutenant Meyer zeigte keinerlei Nervosität. Als würde er immer bis zehn zählen, rückte er das Fernglas hin und her. Unten war nichts als die leere Straße zu sehen. Am jenseitigen Berghang stoben manchmal Vögel auf. Sonst Stille. Erst kurz vor Mitternacht war Motorengeräusch aus der Richtung That Khe zu hören. Mit abgeblendeten Scheinwerfern näherte sich ein Konvoi, bestehend aus schweren, von der US-Armee zur Verfügung gestellten Trucks. An der Spitze fuhren Panzerspähwagen. Nur langsam kam der Konvoi voran. Durch sein Nachtglas beobachtete Meyer, wie sich die LKW dem Paß von Loung Phai näherten. Plötzlich wurde das Kreischen der Papageien lauter. Die Lianen auf der anderen Seite der Straße bewegten sich. Dann verwandelten sich die ersten LKW urplötzlich in bis zu zwanzig Meter hohe Fackeln. Auf den Konvoi ging ein Hagel von Raketen und Granatwerfergeschossen nieder. Meyer brauchte nur ein paar Sekunden, um abzuschätzen, welchen Abschnitt der RC 4 sich der Viet Minh ausgesucht hatte. Mit einer Vorausabteilung seiner Legionäre stürzte er auf die Straße und warf sich auf den Kühler eines LKW, der mit Vollgas durch die Flammenhölle wollte. »Es hat keinen Sinn«, schrie er. »Raus, verschanzen!«. Von der langen, eintönigen Fahrt abgestumpft, noch im Halbschlaf, warfen sich die Begleitmannschaften des Konvoi in den Straßengraben. Von allen Seiten griffen jetzt die Viet Minh an. Später wurde bekannt, daß es zwei Bataillone gewesen waren, mit einer Stärke von vierzehnhundert Mann. Ihnen gegenüber standen einhundertdreißig Legionäre unter Meyer sowie knapp zweihundert Soldaten als Begleitschutz für den Konvoi. Wieder einmal wurde die RC 4 zur Blutstraße. Auf dem nur 3,4 Meter breiten Teerband lagen zerfetzte Leichen und ausgeglühte LKW. Im Gebüsch am Straßenrand folgte ein Kampf mit Messern. Nur manchmal ratterten die Schnellfeuergewehre auf. Es gab keine Ziele. Schatten tauchten zwischen den Ästen auf. Die Legionäre warteten bis zur letzten Sekunde. Dann kam das »Coupe-Coupe«, das Durchschneiden der Kehle.

232

Gegen Morgengrauen zogen sich die Viets zurück. Sie fürchteten den Angriff von Jagdbombern mit Napalm. Um 6.19 Uhr standen die Legionäre von Meyer wieder auf dem Loung-Phai-Pass. Noch immer schwelten die LKW auf der Straße, wie verkohlte Puppen saßen die einstigen Bewacher auf den Blechsitzen, die zum glühenden Rost wurden. Um 7.03 Uhr zog die erste Ju ihre Schleife. Zweiundzwanzig Legionäre sprangen ab. Meyer sagte nur, als die gelandeten Legionäre ihre Waffen auspackten: »Idioten, Knarren haben wir selber. Wir brauchen Schaufeln, um die Scheißstraße wieder freizumachen.«

Unter den Toten befand sich auch Caporal Stanescu. Seine Brust wies über ein Dutzend Einschüsse auf. Als ihm die Kampfbluse ausgezogen wurde, bemerkte der Sanitäter nur nebenbei die Tätowierung der SS. »Gestorben für Frankreich« stand dann auf dem schmalen Kreuz des Caporal, der auf dem Friedhof von Lang Song begraben wurde. Erst Jahre später wurde bekannt, daß der Caporal Stanescu, einst Oberscharführer im Konzentrationslager Ploesti (Rumänien), vom Legionär erster Klasse Eliahu Itzkovitz niedergeschossen worden war. Itzkovitz hatte als einziger seiner Familie das Lager Ploesti überlebt, wo der damals vierzehnjährige mitansehen mußte, wie Stanescu mit anderen KZ-Wächtern seinen Vater, die Mutter und drei Geschwister abknallte. Itzkovitz schwor Rache zu nehmen. Zunächst wanderte er nach Israel aus und trat dort in die Armee ein, wo er Untergrundkämpfer wurde. Als er durch einen anderen rumänischen Flüchtling erfuhr, daß Stanescu vor der Roten Armee in die Legion geflüchtet wäre, setzte er sich aus Israel ab und reiste mit einem Frachter nach Genua. Von dort kam er per Anhalter bis nach Marseille, unterschrieb einen Fünfjahresvertrag im Fort Saint Nicolaus, das St. Jean auf der anderen Seite des alten Hafens als Rekrutierungsbüro ersetzt hatte. Als Motiv nannte Itzkovic »Krieg, fremde Länder«. Der Rekrutierungsoffizier schrieb in die Personalakte: »Ein Legionär, der es zum Offizier bringen kann.« Zunächst kam Itzkovitz auf den Truppenübungsplatz Mascara. Dort mußte er bereits in den ersten Wochen die Erfahrung machen, daß Fragen nach »alten Kumpels« auf Mißtrauen stießen. Zweimal bekam Itzkovitz vierzehn Tage Arrest, weil er sich allzu aufdringlich nach einem gewissen Stanescu erkundigt hatte, doch er war hartnäckig. Er erlernte die Regeln der Legion und fand trotzdem heraus, wie der neue Name von Stanescu lautete und in welcher Einheit er diente. Vorgewarnt durch die zwei Strafen, ließ sich Itzkovic Zeit. Im Januar 1949 war es endlich so weit, denn er wurde der Caporalschaft Stanescus, der sich jetzt Serjan nannte, zugeteilt. Da sich Itzkovitz einen neuen Namen zugelegt hatte und aus dem einstigen ausgemergelten KZ-Häftling ein fast zwei Zentner schwerer Hüne geworden war, konnte ihn Stanescu nicht wiedererkennen. Als sich Meyers Zug durch die brennenden Lastwagen auf der RC 4 vorgearbeitet hatte, stand an einer unübersichtlichen Biegung plötzlich der Legionär Eliahu hinter Stanescu, während die anderen Legionäre die

Urwaldschneisen sicherten. Die beiden waren allein. Da sagte Itzkovitz auf rumänisch:» Du bist doch Stanescu?«

»Ich bin der Caporal Serjan.«

»Du bist Stanescu. Und ich bin einer der Juden aus dem Lager Ploesti. Der letzte meiner Familie.« Dann schoß Itzkovitz. Als die anderen Legionäre aus dem Unterholz kamen, war alles vorbei. Sie konnten den Toten nur noch auf die Straße legen. Meyer zeigte fast Mitgefühl:»Der Caporal war doch ein Landsmann von Dir. Verdammte Viets.« Itzkovitz sagte nur:»Ja, ein Rumäne, wie ich es einmal war.« Kein Arzt überprüfte in dem Chaos die Schußwunden des Caporals – auf der Straße standen schließlich vierzehn ausgebrannte LKW und die Sanitäter mußten einhundertundzweiundreißig Tote in die Säcke hüllen. Zu einer Überprüfung, durch welche Kugeln ein Legionär gefallen war, dazu hatte niemand Zeit.

An der RC 4 hatte sich auch Heinz Stien, der neben Meyer in der Ju 52 saß, seine erste Goldlitze als Sous-Lieutenant geholt. Wie Meyer war er aus der 1. Fallschirmjägerdivision Görings gekommen. Der weinfrohe Kölner hatte allerdings nicht viel übrig für die Härte und Sturheit seines einstigen Regimentskameraden, sondern hielt sich mehr an die Devise Radetzkys:»Macht es Euch bequem und schießt genau.« Im Kasino gingen sich Meyer und Stien weitgehend aus dem Weg. Adjudant-chef Pfeil, der nächste in der Reihe, wiederum betrachtete die beiden Fallschirmjäger-Offiziere als Emporkömmlinge in der Legion. Pfeil war 1932 in München Mitglied eines kommunistischen Jugendbundes gewesen, hatte sich mit seinen Freunden auf der Schwanthaler Höhe Schlägereien mit den Horden der SA geliefert und über einen befreundeten Polizisten nach dem 31. Januar 1933 erfahren, daß er für die Einlieferung in das KZ Dachau vorgesehen wäre. Flucht war der einzige Ausweg. Ein halbes Jahr arbeitete Pfeil als Tierpfleger bei einem Zirkus in der Schweiz, hörte dann von der Legion und ging nach Marseille. Pfeil hatte ein kantiges Gesicht, war wortkarg und in seiner ersten Beurteilung stand das Prädikat »mittelmäßig«. Wenn er auch unangenehme Erinnerungen an die Schlägereien mit den Nazis hatte, wollte er trotzdem nicht gegen deutsche Truppen kämpfen. Deshalb meldete er sich zum 5. Regiment nach Indochina. Dort erlebte er 1944 die Massaker der Japaner, den großen Marsch nach Norden zu den Truppen Tschiang Kai Scheks. Beinahe zweitausend Kilometer war er mit seinem Regiment marschiert.

In Sidi bel Abbes wollte Adjudant-chef Pfeil abmustern. Er war zwar längst kein Kommunist mehr, wollte aber mit den Rabauken der Waffen-SS, die in immer neuen Schüben ankamen, auch nichts zu tun haben. Dann machte im Frühjahr 1948 in Sidi bel Abbes eine Nachricht die Runde, die Pfeil, den Einsamen, den Außenseiter bewog, nochmals zu verlängern: In Philippeville wurde das 1. Fallschirmjäger-Bataillon der Legion aufgestellt.

Die Ausbilder für die neue Truppe kamen fast alle aus den deutschen Fallschirmjäger-Divisionen, Veteranen von Kreta und Monte Cassino.

Altgediente Legionsoffiziere waren entsetzt, eine Fallschirmjägertruppe aufzustellen, denn in ihren Augen waren Legionäre Marschierer, gute, aber langsame Soldaten. Für den Fallschirmjäger besäßen sie nicht die Voraussetzungen. Man ließ Gutachten erstellen, die warnten, der Legionär sei der klassische Infanterist, dazu berufen, einen feindlichen Widerstand zu brechen. »Camerone« würde immer das Leitbild eines Legionärs sein, er sei eine Art infanteristische Dampfmaschine, äußerst mutig und dazu befähigt, jeden feindlichen Widerstand zu brechen. Der Einsatz als Fallschirmjäger verlange jedoch den sechsten Sinn für Gefahren, viel Geschick und Gerissenheit.

Dagegen setzten die ersten Instruktoren der Legions-Fallschirmjäger das Argument, daß im französischen das Wort Parachutiste nicht unbedingt Fallschirmjäger bedeutete, sondern ein abwerfbarer Soldat. Und weiter meinten die Gutachter, die im Legionär nur den Soldaten zum Verheizen sahen: Auch das Flugzeug dürfe nicht überbewertet werden. Es handle sich lediglich um ein besseres Taxi oder einen Autobus, der Kämpfer durch die Luft zum Einsatz brächte.

Zur Ausbildung für die Legions-Paras waren Instruktoren abgestellt worden, die im Zweiten Weltkrieg in der britischen Armee gedient hatten. Für sie war die Legion eine andere Welt, die aus Gewalt und Geheimnis bestand. Schon nach den ersten Tagen der Instruktion begriffen die altgedienten Luftlandespezialisten, daß sie wohl nie ganz die Regeln dieses Haufens erlernen würden, der von der regulären Armee als der »Verlorene« bezeichnet wurde.

Die Ausbildung begann nach den etwas altmodischen und umständlichen Regeln der britischen Armee. Doch die Schüler bereiteten den Ausbildern auf den direkt am Meer liegenden Sandbahnen einige Überraschungen. So mußten die angehenden Paras in der Maschine vor dem Absprung lauthals irgendwelche Lieder singen. Sous-Lieutenant Meyer, der bei den Übungen in Philippeville noch Legionär erster Klasse war, sprach sarkastisch von einer Maskerade. Kreta hatte er nicht mehr erlebt, jedoch einige kleinere Einsätze hinter den feindlichen Linien in Italien und den Ardennen. Die Ausbilder von Generaloberst Student hatten den jungen Fallschirmjägern eingebläut: Kein Laut darf gehört werden. Und jetzt sollten sie plötzlich brüllen? Meyer wußte, daß er ein Wagnis eingehen würde, doch er umging den Dienstweg und schrieb eine Dokumentation von zwanzig Seiten, die mit der These endete: Ein Fallschirmjäger, vor allem einer der Legion, der der Anonymität verhaftet ist, braucht keine Anfeuerung. Moderne Truppen gehen nicht mit Liedern in den Krieg. Die Ausbilder gaben pikiert auf. Meyer avancierte außer der Reihe zum Sergeanten.

Zum Ritual der neuen Paras der Legion gehörte auch der »Flug zum Abgewöhnen«. Auch er war von den britischen Fallschirmjägern ausgeklügelt worden. Es war eine Art Lufttaufe. Der Ausbilder suchte sich einen Springer aus, in dessen Gesicht er erste Anzeichen von Angst erblickte. Beim ersten Lehrgang startete die Ju 52 in Philippeville, der Zug sprang nach Kommando. Auf dem Rückflug hatten die Legionäre nur noch ihre Reservefallschirme. Der Sprung mit dem Aushilfsschirm war verboten. Trotzdem kommandierte der Adjudant-chef dem Legionär, der am verschrecktesten wirkte:

»Wenn ich Dir jetzt sagen würde ›spring‹, würdest Du springen?«

»Ja«, antwortete der Legionär ruhig.

Der Ausbilder fühlte sich verschaukelt und sagte:

»Dann spring sofort!«

Mit einigen Griffen, ohne Eile, aber auch ohne das geringste Zögern breitete der Legionär die Arme aus und sprang ins Leere. Der Instrukteur war entsetzt: »Scheiße, der Kerl fliegt in den Tod.«

Im freien Fall raste der Todeskandidat, ein Caporal Neubauer, der Erde entgegen, Palmenhaine und Weingärten schossen in rasender Geschwindigkeit auf ihn zu. Erst dreißig Meter über dem Landeplatz, einer kleinen Reperaturwerkstatt für Autos, zog er den automatischen Auslöser. Instrukteur Adjudant-chef Levy sah nicht das sanfte Aufsetzen seines Legionärs zwischen Autowracks. Er wußte auch nicht, daß Neubauer, genannt »blauer Sack«, zu den Senioren der deutschen Fallschirmjäger zählte. Neubauer hatte bereits 1938 im Luftlande-Bataillon »Hermann Göring« seine Laufbahn begonnen, gehörte dem Kommando von Major Koch an, das am 10. Mai 1940 die Brücken über den Albert-Kanal genommen hatte und war über dem Flughafen Heraklion in Kreta abgesprungen. Im Jahr 1943 hatte Neubauer, der damals anders hieß, das Ritterkreuz während der Schlacht um Charkow bekommen, als ein Trupp Fallschirmjäger den Abzug des SS-Panzerkorps deckte. Das Bravourstück von Caporal Neubauer, der außerhalb der Reihe zum Sergeantchef befördert wurde, veranlaßte den Chef der Fallschirmjägerschule in Philippeville, Colonel Noiret, zur Anweisung Nr. 57: »Es werden neue Sprunganweisungen ausgearbeitet.«

Schriftführer der neuen Kommission war Capitaine Segretain, der spätere Chef des 1. BEP. Er holte die einstigen Soldaten Students – Meyer, Stien und Neubauer – in das Gremium. Die meisten neuen Instruktionen gingen auf die deutsche Fallschirmjägerwaffe zurück. »Was jeder noch im Gedächtnis hatte, kramten wir vor«, sagte Meyer, »und warfen es zusammen. Dazu kam die Eigengesetzlichkeit der Legion.«

Sie drehte sich aber bald mehr um eine Bekleidungsfrage, als um Sprungregeln. Zum traditionellen weißen Képi sollten die Paras der Legion das Barett der Fallschirmspringer erhalten: Das Barett der regulären Paras war rot, das der Springer in den Regimentern der Marine-Infanterie blau. General de Lattre wollte den Legions-Paras auch das rote Barett verordnen. Aus dem Hauptquartier in Sidi bel Abbes kam jedoch ein klares Nein. Also setzte in der Para-Schule in Philippeville eine erregte Modediskussion ein. Sämtliche Legionäre waren sich einig: Das Barett sollte die Farben der Legion tragen, rot und grün. Verkannte Modeschöpfer schlugen kühne Kreationen vor. Das Barett mit konzentrischen rot-grünen Kreisen oder vorne rot und hinten grün und ein früher Pop-Fan plädierte tür rotgrüne Zickzackstreifen. Die Entscheidung fiel auf ein grünes Barett, zwölf Jahre vor dem Beschluß von US-Präsident Kennedy, seinen neuen »Special Forces« die gleiche Kopfbedeckung zu geben. An das neue Barett wollten sich die Legionäre nur widerwillig gewöhnen. Sie beharrten unverändert auf dem weißen Képi. So mußten an den Sprungstellen zusätzliche LKWs anfahren. Sie brachten die Képis mit. Capitane Segretain antwortete auf eine Anfrage von Colonel Noiret nach diesem »merkwürdigen Maskenball« der Legionäre gereizt: »Meine Männer sind immer zuerst Legionäre und dann erst Fallschirmjäger.«

Das 1. BEP kam als letzte Legionseinheit in Indochina an. Bereits im Januar 1946 war das 2. Fremdenregiment von Algerien nach Indochina verlegt worden. Im Juni 1946 folgte das neu aufgestellte 3. Fremdenregiment. Im Januar 1947 ging in Saigon das 1. Kavallerieregiment (Royal Étrangère) an Land. Kurz danach kam die legendäre 13. Halbbrigade. Und im Oktober 1947 kehrte das 5. Fremdenregiment zurück, das während des Zweiten Weltkriegs die einzige Legionseinheit in Indochina gewesen war.

Bis zum März 1945 hatten in Indochina zwischen der einstigen Kolonialmacht Frankreich und den japanischen Besetzern ungeschriebene Regeln bestanden. Japans Militärmacht blieb fast unsichtbar. Über den Amtsgebäuden wehte die Trikolore. Der Garnisonsdienst der Legion ging weiter. Bis zum 8. März 1945. Zu Zwischenfällen war es allerdings schon vorher gekommen. Deutsche Offiziere in japanischen Uniformen waren in die Legionskasernen in Hanoi, Sang-Son und Long-Song gekommen. Sergeant Scheiterer gestand: »Ich gab mich als Holländer aus. Bei den Vernehmungen schrie mich plötzlich einer der Ermittler an: ›Was Du redest, ist nicht französisch, sondern schwäbisch. Du bist ein Vaterlandsverräter‹!« Sergeant Scheiterer zuckte nur mit der Achsel. Dann schwieg er. Einige Legionäre hatten sich einschüchtern lassen und waren über China nach Deutschland transportiert worden. Sergeant Scheiterer: »Hernach erfuhren wir, daß die meisten schon auf dem Transport gestorben waren.«

Sergeant Scheiterer und vier andere Legionäre überlebten als einzige den japanischen Angriff auf den Außenposten Ha-Jang in der Nähe von Hanoi: »Schon am Morgen des 8. März bemerkten wir, daß sich die Japaner sammelten. Wir dachten uns nichts dabei, denn die Japaner führten regelmäßig Manöver durch. Plötzlich schlugen in unserer Kaserne Granaten ein. Maschinengewehrfeuer wurde eröffnet. Und dann waren die Japaner schon da: Fünf, zehn Mann stürzten sich auf einen Legionär, stießen ihn zu Boden und köpften ihn. Es war ein unvorstellbares Blutbad.«

Zusammen mit acht Legionären seines Zugs entkam Sergeant Scheiterer. Ganze dreihundert Legionäre des 5. Regiments kamen in der Nacht vom 8. auf den 9. März an den Ufern des Roten Flußes zusammen, um sich der Kampfgruppe von General Alessandri anzuschließen. Zwei Tage wurden Verzögerungskämpfe geführt. Amerikanische Transportermaschinen warfen Waffen und Lebensmittel ab. Am 26.3. erreichten die Legionäre den Meo-Paß und zogen sich am 1. Mai über die chinesische

Grenze zurück, wo sie von zerlumpten, uniformierten Gestalten erwartet wurden. Es waren Angehörige der Privattruppe von Marschall Lu-Han, eines Rivalen von Generalissimus Tschiang Kai Schek. Ein amerikanisches Flugzeug warf eine Kiste mit einem so hohen Geldbetrag ab, daß die Legionäre nach Tsao-Pa weiter marschieren konnten. Dort stießen sie auf die Truppen von Tschiang Kai Schek. »Die Behandlung war kaum besser als bei Marschall Lu-Han«, murrte Sergeant Scheiterer. »Unser Essen mußten wir selber organisieren. Wenn wir den Ortsrand von Tsao-Pa verließen, schossen die Chinesen auf uns. Wir hatten kaum noch Munition. Auf Gefechte konnten wir uns nicht einlassen. Am 10. Mai kamen plötzlich fremde Soldaten in unser Quartier, rasiert, mit frisch gebügelten Uniformen. Amerikanische Offiziere, wie wir erfuhren. Sie sagten: ›The war is over‹. Und der australische Caporal Cyrill übersetzte uns: ›Der Krieg ist vorbei‹. Wir tauschten unsere letzten Wertsachen, Uhren oder Bajonette bei den Chinesen gegen Reissschnaps ein und veranstalteten dann ein riesiges Besäufnis.«

Als das neu aufgestellte 5. Regiment an Bord der »Pasteur« nach Indochina zurückkehrte, war Scheiterer inzwischen zum Adjudant-chef avanciert. Haiphong trug noch die Spuren der schweren Kämpfe vom November 1948. Über eine Woche lang hatte der schwere Kreuzer »Suffren« mit acht weiteren Kriegsschiffen die Hafenstadt beschossen, die von Viet-Truppen besetzt war. Doch die Legionäre waren an den Anblick von Ruinen gewöhnt, sie kannten die Ruinen von Stalingrad und Charkow, von Monte Cassino und Caen, von Aachen und Berlin. Auf 36 000 Mann war die Legion inzwischen angewachsen. Die kleinste Einheit war das 1. BEP. Als es am 1. Oktober 1950 in den nur noch mühsam zusammengeschweißten Ju's nach Norden flog, hatten die Viet Minh die Legions-Paras mit dem grünen Barett längst mit dem Namen »Luftteufel« belegt. Beim Gefecht von Gia Lam hatten sie die wendigen und meist unsichtbaren Viets das Fürchten gelehrt. Es war der 16. März 1949 und seit vier Uhr morgens stand das BEP auf einem winzigen Militärflughafen im Norden Hanois. Ein Tropengewitter ging nieder. Dann meldeten die Meteorologen sechzig Meter Untergrenze der Wolken. »Zu tief«, sagten die Piloten. Erst gegen 11 Uhr klarte der Himmel auf. Die Ju's starteten. Es begann die »Operation Bayard«. Ziel war ein Lager des Viet Minh in der Nähe der RC 4. In einem schwierigen Sumpfgebiet am Schwarzen Fluß hatten sich zwei Viet-Bataillone verschanzt. Zwei Angriffe des 3. Fremdenregiments waren im Morast gescheitert. Jetzt kamen die Legionäre aus der Luft. Als die Viets die Flugzeuge und dann die Hunderte von Fallschirmen sahen, räumten sie ihre Lager, ließen ihr gesamtes schweres Material und die meisten ihrer Waffen zurück. Ho Tschi Minhs höchster militärischer Berater, General Giap, sprach in einem später erbeuteten Schriftstück von einer »Panik«, die seine Truppen ergriffen haben. Es fiel kein Schuß. Die Legionäre des BEP steckten das Lager in Brand. Das Oberkommando in Hanoi lobte: »Ein hartes, jeder militärischen Situation gewachsenes Bataillon.« Den Erfolg von Gia Lam konnten die Para-Legionäre allerdings nie wiederholen.

Bereits bei den nächsten Kämpfen um die RC 4 empfing die Angreifer wütendes Feuer der Viets, als sie noch in der Luft hingen. General Giaps Guerillas hatten die Angst vor den weißen Schirmen überwunden und rasch herausgefunden, daß Fallschirmjäger in den wenigen Sekunden des Aufsetzens praktisch wehrlos sind. Beim Anflug auf That-Khe wußten die Legionäre jetzt, daß sie diesmal mit einer Flucht der Viets nicht rechnen konnten. Um der Einkesselung durch die 308. und 309. Viet-Division zu entgehen, war die Räumung von Cao Bang angeordnet worden. Doch über That-Khe hieß es vor dem Abflug: Die Bergregion sei noch weitgehend feindfrei. Aber als in der ersten Ju das Rotlicht für den Sprung aufleuchtete, hatten sich auf den Bergkuppen bereits elf Bataillone des Viet Minh versteckt, die keinen Schuß abgaben, als sich in der Dämmerung die Fallschirme entfalteten.

Die Gruppe von Caporal Constant besetzte sofort die beherrschende Höhe 703. Im 1. BEP nahm der bullige Nahkampfspezialist aus Koblenz eine Sonderrolle ein. Als er wegen mehrerer erfolgreicher Hinterhalte, die er den Viets an der RC 4 gelegt hatte, zum Sergeanten vorgeschlagen worden war, hatte er abgelehnt: »In der alten Wehrmacht war ich nur Oberschütze, Caporal ist schon zu viel für mich.«

»Division Brandenburg«? schrieb ein Personaloffizier in den Akt Constant, doch vom Zweiten Büro kam keine Antwort. Commandant Segretain, ein eher melancholischer Truppenführer, der seine Operationen mathematisch vorbereitete, dem aber die Kumpelhaftigkeit eines Troupiers fehlte, interessierten die Lücken in der Akte seines Caporal Constant nicht.

Zusammen mit Caporal Loy, einem Bergführer aus dem Tiroler Zillertal, hatte Constant ein eigenes Kommando mit vierundzwanzig Mann zusammengestellt. Nur um Munition oder neue Waffen zu holen, kam der Trupp von Constant, meistens ohne vorherige Ankündigung, in das Camp des 1. BEP. Sonst lag er an den gefährdetsten Punkten der RC 4 im Hinterhalt. Zu seinem Kommando gehörten auch drei einheimische Späher. Auf dem Ausbildungsprogramm an den wenigen Tagen ohne Feindberührung stand Sprachunterricht. Sogar einige entlegene Meo-Dialekte beherrschten die Legionäre der Gruppe Constant. Sie hatten sich ganz den Gewohnheiten der Viets angepaßt. Wie der Gegner trugen sie die schwarzen Pyjama-Uniformen, die aus Sojasäcken geschneidert wurden. Sie führten weder Konserven noch Schlafsäcke mit sich. Eine gegrillte Reiswurst war eine Delikatesse. Am Koppel baumelten eine Feldflasche, die Tasche für Munition und Handgranaten. Auf Eiserne Rationen waren sie nicht angewiesen. Wie die Viets kauten sie den Mais und lutschten Maniok-Wurzeln aus, dies aber nur nach einem ganz bestimmten Verfahren der Gebirgsstämme, um Vergiftungen zu vermeiden.

Bereits beim Anstieg zur Höhe 703 entdeckten die Fährtensucher, daß sich mindestens zwei Bataillone der Viet Minh in den Kalkfelsen versteckt hatten, denn einige Bäume zeigten die Spuren von frischen Kerben und viele Lianenbrücken waren zerstört. Und dann setzte pötzlich aus dem Unterholz jenseits der RC 4 das Gebrüll der Bronzetrompeten ein, ein Urlaut, der bereits die Legionäre bei der Schlacht um die Zitadelle von Tuyen-Qang 1885 entnervt hatte. Dazu kam aber das neue revolutionäre Lied der Viets:

»Freund, hörst den den schwarzen Schwarm der Raben
Über der Ebene.
Freund, hörst du den dumpfen Schrei der Heimat
In ihren Ketten.«

»Schweine«, murmelte Caporal Constant. Gelegentlich war das Aufleuchten einer Taschenlampe zu sehen. Constant merkte ironisch an: »Die roten Herrschaften brauchen auch schon die Hilfsmittel der westlichen Zivilisation; wenn wir bei den Halunken die erste Badewanne entdecken, dann wissen wir, daß wir den Krieg gewonnen haben.«

Auf der Höhe 703 entdeckte das Kommando Constant nur verrostete Konservendosen, die eine Legionskompanie zurückgelassen hatte und Stoffetzen, die einst Schlafsäcke gewesen waren sowie Berge von Munitionshülsen. Die Balken der einstigen Unterstände waren längst vermodert. Constant spürte den bevorstehenden Großangriff. »Grabt Euch ein«, befahl er den Legionären. »Wir sitzen mitten in der Falle.« Unten an der RC 4 war es ruhig. Über Funk war zu hören, daß sich der Konvoi von Cao-Bang mit der vorgeschriebenen Geschwindigkeit von 35 Kilometern pro Stunde der Brücke von Bascou nähert. Constant notierte das Aufleuchten vereinzelter Taschenlampen, schrieb auf, als gedrosselte Motorengeräusche zu hören waren. Der Urwald hatte für dieses Kommando keine Geheimnisse mehr. Constant betrachtete die Höhe 703 nicht als Stützpunkt, sie war ein vorzüglicher Horchposten, denn die Kalkfelsen von Nga Na Ngaun wirkten wie ein Echo, so daß zu hören war, wie sich mehrere vietnamesische Bataillone der RC 4 nähern.: zwischen dem Kreischen der Affen drang das Vorrücken von Feldhaubitzen an ihr Ohr, das Klicken der Granatwerfer und das Rumpeln der Munitionskisten. Lediglich die bei der Bereitstellung der eigenen Kompanie entstandenen Geräusche wirkten sich als Störfaktor für den Voraustrupp aus. Constant funkte verärgert: »Will sich das Bataillon zur Parade aufstellen oder die RC 4 sichern?«

Commandant Segretain befahl seinem Schreiber:»Constant bekommt nach der Operation zehn Tage Bau.« Der Bestrafte zählte zu den einhundertzwanzig Überlebenden des Bataillons (von siebenhundertunddrei), erhielt die Médaille Militaire, schlug erneut eine Beförderung aus, während Segretain mit allen militärischen Ehren auf dem Friedhof von Lang Son beerdigt wurde.

In der Oktobernacht, kurz nach den Monsunschauern, besetzte die 1. Kompanie mit Sous-Lieutenant Meyer die Bergspitze von Na Keo. Die 2. Kompanie mit Sous-Lieutenant Stien marschierte nach Norden und besetzte die Höhe 615. Die 3. Kompanie befestigte wieder die einstige Stellung bei Dong Khe. Ganz vorne übernahm der Zug von Adjudant-chef Pfeil das Ufer eines namenlosen, kaum vier Meter breiten Urwaldflusses. Von drüben waren immer wieder die Hörner der Viets zu hören, das Getöse, mit denen alte asiatische Armeen ihre Gegner einschüchterten. Den Legionären ging der Lärm auf die Nerven. Kurz nach Mitternacht brachen die Untergangssignale ab und heftiger Beschuß setzte ein. Zuerst mit Maschinengewehren und Granatwerfern. Noch vor Morgengrauen wurde aber die Nacht zum Tag. Mindestens zweihundert schwere Haubitzen eröffneten das Feuer. Caporal Constant hatte das erste Mündungsfeuer richtig eingeschätzt. Er zog seine Kampfgruppe von der Höhe 703 ab und befahl das Eingraben in einer engen, knapp einen Kilometer breiten Schlucht, die quer zu den Artilleriestellungen der Viets lag.

Weniger günstig war der Stützpunkt von Adjudant-Chef Pfeil. Schlamm und Morast milderten wohl die Wucht der Einschüsse, doch allein durch Querschläger in den Urwaldbäumen verlor er in den ersten zwei Stunden zweiundvierzig Legionäre. Pfeil wartete die neuen Befehle über Funk nicht ab, sondern marschierte mit den Überlebenden zur Höhe 615, wo er alte, aber noch intakte Unterstände vorfand. Dafür bekam er von Colonel Lepage, dem Chef an der RC 4, einen Rüffel. Pfeil hatte erkannt, daß das BEP völlig auseinandergerisssen werden sollte. Würde man nach Plan verfahren, wäre es den Kompanien nicht möglich, sich im Falle eines Angriffs gegenseitig zu unterstützen. In Hanoi war alles viel zu großspurig geplant worden, das 1. BEP sollte alle Hügel besetzen und konnte zuletzt keinen mehr halten. Nach dem vorsichtigen Zurückweichen von Pfeil bekam Sous-Lieutnant Meyer die volle Wucht des Trommelfeuers der Viets auf dem Stützpunkt Na Keo zu verspüren. Bis zum 3. Oktober dauerte das Sperrfeuer, unterbrochen von Infanterieangriffen. An jedem Graben spielten sich Massaker ab. Während noch die letzten Granaten auf die Unterstände trommelten, kamen schon die Viets an, meistens nur mit Dolch und Handgranate bewaffnet. Von hinten rollten sie die Gräben auf. Gefangene wurden nur in den ersten Stunden des Kampfes gemacht. Als die Viets zweimal vor Na Keo zurückweichen mußten, illuminierten sie den entfernteren Gipfel von The Kong und ließen eine alte asiatische Martermethode neu aufleben. Durch die Nachtferngläser war alles genau zu erkennen: Auf von Pferden gezogenen Karren lagen noch lebende Legionäre, nicht festgebunden, sondern die Gliedmaßen an den Brettern angenagelt. Der nächste Grabenkampf um Na Keo war kaum noch ein normales Gefecht. In Gefangenschaft geratene Viet Minh-Soldaten wurden mit den Fallschirmjägermessern langsam gemartert und dann wie Tiere abgestochen. Legionäre, die sich in einer gefährlichen Situation sahen, jagten sich die letzte Kugel in den Kopf.

Der Druck auf Na Keo bewog Colonel Lepage, das Bataillon enger um diese Höhe zu konzentrieren und die Außenlinien aufzugeben. Die Voraustrupps konnten leicht ausmachen, wie lange Kolonnen der Viets aus Süden und Norden heranmarschierten. Ganz oben auf dem Gipfel richtete Sous-Lieutenant Meyer seinen Beobachtungsposten ein. Wenn Mündungsfeuer aufleuchtete, gab er sofort über Funk Warnung und alle Legionäre verkrochen sich für die nächsten Sekunden, bis die Einschläge vorüber waren. Doch die Gräben von Na Keo glichen einem Käfig. Immer enger wurde die Umklammerung des Viet Minh. Von sieben gegenüberliegenden und höheren Bergspitzen wurden die Paras des BEP beschossen. An Gegenangriffe war nicht zu denken. An der Südspitze von Na Keo wurde Sous-Lieutenant Meyer, der Schwadroneur und Draufgänger, schwer verletzt. Es war kurz nach Einbruch der Dunkelheit. »Er war ein Offizier«, sagte Pfeil verächtlich – und noch etwas leiser, »ein Arschkriecher der Franzosen.« Als ein kurzer Regenschauer niederging, holte er den Toten mit zwei Legionären heraus und befahl, ihn in eine Zeltplane zu wickeln. Die Reihe der in Zeltplanen gewickelten toten Legionäre wurde immer länger und ab dem 3. Oktober mußten Säcke aus Maniokfasern dafür verwendet werden. Der Hügel von Na Keo hatte sich in eine Kraterlandschaft verwandelt. Nachschub kam nicht mehr, lediglich Capitaine de Fontages, ein Bretone, der das Fliegen noch vor dem Zweiten Weltkrieg bei den Postfliegern über die Sahara erlernt hatte, flog mit seinen Junkers-Maschinen in zwanzig Meter Höhe durch die Flugabwehr der Viets und warf mit größter Präzision die Kisten mit Munition ab. Schon der geringste Wind konnte die Fallschirme abtreiben lassen. Sie flogen dann entweder auf die Stellungen der Viets zu oder gingen in einer fast unbegehbaren Schlucht nieder. Der Wagemut von de Fontages nutzte nur wenig. Als Caporal Constant die Kisten, die in ihrer Mehrzahl in die Schlucht gefallen waren, herausholte und sie geöffnet wurden, stellte es sich heraus, daß die Zünder fehlten. Commandant Segretain befahl: »Schmeißt den Dreck zurück in die Schlucht.«

In der Nacht vom 4. auf 5. Oktober brach der letzte Funkkontakt nach Hanoi und zu den Ausbruchstruppen von Bang Cao ab. Allein am Südabschnitt von Na Keo machte ein Stoßtruppunternehmen, das von Constant geführt wurde, dreiundsiebzig Geschütze mit den Kalibern 81 und 102 Millimeter aus.

Um die Feuerschläge zu überstehen, grub sich das 1. BEP immer tiefer ein. Nur Constant und seinem Kommando widerstrebte die Maulwurfsarbeit. Er hielt sich immer am Rande, nutzte jede kleine Felsspalte aus. Gegen 7 Uhr am Morgen des 5. Oktobers entschloß sich Abschnittskommandeur Colonel Lepage, das BEP näher an die RC 4 zurückzunehmen. Commandant Segretain mußte nur auf die immer länger werdende Reihe der Zeltplanen und Manioksäcke schauen, um zu wissen, daß sich auch die beste Truppe der Welt nicht halten kann, wenn der Gegner übermächtig ist. Jetzt bereute auch Constant, der Kenner des leisen und unauffälligen Kampfes, daß er keine höhere Kommandogewalt hatte. Die Befehle über Funk kamen von Infanteristen und Artilleristen, von Offizieren, die die Praktiken des klassischen Kriegs erlernt hatten. Ihnen gegenüber standen aber Guerillakämpfer, die inzwischen über moderne, schwere Waffen verfügten und trotzdem am revolutionären Krieg festhielten. Als einziger im BEP kannte

Constant die Schriften Maos, die er einem toten Viet Minh-Offizier, der eine französischsprachige Ausgabe bei sich trug, abgenommen hatte.

Den Tod fürchtete Constant nicht. Deshalb war er auch zur Legion gekommen. Nachrichten über das beginnende Wirtschaftswunder im westlichen Deutschland interessierten ihn nicht. Er hatte nichts weiter gelernt, als eine Uniform zu tragen. Nur von sinnloser Verteidigung hielt er nichts. Constant ließ sich einen Termin bei Segretain geben. Draußen wummerte die schwere Artillerie. Der merkwürdige Mao-Schüler mit dem Legions-Barett zeichnete auf der Lagekarte auf, wie die feindliche Übermacht durch Manövrieren zu überwinden wäre. Commandant Segretain:»Das ist das einzige Rezept gegen die sichere Niederlage. Aber in Hanoi werden feste Punkte und Linien verlangt. Sie haben noch nicht begriffen, daß ein ganz neues Zeitalter begonnen hat.«

Doch Caporal Constant setzte durch, daß Na Keo nicht nach traditioneller Vorschrift geräumt wurde, sondern die Legionäre lautlos ihre Unterstände verließen. Die Waffen wurden mit Hemden umwickelt, damit sie nicht klirrten. Mit siebzehn Mann blieb der Caporal vorne. Er spielte Theater. Er schrie: »Absolutes Schießverbot.! Munition sparen! Wir müssen auf den Angriff warten!«

Die Legionäre antworteten: »Verstanden! Eingraben und abwarten!«

Caporal Constant gab gelegentlich selber eine Salve ab und beschimpfte anschließend einen imaginären Legionär: »Trottel, was habe ich gesagt? Schluß mit dem Feuer!« In den Unterständen klapperten die Legionäre mit den Eßgeschirren, als wäre noch das ganze Bataillon zu verpflegen. Die drei letzten Champagnerflaschen, die man zur Täuschung zurückließ, wurden mit Genuß geleert. Der Wind stand günstig. Die Düfte des Abendessens wehten bis zur nächsten Stellung der Viet Minhs. Gegen zwei Uhr morgens seilte sich die Gruppe Constant über einen Seitenpfad ab. Als die Viets um 5 Uhr morgens angriffen, fanden sie nur noch verlassene Stellungen vor. Erstmals hatte sie die Legion mit ihren eigenen Methoden getäuscht.

Aber das 1. BEP war noch nicht entkommen. General Giap hatte nach dem Täuschungsmanöver auf der Höhe Na Keo jetzt selber das Kommando an der RC 4 übernommen. Das Bataillon durchquerte ein gebirgiges Waldstück. Die letzten Maultiere mußten getötet werden und die Granatwerfer wurden gesprengt. An Entbehrungen waren alle Legionäre gewöhnt, doch am 5. Oktober gab es die ersten Selbstmorde. Einige wollten einfach nicht mehr weiter. Kaum zweihundert Meter in der Stunde schaffte die Kolonne. Es gab mehr Verletzte als Kämpfer. Stabsarzt Pedousseau hatte keine schmerzstillenden Medikamente mehr. Müdigkeit, Durst, Verzweiflung bestimmten den Rückzug. Eigentlich wollte Pedousseau Psychiater werden, jetzt mußte er als Chirurg arbeiten. Ein Schrapnell riß einem Legionär den Kopf auf. Mit einer Spritze, die sonst nur für Fieber vorgesehen war, reinigte Pedousseau das freiliegende Gehirn und vernähte notdürftig die Kopfhaut. Dann ging er zu Segretain: »Was mit den Verwundeten gemacht wird, ist medizinischer Mord.«

Segretain wußte, daß er ungleich schneller neue günstigere Stellungen an der RC 4 beziehen könnte, wenn er die Verwundeten zurückließe. Doch seine Antwort lautete: »Die Legion läßt niemanden zurück.«

Vergeblich suchte die sofort wieder nach vorne geschickte Gruppe Constant einen Durchgang durch die schmalen, sumpfigen Felsschluchten. Sie stieß nur immer wieder auf neue Felsbarrieren, die nur geübte Kletterer überwinden konnten. Im Tal von Coc Xa fand Constant einen winzigen Durchschlupf. Die Legionäre fielen danach sofort in den Tiefschlaf. Die spitzen Schreie der Viets waren nicht mehr zu hören. Kam der Befehl zum Aufbruch, stolperten sie mechanisch vorwärts. Bei Morgengrauen sah sich das BEP erneut in der Falle. Das Plateau oberhalb von Coc Xa war unhaltbar. Segretain funkte an Colonel Lepage: »Ein schwieriges Gelände. Für eine längere Verteidigung nicht geeignet«, doch Constant drückte sich drastischer aus: »Ein Drecksnest. Da gibt es nur eines, so rasch wie möglich abhauen.«

Als das Bataillon wieder an der RC 4 ankam, hatten die Viets diese längst wieder abgeriegelt. Nur die Gruppe Constant mit dem Zillertaler Loy fand einen Ausweg. Sie verschanzten sich an einer Kehre, genannt »La Source« (Die Quelle). Am 6. Oktober um 7 Uhr morgens erreichte Commandant Segretain die Auffangstellung. Vom einstigen Bataillon waren nur die Reste von drei Kompanien übrig geblieben. Die Gruppe Constant hatte nur einen Legionär verloren und wurde prompt erneut mit der Erkundung beauftragt. Die RC 4 führt in Nord-Südrichtung durch eine schmale Schlucht an der Höhe 765 vorbei. Um aus dieser Falle herauszukommen, mußte eine zweite, aus senkrechten Felswänden und einem für Partisanen idealen Unterholz bestehende Schlucht im Südwesten durchquert werden. Constant fand nur einen Ausweg, eine schmale Felsentreppe, die in das andere, besser geschützte Tal führte. Die Funkverbindung nach Hanoi und Lang Song waren meistens gestört. Nur selten kamen die Anordnungen von Colonel Lepage durch, der einfach die Verluste nicht zur Kenntnis nehmen wollte. Seine Befehle gingen von der Annahme aus, daß noch ein nahezu vollständiges Bataillon vorhanden sei. Segretain funkte vergeblich: »Ich habe nicht einmal mehr eine komplette Kompanie.« Noch deutlicher wurde Constant: »Wir sind eingeschlossen.« Commandant Segretain, ein verunsicherter Zauderer, klebte am Funkgerät. Es kamen Befehle und sofort Gegenbefehle. Caporal Constant nahm seinen Vertrauten Loy, den Bergspezialisten aus dem Zillertal beiseite:

»Was ist zu machen?«

»Ich weiß nicht, was das Bataillon retten kann. Wir zwei kommen auf alle Fälle durch.«

»Wo?«

»Komm mit.«

Die beiden hangelten sich, unbemerkt vom Gegner durch den oberen Kreis der Schlucht und erreichten den Ausgang. Die kleine Mulde war direkt am Abhang, außerdem lag sie im toten Winkel und konnte nicht eingesehen werden. Zwanzig Meter waren es hinunter bis ins Tal. Loy zeigte auf die Lianen: »Wir brauchen uns nur abseilen. Uns beide halten sie aus. Zwanzig oder dreißig Mann hätten keine Chance.«

Doch Constant meinte, dies sei Desertion und sie kletterten wieder zum hoffnungslosen »oberen Kreis« hoch. Zur gleichen Zeit bekam Commandant Segretain einen Funkspruch, daß die Entsatzkolonne aus Cao Bang im Anmarsch sei. An der Höhe 477 ging eine marokkanische Division in Stellung. Jagdbomber zerschlugen die Stellungen der Viets an der RC 4. Doch die Reste des 1. BEP bleiben im »oberen« und »unteren« Kreis. Am 7. Oktober rüttelte gegen 1 Uhr morgens der Funker Segretain wach: »Befehl von Colonel Lepage. Das Bataillon soll sofort aufbrechen.« Caporal Constant war eben von einer Inspektion am Rande des Stützpunktes zurückgekommen. Er meldete: » Die Umgebung wimmelt von Viets. Wir laufen in ein offenes Messer.«

Segretain war übermüdet und entnervt: »Ich weiß. Aber ich kann nichts mehr ändern. Ich kann nur sinnlosen Befehlen gehorchen.« Den herbeigerufenen Kompaniechefs und Zugführer sagte er: »Wir können keinen vernünftigen Marschplan entwerfen. In einer Nacht ohne Mond und Sterne, ohne genaue Kenntnis der Stellungen der Viets und in einem chaotichen Gelände, können wir nur drauf losmarschieren.«

»Und die Verwundeten?«

»Sie bleiben bei Dr. Pedousseau. Ich weiß, daß das Rote Kreuz sinnlos ist, das wir am Lazarettzelt haben. Aber wir sind jetzt am Ende. Es gibt keine Chance, die Verwundeten herauszubringen!«

Constant gefiel die Nacht, die wie ein finsterer Tunnel wirkte. »Wir sind nur allein zu viele Legionäre«, sagte er zu Loy. Segretain blieb noch immer der Ausweg, daß sich die Legionäre gegenseitig am Gürtel faßten und so in die Nacht marschierten. Tastend kamen sie auf die Südpiste, die an den Kalkbergen entlang zur »Quelle« führte. Eine Vorausabteilung unter Sous-Lieutenant Stien erreichte gegen 4 Uhr die »Treppe«. Dort setzte Granatwerferfeuer der Viets ein. »Stien«, befahl Segretain, »schlagen Sie sich durch zur ›Quelle‹. Das ist unsere einzige Chance.«

Eine Stunde vor Sonnenaufgang war alles erhellt. Aus allen Mulden stürmten die Viets heraus. Jeder Baumstamm, jeder Felsen, jeder Straßengraben erwies sich als kleine Befestigung. Stien sammelte ein Dutzend Legionäre hinter einem bizarr gezackten Felsen. Er schrie die Namen seiner Gruppenchefs und Zugführer. Keine Antwort. Nur manchmal das Röcheln, der Aufschrei eines Legionärs, dem die Kehle durchschnitten wurde. Bis zur »Quelle« stießen die Legionäre nicht vor. Dreimal wurde der Angriff versucht. Stien funkte an Segretain: »Ich habe nur noch sieben Legionäre. Allein in der vergangenen Stunde habe ich siebenunddreißig Mann verloren. Zu einem neuen Auftrag bin ich nicht fähig.« Neben ihm fiel der Zug von Sergeant Resner bis auf den letzten Mann. Constant hielt sich mit seiner Gruppe am Steilhang. Er sah, wie nacheinander das Bataillon zerbombt wurde. Beim ersten Lichtstrahl der Sonne verstummte das Feuer der Viets. Sie zogen sich weiter in die Kalkfelsen zurück. Das

Brummen eines ersten Aufklärers war zu hören. Stien meldete Segretain: »Wir haben die ›Quelle‹, der Rückzugweg ist frei.« Er sagte nicht, daß Dutzende von toten Legionären zwischen den zersplitterten Baumstämmen lagen. Stien erkannte zwischen den Toten, an einen Baum gelehnt, Sergeant Becker. Er rief: »Beweg Dich nicht, ich hole Dich.«

»Hau ab, das ist ein Kugelnest. Die Viets knallen Dich wie eine schlachtreife Sau ab.«

Stien kroch näher heran. Nach fünfzehn Minuten erreichte er die RC 4. Das Feuer der Feldhaubitzen und Mörser war verstummt. Rings um Bekker lagen mindestens vierzig Verwundete. Stien sah, daß Becker nicht mehr zu retten war. Er hatte vier Verletzungen: Ein Einschuß hatte ihm das Schulterblatt und drei Rippen zerfetzt, eine Kugel den linken Arm, eine das rechte Bein und da war auch noch ein riesiges Loch im Bauch. Becker, der sich gerne als Schlachtroß aufspielte, hatte ein spitzes, bleiches Gesicht bekommen.

Stien: »Was kann ich für Dich tun?«

»Nichts, hau ab. Laßt mich hier. Du kannst mit Deinen Leuten noch durchkommen.«

»Soll ich etwas für Dich ausrichten, Becker?«

»Ich habe noch einige tausend Piaster auf der Bank Indochina in Hanoi. Heb sie ab und verpulvere sie im Puff von Madame Pauline mit ihren Mädchen.«

Gegen 7 Uhr begannen die Überlebenden des 1. BEP ihren letzten Marsch. Wieder ganz vorne das Kommando von Constant. Manchmal drehte der abgebrühte Nahkämpfer einen Legionär hin und her, um festzustellen, ober er tatsächlich tot sei. Nur bei Sergeant Perlemann irrte er mit seiner Schnelldiagnose. Nach einem Lungenschuß hatte der kräftige Münsteraner eine Flasche Cognac Napoléon ausgetrunken, da kein Sanitäter in der Nähe war. »Tot«, meinte Constant, doch der Totgesagte tauchte am Sammelplatz mit Blutschaum vor dem Mund auf und erkundigte sich sofort mit röchelnder Stimme: »Diesmal saufe ich auch Hennessy, obwohl er nach Seife schmeckt.«

An der Kehre 409 der RC 4 hörte Constant leise Rufe:» Caporal, Caporal«. Eine Mörsergranate hatte seinem einheimischen Späher Doam den Bauch aufgerissen. Constant und Loy reinigten die Wunde mit den letzten Tropfen aus einer Reisschnapsflasche und verbanden ihn mit Fetzen ihres Kampfanzugs. Aus Lianen wurde eine Tragbahre improvisiert. Dann ging es über einen Steilhang weiter. Plötzlich setzte Gesang ein. Die Marokkaner auf den gegenüberliegenden Hügeln stimmten ihr Todeslied »La Fahita« an. Merklich verwirrt klagte Colonel Lepage: »Wir sind eingekreist. Wir kommen nicht mehr heraus.«

Die Legionäre: »Dann machen wir eben Camerone.«

Von solchen Verzweiflungsaktionen hielt Constant wenig. Auf die wortreichen Funkmeldungen antwortete er kurz: »Haltet die Schnauze und folgt mir.«

Constant und Loy suchten sich die steilste Bergwand aus, denn dort war nicht mit Feinden zu rechnen. Beim Abseilen sichteten sie plötzlich einen gegnerischen Aufklärungstrupp von sechs Leuten. In Sekunden waren sie sich einig. Den Durchbruch konnten nur zwei schaffen. Hier kam es auf das Überraschungsmoment an. Jeder größere Aufmarsch würde nur das Risiko vergrößern, entdeckt zu werden. Auf einer vom Monsunregen glitschigen Felswand seilten sie sich ab und brachten blitzschnell vier Granatwerfer in Stellung. In einer Feuerwelle ging der Posten unter. Sofort befahl Constant einen Stellungswechsel und schnell waren neue Stellungen am unteren Teil des Tals bezogen. Noch immer war Doam, der Kundschafter, dabei. Er wußte, daß er sterben mußte und solange er noch lebte, eine Belastung für das Kommando war. Noch besser wußte er, daß ihn seine Landsleute, wenn sie ihn erwischten, vor dem Tod noch grausam martern würden. Er lehnte sich an einen Baum, zog das Fallschirmjägermesser heraus, doch besaß er nicht mehr die Kraft, sich selber zu töten.

»Loy, Loy, gib mir bitte den Todesstoß.«

Der Zillertaler zögerte und blickte Constant fragend an, der eine kaum merkliche Handbewegung machte. Dann kniete Loy sich vor Doam nieder und erlöste ihn mit einem festen Stich von seinen Qualen.

Die letzten Legionäre des 1. BEP erkämpften sich über die Quellentreppe den Ausbruch. Nur die Gruppe Constant kam über einen riskanten Gebirgspfad an. Colonel Lepage war kleinlaut geworden. Commandant Segretain plagte Ischias. Am 8. Oktober verließ das Commando Constant That Khe. Die Garnison Cao Bang konnte sich unter den letzten Salven der Viets zurückziehen. Kurz vor Long Song stieß die Einheit von Constant auf die ausgebrochene Garnison. Sie hatte inzwischen fast viertausend Mann verloren, dreizehn Kanonen, einhundertfünfundzwanzig Granatwerfer, vierhundertfünfzig Fahrzeuge, drei Panzerzüge, siebenhundertachtzig Maschinengewehre und über zehntausend Schnellfeuergewehre. In Hanoi gab Caporal Constant an der Bar des Hotels »Splendid« mit den wenigen Überlebenden seiner Gruppe ein rauschendes Fest. Kurz vor Mitternacht näherte sich ein Ober: »Eine Dame wünscht Sie zu sprechen.«

Auf Constant, den eisernen Junggesellen, wartete keine aufdringliche Insassin eines Bordells, sondern in der Hotelhalle saß eine dezent geschminkte, blonde Dame, die sich vorstellte: »Andrea Pick. Ich bin die Verlobte von Leutnant Meyer.«

Der hartgesottene Kommandoführer wurde sentimental. Er konnte sich vorstellen, welche Schwierigkeiten die zierliche Berlinerin hatte überwinden müssen, um nach Hanoi kommen zu können. Mit Meyer hatte er sich nie besonders verstanden. Er war ihm zu laut und zu sehr Kommißtyp gewesen. Andrea Pick erzählte ihm, daß Meyer ganz anders hieße, schilderte ihm, wie sie einigemale die französische Militärbürokratie überlistet hatte, um nach Hanoi zu kommen. Und jetzt saß ihm diese Berlinerin gegenüber, ein Mädchen, weniger grell geschminkt als die Halbweltdamen im Saal, sehr höflich, aus einer Welt, an die er sich nicht mehr erinnern konnte. Constant bestellte das teuerste Menü und orderte den exklusivsten Champagner. Und ganz langsam begann er, von der Schlacht an der RC 4 zu erzählen, Die Kapelle spielte den »Kaiserwalzer«, als er Andrea Pick sagte, daß Sous-Lieutenant Meyer irgendwo einhundertdreißig Kilometer nördlich begraben sei, ohne Kreuz und ohne Erkennungszeichen. Andrea Pick erwies sich als trinkfest. Sieben Flaschen Champagner leerten die beiden an diesem Abend und sie ließen keinen Tanz aus. Auf dem Flughafen von Hanoi, kurz vor dem Start der planmäßigen Maschine der Air France nach Bangkok und Paris, küßte Andrea Pick den etwas angetrunkenen und sentimental gewordenen Constant: »Es war meine traurigste Nacht, und trotzdem war sie schön.« Als die DC 4 gestartet war, fragte sich Constant, warum er Andrea Pick nicht gebeten hatte, dazubleiben. Er fuhr zurück in das Camp, trank zwei Flaschen Reisschnaps leer und mußte anschließend wegen akuter Alkoholvergiftung behandelt werden.

Das Bataillon wurde wieder aufgefüllt. Ein zweites Fallschirmjäger-Bataillon kam nach. Constant ging weiter auf Spähtrupp an der RC 4, dem höllischen Teerband zwischen Felsen, Urwald und Reisfelder. Wo immer Bataillone von General Giap auftauchten, gingen die Paras der Legion zum Gegenangriff über: an der RC 4 oder im Vorfeld von Saigon, in der strategisch wichtigen Ebene der Tonkrüge in Laos, die von französischen Militärgeographen so beschrieben wurde:
»Die Höhenlage ist gering, sie reicht jedoch aus, daß der Boden, außer in der Monsunzeit, trocken ist. Die Flüsse Cai-Bac, Chrey und Trabek sind bis zum Süden hin schiffbar. Die Westgrenze wird vom Mekong gebildet, der in unzähligen Meandern dahinkriecht und in toten Abzweigungen ruhig und schmutzig ist. Das Gefälle ist so schwach, daß man nicht immer weiß, in welche Richtung der Fluß fließt«.
Hier kämpfte die Kommandogruppe von Constant. Als die Green Berrets der US-Armee fast zwanzig Jahre später dort ihre Gefechte begannen, sagte Caporal Constant, inzwischen mit Widerstreben zum Adjudantchef avanciert: »In einem konventionellen Krieg genügt es, starke Truppen und genügend Truppen heranzuführen. Aber der Krieg in Vietnam ähnelt heute wie gestern, als die Legion im Feuer stand, einem schrecklichen Fischessen. Von Gräten wird man nicht satt. Eines Tages muß man auch den Fisch essen. Natürlich hoffen auch die Amerikaner auf das Fleisch. Aber das Fleisch dieses Fisches ist schwammig, voller Milben und Maden; nur der Name ist poetisch: Ebene der Tonkrüge.«
Seit 1945 hatte General Giap die Ebene in einen Schlupfwinkel für Depots und Krankenhäuser, Munitionsfabriken und Erholungsheime verwandelt. In der Großoperation Normandie wurde Ende 1950 die Zuflucht der Viets aufgerollt. Doch Constant wußte, daß es nur ein halber Sieg war: »Unsere Schläge, die die Viets trafen, haben ihn wohl desorganisiert, aber nicht vernichtet. Die Ebene der Tonkrüge war danach keine strategische Basis mehr. Aber sie blieb für uns gefährlich. Der Aufständische löst sich dort auf wie Zucker im Wasser, unsichtbar. Er bleibt schäd-

lich. Er verschafft der Legende von der ›verwunschenen Ebene‹ eine neue Realität, ein ständiges Trugbild von heimtückischem klarem Wasser, von Pflanzen ohne Wurzeln, von einem Kampf ohne Fronten, hinterhältig, zersetzend, wie Krebs.«

Sidi bel Abbes war jetzt zur Truppenfabrik geworden und füllte die Lücken in den Legionsregimentern auf. Caporal Constant ging mit Loy und seinen sechs Dynamitieros nur noch selten in die Etappe: »Lauter neue Gesichter. Das ist deprimierend.«

Zu den ersten Paras, die auf der Ebene von Dien Bien Phu abgesetzt wur· den, gehörte auch Caporal Constant. Schon vor dem Absprung sagte er: »Das riecht nach einer Niederlage.« Constant roch ausweglose Situationen. Auch sieben Monate vor der Kapitulation von Dien Bien Phu.

Im November 1953 wollten die Franzosen ein Exempel statuieren und ihren zähen und kaum faßbaren Gegner, General Giap, zu einer Entscheidungsschlacht zwingen. Dazu suchten die Kommandierenden Generale Navarre und Cogny auf der Landkarte das Tal von Dien Bien Phu aus, das in Nord-Süd Richtung siebzehn Kilometer lang und in Ost-West Richtung fünf Kilometer breit war. Ringsum sind Hügel, einige sanft gewellt, dann wieder schroffe Kalksteinerhebungen. Seit Jahrhunderten war Dien Bien Phu der Knotenpunkt zwischen China, Vietnam und Laos gewesen. Bereits die Japaner hatten während des Zweiten Weltkrieges dort einen Flughafen angelegt. Auch General Giap hatte die strategische Bedeutung des Talkessels hervorgehoben, doch betont: »Das Tal wird zur Falle, wenn es nicht gelingt, den Gegner von den Höhenzügen fernzuhalten.« Daran hatten die Planer in Hanoi und Saigon nicht gedacht, als im November 1953 die Operation Castor anlief.

Drei Fallschirmjäger-Bataillone regneten am 20. November zwischen 7.20 und 8.15 Uhr über den Reisfeldern nieder. Die örtlichen Viet Minh-Kommandos leisteten nur kurzen Widerstand und setzten sich dann in den nahen Dschungel ab. Über fünftausend Mann begannen mit dem Ausbau der Festung, zogen Schützengräben, richteten Zeltlager und Unterstände ein. Kommandeur des Unternehmens war der Fallschirmjägeroberst Gilles, ein temperamentvoller Südfranzose. Er witterte die Falle. Als die Operation Castor zum großen Zirkus wurde und Container mit Munition sowie tiefgekühlter Wein vom Himmel fielen, die Feldgeistlichen ihre ersten Messen lasen, verlangte er seine Ablösung. Dabei wußte er noch nicht einmal, daß jenseits der Hügel bereits die 316. Viet Minh-Division komplett aufmarschiert war. Und daß General Giap, der in einer Laubhütte im Dschungel saß und über einer Karte des Tals von Dien Bien Phu seine Taktik festlegte, von seinen Spähtrupps über jedes Detail der Franzosen informiert wurde und sogar wußte, wieviel Meßwein für die Militärpfarrer eingeflogen worden war.

Am 25. November hatten Pioniere der Legion die alte japanische Landebahn repariert. Jetzt konnten auch jene Güter eingeflogen werden, die für den Fallschirmabwurf zu zerbrechlich waren. Inzwischen machte die Abwehr in Hanoi neben der 316. Division auch schon die Divisionen 308, 351 und 312 aus. General Cogny in Hanoi erkannte die Bedrohung. Aber sein Vorgesetzter, General Navarre in Saigon, ignorierte die Alarmrufe seines Untergebenen. Er zweifelte an der strategischen Beweglichkeit und der Logistik der Viet Minh. Verächtlich merkte er an: »Diese Divisionen haben einen Weg von fast fünfhundert Kilometer vor sich. Wenn sie in Dien Bien Phu ankommen, sind sie ausgelaugt und zum Kampf nicht mehr fähig.«

Am 29. November einigen sich die Generale Navarre und Cogny auf einen neuen Festungskommandanten, den eleganten Kavallerieobristen de Castries. General Navarre rühmte ihn: »Für Dien Bien Phu, wo wir Bewegungsfreiheit brauchen, ist de Castries als Kavallerist der richtige Mann. Da brauchen wir einen, der etwas unternimmt und die Viet Minhs nicht in Ruhe läßt.« Am 30. November traf Oberst Christian Marie Ferdinand de la Croix de Castries, Kommandeur der Ehrenlegion, sechzehnfach ausgezeichnet, in der Festung ein. Er trug ein rotes Képi und das rote Tuch des 3. Spahi-Regiments. In der linken Hand schwang er ein glitzerndes, biegsames Reitstöckchen.

Bis zum 12. März 1954 kam es nur zu sporadischen Kampfhandlungen. Die Verluste waren äußerst gering. Von der Festungsbesatzung Dien Bien Phu waren zwei Offiziere, neunzehn Unteroffiziere und siebenundsiebzig Mannschaftsdienstgrade gefallen. Am 13. März begann das Trommelfeuer. Was die französische Abwehr für unmöglich erklärt hatte, wurde Realität. Aus über tausend Rohren schossen 10,5 cm-Haubitzen von allen Hügelkuppen auf die Falle in der Ebene, und die Forts mit den schönen Mädchennamen verwandelten sich in riesige Fackeln. Legions-Unteroffizier Kubiak erinnerte sich: »Bald waren die Leichenhaufen unserer Kameraden der beste Schutz.« Der Artilleriekommandeur der Festung, Oberst Piroth, der die Feuerkraft der feindlichen Geschütze unterschätzt hatte, rollte sich am Boden seines Unterstands zusammen, entsicherte eine Handgranate und drückte sie gegen sein Herz.

In der Nacht vom 28. auf 29. April gingen Monsunstürme über Dien Bien Phu nieder. Sergeant Kubiak hielt in seinem Tagebuch »Operation Castor« fest: »Durch das Prasseln des Regens ist das beharrliche, beunruhigende Geräusch unterirdischer Feldarbeiten zu hören. Mit Spitzhacken arbeiten sich die Viets an unsere Stellungen heran. Nach den Wochen des offenen Angriffs wollen sie unsere Stellungen wie Ameisen untergraben.« General Giap sagte später, daß er nie etwas über die Sappentechnik des Ersten Weltkrieges gelesen hätte. Aber er wendete sie immer mehr an. Die Viet-Kommandos gruben lange Stollen aus und sprengten von unten die Unterstände der Außenforts. Wie die Maulwürfe arbeiteten sie sich in das verwinkelte Festungssystem hinein. Sie orientierten sich mit dem Kompaß und kamen genau an den Gräben heraus, die die Forts verbanden.

Durch den Monsunschlamm arbeitete sich Constant mit seiner Gruppe zum Eingang eines Viet-Stollens vor. Beide Seiten warfen Handgranaten und zogen sich dann zurück. In den unterirdischen Gräben sammelten sich die giftigen Dämpfe. Wer nicht von Splittern zerfetzt wurde, trug schwere Vergiftungen davon. Die Majore Bigeard und Lalande kamen nach dem Spähtrupp von Constant zur Überzeugung: Wir müssen auch unter der Erde zum Gegenangriff übergehen.

Am 1. Mai war der letzte freie Raum zwischen Fort Elaine und Isabelle und dem Zentrum der Verteidigung nur noch drei Gräben breit. Verpflegung und Munition reichten noch für zwei Tage. Am 30. April hatten die Legionäre Camerone gefeiert und die wenigen Kompanien ihre letzten Weinvorräte ausgetrunken. Der zum General beförderte de Castries heftete dem »Engel von Dien Bien Phu«, Génevieve, das Kreuz der Ehrenlegion an die Bluse.

Die Landebahn war jetzt zerstört und Cogny hatte für die Versorgung die amerikanische Chartergesellschaft Flying Tigers angeheuert. Es waren Piloten, die den Großangriff auf Schweinfurt überlebt und 1949 reiche chinesische Kaufleute, die vor den Mao-Truppen flüchteten, nach Taiwan geflogen hatten. Jeder Flug nach Dien Bien Phu brachte diesen Piloten eintausend Dollar. Sie wußten, daß nur noch eine winzige Einflugschneise vorhanden war. Um der Viet-Flak auszuweichen, mußten sie im Tiefstflug herankommen, eine Kapriole schlagen, die Munitionskästen im Zielanflug abwerfen und dann die alten DC4 im Steilflug wegziehen. Von vier Maschinen, die den Anflug wagten, stürzten zwei ab. Nur wenige Piloten konnten sich mit dem Fallschirm retten. Einen von ihnen, Captain Wiesner, rettete Constant aus einem Stacheldrahthindernis. Wiesner fluchte kräftig auf deutsch. Constant sagte: »Deinen Abendwhisky wirst Du heute nicht in Hanoi trinken. Aber einige Flaschen Cognac haben wir noch.« Am nächsten Tag trug Wiesner die Uniform eines gefallenen Legionärs, notdürftig gewaschen. Er blieb fünfzehn Jahre bei der Legion.

Großverdiener der Flying Tigers war Captain Earl MacGodern. Er flog mit seiner DC4 zweimal täglich Dien Bien Phu an, machte mit ihr förmliche Kunstflugstückchen und setzte die Kisten zum Erstaunen der Legionäre bis auf den Millimeter genau ab. Wegen seiner dröhnenden Stimme wurde er von den Fluglotsen auf dem zerbombten Landeplatz der »Gigant« genannt. Einen Rekord hatte er aufgestellt, als seine Maschine bei der Landung in Hanoi genau 273 Einschüsse aufwies. Aber er setzte seine DC4 auf, als »hätte sie eben ihren Jungfernflug« absolviert, sagten die Augenzeugen im Kontrollturm.

Constant begleitete Bigeard und Langlais auf einem ihrer letzten Kontrollgänge durch die Gräben der Forts. Sie trafen auf ausgemergelte Paras und Legionäre, zum Sterben bereit, aber apathisch. Es gab keinen Gruß mehr. Keine Antwort. Drüben, bei den Viet-Regimentern, war Musik zu hören. Die bevorstehende Erstürmung wurde gefeiert. Von den Politkommissaren angefeuert, schwenkten die Viet Minh-Truppen ihre Helme. Kaum einer von ihnen war älter als achtzehn Jahre. Gegen 15 Uhr am 6. Mai setzte Trommelfeuer ein. Die letzten Unterstände zerbarsten. Gleichzeitig zündeten die Viets unterirdisch ihre Stollen. Dang Thuong, Chef des 7. Zugs der 3. Kompanie des 98. Regiments, drang in die Erdlöcher der Gruppe Constant ein und wurde von den halb verbluteten und verdreckten Legionären in den Schlammkratern der Minenexplosionen zusammengeschossen. Constant und seine Legionäre wußten nicht, daß zur gleichen Zeit das Eröffnungsbankett für die Indochina-Konferenz im Völkerbundpalais in Genf ausgerichtet wurde.

In der Nacht vom 6. auf 7. Mai warteten alle auf das Motorengedröhn des strategischen US-Bomberkommandos, dessen Kommen versprochen worden war. Zu hören war jedoch nur aus den von den Viet Minh rings um die Festung aufgestellten Lautsprechern der Refrain des monotonen, aufrüttelnden Partisanenlieds: »Freund, hörst Du den schwarzen Schwarm der Raben über der Ebene?«

Als letzte Einheit versuchte die 12. Kompanie des 3. Regiments der Fremdenlegion den Ausbruch in Richtung Laos. Doch Caporal Constant winkte ab: »Da gibt es keine Chance.« Bereits drei Kilometer weiter endete der Ausbruchsversuch. Dafür spähte Constant bei beginnender Dunkelheit die gegnerischen Stellungen bei Muong Nha aus und stieß dabei auf mindestens drei Bataillone. Als er von dem Spähtruppunternehmen zurückgekehrt war, befahl er seinen Legionären, die Brandhandgranaten zu zerstören und die Munition in den Fluß zu werfen. Paras und Legionäre verbrannten ihre letzten privaten Unterlagen. Caporal Constant hielt sich nicht an die Anordnung, alle persönlichen Notizen zu vernichten. Er beschrieb die zerstörten Geschütze, die zerfetzten Sandsäcke, die eingestürzten Unterstände, die ausgebrannten LKW in trüben gelben Pfützen, die Fallschirme, die an den Uferböschungen hingen, an den Stacheldrahtverhauen.

Gegen Mitternacht kamen die letzten Dakotas. Sie hatten eine Kompanie des 1. Kolonialfallschirmjäger-Bataillons an Bord. Über Funk forderten die Piloten Leuchtsignale an. Major Bigeard, Kommandeur des Außenforts Elaine 2, antwortete: »Es hat keinen Sinn mehr, was sollen unsere paar Leuchtraketen gegen das Mündungsfeuer der Viets. Die Männer würden direkt in die Feuerschlünde des Feindes fallen.«

Luftwaffenleutnant Bersac notierte später in seinem Bericht: »Das Tal von Dien Bien Phu war in dieser Nacht vom 6. auf den 7. Mai 1954 taghell beleuchtet. Tausende von Geschützrohren feuerten aus einem engen Einschließungsring auf die letzten Bastionen, die Hügel von Elaine, Liliane Claudine und Dominique. Es war ein Inferno.«

Nur auf dem Stützpunkt Isabelle ging der Kampf weiter. Dort hatten sich die Reste des 3. Regiments der Fremdenlegion und der 13. Halbbrigade eingegraben. Im Gefechtsstand tranken die eigentlichen Verteidiger von Dien Bien Phu die letzten Flaschen Cognac aus, die Majore Bigeard und Lalande, Langlais und Vadot, Vaillant und Lemeunier ·Sie sahen alle wie Brüder aus: drahtige, knorrige Gestalten, echte Söhne einer Mutter Courage. Sämtliche mit dem gleichen steinernen Gesicht und dem starren Blick, Bürstenhaarschnitt und dem Zynismus von Männern ohne Furcht vor dem Tod. Sie starren auf die Krater und Leichenberge, auf das mit Splittern durchsetzte Erdreich und den rötlichen Widerschein der Feldhaubitzen. Und sie wußten an diesem hellen Maimorgen, daß der Sieg über die kommunistischen Guerilla-Armeen anders errungen werden muß als mit den Mitteln, die an europäischen Militärakademien gelehrt wurden. Ins morgendliche Störfeuer und das Kreischen des Partisanenlieds sagte Major Bigeard: »Wir müssen uns ebenfalls ein revolutionäres Kriegsbild suchen.«

General Castries hatte einem Ausbruchsversuch abgeschworen: »Nach spätestens zehn Kilometern sind wir am Ende.«

Am 7. Mai drangen gegen 17 Uhr die Viet Minh-Truppen in das Zentrum ein. Überall waren die Rufe »Hände Hoch« zu hören. Aus seinem Kommandobunker führte General de Castries ein letztes Gespräch mit dem Oberkommando in Hanoi. General Cogny sagte mit belegter Stimme: »Hören Sie, altes Haus, natürlich muß jetzt Schluß gemacht werden. Und alles, was Sie bisher geleistet haben, ist großartig. Aber jetzt dürfen wir nicht alles kaputt machen und die weiße Fahne hissen. Sie sind überrannt worden. Aber ja keine Übergabe, keine Kapitulation, keine weiße Fahne.«

De Castries: »Selbstverständlich, mon Général.«

Wenige Minuten später sah Caporal Kubiak eine riesige weiße Fahne über dem Gefechtsstand des General, wo inzwischen Funker Melien Sprengkapseln an das Funkgerät montiert hatte. Es explodierte, als die ersten Viet Minh in den Gefechtsstand eindrangen, unter ihnen Zugführer Chu, der eine Kalaschnikow im Anschlag hielt. De Castries hatte sich umgezogen und frisch rasiert. Den Eindringlingen rief er zu: »Was sollen diese Knarren, ihr Vollidioten.« Er war der elegante Kavallerist geblieben, der den revolutionären Elan der Viets immer unterschätzt hatte. Nachträglich sagte eine Generalstabsstudie über den würdevollen de Castries: »Er hat niemanden getäuscht, seine Vorgesetzten haben sich in ihm getäuscht.«

Caporal Kubiak wurden die Hände auf dem Rücken zusammengebunden. Er hatte dem Viet Minh-Offizier auf die Frage nach seinem Namen lakonisch geantwortet: »Arschloch«.

Die Viet Minh begannen jetzt, aus allen Gräben die toten Soldaten beider Truppen zusammenzutragen und mit Kalk zu überschütten. Auf Eliane 2 errichteten sie aus Bambus eine Art Totenmal, fast zwanzig Meter hoch und mit weißer Fallschirmseide verkleidet. Davor legten sie nach buddhistischem Ritual Gaben nieder. Caporal Kubiak schmerzten die Bambusfesseln. Er sah aber auch die absolut korrekte Nüchternheit der Sieger: »Wir hätten die anders behandelt«, sagte er zu den Überlebenden seiner Gruppe. Als er über die zerstörte Flugpiste marschierte, kam ein Viet-Offizier auf ihn zu, der ihm einen Schluck Reiswein anbot und dabei sagte: »Endlich ist der Krieg aus.«

Nachts,
wenn die Fellaghas kommen

Der Lärm wurde unerträglich. Das ganze Tal vibrierte unter dem Dröhnen der Hubschrauber, die über den Djebel Djeurf herabstürzten – fünf, zehn, zwanzig. Es war der 29. April 1958. Aus ihren Schlupflöchern zwischen Felsen und Tamarisken beobachteten die Legionäre des 1. Fallschirmjägerregiments den Hornissenschwarm und die in der Sonne blinkenden Rotoren. Neun Tage hatten die Kampfgruppen der Sergeanten Erwin und Dodever die Fellaghas verfolgt, waren auf notdürftig verwischte Lagerfeuer gestoßen und manchmal war es sogar zu kleinen Schießereien gekommen, doch sonst blieb der Gegner unsichtbar. Aus den Luftaufnahmen ließ sich erkennen, daß sich mindestens siebenhundert Aufständische, die aus Tunesien eingesickert waren, am Djebel Djeurf verschanzt hatten. »Die halten uns wieder einmal zum Narren«, schimpfte Sergeant Erwin. »Dieser Krieg wird allmählich zum Versteckspiel. Die Fellaghas alarmieren uns, wir laufen ihnen tagelang nach und dann verschwinden sie wieder in einer unzugänglichen Schlucht.«

An diesem 29. April kreiste seit Sonnenaufgang die Alouette von Colonel Jeanpierre über dem riesigen Gebirgskessel mit seinen unzähligen felsigen Rillen. Jeanpierre kommandierte seit fast zwei Jahren das Regiment. Immer wieder hatte er erlebt, wie die Fellaghas in letzter Minute einen Belagerungsring seiner Legionäre durchbrachen, in irgendwelchen ausgetrockneten Flußtälern verschwanden. Jeanpierre war kein Mann der komplizierten Aufmarschpläne. Er hielt sich lieber in den Camps seiner Legionäre auf, dort, wo es am gefährlichsten und härtesten war, aß mit ihnen die letzten Rationen Ölsardinen, trank die eisernen Rationen Rotwein aus.

Aus dem 1. BEP, das an der RC 4 im Norden Hanois vernichtet worden war, hatte sich das 1. REP gebildet. Und die Generale in Algier warfen das Regiment mit den anderen Legionseinheiten dorthin, wo kein Kommandeur mit Wehrpflichtigen vorrücken wollte. Es kämpfte auf dem völlig unwegsamen Wüstenstreifen zwischen der Nementcha und dem Aures, in dem es nachts oft schneite und tagsüber die Temperaturen bis auf 40 Grad Celsius anstiegen. Jeanpierres Legionäre sprangen über Bergspitzen und

Kämmen ab, die von den Fellaghas zu Fallen ausgebaut wurden. Die sinn-losen Märsche seines Regiments machten ihn wütend. So verfiel der mas-sig gebaute Jeanpierre, der aus dem Mannschaftsstand aufgestiegen war und ansonsten nicht dazu neigte, in operativen Kategorien zu denken, auf eine Transportmethode, die inzwischen zur Ausbildung jeder modernen Armee gehört: den Einsatz von Hubschraubern. Bei den Generalen in Al-gier stieß er zunächst auf Skepsis. Aber sie schätzten die Qualitäten des Draufgängers und gaben zwanzig amerikanische Hubschrauber, die »Ba-nanen«, zum Einsatz frei.

Die Region rund um den Djebel Djeurf sah wie eine Mondkraterland-schaft aus. Mit jedem Zug hielt Jeanpierre aus seiner Alouette Funkkon-takt. Früher rannten die Legionäre in derart weglosen Gebirgsmassiven hilflos hinter den Fellaghas her. Jetzt wurden sie wie auf einem Schach-brett an sie herangeführt. Von seinem fliegenden Kommandostand aus di-rigierte Jeanpierre eine Legionsgruppe nach der anderen an die entdeckten Fellaghas heran. Jeder Fluchtweg zeigte sich, und es mußten nicht mehr Stunden damit vergeudet werden, die Guerillas aufzustöbern. Sergeant Erwin, der sich seine ersten Kenntnisse des Kriegshandwerks noch in einer Volksgrenadierdivision geholt hatte, die im März 1945 zwischen der Oder und Berlin aufgerieben worden war, beobachtete mit einer Mi-schung aus Begeisterung und Skepsis, wie die Fellaghas von den Hub-schraubern in die Zange genommen wurden, denn er wußte um den Erfin-dungsreichtum der Partisanen, auch den am besten vorgeplanten Hinter-halten der Legionskommandos zu entkommen. Wie oft hieß es nach tage-langen Märschen: »Nichts ist zu sehen. Die Fellaghas sind schon wieder so weit weg, daß wir wieder heimkehren.« Und der böse Spruch machte in den Camps die Runde: »Wir laufen doch immer nur wie die tollwütigen Ratten im Kreis herum.«

Der Verzweiflung, der Wut und der beginnenden Resignation seiner Legionäre wollte Colonel Jeanpierre ein Ende machen. Große Fallschirm-jägeraktionen waren im Einsatz gegen Guerillas sinnlos. Das hatte er in Indochina beim 1. BEP lernen müsen. Für Jeanpierre wurde der Hub-schrauber zum schnellen operativen Instrument. General Merglen, der Schöpfer der französischen Fallschirmjägertruppe, drei Jahre Komman-deur des 2. Fallschirmjäger-Regiments der Legion, gab Colonel Jeanpier-re den entscheidenden Denkanstoß. Merglen zitierte den inzwischen ver-gessenen General Debeney und sein Werk »Der Krieg und die Men-schen«: »Moderne Kriege drängen die Kommandeure zu überraschenden Lösungen.« General Merglen ergänzte: »Luftlandetruppen sind die Waffe dieser überraschenden Lösungen.« Fallschirmjägeraktionen gegen Parti-sanen, das erkannte der Para-Profi Jeanpierre sofort, sind allerdings ein Schlag ins Wasser. Besser als durch Hunderte von Fallschirmen kann ein im Untergrund agierender Gegner nicht vorgewarnt werden. Dagegen bot der Hubschrauber die gleichen Vorteile des Sturmangriffs aus der Luft an, ohne die Vorwarnung durch die langsam ablaufende Springaktion. Hubschrauber kommen wie Hornissen aus dem Versteck und können die

Paras mitten im Feindgebiet absetzen, das Moment der Überraschung voll ausschöpfen, gegen einen weit überlegenen Feind kämpfen, doch mit dem Vorteil der Überraschung, ganz allein auf sich gestellt, Gefechte führen und den Gegner mit dem Instrument Hubschrauber in die Enge treiben zu können. Anders als General Merglen, dem Denker des Angriffs »Aus der Luft in das Gefecht«, inspirierten Colonel Jeanpierre die ganz normalen Nörgeleien seiner Legionäre zum Umdenken.

Am 29. April 1958 wollte er zum erstenmal seine Idee verwirklichen. Die Hubschrauber stürzten sich in einen Krater von über zwanzig Kilometer Durchmesser. Wie in einem Spiegel sammelte sich das helle Licht. Die Legionäre in den Hubschraubern sahen nur Schemen vor sich. Die Guerillas erkannten innerhalb kürzester Zeit, daß es diesmal keinen Rückzug geben würde. Sie waren von den Hubschraubern eingekreist und mußten sich auf Rückzugsgefechte in einem tückischen Gelände einstellen. Die tiefen Hohlwege, die alle Gebirgskessel miteinander verbinden, boten keinen Schutz mehr. Bis auf den Meter genau hatte Jeanpierre die Einkreisung berechnet. Sie endete in einem Flußtal, ausgetrocknet, übersät von Disteln und schwarzen Höhlen. Über die Bergkuppen konnten die Fellaghas nicht entkommen, denn dort lauerten die Hubschrauber. An den wenigen Bergpfaden standen die Legionäre. So blieb nur der Ausweg in die Höhlen. Verfolger Sergeant Erwin erklärte nicht ohne Triumph: »Sie entschlüpften uns immer in irgendwelchen Höhlen. Diesmal aber konnten wir ihren Weg verfolgen.« Jetzt wurden die nach der Genfer Konvention verbotenen Flammenwerfer eingesetzt. Aus den Felsengrotten wurde immer noch geschossen. Es fehlte an Holz, um die Aufständischen auszuräuchern. Wenn man Stoßtrupps in die Höhlen schicken würde, gäbe es zu viele Tote. Deshalb ließ Jeanpierre die Pioniertrupps vorrücken, die aus den nahen Felsbergen Kalkstein herausschlugen, ihn mit Wasser vermischten und unter dem Feuerschutz der MG-Kompanien eine Höhle nach der anderen zumauerten. Erst sieben Monate später kam der Zug von Sergeant Erwin zurück. »Es war Wertarbeit«, konstatierte er ungerührt. »Keine der Höhlen konnte von den Fellaghas aufgebrochen werden. Als wir die Zugänge sprengten, fielen uns die zu Mumien erstarrten Partisanen zu Hunderten entgegen. Sie hatten sich wohl alle an die Ausgänge geklammert. Wir fanden Anzeichen, daß sie versucht hatten, mit den Fingernägeln die Kalkbrocken aufzubrechen. Sie waren erstickt und verhungert.«

Die grausamen Folgen dieser barbarischen Kriegsführung interessierten Jeanpierre wenig. Für ihn zählte nur, daß ihm der erfahrenste und durchtriebenste Befehlshaber der algerischen Befreiungsbewegung FLN gegenüberstand, Mohammed Said, der auf seiner Kampfbluse das EKI trug. Bereits als Student war er an der Universität Algier mit den Kreisen eines nationalen Aufstands in Verbindung gekommen und hatte die aufrührerischen Sendungen Hitler-Deutschlands gehört. Nach der Niederlage Frankreichs war er auf Umwegen nach Berlin gekommen. Dort meldete sich Mohammed Said zur 5. Panzerdivision der Waffen-SS, hatte drei Jahre an der Ostfront gekämpft, wurde dekoriert und dann vom Nachrichtendienst Himmlers aus der Truppe herausgeholt mit dem Auftrag, eine Truppe aus Angehörigen der Waffen-SS gegen die aus Marokko gen Tunis vorrückende US-Armee aufzustellen. Mit dem Fallschirm setzte eine He 111 den algerischen Abenteurer ab, doch in der Nähe von Tebessa wurde er gefangengenommen, als Spion zum Tode verurteilt und nach 1945 zu »lebenslänglich« begnadigt.

Bereits 1947 gelang ihm der Ausbruch aus dem Gefängnis und er sicherte sich seinen Lebensunterhalt als Zuhälter in Algerien. Er bewegte sich in jenem Zwielicht, das für Algeriens Revolution bezeichnend wurde – die Schwärmer mit den Zuschüssen aus den Kassen des neuen starken Mannes in Ägypten, Gamal Abdel Nasser, taten sich mit den »Chefs« der kriminellen Unterwelt zusammen. Mohammed Said stand zwischen diesen Fraktionen des Aufstands. Die in Moskau und Peking geschulten Agitatoren betrachteten den ehemaligen Angehörigen der Waffen-SS, der mehr als einen Hauch Halbwelt an sich trug, eher mißtrauisch. Doch konnten sie Mohammed Said nicht bestreiten, daß seine Kommandos meistens erfolgreich gegen die französischen Generale in Algier operierten, die sich jeweils nach wenigen Monaten abwechselten: Vom 1. November 1954, dem Tag des algerischen Aufstands, wurde der betuliche Bürogeneral Cherriere überrascht. Ihm folgten die Generale Lorrilot, Salan, Challe, Crepin, Gambiez und Ailleret.

»Alles Großredner und Theoretiker«, sagte später der Rebellen-Obrist Mohammed Said, der sich gut versteckt im Djebel Saoum in der Nähe von Bone, dem heutigen Anabat, aufhielt: »In den sieben Jahren des Algerienkriegs gab es bei den Franzosen nie einen Feldzugsplan. Einige Feldkommandanten begannen Offensiven, die bald scheiterten. Doch uns gegenüber stand ein Mann wie Colonel Jeanpierre, der sich über die schwerfälligen Planungen in Algier hinwegsetzte.«

Heute lebt Mohammed Said in der Nähe von Algier. Noch immer gerät er ins Schwärmen, wenn die Rede auf die Legion kommt. Colonel Jeanpierre nennt er den Rommel des Algerienkriegs: »Hätte es mehr von diesem Gangster in Uniform gegeben, so würde noch immer die Trikolore über Algier wehen.«

Der kantige, zum Idol der Fallschirmjäger-Legionäre stilisierte Burgunder Jeanpierre war 1912 in Belfort geboren worden. Wenn er in der Etappe steckte, war er vom Rotwein nicht wegzukriegen, doch im Einsatz war er der Asket, besessen von der »Lage«, dem Auftrag, den Gegner perfekt einzukesseln. Französischer Patriotismus hatte zum Tagesablauf seines Elternhauses gehört. Noch vor dem Tischgebet pflegte der Vater zu erzählen, wie Belforts größter Militär, der General Denfert-Rochereau, 1871 die Preußen gezwungen hatte, seine Division zu umgehen. Er, dessen Vater Hauptmann im Ersten Weltkrieg war und dort keine einzige Auszeichnung erhalten hatte, war maßlos eitel und badete im Applaus, dem Ordenssegen und der Verehrung seiner Legionäre, die ihn zum Idol machten. So schrieben seine offiziellen Chronisten ehrfürchtig nieder: »Der junge Jeanpierre hatte nur einen Traum: Er wollte Offizier werden wie sein Vater. St.Cyr ist ihm zu langweilig. Zu theoretisch. Er weigert sich, das Abitur zu machen.« So diente sich Jeanpierre vom Caporal bis zum Adjudant empor, kam wegen guter Noten auf die Infanterieschule Saint Maxient. Danach sein erstes Kommando: Das Depot der Fremdenlegion in Sidi bel Abbes. Den Abschnitt zwischen 1940 und 1942 behandeln die offiziellen Geschichtsschreiber der Legion mit Vorsicht. Sie sprechen von Pflichterfüllung. Tatsächlich schlug sich der brave Aufsteiger zunächst auf die Seite von Marschall Pétain. Der Held von Verdun imponierte der Kämpfernatur Jeanpierre mehr als das zunächst abstrakte Pathos General de Gaulles aus London. So kämpfte er auch auf der Seite des Pétain-Regiments, des 6. Fremdenregiments in Syrien, gegen die 13. Halbbrigade. Nach dem von den Briten ausgehandelten Waffenstillstand entschied er sich für Vichy und ging zurück nach Frankreich. In Nevers, der Stadt der heiligen Bernadette, verheiratete er sich. Bei späteren Kasinoabenden erinnerte er sich oft an die Fahrten in die nahen Weinberge, an die Gelage mit dem frischen Santerre in den riesigen Kellereien. Aber dann wurde die Stimme des Generals aus London immer stärker; sogar die Loyalisten in der zerbrochenen Armee Frankreichs klagen: »Marschall Pétain ist nur noch eine Marionette Hitlers.«

Im November 1942 landeten amerikanische Truppen bei Casablanca; die deutsche Wehrmacht überrollte die letzte Freizone Frankreichs und stieß bis Marseille vor. Der unpolitische, schlicht in den Kategorien von Befehl und Gehorsam denkende Sous-Lieutenant Jeanpierre dachte um. Pétain verlor für ihn seine Magie. Noch war der jetzt dreißigjährige Jeanpierre kein Gaullist, doch er sah, daß es unter de Gaulle, nicht unter Pétain, eine Chance geben könnte, die Schlappe von 1940 doch noch wieder gut zu machen. Er ging nach Marseille, wo er Kontakt zu Capitaine Poix aufnahm, dem Organisator des Widerstands in dieser Region. Ein Versuch, mit einem Fischkutter nach Algerien überzusetzen, um sich dort den neuen Einheiten der Legion in Sidi bel Abbes anzuschließen, mißlang. Unter dem Kriegsnamen Paul Jardin schloß sich Jeanpierre Colonel Doucez, alias Cosson, an, der in der Nähe von Clermont-Ferrand ein Partisanen-Bataillon aufstellte. Bunt genug sah es aus: Versprengte Einheiten der Résistance waren dabei, alte Legionäre, die auf einen Weg nach Algerien hofften, einige deutsche Soldaten, die desertiert waren. Durch Zufall stieß die Kolonne Jardin in einer verlassenen Eisenmine auf das Waffenlager des längst aufgelösten Infanterieregiments 131. Gut geölt und mit Stoff eingehüllt stapelten sich dort fast fünfhundert Gewehre. In den Tagen der Niederlage des Juni 1940 hatte das Regiment seine Waffen dort genau nach Vorschrift gelagert, ehe es sich auflöste. Plötzlich war Paul Jardin einer der wichtigsten Kommandeure des Widerstands. Seine Gruppen überfielen deutsche Wehrmachtskolonnen, sie verminten die Zufahrten zu Kasernen und Depots, sie rückten immer näher an Paris heran.

Kleinkrieg und Konspiration vermischten sich in diesem Krieg. Am 19 Januar 1944 erhielt Jardin über Funk die Information, daß der Kontakt zur Einheit in Orleans verloren gegangen sei und Monsieur Lerude in der Rue de Coulmier 52 in Orleans sofort gewarnt werden müsse. Jardin benutzte den normalen Personenzug, wobei es ihm gelang, durch alle Kontrollen zu kommen. Als er in der Rue de Coulmier am Haus Nr. 19 klingelte, kommen zwei Männer heraus.

»Können Sie mir sagen, in welchem Stock Monsieur Lerude wohnt?« Die Männer, die im Gegenlicht einer schwachen Glühbirne standen, zogen sofort ihre Pistolen: »Sicherheitsdienst.« Ein eingeschleuster Gestapoagent hatte ihm die falsche Hausnummer gegeben. Lerude wartete im Haus Nr. 52, was die Deutschen aber nicht herausgefunden hatten. Sie hatten gehofft, Jardin würde sie zur richtigen Adresse führen.

Jeanpierre wurde tagelang verhört. Dann kam er in das KZ-Mauthausen an der Donau, wo er einem Kommando zugeteilt wurde, das den Loiblpaß zwischen Österreich und Jugoslawien ausbauen sollte. Dieses Kommando galt als Todeskommando. Die Unterkunftsbaracken lagen auf einem Schotterfeld direkt hinter der südlichen Öffnung des Tunnels. Kein Strauch wuchs mehr in dieser Höhe. Die KZ-Wächter kamen aus der berüchtigten SS-Kavalleriedivision Prinz Eugen, Schläger, Sadisten, Verrückte. Im Kampf gegen die Tito-Partisanen waren sie fast alle schwer verletzt worden. Viele von ihnen hatten Folterungen durch die Jugoslawen überstanden und meinten, sich jetzt für den Verlust eines Beines, eines Arms oder eines Auges an den KZ-Opfern rächen zu müssen.

Bereits im Oktober 1944 war der erste Schnee gefallen und Jeanpierre bekam eine schwere Lungenentzündung. Der Lagerarzt, der keinerlei Medikamente zur Verfügung hatte, befahl nach neunundzwanzig Tagen, Jeanpierre solle zum Verscharren vorbereitet werden. Aber Jeanpierre meldete sich wieder zum Dienst; wenn auch nur noch wie ein Skelett aussehend, hielt er doch beim Appell stramm die Hand an der Hosennaht, die bei der Sträflingshose gar nicht zu fühlen ist und kam jeden Morgen zur Arbeit, obwohl inzwischen der Schnee vier Meter hoch lag und die Temperaturen auf -20 Grad Celsius gefallen waren.

Im Februar 1945 verschwanden die deutschen Wachmannschaften und Titos Partisanen rückten an; kurz danach kamen britische Aufklärer mit Schützenpanzern. Jeanpierre war jetzt der Chef des verlorenen Haufens in den Schneebergen. Über eine Woche erbrach er jeden Brocken Nahrung, den er erhielt. Am 23. Mai 1945 überstellten ihn die Briten den französischen Einheiten in Tirol. Von den zweiundsiebzig Mann, die mit ihm aus Orleans deportiert worden waren, hatten nur drei überlebt. Darüber sprach Jeanpierre nie. Auch nicht mit seinen Freunden. Er schilderte die Qualen der Arbeit am Loiblpaß und sagte dann plötzlich: »Der Rest ist uninteressant.«

Jeanpierre wollte sofort zurück nach Sidi bel Abbes. Doch der General in Koblenz schickte den einstigen KZ-Häftling – ob aus Demütigung oder Unverständnis, darüber sagt die Personalakte nichts aus – auf einen Posten in Kehl am Rhein. Zum Capitaine der Legion befördert, leitete er dort das Rekrutierungsbüro. Und es kamen zu Hunderten deutsche Soldaten mit dem Totenkopf der SS, demselben Symbol, das seine Peiniger getragen hatten. Jetzt zeigte es sich, daß Jeanpierre nicht der wilde und gelegentlich törichte Draufgänger war: »Jetzt bin ich wieder Offizier der Legion. Da gibt es keine Zukunft und keine Vergangenheit. Der Legionär ist ein Mann, der aus dem Nichts kommt. Als Rekrutierungsoffizier bin ich nicht sein Beichtvater und noch weniger der Hilfsbeamte einer Staatsanwaltschaft. Ich habe nur Kämpfer zu prüfen.«

Als er hörte, daß die Legion Fallschirmjägereinheiten aufstellen will, meldete er sich 1948 nach Indochina, wo er zum 1. BEP kam, in dem er das Ende in Dien Bien Phu erlebt. Mit den anderen »Chefs«, die in dieser falsch angelegten und verlorenen Schlacht gekämpft hatten, mußte er in die Gefangenenlager der Viets gehen. Bei einer Schale Reis und nach der täglichen »Kopfwäsche« durch die Politkommissare diskutierte er mit Bigeard, Lalande, Langlais und Vadot die Prinzipien eines veränderten Kriegsbilds. Von hier aus, von diesen Diskussionen in den Kriegsgefangenenlagern des Viet Minh, entwickelte sich das neue Selbstverständnis der Legion. Ihre Offiziere und Spähtruppführer nahmen Abschied von den europäischen Kriegsklassikern, studierten Mao und setzten sich mit den Thesen ihres siegreichen Gegners, General Giap, auseinander. In endlosen Diskussionen versuchten sie, die Niederlage aufzuarbeiten. Sie wußten, Dien Bien Phu war ein operativer Fehler gewesen. Nicht nur, daß dem Expeditionskorps moderne Waffen gefehlt hatten. Entscheidend war vielmehr die Einsicht, daß revolutionäre Kriege nicht mit den taktischen Regeln, wie sie eine »Hauptkampflinie« erforderte, bekämpft werden können. Das »Gelbe Fieber« hatte diese Offiziere erfaßt: Die Sucht, den Feind ständig im Ungewissen zu lassen, ihn dann zu fassen, wenn er es nicht erwartete. Den »Krieg aus dem Dunkeln« zu führen, machten sie in diesen Monaten, die sie in den Lagern des Viet Minh verbracht hatten, zu ihrer Doktrin. Jeanpierres späterer, wichtigster Gegenspieler, Mohammed Said, der einmal in einem koreanischen Trainingslager für Guerillas mit vietnamesischen Instruktoren zusammengekommen war, warf diesen mit einigem Zorn vor: »Wenn wir uns ständig auf dem Rückzug befinden und unsere wichtigsten Rückhalte im Aures und in der Großen Kabylei verlieren, dann haben wir das nicht zuletzt Eurer Umerziehung nach Dien Bien Phu zu verdanken. Mit den Lehren Maos und Eurer revolutionären Kriegsgesinnung habt Ihr die Elite des französischen Offizierskorps zu einem ebenbürtigen, wenn nicht überlegenen Gegner gemacht. Jeanpierre würde sein Regiment noch immer eingraben lassen, wenn ihm nicht Giap vorgemacht hätte, daß man eine Einheit scheinbar ziellos auseinanderlaufen lassen muß.«

Am 29. April 1958 hatte Colonel Jeanpierre der algerischen FLN demonstriert, daß seine Grünmützen die gleichen revolutionären Fährtensucher sind wie die Fellaghas in den unzähligen Schluchten und Höhlen. Die Verfolgungsjagd ging auch am Camerone-Tag weiter.

Dann hieß es: In Tebessa ist etwas passiert. Die Fellaghas waren dort eingedrungen. Die Kommandeure der FLN kannten die Eigenheiten der französischen Armee, vor allem die der Legion. So wußten sie, daß sich der Alkoholkonsum der Legion am 30. April, dem Camerone-Tag, regelmäßig vervielfacht. Jeanpierre machte sich Vorwürfe: »Ich hätte es wissen müssen. Natürlich kalkulierten die Anführer der FLN ein, daß die Legion an diesem Tag auch im Feld eine einzige Kantine ist. Da war ein Angriff so einfach wie ein Antrag an eine betrunkene Frau.« Über Souk-Ahras fielen vierhundert Fellaghas nach Tebessa ein. In der Stadt gingen die vorher eingesickerten Guerillas an allen strategischen Punkten in Stellung und eröffneten wahllos das Feuer auf europäische Passanten. Als dann die Grünmützen ankamen, war es schon viel zu spät. Sie stolperten über Leichen, rutschten in Blutlachen aus. Sergeant Erwin: »Der erste Tote, den ich sehe, ist ein Obsthändler, ein dicklicher, alter Herr. Von seinem Gesicht ist nichts mehr übrig. Ein Fellagha hat ihm mit einer Gartenharke den Schädel eingeschlagen. Auf der Straße zum Pavillon in der Stadtmitte liegen Dutzende von Frauen, halb ausgezogen, offensichtlich vergewaltigt und dann erschlagen. Leichengestank liegt über der Stadt.« Je weiter die Legionäre ins Stadtzentrum vorstießen, desto geschockter und verbissener wurden sie: Sie fanden in den Gärten und Häusern Kinder, noch das Spielzeug in der Hand, die Kehle durchgeschnitten. Nicht einen Überlebenden fanden sie. Nur die zahllosen Hunde aus den umliegenden Dörfern waren unterwegs und leckten die Blutlachen auf. Sergeant Erwin: »Ich fühlte mich wie gelähmt. Es fiel mir schwer, den Abzug zu ziehen. Einige der Legionäre, die sich rühmten, dem härtesten Regiment der Welt anzugehören, fielen in Ohnmacht, mußten in dem rasch eingerichteten Behelfslazarett behandelt werden.«

Wie sie es auf der Militärschule in Nanking von der chinesischen Volksbefreiungsarmee erlernt hatten, zogen sich die Fellaghas zurück und vermieden jedes Gefecht mit dem 1. REP. Es war ihre Absicht, möglichst rasch die undurchdringlichen Korkeichenwälder an der Grenze zu Tunesien zu erreichen. Noch am gleichen Abend gab der Anführer des Kommandos, Commandant Zbiri, nach 1962 Generalstabschef der neuen algerischen Volksarmee, bis er gegen Boumedienne, dem einstigen Guerillakameraden in Tunis, putschte, ein Gelage im Nobellokal »Dragon«.

Zurückgeblieben waren nur die arabischen örtlichen Partisanen. Sie warfen sofort ihre Gewehre weg, doch hatten die meisten noch Blutspritzer an ihren Dschellabahs. Colonel Jeanpierre gab die Parole aus: »Pardon wird nicht gegeben.« Bis zum Einbruch der Nacht schossen die Legionäre auf alles, was sich bewegte. Das Blutbad wurde fortgesetzt. Jeanpierres Grünmützen stöberten die Mittäter in den dunkelsten Gassen von Tebessa auf, unter den Betten der Insassinnen der drei Bordelle, in dornigen Kaktushecken und im Gestank der zum Trocknen ausgebreiteten Kuhhäute. Sämtliche Schreie nutzten nichts. Zuerst wurden die Männer niedergeschossen, dann die Frauen und Kinder. Dann kam der Befehl Colonel Jeanpierres: »Gefangene machen«, der mindestens zwei Stunden lang von den Legionären ignoriert wurde. Dann endlich griffen die Offiziere und Sergeanten ein. Die Untersuchungen und Verhöre dauerten die ganze Nacht. Währenddessen verfolgten zwei Kompanien die Fellaghas in den Korkeichenwäldern. Zweihundert Zivilisten, die ihre Unschuld nicht nachweisen konnten, wurden am Morgen des 1. Mai an den Stadtrand getrieben, wo sie sich ihre Gräber selber ausheben mußten. Dann kamen die Salven der Exekutionskommandos. Die Regimentschronik vermerkte: »Nach fünfunddreißig Sekunden war alles vorbei.« Bürokratisch wird das Fazit der »Aktion« aufgezeichnet: Einhundertsiebenunddreißig tote Fellaghas, dreihundertundneunundachtzig tote Mithelfer in Zivil, vierhundertachtunddreißig Gewehre, neunundzwanzig Maschinengewehre, sieben Granatwerfer.

Beinahe zur gleichen Zeit richteten die Fellaghas von Mohammed Said ein ähnliches Blutbad in Philippeville an. »Terror und Gegenterror hatten ein schier unerträgliches Ausmaß angenommen«, schilderte Colonel Michel Garder alias Freiherr von Harder das Kriegsjahr 1958 in Algerien. »Terror gab es von Anfang an und zwar auf beiden Seiten. Die erste bewaffnete Aktion der FLN in diesem siebenjährigen Krieg war am 1. November 1954 der Überfall auf einen Schulbus zwischen Duzerville und Bone in Ostalgerien an einer unübersichtlichen Kehre in einer Baumwollpflanzung. Die Fellaghas holten die Kinder heraus und stachen sie wie Jungtiere ab. Den Fahrer banden sie auf die Kühlerhaube, übergossen ihn mit Benzin und ließen ihn mit seinem Bus in die Luft gehen. An diesem 1. November gab es fast fünfzig Tote. Sprengminen explodierten vor Polizeistationen, Farmen wurden überfallen, Straßen waren plötzlich vermint, Brunnen waren vergiftet.«

General Cherriere in Algier wurde völlig überrascht. Bis dahin hatte in Algerien Ruhe geherrscht. Anders als in den Nachbarländern Tunesien und Marokko war es zu keinen organisierten Terroranschlägen gekommen. Über den Anschlag auf den Schulbus war General Cherriere erschüttert. Sonst ließ er merklich kühl verlauten: »Eine kleine Gruppe von Verbrechern hat Anschläge verübt. Wir werden sofort Gegenmaßnahmen ergreifen.«

Zu diesem Zeitpunkt standen knapp dreißigtausend Mann – reguläre Armee, Fremdenlegion und kasernierte Gendarmerie – in Algerien. Dien Bien Phu lag erst ein halbes Jahr zurück. Bald fanden die Psychologen der Abwehr in der Legion wie Colonel Garder heraus, daß es nicht der Druck der Franzosen war, der den Aufstand ausgelöst hatte. Vielmehr war es die innere Lage der nationalistischen algerischen Bewegung, die sich in einer tiefen inneren Krise befand. Schon waren erste Symptome der Auflösung zu erkennen und der Übergang zur Aktion erschien als die einzige Rettung. Colonel Garder: »Wir fanden geheime Kommandosachen, die immer wieder vom Zwang zum Aufstand sprachen.«

Über Radio Kairo ließ Gamal Abdel Nasser am 2. November 1954 verbreiten: »Algerien hat heute mutig und entschlossen den Weg des Arabismus betreten. Algerien hat einen grandiosen Kampf für die Freiheit, für

den Arabismus und für den Islam eröffnet. Algerien hat den Beweis er-
bracht, daß es die Festung des afrikanischen Arabismus und die Zitadelle
der Helden des Maghreb ist. Algerien hat seinen heroischen und glorrei-
chen Kampf für die Sache der Freiheit aufgenommen.«

Bald fanden die Nachrichtensammler von Colonel Garder heraus, daß
der »grandiose Kampf« reine Nasser-Propaganda war. Neun Mitglieder
des ehemaligen Geheimbundes »Revolutionäres Komitee für Einheit und
Aktion« (CRUA) schlossen sich unter Ben Bella, einst Hauptfeldwebel
der algerischen Kolonialinfanterie, zu einer Verschwörung zusammen.
Sie waren alle untereinander zerstritten, doch eines einte sie: Der Wille
zur Machtergreifung. Colonel Garder: »Es gab kein politisches Konzept,
keine gesicherte militärische Infrastruktur. In irgendwelchen Hinterstu-
ben hatten die neun ihre Ideen entwickelt, die ebenso aggressiv wie verworren waren. Es gab weder Soldaten noch Waffen. Aber die Zeit arbeitete gegen die Planer des Aufstands. Sie wußten, jedes weitere Zögern hätte
den Untergang des algerischen Nationalismus und den Triumph der französischen Kolonisation bedeutet. Um den verunsicherten Volksmassen
den Glauben wiederzugeben, um sie aus ihrer deutlich spürbaren Lethar-
gie herauszureißen, gab es für die Neun nur eine Möglichkeit – ihre wenigen Anhänger schießen zu lassen, wahl- und planlos.«

In den sieben Jahren des Algerienkrieges verschliß das Oberkommando
insgesamt sieben verschiedene Generale als Oberkommandierende: Dem
überraschten Cherriere vom 1. November 1954 folgte ab Juli 1955 General Lorillot, wiederum gefolgt von den Generalen Salan, Challe, Crepin,
Gambiez und Ailleret. Jean Larteguy, der Romancier der Paras, bezeichnete aber in seinem berühmten Roman »Die Prätorianer« den Algerien-
feldzug als den Krieg der Colonels: Vorne an der Front befehligten die
Mao-Schüler unter der Trikolore wie Jeanpierre bei der Legion und Bigeard bei den Rotmützen. Aber es war auch ein Krieg der verschwiegenen
Nachrichten, des psychologischen Terrors, der Aktionen im Halbdunkel
der Kriminalität und des Agentenmilieus. In dieser weitgehend unbeach-
teten zweiten Reihe arbeiteten zwei weitere Colonels. Colonel Yves Godard, ein professioneller Geheimdienstler, der Staatsstreiche in Indochina
und Afrika organisiert hatte, arbeitete für Bigeard und später, während
der Schlacht um Algerien, für General Massu.

Für die Legion war Colonel Michel Garder tätig, ein untersetzter, süd-
ländisch wirkender Mann mit unbewegten Gesichtszügen und stets wachen Augen. Er war 1916 in Sartarow in Südrußland geboren worden, wo
die Freiherrn von Harder ein großes Gut hatten, kam nach der roten Revolution nach Frankreich, absolvierte St. Cyr und ging anschließend,
noch vor dem Zweiten Weltkrieg, in das »Zweite Büro«, wo er Sonderauf-
träge in Deutschland, Polen, Griechenland und Libyen erledigte. Garder
schloß sich 1940 nach der Niederlage der Résistance an, geriet in einen
Hinterhalt der Gestapo in Lille und kam in das KZ-Buchenwald. Ähnlich
wie Jeanpierre, dessen barocker Anmaßung er immer mit unterkühlter

Distanz gegenüberstand, überlebte er die Torturen, meldete sich sofort zur Legion und wurde der Abwehroffizier der 13. Halbbrigade, die den Raum von Saigon zu sichern hatte. In Algerien war er dann zu Jeanpierre gestoßen.

Menschlich hatten sie sich nichts zu sagen. Weder imponierte dem zurückhaltenden Garder die Feldherrnpose Jeanpierres noch interessierten ihn die Hubschraubereinsätze. Er analysierte Nachrichten von Radio Kairo, studierte erbeutete Schriftstücke, fragte stundenlang Gefangene aus und machte nur eine angewiderte Handbewegung, wenn ein Legionsvernehmer die Folter anbot. Colonel Garder durchschaute rasch die oft verwirrenden Attacken und Strategien der FLN. Boumedienne und Mohammed Said, die späteren Anführer des Aufstands, standen in den ersten Jahren noch im Hintergrund. Ben Bella war einer der Wortführer, außerdem Ferhat Abbas und Belcassem Krim. Nicht zuletzt dem diskreten Vorgehen von Colonel Garder war es zu verdanken, daß vier Jahre nach Beginn der Rebellion die wichtigsten Anführer tot oder in Gefangenschaft waren: Die Feldkommandeure der ersten Stunde, Mourad Didouche und Mustafa Ben Boulaid, fielen schon 1956. Durch einen Luftpiratenakt wurden Ben Bella, Ait Ahmed, Boudiaf und Khider festgesetzt. Von den historischen Neun waren nur noch zwei übriggeblieben: Belcassem Krim und Ben M-Hidi. Bei der zweiten Schlacht um Algier holten die Grünmützen Jeanpierres Ben M-Hidi aus dem Hinterzimmer einer Bar. Vier Tage später lag er tot in seiner Zelle. Selbstmord hieß die ärztliche Auskunft. Der Philosoph Jean-Paul Sartre verfaßte ein Buch mit unzähligen Details, wie ihn in Wirklichkeit Jeanpierres Paras genau nach Stundenplan ermordet hatten: »Eine Schande für die ganze Menschheit«, klagte Sartre an. »Da wurde nicht verhört und gefoltert, da wurde nur noch ein Mensch wie ein Tier in Einzelteile zerlegt.«

Colonel Michel Garder hat sich nie dazu geäußert, ob er von diesen Folterungen gewußt hat. Dem ehemaligen Insassen des Konzentrationslagers Buchenwald waren solche Methoden zutiefst verhaßt. Je härter der Terror wurde, desto mehr zog er sich auf seine Nachrichten, auf die subtilen revolutionären Methoden zurück, den Gegner zu treffen. Und er erinnerte daran: »In Dien Bien Phu verloren wir nur eine konventionelle Schlacht, den Krieg aber in Europa und auf der Konferenz von Genf. Der Partisanenkrieg ist immer nur ein Teil des revolutionären Kriegs. Meist wird dies zu spät begriffen. Als wir Franzosen das in Indochina erkannt hatten, organisierten wir sofort unsere Anti-Guerilla-Aktionen. Ein Teil unserer Verbände, vor allem die 13. Halbbrigade der Legion, wurde in ein Antiguerilla-Team umgebildet. Nebenher liefen unsere Gegenpropaganda-Aktionen. Zur gleichen Zeit begannen die Kommunisten mit chinesischer Hilfe konventionelle Divisionen aufzustellen. Schließlich hatten wir in Südvietnam den Guerillakrieg gewonnen, aber im Norden den konventionellen Krieg und in Genf den revolutionären Krieg verloren.«

Mohammed Said sagte 1962 nicht ohne Anerkennung: »Gegenspieler wie Colonel Garder wußten wesentlich mehr vom Wesen des revolutionären Kriegs als wir. Sie hatten nur das Pech, daß sie auf der falschen Seite standen.«

Aufmerksam, aber skeptisch beobachtete Garder die inneren Rivalitäten der algerischen Aufständischen. Er teilte nicht die Erwartung, daß ein algerisch-algerischer Bürgerkrieg den Franzosen den Ausgang des Kriegs ersparte: »Die Anführer der FLN ließen von Anfang an keinen Zweifel an ihrer Entschlossenheit, jede Bewegung zu vernichten, die der Nationalen Befreiungsfront das Monopol des politischen Kampfes streitig machen würde. Es war von Anfang an eine totalitäre Organisation, die im Kampf an der inneren Front gegen Kollaborateure, Verräter und Konkurrenten ebenso fanatisch vorging wie im Kampf gegen die französische Armee.« Der Kabylenchef Messali Hadj schwenkte erst auf die Linie der FLN ein, als drei seiner Neffen durch merkwürdige Autounfälle ums Leben gekommen waren. Der Kabyle Abbane Ramdane, einer der führenden politischen Köpfe der FLN nach der Gefangennahme Ben Bellas, wurde tot am Strand von Sidi Ferruch, in der Nähe von Algier, 1958 aufgefunden. War er auf dem Weg zu einem Geheimtreffen mit Colonel Yves Godard gewesen?

Die Kasbah von Algier ist ein Berg aus weißen Kuben, Rauchschleiern und unzähligen Gerüchen. Im Jahr 1957 war sie das Zentrum des algerischen Widerstands. Der Auftrag zu ihrer »Pazifizierung« wurde General Massu und den ihm unterstellten Colonels Jeanpierre und Bigeard übertragen. In den engen Gassen hatte sich ein Netz von Terroristen und Agenten entwickelt, täglich explodierte unten in der Neustadt eine Bombe, wurde eine Handgranate in ein vollbesetztes Cafe geworfen, drang ein Kommando in eine Behörde ein, entführte einige Beamte, die dann schrecklich verstümmelt am Stadtrand wieder gefunden wurden. Colonel Garder: »Das war kein Krieg, nur ein gegenseitiges Morden.« Es gab keine intakte Kampfeinheit der Fellaghas in der Kasbah. Die Bomben wurden durchwegs von jungen Mädchen und Burschen geworfen. Im Häusergewirr der Kasbah hatte sich ein merkwürdiges Bündnis zwischen FLN und den Managern der Prostitution herausgebildet. Ali la Ponte, Ahemd le Corbea und Ali Yeux Blus wurden als Mithelfer enttarnt. Vorher hatten sie minderjährige Araberinnen an zahlungskräftige europäische Farmer vermittelt.

Die Paras von Jeanpierre und Bigeard gingen nicht gerade behutsam vor. Jedes Haus, aus dem ein Schuß kam, wurde dem Boden gleichgemacht. Einmal hatten die Legionäre an eine Kommandozentrale der FLN eine zu große Sprengladung angelegt. Sie gingen in Deckung, während sich die Algerier im Keller versteckt hatten. Unten im Hafen tuteten die Frachter. Im Lyzeum nebenan wurde das perekleische Zeitalter gelehrt. Wenige Sekunden danach glich das FLN-Haus einem riesigen Krater. Aus dem Lyzeum mußten über dreißig Mädchen abtransportiert werden, zehn davon waren tot, der Rest schwer verwundet.

Die Verdächtigen wurden von den Legionären in die Villa Susini abgeführt. Colonel Garder betont: »Ich bin nie dort gewesen und kann deshalb nicht bestätigen, daß dort tatsächlich ehemalige SS-Folterer ihrer einstigen Beschäftigung nachgingen. Mich hielt der Kampf um jede Straße in Atem. Oft waren sie nur zehn oder zwanzig Meter lang. Die Legionäre mußten sich in einem Überraschungsangriff heranrobben, dann in wenigen Sekunden die Häuser durchsuchen, weil sonst die Gesuchten längst wieder entwichen waren. Es war ganz bestimmt ein schmutziger Krieg, ein Krieg, auf den die meisten Legionäre nicht vorbereitet waren, denn sie hatten die Aufgabe eines Nahkämpfers und Polizisten zugleich zu erfüllen. Es gab zwangsläufig Brutalitäten; wenn aus einem Haus ein Schuß kam, wurde es gestürmt, die Bewohner kamen in ein Auffanglager, auch wenn keine Waffen gefunden wurden. Nach der Räumung sprengten Pioniere sofort die Häuser.« So hatte sich auch Colonel Jeanpierre den »revolutionären Krieg« nicht vorgestellt. In drei Denkschriften forderte er von General Massu den Abzug seines Regiments: »Legionäre meutern nicht. Sie führen Befehle scheinbar ohne Gefühle aus. Aber in meinen Kompanien häufen sich die Selbstmorde. In den Abschiedsbriefen heißt es regelmäßig: Ich bin zur Legion gekommen, um zu kämpfen, aber nicht um Frauen und Kinder zu ermorden. Es gibt eine gefährliche Unruhe in den Kompanien. Mein Regiment muß wieder hinaus in die Kabylei und in den Aures. Die Ausräucherung der Kasbah von Algier ist Sache der Polizei.«

General Massu reagierte empört. Er zitierte Jeanpierre zu sich und nannte die Eingaben »geradezu pazifistisches Geschwätz«.

Bei der letzten Kontroverse sagte Jeanpierre provozierend: »Mon Général, darf ich Ihnen zu Weihnachten zwei Bücher schenken: ›Die Instruktionen für die Infanterie‹, die auch für ein Fallschirmjägerregiment der Legion gelten und ein ›Handbuch für die Polizei‹? Sie werden bald merken, da gibt es keine Gemeinsamkeit.«

Danach verkehrten Massu und Jeanpierre nur noch schriftlich miteinander. Das 1. REP blieb in Algier, der Tagesablauf ging weiter. Die Legionäre traten jeden Tag Dutzende von Türen ein. Manchmal fanden sie eine Familie beim Essen vor, manchmal nur leere verdreckte Löcher, manchmal einige Männer, die sofort zum Schnellfeuergewehr griffen und schossen. Colonel Godard, General Massus engster Berater in Sachen psychologischer Kriegsführung, verfiel auf einen Trick, den von der FLN ausgerufenen und voll befolgten Generalstreik zu brechen. Eines Morgens lag in den Briefkästen der Händler und Fabrikarbeiter ein hektographiertes Blatt. Unter dem Emblem der FLN wurden die Flugblätter mit dem Aufruf zum Generalstreik als Provokation der »Söldlinge des Kolonialismus« bezeichnet. Und es hieß weiter: »Aber der Trick ist zu plump, um ein so weitsichtiges Volk wie das der Algerier zu täuschen. Den Generalstreik wird nur unsere tapfere Befreiungsarmee ausrufen und nicht General Massu. Algerier, angesichts dieser Provokation der Kolonialisten befiehlt euch die FLN, Ruhe zu bewahren und eure Arbeit nicht zu verlassen.«

Der Täuschungsversuch mißlang. An dem von der FLN verkündeten Tag des Generalstreiks waren alle arabischen Läden in Algier geschlossen, kein Arbeiter erschien in den Fabriken rings um die Metropole. Mit langen Listen in der Hand gingen die Grünmützen wie Gerichtsvollzieher vor und holten die aufsässigen Arbeiter und Händler aus ihren Betten oder vom Morgenkaffee weg. Und sie hörten immer wieder die gleiche Klage der gepeinigten und terrorisierten Unbeteiligten: »Wäre ich zur Arbeit gegangen, hätte mich vielleicht mein Nachbar gesehen, der sich an die Regeln der FLN hält und denunziert. Wenn Ihr weg seid, bin ich dran. Dann kommen die Fellaghas und massakrieren mich als Volksfeind. Ich habe Frau und Kinder. Ich würde viel lieber arbeiten. Aber nicht nur ich bin in Gefahr; sie bringen auch meine Frau und meine Kinder um. Meinem Nachbarn haben sie das Haus angezündet, die Frau verstümmelt, drei Kinder entführt, als er sich weigerte, einen für die FLN bestimmten Brief weiterzuleiten. Die Hintermänner wurden nie erwischt. Es war eine schlimme Warnung, Sie verstehen, Monsieur?«

Die meisten Legionäre verstanden nicht. Sie fühlten sich angewidert, herausgefordert von einem fast unsichtbaren Feind. Über die »Araberschweine« dachten sie nicht länger nach, die sich von drei Seiten bedroht und erpreßt fühlten: von den Paras General Massus, von den französischen Fabrikbesitzern und der FLN, die Streikbrecher sofort tötete.

Der Tagesablauf der Grünmützen wurde immer trostloser. Sie mußten nicht mehr allein gegen Widerstandnester der FLN vorgehen. Sie schlugen genau nach Plan um sechs Uhr früh an die Tür eines Streikenden, zwangen ihn, sich anzuziehen und schleppten ihn zu seiner Arbeitstätte, ob es eine Fabrik oder ein Friseursalon war. Erschien er am nächsten Tag nicht freiwillig am Arbeitsplatz, kam er in den »Sarg«. Dabei handelte es sich um knapp zwei Meter lange Holzkisten, die an der Wand einer alten Konservenfabrik lehnten. Streikende einer Holzfabrik hatten sie selbst zusammennageln müssen. Die Häftlinge wurden in die Kisten gelegt, die dann mit der Öffnung zur Wand aufgestellt wurden. Bis zu drei Tagen blieben die Opfer in den Kisten, ohne Nahrung, ohne die Möglichkeit sich zu bewegen. Wer vor Übermüdung und Entkräftung zusammenbrach, mußte sich gekrümmt an die Holzwand lehnen; das entsprach mittelalterlichen Haftbedingungen, bei denen einst amtlich verkündet wurde, daß der Eingesperrte nur diagonal zu liegen habe. Alle zwei Stunden mußten sich die Wachen vergewissern, daß ihre unsichtbaren Gefangenen noch am Leben waren. Dazu mußten die Eingesperrten ihre Hände über den oberen Kastenrand herausstrecken. Die gereizten Legionäre schlugen dann die Finger blutig.

Allerdings: Was in der »Sargablage« geschah, galt während der Schlachten um die Kasbah von Algier noch als harmlos. Die wahre Schreckenskammer war die schon zuvor erwähnte Villa Susini, einst der Harem eines hohen türkischen Militärs; hier wirkte ein Spezialkommando des 1. REP. Vor dem Verhör wurden den Verdächtigen die Kleider heruntergerissen, Arme und Beine waren ihnen mit Drahtseilen verschnürt. Zuerst kam die »Wasserkur«, für die große Bottiche mit Wasser bereitstanden. Die Verdächtigen wurden mit dem Kopf voraus hineingesteckt und der wachhabende Sergeant zählte genau die Sekunden und Minuten nach. Wenn dann der Häftling fast bewußtlos war, wurde er herausgezogen und ein Sanitäter pumpte das Wasser aus ihm heraus. Sofort gingen die Vernehmungen weiter. Die Legionäre, viele von ihnen mit einschlägiger KZ-Erfahrung, benutzten zunächst die sogenannten »Kommandoschnüre« der SS, die aber zu viele Spuren hinterließen, denn die FLN grub die Toten wieder aus, fotografierte sie und schickte die Fotos an die internationalen Presseagenturen. Die Folterknechte fanden rasch heraus, daß ein richtig gehandhabter Bambusstock ähnliche Wirkungen hat, ohne Striemen zu hinterlassen. Geprügelt wurde auf Geschlechtsteile, auf den Hals, auf die Lenden. Zum Hauptfolterinstrument wurde aber eine simple Autobatterie mit zwei Drähten. Spezialisten der Nachrichtentruppe klügelten das infame und einfache System aus, für das nicht einmal Elektroanschlüsse notwendig waren. Die aus der Batterie kommenden Drähte waren am Ende blank und wurden an den Hoden und am Hals angesetzt. Der Geschundene war nach Sekunden nur noch ein röchelndes, halb bewußtloses Objekt.

Die Legion schweigt über die Villa Susini wie auch über den Einsatz der Legion gegen die Pariser Kommune. General Massu sagte aber vor Jahren an die Adresse Jean-Paul Sartres gerichtet: »Es wurden vielleicht einige Unschuldige gefoltert. Die meisten waren aber Berufsterroristen, keine Guerillas. Sie hatten unterschiedslos Zivilisten an Omnibushaltestellen umgebracht, Bomben in Restaurants geworfen, Frauen und Kindern die Pulsadern aufgeschnitten und sie dann verbluten lassen.« So kann man jede Grausamkeit rechtfertigen.

Jeanpierre betrachtete die Verrohung seiner Legionäre in der Kasbah Algiers mit Besorgnis. In ihm sträubte sich alles, so werden zu müssen, wie seine einstigen Folterer am Loiblpaß in den Karawanken. Aber er konnte nicht verhindern, daß sich bald jeder Kompaniegefechtsstand in eine kleine Fabrik mit Wassereimern und Autobatterien verwandelte, wo die Verdächtigen zum Reden gebracht wurden. Die Patrouillen waren jetzt reine Routine. Von oben war der Befehl gekommen, »jeden Bewohner der Kasbah, der sich auch nur durch eine Geste verdächtig macht, zum Sprechen zu bringen«. Der konspirative Kampf führte zu immer weiteren Methoden. Ein Sack Gips konnte ebenso eine Fahndungsaktion auslösen wie einige Gewehre, die man in einem Kanalschacht gefunden hatte. Inzwischen hatten die Fellaghas neue Versteckmethoden entwickelt. In Häusern wurden Zwischenmauern eingezogen mit unsichtbaren Türen, unter die normalen Keller kamen nochmals gut belüftete Verliese. Die Maurer unter den Legionären stiegen zu Spähtruppführern auf. Sachkundig pochten sie Wände, Decken und Böden ab. Wo immer es hohl klang, schlugen die Legionäre die verdächtigen Mauerwerke ein.

Zum wichtigsten Tag der Schlacht um Algier wurde der 24. September. In einem neuen Häuserblock, am Rande der Kasbah, stieß ein Trupp Grünmützen auf ungewöhnlich heftigen Widerstand. Frauen und Kinder waren vorher evakuiert worden und Colonel Jeanpierre befehligte persönlich die Erstürmung. Alle unteren Etagen waren leer. Da stieß ein Legionär auf ein merkwürdig schmales Zimmer. Die ehemaligen Maurer klopften es prüfend ab. Dabei stellte sich heraus, daß hier eine Zwischenwand hochgezogen worden sein mußte. Die Pioniere legten Zünder an und Befehle wurden mit absichtlich lauter Stimme gegeben. Dann meldeten sich die Stimmen hinter der Wand: »Wir ergeben uns.« Als die Wand niedergerissen wurde, warfen die Insassen des verborgenen Zimmers Handgranaten und Jeanpierre wurde durch einen Splitter verletzt. Nach zwei Stunden heftigen Kampfes in allen Etagen mit den unzähligen Verstecken kam ein Mann mit erhobenen Armen heraus: Yacef Saadi, der Chef der FLN in Algier. Nach vier Tagen Folterhaft gab er auch das Versteck seines Vertreters Ali La Pointe preis – die Kasbah hatte keine Anführer mehr und im November 1957 waren keine Schüsse mehr zu hören. Ganze Straßenzüge waren dem Erdboden gleichgemacht, die meisten Läden waren verriegelt oder mit Balken gesichert. Zu Hunderten deuteten leere Fensterhöhlen an, daß die einstigen Bewohner geflüchtet oder verschleppt waren.

Zwei Monate nach der letzten Schlacht um Algier machte Colonel Garder einen Rundgang durch die engen Gassen: »Seit das Netz der Aufständischen zerrissen ist und die meisten Anführer tot oder inhaftiert sind, liegt das Viertel in dumpfer Passivität. In diesem Zustand der ›Befriedung‹ wirkt es noch drohender und unheimlicher als vorher. Es fallen keine Schüsse mehr. Die zwei Gendarmen, die mich begleiten, halten ihre Maschinenpistolen entsichert. Die schmutzigen Wände der verfallenen Häuser sind über und über mit Plakaten beklebt und mit in dicken Pinselstrichen aufgemalten Parolen beschmiert, in denen die Bevölkerung aufgefordert wird, sich von den Rebellen abzuwenden und den Franzosen Vertrauen zu schenken. ›Die Rebellen lügen‹, lautete eine der Parolen und eine andere ›Die Rebellen töten Eure Kinder‹. Andere Plakate waren aggressiver. Sie verlangten: ›Entschließt Euch zum Sprechen‹. Oder: ›Durchbrecht die Mauer des Schweigens‹. Und da wurde die makabre Formel aufgestellt: ›Ein Wort mehr, ein Mörder weniger‹. Die meisten Bewohner der Kasbah gingen achtlos an diesen Plakaten vorbei und warfen keinen Blick auf die Aufrufe und Ermahnungen, die das Bild der verwahrlosten Straßen, zerstörten Häuser und der zugenagelten Höfe noch trostloser und häßlicher machten.«

Die Fellaghas kamen nicht mehr von der Kasbah zur europäischen Neustadt mit ihren Prachtstraßen herunter, sie mieden die Luxusgeschäfte, die Cafés, die so sehr an Paris und Marseille erinnerten. Trotzdem zog Garder eine deprimierende Bilanz: »Die Gendarmen waren begeistert. Es gab keine Attentate mehr, die arabische Bevölkerung verhielt sich plötzlich loyal. Auch bei Stichproben wurden keine Gewehre und Handgranaten mehr gefunden. Aber Europäer und Araber standen sich unverändert feindlich gegenüber. Es war nur eine oberflächliche Befriedung. Die Schlacht um Algier brachte keine Antwort auf die Frage, ob Algerien tatsächlich die gemeinsame Heimat von Europäern und Arabern ist.« Der nachdenkliche Feindbetrachter Colonel Garder ahnte 1957 pessimistisch: »Es müßte schon ein Wunder geschehen, um der algerischen Tragödie ein Ende zu bereiten.«

Am Djebel Mermera ging das 1. REP wieder auf Fellagha-Suche. Der Djebel ist auf den Militärkarten mit 941 Metern Höhe eingezeichnet und liegt zwischen dem Hodna-Gebirge und dem Aures. Colonel Jeanpierre schrieb einem Freund: »Meine Legionäre sind glücklich, dem Gestank der Kasbah von Algier entronnen zu sein. Endlich ist wieder richtiger Krieg.« Doch schon nach wenigen Monaten kam die Krise. Die Legionäre hatten wohl den Kampf um die Kasbah und die damit verbundenen Grausamkeiten verdrängt, wenn nicht gar vergessen, doch im Gedächtnis der Algerier war die Schlacht um Algier weder vergeben noch vergessen.

Am Lyzeum, das bei der Jagd auf Ali la Pointe in Algier irrtümlich in die Luft gesprengt worden war, wurden täglich große Blumengebinde niedergelegt. Der Krater, mit Holzbohlen zugedeckt, wurde zum heimlichen algerischen Wallfahrtsort. Jeanpierre bemerkte sofort, daß auch in den Bergen die Stimmung umgeschlagen war. Notabeln, die sich offen zu den Franzosen bekannten, waren selten geworden. Es gab kaum noch normales Leben. Die großen Farmen waren verlassen, die meisten Dörfer bombardiert und verbrannt. Bei ihren Hubschraubereinsätzen stießen die Legionäre auf Häuser ohne Dächer und sonnendurchglühte Mauerreste. Die Feldkommandeure der FLN, Boumedienne und Mohammed Said, machten jetzt einen entscheidenden Gegenzug. Boumedienne, der spätere Präsident Algeriens, zog seine Truppen jenseits der Grenze in Südmarokko zusammen und Mohammed Said hielt einige Kommandos im Aures und in der Nementscha. Doch die meisten Einheiten wichen in das nördliche Tunesien bei Tabarka aus.

Die zurückgebliebenen Fellaghas hielten sich von den Dörfern fern, denn sie fürchteten das plötzliche Einfallen der französischen Hubschrauber. Sie legten kleine Stroh- und Zweighütten auf den Hügeln an, von denen sie kilometerweit alles überblicken konnten. Die Legionäre des 1. REP und der anderen Legionseinheiten entfernten sich immer weiter von den anderen französischen Truppen. Alles Überflüssige wurde abgelegt. Die Legionäre hatten nicht mehr bei sich als die Fellaghas, kein Gepäck, nur die Uniform, die sie am Leib trugen. Manchmal, wenn ein plötzlicher Schneesturm aufzog, erinnerten sich die Grünmützen an die Zeiten, als es noch das Sturmgepäck auf den LKW's gab, eine Zeltplane und ein Brot mit Wurst. So lagen sie ohne Nachschub auf der Lauer, eine Woche, zwei Wochen, bis zu sieben Wochen. Sie stachen eine Feldziege ab, die ihnen zufällig über den Weg lief, sie bereiteten sich aus Gräsern ein Gemüse, das durchwegs bitter schmeckte. Die Stabsärzte warnten das Regiment, denn auch bei den abgebrühtesten Legionären zeigen sich jetzt Abnutzungserscheinungen. Sie machten ihren Dienst wie Schlafwandler. Stabsarzt Regnon berichtet von fortgesetztem Mißbrauch des Rauschmittels Maxiton: »Die Kompanie marschierte an diesem Tag dreißig Kilometer. Tagsüber war es in dem Wadi fast 50 Grad Celsius, nach Sonnenuntergang fielen die Temperaturen auf unter Null Grad. Plötzlich fiel einer der Legionäre mit weit aufgerissenen Augen um. Zuerst dachte ich, er sei ohnmächtig. Ich gab ihm eine Vitaminspritze. Aber er reagiert nicht, sondern lächelte nur. Zwei Legionäre hoben ihn auf und er marschierte weiter, als sei nichts geschehen. Nach fünfzig Metern sackte er wieder zusammen. Wieder die gleichen Symptome, Lächeln, als hätte er eben ein großes Fest erlebt. Er sagt kein Wort und ist völlig apathisch. Zunächst dachte ich an eine plötzlich auftretende geistige Verwirrung. Als wir ihm die Taschen öffneten, fielen zwei Schachteln Maxiton heraus. Alle vierzig Tabletten sind weg. Ich forderte sofort den Sanitätshubschrauber an.«

Die Tablette war zunächst offiziell als Vitaminstoß eingeführt worden und gehörte zum Inventar der »Kommandotasche«. Als Suchtsymptome festgestellt wurden, kam Maxiton auf die Verbotsliste. Danach wurde es zu Höchstpreisen von geschäftstüchtigen Sanitätern gehandelt, die den anfälligeren unter den Legionären nicht selten beinahe den ganzen Monatssold abknöpften. Stabsarzt Regnon: »Nach diesem Vorfall ging ich der Sache nach und stellte fest, daß fast ein Drittel der Kompanie das inzwischen verbotene Maxiton bei sich hatte.«

Die Maxiton-Affäre verzögerte den Marsch zum Djebel Mermera. Den Hubschraubereinsatz sollten die Adjudanten Dodebar und Erwin vorbereiten. Mit im Team war Sous-Lieutenant Roger Degueldre, ein Mann von fast 1,90 Meter, mit einem massigen, rötlichen Gesicht. Degueldre war fast nie bei Veranstaltungen in Algier anzutreffen, er wollte im 1. REP nur an der Front auffallen. Wo immer Kommandos vorbereitet wurden, Roger Degueldre meldete sich. Mit achtzehn Jahren hatte er sich zur Brigade »Wallonia« seines Landsmannes General Léon Degrelle innerhalb der Division »Wiking« gemeldet und den Ostfeldzug von Stalingrad bis nach Berlin mitgemacht. Der schweigsame Degueldre sagte nie, wie er zur Legion gekommen war, wie er früher geheißen hatte. Fünf Jahre nach der Operation am Djebel Mermera organisierte Roger Degueldre ein Attentat auf General de Gaulle. Es mißlang. Er wurde gefaßt, zum Tode verurteilt und standrechtlich erschossen.

Ebenso im Team war der Sergeant Rolf Steiner, ein hagerer Münchner, der trotz eines Lungenschußes im Indochinakrieg noch immer feldverwendungsfähig geschrieben wurde. Mit siebzehn Jahren war er zur Division »Nibelungen« der Waffen-SS gekommen und hatte die Schlacht von Siegsdorf Anfang Mai an der Autobahn nach Salzburg mitgemacht und sich dann als Knecht bei einem Bauern in Ruhpolding verdingt; 1946 war er zur Legion gekommen. Wie Roger Degueldre hatte er sich 1961 der Opposition gegen General de Gaulle angeschlossen, wurde aber begnadigt. Er hatte immer mittelmäßige Benotungen erhalten, obwohl er sich vor keinem Himmelfahrtskommando drückte. Jeanpierre ließ in seine Personalakte eintragen: »Energisch, aber ohne größere eigene Initiative.« Initiative entwickelte er erst nach dem Zwangsabschied von der Legion. Im Jahre 1968 tauchte der einstige Legionssergeant plötzlich als Colonel in Biafra auf, befehligte eine Eingreifbrigade des aufständischen General Ojukwu und hatte einige Erfolge. Es gelang ihm mit kleinen Teams, wie er es bei dem 1. REP erlernt hatte, feindliche Flughäfen und Depots zu zerstören. Als er im Suff den Oberkommandierenden Ojukwu der militärischen Unfähigkeit bezichtigte, wurde er diskret abgeschoben. Im Jahre 1970 tauchte Rolf Steiner, der unentwegte Reisläufer in den Kriegen der Dritten Welt, plötzlich bei den christlichen Guerillas im Südsudan auf, diesmal im Range eines Generalleutnants, wo er aber keine Gelegenheit erhielt, eine Schlacht zu schlagen. Bei einem Fronturlaub nahm ihn der damalige Uganda-Herrscher Idi Amin in Haft und lieferte ihn an den Sudan aus. Ein Militärgericht verurteilte ihn zu lebenslanger Haft, nach drei Jahren wurde er freigelassen. Mehr als die deutsche Botschaft in Khartum hatte sich die Legion um ihren einstigen Sergeanten gekümmert, obwohl die offizielle Zeitschrift »Képi blanc« sehr distanziert bemerkte: »Söldner, die ständig die Geldgeber wechseln, auch wenn sie einmal in der Legion waren, haben mit der Legion nichts mehr zu tun.« Für die Legion wurde Sergeant Steiner zu einer Art Unperson.

Zu einer Heroengestalt stilisierte sie dagegen den Adjudant Tasnady empor, einen Ungarn, der 1956 nach dem mißlungenen Aufstand in Budapest über Österreich geflüchtet war und in zwei Jahren zum Adjudant aufstieg, eine Karriere, für die andere in der Legion damals noch bis zu zwanzig Jahre brauchten. Er mußte nie den Hof einer Kaserne fegen, da er nie in einer gelebt hatte. Tasnady kannte nur den Kampf aus dem Verborgenen. In Ungarns Volksarmee hatte er eine Grundausbildung absolviert, kam aber wegen ideologischer Unzuverlässigkeit nicht auf einen Unteroffizierskurs. Auch in der Legion kümmerte sich Tasnady nicht um Instruktionen, sondern wurde zum bewunderten Kundschafter. Er machte versteckte Fellaghas aus, die auch von Hubschraubern mit ihren Infrarotgeräten nicht entdeckt werden konnten. Der gelegentlich überhebliche Ungar hatte nicht nur Freunde in den Kommandogruppen. Nur zögernd meldeten sich die Legionäre, die aber, wenn sie einmal bei einem Spähtruppunternehmen dabei gewesen waren, zugeben mußten: »Der Kerl verliert keine Fährte der Fellaghas aus dem Blick.«

Die Legionäre marschierten sieben Stunden im Unterholz des Djbel Mermera. Gegen drei Uhr morgens gab Tasnady den Befehl, eine Pause einzulegen. Plötzlich waren arabische Kommandos zu hören. Es ging weiter. Hubschrauber konnten noch nicht angefordert werden. »Wahrscheinlich Scharfschützen«, vermutete Tasnady und ließ die Legionäre weit ausschwärmen.

Um die Pracht algerischer Sonnenaufgänge zu genießen, waren die Grünmützen längst zu abgestumpft. Der Djebel war ein violetter Block und verwandelte sich dann in eine sanfte grüne Fläche. Ein leichter Wind kam auf. Keine Wolke stand am Himmel. Thymianduft wehte durch das Wadi. Die Legionäre beeilten sich, auf den winzigen Spirituskochern, die keinen Rauch erzeugten, ihren Morgenkaffee zu kochen. Mit wenigen

Schlucken schütteten sie die kräftige braune Brühe hinunter, die einige mit einem Schuß Kognak verbesserten. Über dem Djebel schwebte die Alouette von Jeanpierre. Einige Dutzend Male umkreiste sie das Operationsgebiet. Dann kam der Befehl, die nördlichen Hänge anzugreifen. Bereits auf halber Höhe stieß die Sektion von Tasnady auf einige Fellaghas, die sich sofort in die höheren Felsschluchten zurückzogen.

Gegen elf Uhr befahl Jeanpierre dem Regiment, auch vom Süden anzugreifen. Zwei Ersatzkompanien, die sofort in gezieltes Feuer von Raketenwerfern gerieten, wurden per Hubschrauber abgesetzt. Dann ertönten Lautsprecher: »Wir stehen hier für ein freies Algerien.« Adjudant Tasnady: »Das freie Algerien werden wir den Kerlen bald austreiben!«

Gegen Mittag hatte seine Sektion den Bergkamm erreicht. Die Fellaghas verschwanden in den engen Schluchten. Tasnady funkte an den Regimentsgefechtsstand: »Der Gegner ist spurlos verschwunden. Aber er meldet sich immer wieder mit Lautsprechern und sogenannten Freiheitsparolen.«

»Das will ich mir selber ansehen«, antwortete Jeanpierre, der sich nie anhand einer Lagekarte ein Bild vom Stand des Gefechts machte. Der Hubschrauber war sein taktischer Jagdhund und er mußte den Gegner selber sehen, ihn aufstöbern. Wenn eine Operation begann, wollte er ganz vorne sein. Der Augenblick des Einkreisens, das Spannen eines Netzes von verstreuten Teams waren seine Sache.

Die Rotoren der Alouette liefen bereits, als Jeanpierre einstieg. Der Dschebel Mermera war in der Mittagshitze nur noch ein ferner Fleck, halb verschwommen. Jeanpierre ging jeden Punkt auf der Karte durch, als der Hubschrauber abhob. Die Piloten kannten den Colonel und sie bewunderten ihn. Er hatte es nicht nötig, ihnen genaue Anweisungen zu geben, denn sie kannten seinen Jagdinstinkt. Sie flogen nur die Schluchten an, wo es am düstersten ist. Eine Geste genügte und sie änderten den Kurs. Sie waren stolz darauf, zu Jeanpierres »Laden« zu gehören.

Der Pilot brachte die Alouette in einer steilen Linkskurve zum Djebel. Tasnady berichtete später, wie sie über den Sektor 231 geflogen war und dann an Höhe gewann. Jeanpierre hatte sein grünes Barett abgenommen, um ungehindert den Kopfhörer aufsetzen zu können. Auf der Karte machte er ständig neue Eintragungen und versuchte, den Gegner in den Wadis und Wäldchen auszumachen. Von den Kompanien kamen widersprüchliche Meldungen. Da war von flüchtenden Fellaghas die Rede, gleichzeitig wieder von sich verhärtendem Widerstand.

»Eine neue Kurve, ganz tief«, befahl Jeanpierre. Die Alouette fegte über die Wipfel der Lärchen. In einer Felsbarriere machte der Colonel eine Schlucht aus, die ihm verdächtig war. Die Alouette flog ganz nah heran und dann kam der Beschuß. Der Hubschrauber verwandelte sich sofort in eine rauchende Fackel. Tasnady sah ganz genau die ersten schwarzen Wolken, das Abdrehen, das Absacken, das Abtrudeln. Einige Minuten später war er mit seinem Kommando an der Absturzstelle. Knapp zehn Minuten dauerte das Gefecht mit den Fellaghas, dann waren sie niederge-

273

kämpft. Die Legionäre begannen, die Insassen des Hubschraubers aus den Trümmern herauszuholen. Die Piloten und der Mechaniker lebten noch. Bei Jeanpierre stellte der Arzt einen schweren Schädelbasisbruch, Lungenblutungen und andere innere Verletzungen fest. Ein Pulsschlag war nicht mehr zu fühlen.

Tasnady ging an das Funkgerät: »Hier Jacky, Rouge bitte kommen.«

Der Regimentsgefechtsstand mit dem Codewort Rouge meldete sich: »Was gibt's? Größere Feindberührung?«

Tasnady: »Soleil (Sonne) ist tot.«

Nach einer Schrecksekunde: »Wiederholen Sie die Meldung, Adjudant.«

Tasnady: »Soleil ist tot, mit dem Hubschrauber abgestürzt.«

Rouge: »Schlagt alles nieder, was sich am Djebel bewegt.«

Die Legionäre brauchten nicht diesen Befehl aus dem Gefechtsstand. Sie waren nach der Todesnachricht wie in Trance. Der Absturz des Hubschraubers hatte die Fellaghas siegessicher gemacht. Sie kamen aus ihren Schluchten und Höhlen. Tasnady: »An diesem Tag gab es keine Gefangene. Wir schossen auch nicht. Jeder, der in unsere Hände fiel, wurde mit den Füßen zu Tode getrampelt. Einige Fellaghas durchbrachen die Linien. Wir verfolgten sie, Hubschrauber wiesen uns den Weg. Ich glaube, keiner entkam uns. Sonst kämpften wir. An diesem Tag nahmen wir nur Rache.«

Gegen Abend erreichten die Tagesberichte der Kompanien den Gefechtsstand. Colonel Jeanpierre würde sie nie lesen. Erst bei Anbruch dieser Nacht vom 28. auf den 29. Mai 1958 entdeckten die Legionäre des 1. REP, welchen wichtigen Platz der Kommandeur in ihrem Leben eingenommen hatte. Draußen in den Lagern am Djebel reinigten sie ihre Waffen, zählten die Munition nach, öffneten die Konserven und ließen die Bierflaschen kreisen. An diesem Abend wurde kaum ein Wort gesprochen. Erst kurz vor dem Zapfenstreich stimmten einige Sektionen Lieder an. Sie mußten keine große Auswahl treffen, fast alle Lieder der Legion handeln vom Sterben.

Am 30. Mai marschierte das 1. REP in Guelma auf. Acht Offiziere trugen den von der Trikolore bedeckten Sarg, den sie auf der Mitte des Marktplatzes abstellten. Der Regimentspfarrer hielt den Totengottesdienst. Dann trat von der Tribüne für Prominente der erst seit einem Monat amtierende neue Staatspräsident hervor, Charles de Gaulle in Generaluniform. Er salutierte vor dem Sarg und sagte: »Dieser Soldat war aus jenem Holz, aus dem die Marschälle Frankreichs geschnitzt wurden.« Niemand konnte zu dieser Stunde wissen, daß dieser Redner genau drei Jahre später das 1. REP wegen Meuterei auflösen sollte. Als de Gaulle in seiner schwarzen Staatslimousine schon wieder abgefahren war, trat jeder Legionär an den Sarg. Es war, als wollten sie sich davon überzeugen, daß der Tod des Colonel kein schlechter Traum war sondern Wirklichkeit. Geschlossen begleitete das Regiment Jeanpierre zum Friedhof. Die Rue Carnot bebte unter dem langsamen, schweren Schritt der Fallschirmjägerstiefel. Und in der Masse tauchten Spruchbänder auf: »Es gibt noch immer das Feld der Ehre« und »Nie war Jeanpierre so groß wie heute.«

Bereits am nächsten Tag war das Regiment wieder an der tunesischen Grenze. Truppenbewegungen an der marokkanischen Grenze, die sich fast nur durch die Wüste zog, waren durch Flugzeuge leicht zu überwachen. Die Grenze zu Tunesien dagegen führte im Norden durch dicht bewaldetes Hügelland. Um das Einsickern der Fellaghas aus dem seit 1955 unabhängigen Tunesien zu verhindern, kam der Generalstab in Paris auf die Idee eines riesigen Sperrzauns. Colonel Garder: »Die Herren hatten nichts aus dem Zweiten Weltkrieg gelernt. Sie bauten eine etwas einfachere Maginotlinie, diesmal ohne Sperrforts und unterirdische Kasematten. Aber immerhin war es eine strategische Linie in einem revolutionären Krieg. Dementsprechend unwirksam war sie auch. Zu Tode kamen nur haufenweise die Wildschweine, die in den Korkeichenwäldern lebten.«

Adjudant-chef Krepper, mit fast fünfunddreißig Dienstjahren einer der wenigen heute noch aktiven Legionsunteroffiziere aus dieser Zeit, erinnert sich allerdings nicht ohne Behagen an das »große Schweineschlachten«: »Die Wildschweine waren schon halb geschmort in der Starkstromleitung. Wir mußten sie in unseren Waldcamps nur noch richtig zubereiten und würzen. Die mit einem Millionenaufwand gebaute Sperrwand brachte mehr Vorteile für die Küche als für den Krieg.«

Nachts sah die »Linie Morice«, benannt nach einem Pioniergeneral, der sich später den Vorwurf gefallen lassen mußte, er hätte vor allem korrupte italienische Baugesellschaften beschäftigt, wie die Champs-Elysées aus. Riesige Scheinwerfer strahlten allerdings nicht Häuser, Straßencafés, endlose Autoschlangen, sondern Drahtverhaue, Hügel und Waldlichtungen an. Vierhundert Kilometer lang war der Sperrgürtel, das Gebiet für die Hochspannungszäune knapp zehn Meter tief, daran entlang führte ein drei Meter breiter Feldpfad für gepanzerte Aufklärer, genannt die »Egge«. Mindestens siebenhundert Aufklärungspanzer und Jeeps mit Granatwerfern begannen bei Dunkelwerden ihre Kontrollfahrten. Mit aufgeblendetem Licht fuhren sie an den letzten Drahtverhauen vorbei. Alles lief genau nach Vorschrift ab: Einige Kilometer wurde mit Licht gefahren, dann gingen die Spähwagen an einer versteckten Stelle in Warteposition und stellten die Motoren ab. Doch als effektivere Horchposten dienten meistens die Einheiten der Legion, die sich bis in die Minenfelder vorrobbten, wobei einige Spähtrupps schon auf tunesischer Seite operierten und die Camps der Fellaghas ausmachten, wenn wieder Einheiten zur Grenze marschierten. An der Linie entwickelte sich ein Stellungskrieg und es kamen kaum noch Fellaghas durch. Den Aufständischen gelang es auch nicht mehr, die Spähwagen abzuschießen. Um die feindlichen, aus 5,7 cm-Haubitzen abgefeuerten Granaten abzufangen, brachten die Pioniere hohe Drahtnetze über dem Starkstromstacheldraht an. Die Kopfzünder waren so empfindlich, daß die leichteste Berührung genügte, sie zur Explosion zu bringen. Die Spähwagen bekamen wohl noch Splitter ab, wurden jedoch nicht ernsthaft beschädigt.

Sobald ein Kontakt am Zaun ausgelöst wurde, kamen die Kommandos der Legion. »Zumindest in den letzten Jahren, 1960 oder 1961, waren es meistens Hasen oder Wildschweine, die den Alarm auslösten«, sagte Adjudant-chef Krepper, einer der hochdekorierten Praktiker des Kleinkriegs am Zaun. »Aber es kamen auch immer wieder die Fellaghas. Die Guerillas des Jahres 1960 waren nicht mehr die des Jahres 1954. Sie waren alle in China, in Nordkorea, in Ägypten trainiert worden und sie waren perfekte Pioniere, wußten, wie eine Starkstromleitung lahmgelegt werden kann, wie ein Minenfeld zu durchqueren ist. Dafür stand ihnen auch das modernste Gerät zur Verfügung.«

Meistens jedoch vergingen die Nächte mit blinden Alarmen und sinnlosem Warten. Die Legionäre hockten in ihren Hinterhalten, sie sahen wie die Scheinwerfer der Aufklärungsfahrzeuge über die verlassenen Dörfer strichen, Bodenwellen, Dickicht und Waldränder in Helligkeit tauchten. Die Planer in den Operationszentralen verfolgten auf großen Leuchtkarten die Bewegungen der Jeeps und Spähwagen. Dazwischen lagen die Punkte mit den Hinterhalten der Legion. Wie graphische Zeichnungen wirkte das auf den Tafeln, mit gelben, roten und blauen Lampen erhellt. Am Zaun brummten die Dieselgeneratoren. »Nach Mitternacht war praktisch nichts mehr zu befürchten«, berichtet Adjudant-chef Krepper. »Nach 24 Uhr konnten die Fellaghas keinen Angriff mehr riskieren. Es blieb ihnen nicht genügend Zeit, durch den Zaun und die Minenfelder zu kommen. Bei Tagesanbruch mußten sie ja schon mindestens dreißig Kilometer im Hinterland sein. Wenn es hell wurde, kamen die Flugzeuge. Sie waren noch gefährlicher als die Spähpanzer.«

Ende 1959 schrieb der Militärkorrespondent der »Frankfurter Allgemeinen«, Adelbert Weinstein: »In Algerien zeichnet sich für Frankreichs Armee ein militärischer Sieg ab. Erstmals kämpft eine europäische Armee nach den Prinzipien des revolutionären Kriegs.« Colonel Garder bestätigt: »Ab 1960 gab es keine Großoperationen mehr. Die Fellaghas waren zwar inzwischen auf eine Stärke von fast 80 000 Mann angewachsen. Sie standen aber in Marokko und in Tunesien.« Die letzten Partisanen-Einheiten waren durch die Offensiven »Couronne« und »Jumelle« aufgerieben worden. Wie ein barocker Marschall hatte General Challe die Einkreisungsschlacht »Jumelle« in der Großen Kabylei begonnen. Im Juni 1959 hatten unter dem Kommando von Mohammed Said achtzehnhundert Fellaghas versucht, die Linie Morice zu durchbrechen. Ganze zweiunddreißig Guerillas kamen in Auffangcamps in der Nähe von Duzerville durch. Einhundertzweiundachtzig starben in den Drahtverhauen. Der Rest kehrte in die tunesischen Lager zurück. Colonel Garder: »Es gelang den Fellaghas immer weniger, die Grenzsperren zu durchbrechen. Wahrscheinlich wäre eine bewegliche Kampfführung günstiger gewesen. Dann hätte es nicht eine praktische Zweiteilung des Krieges gegeben. An den Grenzen wurde ein statischer Abwehrkampf geführt. Im Innern des Landes zogen sich die Fellaghas auf sogenannte nichtkontrollierte Zonen zurück, vor allem auf den Aures und die Große Kabylei.«

Oben auf dem 1726 Meter hohen Chellata-Paß hatte General Challe sein Hauptquartier in der Kabylei aufgeschlagen. Die Hänge, auf denen zuvor Schafe und Ziegen geweidet hatten, verwandelten sich in eine riesige Zeltstadt mit unzähligen Antennen, über einem Dutzend Hubschrauberlandeplätze und sogar einem Offizierskasino mit offenem Kamin, Silberbesteck, Damasttischtüchern und frischem Hummer. Unter den Klängen von Beethoven und Ravel entwarf General Challe die Pläne, wie die letzten Höhlen der Fellaghas auszuräuchern wären. Neben drei Brigaden Gebirgsjägern kämpfte das 1. REP und das 4. Infanterieregiment der Legion. Auf der anderen Seite stand Mohammed Said. Zehn Jahre später bekannte er als Pensionär im Strandkurort Zeralda: »Die Gefährlichkeit der Legion kannte ich. Aber nach Colonel Jeanpierre hatte sie keinen überragenden operativen Kopf mehr. Unsere Kampfgruppen wurden lediglich durch eine Übermacht erdrückt. Eine halbe Million Soldaten hielten die Franzosen in Algerien. In unseren Zufluchtsorten fühlten wir uns jedoch sicher. General Challe blieb hartnäckig und brach den Feldzug nicht bei Einbruch des Winters ab. Legion und Gebirgsjäger bildeten ›Höhlentrupps‹. Sie stöberten uns in den unwegsamsten Stellungen auf. Meine Leute kannten jeden Steg. Der Gegner griff auf seine Weise an. Er hatte Seil, Sicherungshaken und Pickel. Keine Felswand war mehr vor ihm sicher.«

Die Grünmützen, die Gebirgsjäger und die Paras von Colonel Bigeard blieben auch nach dem November, als Schneestürme über die Kabylei fegten. Es kamen keine Transporte mehr durch. Die Pässe waren verschneit. Hubschrauber konnten nicht landen. Die Camps auf den Höhen lagen in dichten Wolken, doch die Legionäre wußten sich zu helfen und verzehrten ihre eisernen Rationen. Außerdem holten sie sich von den Bäumen halb erfrorene, unbeweglich gewordene Rebhühner. Köche mit Phantasie zauberten aus letzten Küchenresten sogar eine delikate Füllung. Immer wenn der Funk aus Algier die schwersten Schneestürme vorhersagte, gingen die Grünmützen zum Angriff über. Sie mußten sich erst aus dem meterhohen Schnee herausschaufeln, doch auch die Fellaghas mußten ihre Höhlen verlassen und hinterließen dabei Spuren. Auf größere Kampfhandlungen ließen sich die Legionäre nicht mehr ein. Statt dessen setzten sie Flammenwerfer ein und verwandelten die letzten Stützpunkte der Fellaghas bei zwanzig Grad minus in ein rötliches Flammenmeer.

Die Villa lag im schönsten Viertel Algiers. Es war der 21. April 1961. Das Anwesen mit Palmgarten, Swimmingpool und Blick auf die weißen Mauern des Fort l'Empereur gehörte der Großgrundbesitzerfamilie Tagarin, die sich nach Brasilien abgesetzt hatte. Nur die sieben Diener und fünf Köche waren geblieben. Ihnen war der hohe Besuch rechtzeitig angekündigt worden. Kurz nach Mitternacht kamen die Generale Challe, Zeller, Salan und Colonel Broizat. Die Gästezimmer waren gerichtet. Vier Stunden zuvor waren die pensionierten Offiziere auf dem Feldflughafen Creil in der Nähe von Paris gestartet. Als sie auf dem Militärflughafen Blida landeten, wurden sie dort bereits erwartet und zur Villa Tagarin gefahren. Obwohl sie in Zivil gekommen waren, salutierten alle Offiziere. Am 21. April gegen Mittag waren sich die Algerien-Haudegen einig: General de Gaulle muß das Handwerk gelegt werden, denn er verrät Algerien. Wir müssen putschen.

Tatsächlich hatte sich der uniformierte Philosoph im Elysée-Palast rasch gewandelt und seine einstigen Freunde ins militärische und politische Abseits geschoben. Noch am Sarg von Jeanpierre hatte de Gaulle geschworen: »Frankreich reicht von Dünkirchen bis Tamanrasset. Jeanpierre hat seine Heimat verteidigt und ist dafür gefallen.« Doch schon 1959 sprach er andeutungsweise von einem »algerischen Algerien«. Und dann am 4. November 1960 tauchte der Satz einer Republik Algerien auf. Von Frankreich war nicht mehr die Rede. »Er hat uns betrogen, dieser politisierende Schmalspurgeneral«, schimpfte Challe, noch vor einigen Jahren der engste Vertraute de Gaulles. »Wir dürfen Algerien nicht verkaufen. Die Armee steht hinter uns.«

Für den Putsch war das 1. REP mit seinem Camp in Zeralda, fünfundzwanzig Kilometer von Algier entfernt, notwendig. Für drei Uhr nachmittags hatten die Putschgenerale den Chef de Bataillon Saint Marc bestellt, der das Regiment führte, weil der Kommandeur, Lieutenant-Colonel Guirand, auf Krankenurlaub war. Sie standen vor der Alternative: entweder den Bataillonskommandeur festzunehmen oder ihn für ihren Aufstand zu gewinnen. Die Kompaniechefs hatten sich schon vorher für den Putsch entschieden. Ohne das 1. REP konnte Algier nicht gesichert werden. Die Generale Challe und Zeller hatten einen präzisen Plan: Die Grünmützen sollten die Kaserne Peissier, den Sitz des algerischen Oberkommandes, besetzen, die Radiostation von Quled-Fayet, die Polizeikaserne Hussein Day. Seit Jahren kannten Challe und Zeller den Chef de Bataillon Helie Denoix de Saint Marc.

Gegen 15 Uhr traf er ein. Unter dem grünen Barett war das magere vorzeitig gealterte Gesicht reglos, fast apathisch. Saint Marc trug den gefleckten Kampfanzug, den keine Auszeichnung schmückte. General Challe empfing ihn im einstigen Wohnzimmer, an dessen Wänden Renoirs und Canalettos hingen. Unter den Adjudanten befand sich auch der Lieutenant Degueldre, der schon seit vier Wochen beim 4. Infanterieregiment der Legion an der tunesischen Grenze hätte sein sollen. Saint Marc reagierte überrascht: »Degueldre, was machen Sie hier?«

»Der General wird es Ihnen sagen, mon Commandant.«

Eine Stunde sprach General Challe. Er erinnerte an die Versprechen für die Algerier, an die unzähligen Feldzüge. Und er zeichnete auf der Landkarte die militärischen Erfolge auf: »Es steht gegenwärtig keine Einheit der FLN, die mehr als hundert Mann zählt, auf algerischem Boden.« Challe schloß: »Wir wollen nur das Versprechen von General de Gaulle einhalten, das er am 13. Mai 1958 gegeben hat. Das ist kein faschistischer Staatsstreich. Wir halten nur unser Soldatenwort.«

Wortlos ging Saint Marc fünfzehn Minuten auf und ab. Dann sagte er »Ja, ich mache mit.« Dafür wurde er zunächst zum Tode verurteilt, dann zu lebenslänglich begnadigt. Nach drei Jahren sprach de Gaulle für ihn eine Amnestie aus. Der Putschist stieg in einer führende Stellung in der französischen Wirtschaft auf. Im Jahr 1980 erhielt er das Großkreuz der Ehrenlegion. Zur Verleihung trat das 1. Regiment der Fremdenlegion in Aubagne an und salutierte vor Helie Denoix de Saint Marc, dem Anführer des Putsches von 1961. Der damalige Legionsoberkommandierende General Goupil sagte knapp: »Ein Mann wie Saint Marc kann nicht aus den Annalen der Legion gestrichen werden.«

Dabei besetzte er beim Putsch die Schlüsselrolle. Ohne das REP hätte es keinen Aufruhr gegeben. General Challe hatte wie bei einer militärischen Operation geplant; für alle Kasernen, Gebäude und größere Plätze wurden Daten und Angaben gesammelt. Es gab einen genauen Zeitplan mit Anfahrten, Straßen, Haltestellen und dem weiteren Vorgehen. An strategisch wichtigen Stellen standen Algerier in Zivil bereit, die bevor das Regiment eintraf, Gendarmen ablenken und die Zivilbevölkerung beruhigen sollten. Auch Chef de Bataillon Saint Marc mußte am Abend des Putsches Komödie spielen. General Saint Hillier gab ein Dinner, zu dem alle Kommandanten der Umgebung eingeladen waren.

Saint Marc kam etwas verlegen zur Begrüßung: »Meine Verehrung, mon Général.« Sieben Gänge wurden serviert, dazu drei Sorten Rotwein, zwei Weißwein- und zwei Champagnersorten. Saint Marc blickte immer wieder auf die Uhr. Zwischen Straßburger Gänseleberpastete und Trüffeln war die Rede von Putschgerüchten. Die Gattinnen der Etappengenerale legten sich mehr Rouge auf. Ein Aufstand? Saint Marc lächelte gezwungen. Er wußte, daß es Schwierigkeiten geben konnte. Der robuste Degueldre war inzwischen nach Zeralda hinausgefahren, um die Hauptleute und Feldwebel, die in den Wochen vorher versetzt worden waren, als die Putschgerüchte umgingen, im kleinen Strandhotel Sable d'Or unterzubringen, denn sie durften sich auf keinen Fall gleich im Camp zeigen. General Challe hatte die Stunde X auf zwei Uhr morgens festgelegt Dann mußten alle Ziele erreicht sein. Jede Minute war abgecheckt. Innerhalb von zweiundzwanzig Minuten sollte Algier unter der Kontrolle des 1. REP sein. Frische Himbeeren wurden bei General Saint Hillier serviert Es herrschte keine Putschstimmung mehr. Es wurde über das neue Programm der Oper in Paris diskutiert.

Nur im Lager von Zeralda herrschte Unruhe. »Wir wußten nichts beim Abendessen«, berichtete Adjudant-chef Werner Bickel. »Wir hatten nur das Gefühl, daß etwas in der Luft liegt. Ich war Unteroffizier vom Dienst Also telefonierte ich alle Kompanien ab. Es gab keine besonderen Vorkommnisse. Aber da kam gegen 10 Uhr der Befehl, Waffen und Munition wie vor einer normalen Operation zu übernehmen. Dann kam ein mit einer Plane bedeckter Dodge in das Lager, das in einem Pinienhain, vier Kilometer entfernt vom Strand, angelegt worden war. Sogar eine kleine Kapelle mit einem Mosaikbild des heiligen Michael, dem Schutzpatron der Fallschirmjäger, gab es. Dem Dodge, der mit abgeblendeten Lichtern und gedrosseltem Motor fuhr, entstiegen einige schemenhafte Gestalten. In der Kantine gaben die Legionäre Bierrunden aus. Aus der Musikbox kamen die neuesten deutschen Schlager, Freddy Quinn ›Junge, komm bald wieder‹.« In den Jahren zwischen 1958 bis 1960 hatte Freddy mehrmals in den Camps der Legion getingelt. Seine sentimentalen und doch volksliedhaften Songs gefielen. Allein beim Auftritt in Sidi bel Abbes vor achtzehnhundert Legionären mußte er neunzehn Zugaben bis weit nach Mitternacht geben. In einem Interview bekannte Freddy: »Die Fremdenlegion war praktisch mein erster großer Fan.« Weniger gefiel den Legionären ein in den sechziger Jahren entstandener Song mit dem Refrain: »Ich bin ja nur ein armer Legionär.« Klagte der damalige Kommandeur des 1. Fremdenregiments, Colonel Vadot: »Da wird das Bild vom blöden Legionär gezeichnet, der monatelang sinnlos in der Wüste im Kreis geht und von irgendwelchen bayerischen Almen träumt.«

Bickel berichtete weiter: »Die Männer aus dem Dodge versammelten sich im Kartenraum der ersten Kompanie, dem ersten Haus an der großen Avenue des Camps. Dort hatten sich alle Kompaniechefs zusammengefunden. Sie bemühten sich, keine Überraschung zu zeigen, als sie plötzlich wieder ihre Vorgänger sahen, die vor einigen Monaten wegen des Verdachts aufrührerischer Aktionen zu anderen Legionsregimentern versetzt worden waren: Die Capitaine Bonsolle, La Bigne, Labriffe, Godot und Lieutenant Degueldre. Er trat als der Wortführer von Commandant Saint Marc auf: ›Das Regiment wird in dieser Nacht Algier besetzen. Bei Morgengrauen muß alles vorüber sein. Was auch immer geschehen wird, es gilt nur das Ziel. Es ist ein Einsatz wie auf den Djebels. Nichts wird uns daran hindern, unsere Aufgabe zu erfüllen‹.«

Gegen 23 Uhr traf Commandant Saint Marc aus Algier ein. Auf dem Weg hatte er ungewöhnlich viele Polizeifahrzeuge gesehen. War die Generalität in Algier gewarnt? Kurz vor Mitternacht kamen einige Sergeanten, die Ausgang bis zum Morgenappell hatten. Sie berichteten, daß Panzer aufgefahren seien, die Gendarmerie Straßensperren anlegte. Saint Marc trug jede Beobachtung auf seiner Karte Algiers ein. Sollte er den riskanten Marsch auf Algier abblasen? Praktisch alle Zufahrtstraßen nach Algier standen unter der Kotrolle der Gendarmerie oder waren bereits gesperrt. Degueldre drängte: »Nichts darf geändert werden. Sonst gerät alles durcheinander.« In diesem Augenblick schrillte das Telefon. General Gambiez, der Oberkommandierende aller französischen Truppen in Algerien, meldete sich, nervös, die Sätze nur noch halb zu Ende sprechend:

»Saint Marc, gibt es besondere Vorkommnisse bei Ihrem Haufen? Mir wurde von Truppentransporten berichtet.«

»Alles ist normal, mon Général. Das Regiment schläft bereits, abgesehen von einigen Offizieren und Unteroffizieren, die Geburtstag oder sonstwas feiern. Ich habe eben die Runde gemacht. Es sind keinerlei Wagengeräusche zu hören, außer dem normalen Verkehr auf der Uferstraße.«

Gambiez reagierte beinahe kreischend: »Lügen Sie mich nicht auch noch an! Jede Minute treffen neue Meldungen der Gendarmerie ein. Und alle besagen, daß das Lager in Zeralda hell erleuchtet ist, daß Lastwagen in Kolonne stehen, daß Munition ausgegeben wurde.«

Saint Marc: »Alles Hirngespinste, mon Général.«

Seinen Offizieren sagte er nach dem Telefonat: »Ich mußte siebenunddreißig Jahre alt werden, um zu wissen, daß ich auch ein notorischer Lügner sein kann.« Nochmals zögerte er beim Blick auf die Karte.

Wieder war es der undurchsichtige Roger Degueldre, der drängte: »Was wollen Sie, mon Commandant? Was sind schon Gendarmen gegen das 1. REP? Wir haben einen Mythos. Die Herrschaften mit ihren schwarzen Friedhofswärteruniformen sind doch nur unbeliebte Statisten.«

Der Zauderer Saint Marc dachte an sein Gespräch mit General Challe. Er sah seinen Offizieren an, daß sie auch ohne ihn nach Algier fahren würden. Als er den endgültigen Befehl zum Aufbruch gab, bestimmte ihn dabei ein Gedanke: Wenn er einen Rückzieher machte, würden die zurückgekehrten Scharfmacher in Algier Handlungsfreiheit haben. Diese Vorstellung ließ ihn frösteln.

Zuerst nahm die 1. Kompanie Aufstellung. Aus dem Haus des Kommandeurs sahen die Legionäre ihren alten Chef, Capitaine Ponsolle, kommen, gefolgt von Saint Marc.

»Présentez d'Armes«, brüllte der Lieutenant der ersten Sektion. Seit fünf Monaten hatten sie ihren Capitaine nicht mehr gesehen. Er war ohne weitere Begründung versetzt worden. Jetzt stand er mitten in der Nacht wieder vor ihnen. Zehn Meter vor der Kompanie blieb der Capitaine stehen und grüßte. Er sah nur wenige neue Gesichter. In der ersten Reihe standen die Sergeanten der endlosen Djebelkämpfe, die Sergeanten Dodevar, Erwin, Rolf Steiner. Nur Tasnady fehlte. Er war gefallen. Der Capitaine hatte Mühe, kühl zu bleiben. Er sagte: »Ich bin mit General Challe zurückgekommen. Zusammen mit einer Reihe anderer Offiziere. Wir haben geschworen, Algier in dieser Nacht zu nehmen.«

Genau vier Minuten später verließ der erste LKW der 1. Kompanie das Camp. In den ersten Jeeps saßen Saint Marc, der Capitaine, Degueldre. Bereits an der ersten Kreuzung blinkten Lampen auf. Die Sperre der Gendarmen. Aber die Polizisten winkten die Jeeps durch. Also doch kein Alarm? Der Konvoi näherte sich der großen Gabelung der Nationalstraßen Guyotville-Cheragas. Im Licht der Scheinwerfer zeichneten sich Stacheldrahtverhaue, Sturmbalken mit Eisenspitzen und Gendarmen mit Maschinenpistolen im Anschlag ab. Degueldre fuhr mit seinem Jeep ganz nach vorne. Ein Capitaine der Gendarmerie näherte sich. Im aufgeblendeten Licht standen sich der Legionär und der Polizist gegenüber.

Degueldre: »Wir haben einen Sonderauftrag für Algier.«

»Jede Durchfahrt ist untersagt. Kehrt sofort wieder zurück! Es gilt nur ein Befehl: Nicht die geringste Truppenbewegung.«

Degueldre: »Das ist ein Irrtum, mon Capitaine. Rufen Sie doch über

Funk beim Korps an.« Der Gendarm stimmte zu. Degueldres Jeep folgte bis hinter die Kurve, wo der Funkposten lag. In diesem Moment sagte Commandant Saint Marc den Wachen an den Barrieren: »Alles ist in Ordnung. Wir haben die Erlaubnis durchzufahren.« Eilends zogen die Polizisten den Stacheldraht auseinander. Sofort setzte sich der Konvoi mit erhöhter Geschwindigkeit in Bewegung. Zornig und verdutzt blieb der Gendarmerie-Capitaine zurück.

Bei zwei weiteren Sperren sahen die Gendarmen zu, wie die Legionäre die Balken beiseite räumten, die Jeeps in den Straßengraben warfen. Kurz vor zwei Uhr nachts stand die Kompanie vor der Kaserne Plessier. Nur wenige Lichter brannten. Von den Wachtposten war nichts zu sehen. Reglos betrachtete Saint Marc die wuchtige Fassade. Er erinnerte sich an den Satz von Marschall Foch, den er auf der Kriegsschule gelernt hatte: »Was tun?« Nach Algier war er mit seinem Regiment ohne weitere Zwischenfälle gekommen. Jetzt sollte er die höchsten Generale gefangennehmen. Aber was kam danach? Wie würden sich die anderen Einheiten verhalten? Würde de Gaulle vor dieser Herausforderung zurückweichen? Wie die meisten Offiziere seiner Generation hatte Saint Marc Mao aufmerksam gelesen. Vor allem auch das Kapitel über die List in der modernen Kriegsführung. Als Leser Homers wußte er auch, daß die Griechen mit List in die unbezwingbare Festung Troja gekommen waren. Nur ein trojanisches Pferd hatte er in dieser Aprilnacht nicht zur Verfügung. Dafür einen grauen Armee-Umschlag mit einem Dutzend eindrucksvoller Armeestempel, adressiert an den persönlichen Adjudanten von General Gambiez. Sergeant Sladeck, ein listiger Tscheche, beinahe ein Abbild des braven Soldaten Schwejk, übernahm es, mit dem Kouvert das Kasernentor zu öffnen.

Sladek fuhr mit seinem Jeep vor das Tor und klingelte heftig.

»Ich muß den Offizier vom Dienst sprechen«, brüllte er und wedelte mit dem Umschlag. Das Tor ging auf. Sofort rasten einige Jeeps in den Eingang. Legionäre sicherten die Treppenaufgänge. Nach einigen Minuten war es sicher, daß sich alle Offiziere des Korps in der Kaserne befanden und ihre außerhalb der Kaserne liegenden Wohnungen nicht mehr durchsucht werden mußten. General Gambiez und sein Stellvertreter Vezinet konnten nicht mehr die Operation »Diane« ausrufen, das Verhindern des Putsches. Lieutenant Godot besetzte das Büro von General Vezinet.

»Zu meiner Zeit«, brüllte der General, »nahmen die Lieutenants keine Generale fest.«

»Zu Ihrer Zeit waren Generale auch keine Vaterlandsverräter und haben auch keinen gewonnenen Krieg verraten.«

Danach zeigte der General keinerlei Reaktionen mehr. Er sah ohne Protest zu, wie die Legionäre das Bild von General de Gaulle zerschlugen. Lieutenant Godot stellte er die jämmerliche Frage: »Glauben Sie, daß ich meine Dienstvilla behalten kann? Ich habe den Garten in den letzten Wochen neu herrichten lassen.«

Godot würdigte ihn keiner Antwort. Er fragte sich nur, wie es Vezinet bis zum General hatte bringen können.

Inzwischen hatten die Grünmützen jedes Stockwerk besetzt und die Bürooffiziere in den Keller oder Gerätekammern gesperrt. Nur einen Toten gab es in dieser Nacht. Sergeant Brillant wurde am Eingang von »Radio Algier« niedergeschossen. Er hatte sich geweigert, die 3. Kompanie des 1. REP einzulassen. Dagegen verhielt sich die Polizei-Elitetruppe der CRI in der Kaserne Hussein-Day vorsichtig zurückhaltend. Sie rächte sich erst später an den Legionären. Um drei Uhr dreißig konnte Saint Marc General Challe melden: »Alle Schlüsselpositionen in Algier sind besetzt.«

Zwei Tage später war der Putsch zu Ende. General de Gaulle sprach über das Fernsehen und alle Hörfunksender. Er trug Uniform und sein Befehl war eindeutig: den Aufstand aufhalten, ihn brechen und ihn zuletzt notfalls auch mit Waffengewalt zerstören. Umsonst bemühte sich General Challe über das Telefon, noch einige Generale und Colonels auf seine Seite zu ziehen. Colonel Vaillant, der Chef des 1. Fremdenregiments in Sidi bel Abbes, antwortete ihm abweisend: »Die Legion ist ihrer Definition nach eine Truppe mit Soldaten anderer Nationalitäten. Sie hat mit französischer Innenpolitik nichts zu tun.«

Am Abend des 22. April war General Challe entnervt und ernüchtert. Noch hielten die Grünmützen die Stellungen in Algier. Sobald sie sich aber den Kasernen näherten, wo Wehrpflichtige lagen, schlug ihnen offener Haß entgegen. An den Wänden hingen Spruchbänder: »Es lebe General de Gaulle«; »Folterknechte«; »Schinder«, »Wegbereiter der Militärdiktatur« wurde ihnen nachgeschrien. Nach vierundzwanzig Stunden Putsch sagte Saint Marc unverblümt: »Wir haben auf das falsche Pferd gesetzt.«

General Challe und seine Berater hatten allerdings auch alles getan, das 1. REP zu entmutigen. Es gab keinen revolutionären Elan. Nur zweitrangige Aufgaben mußten erledigt werden. Der Frondienst der Säuberung nahm überhand. Da mußte eine Hauptstraße in Algier kontrolliert werden, da mußten Nachrichtenspezialisten die Telefonzentralen einiger großer Firmen besetzen, da mußte Wache vor Offizierszimmern geschoben werden, die längst geräumt waren.

Am 24. April war alles endgültig zu Ende. Jahre nach der Schlacht um Algier flatterten wieder die Fahnen der FLN über der Kasbah. Gegen neunzehn Uhr fanden sich alle Anführer des Putsches in der Kaserne Plessier zusammen. Challe zog an einer kalten Pfeife ohne Tabak. General Salan bewegte tonlos wie bei einer Pantomime die Lippen. Die Generale Jouhaud und Zeller gingen nochmals die möglichen Fehler des Putsches durch. Es waren späte, peinliche Phantastereien. Nur Saint Marc stand gelassen, ungerührt. Das grüne Barett hatte er tiefer als sonst in die Stirne gezogen. Er hatte alle Vorbereitungen für den Rückzug des Regiments nach Zeralda getroffen. Den Offizieren sagte er ruhig: »Ich bin verantwortlich für das 1. REP und bin entschlossen, mich wieder der Autorität General de Gaulles zu unterstellen.« Und nach einer Pause fügte er hinzu: »Ihr könnt weitermachen.«

»Laßt uns gehen«, sagte Degueldre in einem Ton unsäglicher Verachtung.« Laßt uns gehen. Die Gendarmen stehen schon vor der Tür.«

Capitaine Le Braz trat vor: »Das kann nicht das Ende sein. General Challe muß getötet werden.«

Saint Marc winkte ab: »Das wird schon General de Gaulle besorgen.«

Challe: »Ich habe keine Angst vor dem Tod. Was mich bewegt, ist, daß ich das beste Regiment Frankreichs ins Verhängnis geführt habe.«

Draußen auf den Gängen schliefen die Legionäre.

Saint Marc: »Mon Général, kommen Sie mit uns nach Zeralda. Sie können sich morgen ergeben. Bei mir wird das sauber erledigt.«

Als sei er in einen tiefen Traum versunken, nickte General Challe. Zur gleichen Zeit zogen die anderen Generäle – Salan, Zeller, Jahoud – und der massige Maigret des Geheimdienstes in Algier, Colonel Godard, Zivilkleider an. Wenige Stunden danach riefen sie über einen Geheimsender die Geheimarmee OAS aus. Mit ihnen gingen Godot, Degueldre und die meisten anderen Offiziere. Sie hatten leichte Hosen und Hemden an und sahen wie Tennisspieler aus. Degueldre ahnte sein Schicksal: »Dieser General, der gar kein General ist [de Gaulle], wird mich zur Strecke bringen.«

Am 27. April kreisten Panzer das Lager Zeralda ein. Um sieben Uhr morgens wurde General Challe abgeholt. Wenig später Saint Marc und die Offiziere, die nicht in den Untergrund der OAS gegangen waren. Lieutenant-Colonel Guiraud, der Kommandeur des 1. REP, kam vorzeitig aus seinem Krankenurlaub zurück. Er fand den Befehl des Armeeministers Pierre Messmer vor: »Das Regiment ist nach Thiersville zu verlegen und dort am 30. April aufzulösen. Die Kompanien sind auf die anderen Regimenter der Legion aufzuteilen.«

Um sieben Uhr abends am 26. April hatte General de Gaulle seinen Armeeminister zu sich in den Elysée-Palast bestellt. Auf dem Schreibtisch lag ein bereits unterzeichnetes Dokument: Die Fremdenlegion ist sofort aufzulösen. Bis heute hat sich Pierre Messmer, der unter Pompidou bis zum Premier aufgestiegen ist, über die fast vierstündige Unterredung ausgeschwiegen. Aber in sein Ministerium an der Rue Saint Dominique brachte er lediglich die Verfügung de Gaulles mit, das 1. REP aufzulösen. Zu Colonel Vaillant in Sidi bel Abbes, der später zum Fünfsterne-General aufrückte, sagte Messmer: »Es wird auch eine Legion ohne Algerien geben.« Und es entfuhr ihm das Bekenntnis: »Für den General war Bir Hacheim doch wichtiger als diese Operette in Algier.«

Am späten Nachmittag des 27. April fuhr das 1. REP durch Zeralda. Der Konvoi rollte über einen Teppich von Rosen und Flieder. Die Frauen trugen schwarze Schleier. Die Legionäre sangen das Edith-Piaf-Lied »Je ne regrette rien« – ich bereue nichts. Vorher hatten die Legionäre die Häuser und Depots gesprengt. Dunkle Rauchwolken standen über dem Pi'nienhain, als die LKW nach Westen rollten.

»Egal wann, egal wo«

Es klang wie ein aufziehendes Gewitter. Erst als sich Trompeten und Querpfeifen in die Trommelwirbel mischten, war die vorwärtsstoßende, niederwalzende Gewalt des »Boudin«, des Marsches der Fremdenlegion, zu hören. Voran marschierten die Pioniere, die Vollbärtigen mit geschulterten Spitzhacken. Das Jahr über hatten sie auf dem Hochplateau von Alboin in den Zementgrüften der Raketenstellungen der »Force de Frappe« gearbeitet, in Djibouti am Ausgang des Roten Meeres Militärstraßen an den Grenzen zu Somalia und Äthiopien angelegt, strategische Basen in Guyana und auf den Komoren errichtet und auf Tahiti und den winzigen Atollen des Polynesischen Archipels bei den Vorbereitungen der Atombombentests mitgeholfen.

Am Abend zuvor hatte das 1. Fremdenregiment mit theatralischen Auftritten und heroischen Texten die Geschichte gefeiert. Gegen Mitternacht war der Mistral aufgekommen. Violette Wolkenbänke stauten sich an den bleichen Karsthängen des St. Pilon. Der heftige Südwind wehte den schweren Duft der nahen Lavendelwälder über den rötlichen, glattgestampften Paradeplatz des 1. Fremdenregiments. Vor den weißen Quadern der Kasernenblöcke lief ein heroischer Bilderbogen ab, weißlicher Pulverdampf, donnernde Kanonenschläge und Geschrei der Bajonettkämpfer.

Einmal im Jahr beschwört Frankreichs letzte Söldnergruppe längst vergangene Schlachten. Am Camerone-Tag, dem 30. April, verwandeln sich die Kasernenhöfe der Légion Étrangère in bombastische Bühnen, auf denen die Regisseure der Legion die Kulissen für die zurückliegenden Gefechte in Europa aufbauen: 1870 die Schlacht von Orleans; 1917 der Grabenkrieg im Schlamm der Champagne; 1940 die Straßenschlacht in Narvik und 1945 die Offensive über den Rhein. Im Schlußakt des Spektakels mit lebenden Bildern rasseln aus der provencalischen Nacht Schützenpanzer am Monument der Toten vorbei – die Legionäre aufgesessen im amerikanischen Kampfanzug und US-Stahlhelm. In das abflauende Dröhnen der Kanonen erklärt der Sprecher: »Ein neuer Abschnitt für die Legion hatte begonnen. Jetzt trat sie als eine moderne, vollmotorisierte Truppe an die Spitze gepanzerter Armeen.«

General Goupil, ehemals höchster Offizier der heute über achttausend Mann starken Elitetruppe, jetzt Kabinettschef im französischen Generalstab, meidet verklärende Selbstdarstellungen wie die Klischees vom verlorenen Haufen oder das der Supermänner: »Die Legion ist im 150. Jahr ihres Bestehens ein hochspezialisierter Eingreifverband, der in wenigen Stunden an allen Krisenherden der Welt präsent sein kann. Ihr hervorstechendstes Merkmal ist die sofortige Verfügbarkeit.«

In der Caserne Vienot, zwanzig Kilometer von Marseille entfernt, waren die Clairons verstummt. Unten auf dem Vorplatz trugen die Legionäre wieder den olivfarbenen Kampfanzug. Das berühmte weiße Képi verschwand wie auch die Galauniform mit den rotgrünen breiten Epauletten und der dunkelblauen Schärpe im Spind der Mannschaftsunterkünfte.

»Wir haben bewußt die Bilder der europäischen Kriegseinsätze der Legion ausgewählt«, erklärte General Goupil. »Meistens wird die Legion als reine Kolonialtruppe hingestellt. In Wirklichkeit hatte sie auf den europäischen Schlachtfeldern ihre größten Verluste. Es ging außerdem darum zu zeigen, welch entscheidendes Datum das Jahr 1945 für die Legion war. Sie hatte den technologischen Anschluß an moderne mechanisierte Armeen gefunden.«

Vor zwei Jahrzehnten saß auf dem Platz von General Goupil die legendäre Vatergestalt der Legion, Colonel Vadot, ein kantiger Haudegen der Kolonialkriege gegen Tuaregs und Rifkabylen. Im Kessel von Dien Bien Phu hatte er das Außenfort Elaine 2 kommandiert. Als einer der Außenposten in der Nacht vor der Kapitulation Munition verlangt hatte, sagte Vadot seelenruhig: »Junge, woher soll ich sie nehmen? Nicht ein Schuß Munition ist für dich da. Du bist Legionär. Du bist dafür da, dich totschlagen zu lassen.«

Indochina und Algerien waren auch Stationen im Soldatenleben von General Goupil. Doch geprägt haben den kühl planenden Generalstäbler die Friedensjahre seit 1962 und die Lehrgänge der höheren Kriegsschulen, als die Regimenter der Legion ihren neuen Platz in der neuen »Force de Intervention« Frankreichs gefunden hatten. Zwei Jahre kommandierte er das zweite Fallschirmjägerregiment der Legion, das zum Modell der anderen Legionseinheiten wurde: »Der Moment der Überraschung spielt bei unserer Einsatzplanung eine dominierende Rolle«, hebt General Goupil hervor. »Unsere Regimenter sind auf Blitzaktionen eingestellt. Ohne Alarmbereitschaft ist ein Regiment nach sechs bis acht Stunden in der Luft, voll ausgerüstet und mit Munition für eine Woche versehen. Bei Alarmbereitschaft dauert die Zeit bis zum Start zwei bis drei Stunden. Aber das Fallschirmregiment war auch schon nach einer halben Stunde komplett in der Luft.«

Der Legionär, der schwer bepackt durch den heißen Wüstensand stapft, gehört endgültig der Vergangenheit an. »Der Legionär von heute ist ein hochspezialisierter Einzelkämpfer, der mit der Panzerabwehrrakete ›Milan‹ ebenso umzugehen versteht wie mit einer Ausrüstung für Kampfschwimmer«, analysiert General Goupil. »Früher kam ein Legionär nach der Grundausbildung zu seinem Regiment und dort blieb er dann, bis sein fünfjähriger Kontrakt abgelaufen war. Jetzt wird jedem Freiwilligen bei der Unterzeichnung seines Vertrages zugesichert, daß er mindestens zwei Jahre zu einem Regiment nach Übersee kommt. Gewandelt haben sich auch die Konzepte der Ausbildung. Wenn man sich frühere Statistiken der Legion ansieht, dann wird deutlich, daß das Durchschnittsalter der Freiwilligen bei dreißig Jahren lag. Es engagierten sich Männer, die Kriege erlebt, wichtige private Stationen ihres Lebens hinter sich gebracht hatten. Diese Freiwilligen mußten in der Legion zu einem neuen Menschen und Soldaten geformt werden. Heute liegt das Durchschnittsalter bei ungefähr zwanzig Jahren. Die jungen Männer kommen durchwegs aus den westlichen Wohlstandsgesellschaften, nicht aus verlorenen Kriegen und haben auch in der Regel kein privates Fiasko hinter sich. Diese Freiwilligen müssen in der Ausbildung nicht gebrochen, nicht neu geformt, sondern fürsorglich zu einer neuen Existenz in der Legion hingeführt werden.«

General Goupil hat selbst die Veränderung der Legion in den letzten dreißig Jahren erlebt. Bisher handelten Legionsoffiziere nach der Devise »Dienen und Schweigen«. Sie äußern sich nicht über ihr Denken, ihre Wünsche, ihre Vorstellungen. Erstmals machten General Goupil und sein Nachfolger, General Lardry, eine Ausnahme. Sie dachten laut über ihre Jahre bei der Legion nach, über die Veränderungen und über den merkwürdigen inneren Zusammenhalt dieser Vielvölkertruppe. General Goupil: »Ich bin nach Beendigung des ersten Offizierslehrganges 1949 als Sous-Lieutenant in die Legion eingetreten. Ich habe viermal in ihren Rängen gedient, insgesamt achtzehn Jahre, bis ich sie vor kurzem als General verlassen habe, ihr aber im Generalstab noch immer verbunden bin. Während dieser Zeitspanne von dreißig Jahren hat sich die Legion natürlich entwickelt. Im Jahre 1949 war sie noch voll mit dem Indochinakrieg beschäftigt und zählte fast 36 000 Mann. Während des Algerienkriegs waren wir ungefähr 20 000, zu Zeit sind wir über 8 000 Mann. Die Weiterentwicklung betraf vor allem das System der Anwerbung. Unter den Engagierten von 1981 gibt es mehr als sechzig verschiedene Nationalitäten. Die Legion hat den europäischen Rahmen gesprengt. Einer der Toten von Kolwezi war Algerier. Dann wurde die Auswahl viel präziser, in einem gewissen Sinn wissenschaftlicher. Verschiedene, vor allem psychologische Tests bilden den Ausgangspunkt einer Orientierung, die während der gesamten Dienstzeit des Legionärs verfolgt wird. Man bietet ihm jetzt einen echten Karrierevertrag mit den verschiedensten Spezialaufbahnen und den Beförderungen, die er erreichen kann. Der Werdegang wird in jeder Einheit wie in der Wirtschaft verfolgt. Das Informationssystem des Computers garantiert die genaue Durchführung. Tatsächlich bewegt sich der Legionär viel mehr als früher zwischen den einzelnen Einheiten, da er regelmäßig Aufenthalte in Übersee absolviert.«

Weiter General Goupil: »Es ist also die hohe militärische Effizienz der Legion, die ihre neue Charakteristik darstellt. Sie bietet eine Aufgliederung in mehr als siebzig militärische Laufbahnen, und dies auf jedem Niveau. Die Qualifikation ihres Personals, gemeinsam mit dem Training der Einheit, garantiert die gegenwärtigen und zukünftigen Aufgaben der Legion. Die Entwicklung ist auf vielen Gebieten vorangeschritten, vom täglichen Leben bis zur Ausbildung, denn die Legion versteht sich als ein modernes Corps in einer modernen Welt. Sie hat aus der Tradition alles übernommen, was wichtig war und sich bemüht, die Gebräuche abzuändern, die sich als bremsend oder gar als unangebracht erwiesen haben.

Nicht geändert hat sich die geistige Einstellung, die ich dort 1949 vorgefunden hatte, die Warmherzigkeit des Empfanges und die Brüderlichkeit sowie die Ablehnung, sich für die Vergangenheit des einzelnen Legionärs zu interessieren, soweit er dies wünscht. Man findet bei jedem die gleiche Bereitschaft und Redlichkeit vor, mit dem Willen, sich selbst zu übertreffen. Immer mehr zu leisten, als die strikte Pflicht verlangt, wird zur Regel aus Respekt vor sich selbst, aus persönlichem Stolz und dem Willen, daß jeder an seinem Platz zum Wert der Legion beiträgt und zu dem, was in der Vergangenheit zu ihrem Ruhm geführt hat. Was die Beziehungen zum Legionär angehen, so scheinen sie mir ebenso leicht und einfach für den General wie für den Sous-Lieutenant, der soeben aus der Schule gekommen ist oder den Sergeanten. Es ist eine Sache der Persönlichkeit und nicht des Ranges. Dies hat immer die Stärke der Legion ausgemacht. Der einfache Legionär bis zum General fühlt sich dem gleichen Corps verpflichtet: der Legion.«

Entschieden lehnt General Goupil den Begriff einer Söldnertruppe ab: »Der Legionär war niemals Söldner und wird es niemals sein. Berufssoldaten ja, Professionelle ja, aber Söldner nein. Eine Löhnung ist notwendig, aber es ist nicht Gewinnsucht. Eine zu Beginn so bescheidene Löhnung, wie sie dem Legionär zusteht, kann es nicht sein, die ihn dazu bringt, dieses Engagement mit all seinen Zwängen zu akzeptieren – die volle Verfügbarkeit, ihn dorthin zu schicken, wohin man will, die harten Anforderungen, die absolute Disziplin, die ihn aus Aufopferung und Redlichkeit dazu bringen, sich selbst zu übertreffen, fast bis zur Selbstaufgabe. Nicht finanzielles Interesse führt uns zusammen, sondern der Legionärsgeist schweißt uns zu einem einzigen Corps zusammen – ›Legio Patria Nostra‹.«

So präzisiert General Goupil den Geist der Legion: »Der Legionär hat sich immer als Kämpfer und Erbauer verstanden. Kolwezi hat die Aufmerksamkeit auf die Interventionsmöglichkeiten der Legion und ihre Aktionsverfügbarkeit gelenkt. Die Legion hat bei dieser Gelegenheit gezeigt, wie sehr sie sich zur strategischen Überraschung eignet. Übrigens besitzt sie diese Fähigkeit seit ihrer Gründung vor einhundertfünfzig Jahren und sie war ja auch in vielen Kampfzonen engagiert. Es stimmt, daß die Intervention heute eine Besonderheit aufweist: Die Fähigkeit, unvorhergesehen eingesetzt zu werden, weit weg von der Basis, unter schwierigsten Bedingungen, in den Tropen oder in der Arktis. Benötigt wird also eine solide ausgewählte Truppe, sehr trainiert, gut geführt und mit einer moralischen Einstellung, die ein bemerkenswerter Corpsgeist und eine ständige Verfügbarkeit verbindet. Die Legion ist stolz darauf, zu behaupten, daß sie fähig ist, ihre Aufträge zu erfüllen. Die Legion wird modernisiert. Frankreichs Armee stellt neben den gegenwärtigen Interventionseinheiten eine neue schwere gepanzerte Eingreiftruppe auf, die unter dem Befehl von General Lardry steht. Wo die Taktik des Handstreichs versagt, wie in Kolwezi, soll diese neue operative Feuerwehr tätig werden, mit schwerem Material, mit Panzern und Artillerie. Der Legionär von heute und morgen muß die kompliziertesten Waffensysteme zu bedienen wissen. Trotzdem muß er sich stets von den fast unbeweglichen, mit zu vielen Mitteln der Feuerkraft versehenen Soldaten, die sich immer mehr dem Facharbeiter in Uniform nähern, unterscheiden.«

Die Legion mehr in die Strategie der Intervention einzubinden, bedeutet auch, ihr die Mittel zu geben, sich auf einen Gegner mit schweren Panzern und einer starken Luftunterstützung vorzubereiten. Es ist notwendig, sich neu zu organisieren. Die Reorganisation des 2. Regiment Étrangère d'Infanterie, besonders mit der Schaffung seiner Aufklärungskompanie mit modernstem Material, entsprach dieser Notwendigkeit.

Über die Legion des Jahres 2000 philosophiert General Goupil: »Sich die Legion in der Zukunft vorzustellen, ist nicht nur eine Angelegenheit der Prophetie. Die Dauerhaftigkeit der Legion ist ein Glaubensakt für alle Legionäre, die sich ihrem Dienst gewidmet haben. Als ich dieses Kommando verlassen habe, wollte ich mein Vertrauen in die Zukunft der Legion ausdrücken. Die Legion ist für mich eine der Fähigkeiten Frankreichs, Ausländer aufzunehmen, die aus dem einen oder anderen Grund Zuflucht auf seinem Boden suchen. In genau diesem Sinn könnte ich sagen, daß jeder Mensch zwei Heimatländer hat, das seine und Frankreich. Seit einhundertfünfzig Jahren war die Legion für Ausländer da, indem sie zunächst mit rein europäischer Anwerbung begann, um sie jetzt auf alle Länder der Welt auszuweiten.

Zu einer Zeit, wo die Ausländer in Frankreich immer zahlreicher werden, wo die EG wächst, wo über eine eigene Verteidigung Westeuropas nachgedacht wird, ist es normal, daß Frankreich den Ausländern weiterhin die Ränge seiner Armee durch die Légion Étrangère öffnet. Seit ihrer Schaffung im Jahre 1831 weiß jeder, mit welcher Ergebenheit und oft mit welcher Aufopferung die Legionäre Frankreich gedient haben. Ihre Devise ›Ehre und Treue‹ wird seit dieser Zeit von kaum jemanden mehr angezweifelt. Warum sollte Frankreich angesichts dieser vorbildlichen Tradition in Zukunft darauf verzichten und es diesen Ausländern verweigern, in seiner Armee zu dienen? Es wird immer Ausländer geben, die aus verschiedenen Gründen kommen werden, vielleicht um ihre Vergangenheit zu vergessen, gewiß aber, um die Gelegenheit zu einem neuen Anfang zu suchen, in einem Rahmen, der sie unterstützt, sie umgibt und viel von ihnen verlangt. Durch das Gesetz der Anerkennung gibt die Legion auch dem Gestrandeten den Stolz auf sich selbst zurück. Er findet seine Würde wieder, die Hochachtung vor Anderen und vor sich selbst, indem er sehr schnell zu dem Soldaten wird, mit dem die Legion rechnet. Jeder kann, je nach seinem persönlichen Wert, seinen Platz haben, mit einer völlig gleichen Startchance, beginnend mit seinem Engagement. Die Legion bietet vielen von ihnen eine erfolgreiche soziale Wiedereingliederung an. Für alle, die es wünschen, wird sie eine Familie sein, der sie das Beste von sich selbst geben, die sich aber auch an sie erinnern wird, wenn man sie um Hilfe bittet, sehr lange nach dem aktiven Dienst.

Aber die Legion existiert nicht für sich selbst, sie existiert nur, weil sie fähig ist, zu jeder Zeit die Aufgaben zu erfüllen, die man von ihr verlangt und weil sie sich auf die Aufgaben von morgen, die ihr noch unbekannt sind, vorbereiten möchte. Das bringt es mit sich, daß die Legion sich um Fortschritt bemühen, daß sie sich an die militärische Entwicklung anpassen und mehr und mehr eine sehr hohe Militärtechnologie anstreben muß, die auf vielen Gebieten jedem Legionär das Äußerste abverlangt.

In dieser Legion ist sich jeder – und das wird auch so bleiben – über seine Stellung im Klaren sein, über seine eigene Rolle und über das, was man von ihm erwartet. Das bedeutet in meinen Augen eine der wichtigsten Motivationen, die sich in den nächsten Jahren nur weiter entwickeln kann. Man kann hinzufügen, daß die Legion seit der Rückkehr aus Algerien und dem Aufbruch von Sidi bel Abbes die Probleme ihrer Verlegung bewältigt hat. Von Aubagne über Orange und Castelnaudry bis hin zu Tahiti sind nur Erfolge zu verzeichnen.«

General Goupils Nachfolger, General Lardry und sein Stellvertreter, Colonel Devouges, dirigieren in einer schmucklosen Büroetage eine Truppe, die über vier Kontinente verstreut ist. Eine Weltkarte verdeutlicht: Das 1. Fremdenregiment liegt in Aubagne bei Marseille; das 1. Kavallerieregiment hat seine Garnison in der südfranzösischen Festspielstadt Orange und das Lehrregiment der Legion kam nach Castelnaudry. Auf Korsika stehen als operative Feuerwehr das 2. Fremdenregiment (in Bonifacio) und das 2. Fallschirmjägerregiment (in Calvi) bereit. Die 13. Halbbrigade der Legion blieb in der unabhängigen Republik Djibouti; ein Infanterie-Detachment liegt auf der Comoren-Insel Mayotte im Indischen Ozean; das 3. Fremdenregiment steht in Guayana und das 5. Regiment auf dem Atom-Atoll Muraroa im Pazifik.

In Kolwezi befreite das 2. Fallschirmjägerregiment der Legion in sechs Stunden die weißen Minenarbeiter im südlichen Zaire aus den Händen der aus Angola eingefallenen einstigen Katanga-Gendarmen. Subversionsspezialisten des 5. Fallschirmjägerregiments der ostdeutschen Nationalen Volksarmee hatten die Katanga-Gendarmen auf diese Blitzaktion vorbereitet. Einige Offiziere der Angreifer sprachen deutsch mit sächsischem Akzent. US-General Kelley, Chef der neuen US-Interventionstruppe, mußte zugeben: »Statt der siebenhundert Legionäre hätten wir mindestens viertausend Mann benötigt. Und wir wären vierzehn Tage später angekommen.« Die Legion ist eine Truppe, die praktisch auf jeden möglichen Krisenherd vorbereitet ist. In Djibouti kann sie den Wüstenkrieg üben, auf Mayotte das amphibische Inselhüpfen, im Urwald von Guayana den Kampf im Dschungel und im Winter in den Bergen von Savoyen den Kampf unter arktischen Bedingungen. General Goupil resümiert: »Beweglichkeit, Feuerkraft und Anpassung an die Geographie eines jeden Krisenherds, das sind die Prinzipien der heutigen Legion.«

Längst hat die Armee das Trauma Algerien überwunden. General Lardry: »Die Fremdenlegion wurde zur Zeit der Eroberung Algeriens geschaffen, deshalb konnte man sagen, daß Algerien und besonders die Stadt Sidi bel Abbes ihre Wiege waren. Aber schon in den ersten Jahren ihrer Existenz wurde die Legion, die ihren Wert und vor allem ihre Anpassungsfähigkeit bewiesen hatte, nach Italien, in die Krim, nach Mexiko, Indochina, Dahomey, Sudan, Madagaskar, Marokko, auf die europäischen Schlachtfelder und letztlich nach dem Tschad und nach Zaire geschickt.

Als die Legion Algerien verließ, hat wohl manch einer gedacht, das sei ihr Ende. In Wirklichkeit wurde lediglich eine Seite in dem Buch ihrer Geschichte umgeblättert, als sie mit Bedauern das Land verließ, das ihre Erschaffung erlebt hatte. Sie lebte aber dennoch weiter. Der Mensch kann seine Geburtsstätte verlassen, er kann das bedauern, aber deshalb hört er nicht auf zu existieren. Unter den zur Zeit aktiven Legionären haben nur noch wenige Algerien gekannt. Zum Beispiel hatten nur einige höhere Offiziere, die 1978 in Kolwezi mit dabei waren, Algerien noch erlebt. Und doch waren es Legionäre, die ihrer Vorgänger würdig waren. Algerien lebt weiter im ›Musee de la Légion Étrangère‹, in den Erzählungen der Alten, in den Traditionen. Aber dieses Land ist nicht wesentlich für die Berufung zum Legionär.«

Auch die Abstempelung als Söldnertruppe lehnt General Lardry wie sein Vorgänger General Goupil ab: »Die Legionäre legen keinen Fahneneid ab. Die Legionäre sind französische Soldaten und kein französischer Soldat legt einen Fahneneid ab, im Gegensatz zu den Soldaten der deutschen Bundeswehr. Die Legionäre unterzeichnen einen Vertrag, in welchem sie versprechen, in ›Ehre und Treue‹ überall dort zu dienen, wo die Regierung sie hinzuschicken für richtig hält. Dem französischen Lexikon entsprechend ist ein Söldner (mércenair) ›ein Soldat, der gegen Geld einer fremden Regierung dient‹. Das Motiv seines Berufs ist also das Geld. Die Motive der Legionäre sind völlig anders: Freude an der Aktion; Anziehungskraft des Waffenmetiers in einem Elitekorps; der Wunsch, der Routine zu entkommen; der Wunsch nach Ortsveränderung; Probleme aller Art, wie politisch, familiär, sentimental, beruflich, auch aus Gründen geschehener Verfehlungen. Der Sold der Legionäre [das französische Wort ›solde‹ hat den gleichen Ursprung wie das deutsche ›Sold‹ und kommt aus dem Italienischen, soldo = Geldstück] entspricht dem der Soldaten, die in der französischen Armee unter Vertrag stehen. Er ist der Gegenwert für den geleisteten Dienst und nicht hoch genug, um jemandem, der nur Geld verdienen will, anzureizen.

Das Jahr 2000 ist nicht mehr weit, weniger als zwanzig Jahre. Die zur Zeit jüngsten Legionäre könnten dann noch im Dienst sein. Wie ich bereits sagte, ist die höchste Qualität der Legion ihre Anpassungsfähigkeit. Im Jahre 2000 wird die Fremdenlegion die gleiche Entwicklung durchgemacht haben wie die französische Armee, was Struktur, Organisation, Kampftechnik angehen. Solange es eine Bedrohung Europas, solange es Konflikte in der Dritten Welt gibt, wird die Fremdenlegion ihren Platz in der französischen Armee haben.«

Der Ausbildungsdrill eines Monats in den achtziger Jahren spiegelt den veränderten Legionsstandard wider: Fallschirmjägerabsprünge aus siebentausend Metern und einhundertzwanzig Metern Höhe, Froschmännereinsatz in einer streng abgeschirmten Hafenregion, Hochgebirgsübungen auf Korsika, Wüstenmarsch mit allen Geräten im Hinterland von Djibouti, Panzerabwehrkampf mit Milan-Raketen, eine Urwaldexpedition auf dem Moroni in Guayana und kombinierte Landeoperationen auf der Insel Mayotte, die Bereitstellung des 1. Kavallerieregiments in der Zentralafrikanischen Republik nach der Invasion der Gadaffi-Armee im Tschad.

Ein weiterer Manövercoup des 2. Fallschirmjägerregiments war ein Überfall auf den französischen Kriegshafen Toulon. Eine Sabotage-Spezialeinheit wurde von einem U-Boot vor dem streng bewachten und hermetisch abgeschirmten Hafen des französischen Mittelmeergeschwaders abgesetzt. Es gab keine Vorwarnung, nur der kommandierende Admiral wußte vom geplanten Anschlag. Die Legionäre überlisteten sämtliche Sperren und Wachen und legten Sprengladungen an allen wichtigen Punkten an. Genüßlich resümierte ein Stabsoffizier: »Im Ernstfall wäre der Stolz der Marine ein schöner Schrotthaufen gewesen.« Und er fügte hinzu: »Vor der Legion wäre vermutlich kein Hafen des Mittelmeers sicher. Und das ist bekanntlich nicht nur das gewaltige Planschbecken der Sonnenhungrigen Westeuropas.«

Und so sieht ein normaler Wochentag des 2. Fallschirmjägerregiments in Calvi auf Korsika aus: Eine Kompanie übt den Sprung aus verschiedenen Höhen und oft unter extremen Windbedingungen. Eine andere Kompanie ist schon seit drei Wochen in den Bergen mit voller Ausrüstung, aber ohne Nachschub. Hubschrauber kontrollieren, daß auch nicht ein einziger Legionär bei den Operationen zu sichten ist. Ein weiterer Zug probt das Schwimmen im Kampfanzug und mit Stiefeln nach einem Absprung im Meer. Zur gleichen Zeit seilt sich wieder ein anderer Zug von der Steilmauer der alten Genueserfestung ab. Anschließend kommandiert der Adjudant-chef, der schon bei Dien Bien Phu und den drei Schlachten um Algerien dabei war: »Im Laufschritt zurück zum Camp!« Es sind acht Kilometer und die Ausrüstung wiegt fast einen halben Zentner. Die Kompanie für Sabotage übt an einer alten, nicht mehr benutzten Eisenbahnbrücke das Anbringen von Sprengladungen. Colonel Guignon, Kommandeur des 2. REP, sagt: »Für die ganze Legion gilt heute die Forderung: ›Egal wann, egal wo‹. Für mein Regiment gilt sie ganz besonders.«

Auf Korsika ist die Feriensaison kurz. Im Juni kommen die ersten Urlauber, im September sind sie schon wieder weg. Dann ist die Freizeit der Legionäre trist. In Calvi schließen die meisten Diskotheken, die Strandrestaurants machen dicht. Nur die Mädchen, die für ein paar Franc in ein muffiges Zimmer mit einem winzigen Waschbecken mitgehen, bleiben. Sergeant Alex W., seit vier Jahren bei der Legion, bekennt: »Zum Cafard braucht man keine Wüste, kein abgelegenes Fort. Wenn man an einem Sonntag seine zehn bis fünfzehn Bierchen getrunken hat, nur die Visagen der Kameraden, des fetten Wirts und der aufgeputzten Bürger gesehen hat, da dreht man manchmal durch.«

Elf Jahre war Sergeant Alex W. bei der Bundeswehr gewesen, ehe er zur Legion gegangen war: »Da war es auch oft mies. Vor allem in den abgelegenen Standorten. Aber man hatte doch irgendwelche Verwandte und Bekannte in der Nähe. Hier in der Legion ist man nur der Fremde, dem man, außer an hohen Festtagen, möglichst aus dem Weg geht. Mit den Wochenenden ist es in der Bundeswehr besser. Sie ist eben eine bürgerliche Armee. Da sind Opa und Oma in der Nähe. Anders ist es unter der Woche. Da geht beim Bund der große Frust um. Da wird der Panzer X am Tag zehnmal geölt und geputzt. Das gibt es hier nicht. Der Wochenplan ist immer voll. Und ganz plötzlich geht man dann mal für einige Tage nach Djibouti, nach Zentralafrika oder auf die Komoren.« Alex W. will seinen Kontrakt verlängern: »Jeden Tag schimpft man auf die Legion, aber dann wird einem doch bewußt, sie hat eine innere Macht, von der man nicht mehr wegkommt. Das Essen war beim Bund ungleich schlechter. Der Drill bei der Legion ist nicht so schlimm, wie er immer geschildert wird. Nur der Umgang zwischen Vorgesetzten und Untergebenen ist härter, altmodischer, manchmal auch dümmlicher. Da wird Tradition mit alten Zöpfen verwechselt. Sobald aber die Legion draußen im Gelände ist, wirkt die Bundeswehr wie ein Veteranenverein. Da wird nicht gegammelt, da gibt es keine Türken, um die Instruktionsstunden zu absolvieren.«

Sergeant Alex W. spricht sein Hessisch schon durchsetzt mit französischen Brocken. »Nein, eine Ersatzheimat ist die Legion nicht, auch keine Krankheit. Sie bietet, um ein scheußliches Modewort zu gebrauchen, trotz der meist trostlosen Wochenenden ein Stück Lebensqualität. Vieles ist stur. Die ständigen Erinnerungen an die Heldentaten der letzten 150 Jahre gehen einem auf die Nerven. Was interessiert mich als Frankfurter, was ein Legionsbataillon vor hundert Jahren alles gegen einen Berberstamm in Algerien ausgehalten hat. Das ist zwar spannender als das ständige Gerede beim Bund über irgendwelche staatsbürgerlichen Pflichten, aber es ist eben aufgezwungener Geschichtsunterricht. Um sich das anzuhören, sind die wenigsten Legionäre gekommen.«

Nüchterner, weniger erwartungsvoll wie die Planer in den Chefetagen der Legion sieht Sergeant Alex W. den »Auftrag«: »Alarm haben wir praktisch immer. Nur beim Alarm zweiter Stufe kommen wir aus der Kaserne heraus. Aber der Ausgang gilt nie länger als zwölf Stunden. Und sobald es irgendwo in Afrika zu stinken beginnt, gehen die Kasernentore zu. Da sitzen wir dann Stunden und Tage vor unserem Marschgepäck, fressen unsere Notrationen auf, damit wir neue nachfassen können.«

Der Drill, das Warten, die Plagerei in den Bergen von Korsika macht die Desertion fast zum Sport. Sergeant Alex W.: »Jeder fünfte haut mal ab. Ich habe es auch mal versucht. Ich kam gerade bis zur Yacht einer Sonderkommission der Finanzer, die auf der Jagd nach Schmugglern waren. Die sagten ›Schwimm zurück, wir halten den Mund‹. Als ich mit meinen nassen Klamotten in die Kaserne kam, mußte ich am nächsten Morgen dreimal länger um das Camp herumlaufen.«

»Sind die Strafen streng?«

»Wer länger als zehn Tage wegbleibt, bekommt eine Woche Bau. Strafeinheiten gibt es nicht mehr. Und wer dreimal versucht abzuhauen, dem werden die Papiere gegeben und gesagt: ›Hau ab, such Dir eine andere Beschäftigung‹. Die meisten desertieren in den ersten zwei oder drei Jahren. Aber es kommt auch schon vor, daß ein Sergeant-chef oder ein Adjudant mit über fünf Dienstjahren plötzlich desertiert. Die kommen auch meistens durch. Aber ich habe es schon erlebt, daß die nach einem halben Jahr plötzlich wieder da sind und wieder als Caporal anfangen. Meistens haben sie ein halbes Jahr später wieder ihren früheren Rang. Die Legion hat ihre Regeln. Sie stammen teilweise noch aus dem vorigen Jahrhundert. Was Deserteure von der Todesstrafe und Torturen erzählen, ist der pure Quatsch. Allenfalls bekommt ein junger Legionär, nachdem er eingefangen wurde und die Steinchen auf dem Kasernenhof sortieren muß, eine Ohrfeige vom diensthabenden Sergeanten. Wenn er ihn dann beim Kompaniechef anzeigt, geht der Sergeant für einige Tage in den Bau. Die Unteroffiziersmesse verwandelt sich auch jeden Abend in einen wein- und bierseligen Nostalgieabend. Da wird dann von den Alten erzählt, als es noch Zeiten gab, wo aus Legionären Menschen gemacht wurden. Und sie hören nicht auf mit der Schilderung, wie sie in Sidi bel Abbes, in Mascara und Saida nachzuzählen versuchten, wie viele Fußtritte sie an einem Tag bekamen.«

»Die Legion ist eine Armee, die es eigentlich nicht mehr gibt«, sagt General Goupil, »es herrscht Disziplin, aber keine Sklavengesinnung.« Wie in den alten Armeen herrscht im Umgang wie selbstverständlich das Du von oben nach unten. Ein Legionär wird sich immer als Mitglied eines Kriegsordens empfinden. Den Legionär des Jahres 2000 sieht General Goupil so: »Die Legion der Zukunft wird immer weniger Platz für Mittelmäßige und Schwache haben. In einer Welt, wo Gewinnsucht und Schlaffheit den harten Weg der Anstrengung, der Strenge und des Dienstes überholt erscheinen lassen, hat die Legion mehr und mehr eine Rolle zu spielen. Die einhundertfünfzig Jahre, die ihren Geist geprägt haben, vermitteln all denen, die sich in ihre Ränge einreihen, den Stolz und die Kraft, in einem Corps zu dienen, das durch seine Rekrutierungsmethoden und seine Regeln eine Mauer des Schweigens um sich errichtet, sich aber auch auf das Jahr 2000 weiterzuentwickeln weiß.«

Eine Kompanie rückt aus der Kaserne Vienot zum Geländedienst aus. Es ist 6.30 Uhr morgens. Sie singt auf deutsch das Lied von der »Annemarie, der Tochter der ganzen Kompanie«. Die weißen Käppis verschwinden zwischen den bizarren Kalkfelsen der Provence am Mont St. Baume.

Literaturverzeichnis

Regimentsberichte, Protokolle und persönliche Aufzeichnungen wurden zunächst wörtlich übersetzt, dann aber einem modernen Deutsch angepaßt, ohne die Substanz zu verändern.

Képi blanc, Revue officielle de la Légion Étrangère, Nr. 1 (1947) bis Nr. 401 (April 1981)

Abel, August, *Die Fremdenlegion* (1931)
Albeca (d'), *La France au Dahomey*
Allard, J., *Difficultés logistiques*
Antier, J.J., *Histoire maritime de la 1re Guerre Mondiale*
Appenzeller, E., *Die französischen Strafkompanien* (1980)

Babin, Gustave, *La Légion étrangère*
Barjaud, Leo, *Boutin, agent secret de Napoléon*
Bauer, Hans, *Verkaufte Jahre*
Bazancourt, Baron de, *Cinq mois au camp devant Sebastopol*
Beauvoir, Roger de, *La Légion Étrangère* (1897)
Bern, J., *L'expédition du Dahomey* (1893)
Blin (capitaine), *Souvenirs du capitaine Blin*
Blond, Georges, *La Légion Étrangère; Rien n'a pu les abattre*
Borelli (capitaine de), *A mes hommes qui sont morts* (1887)
Borke, Kurt von, *Deutsche unter fremden Jochen*
Boucher, Auguste, *Récits de l'invasion* (1871)
Brunon, Jean, *Camerone*
Bülow, Hans von, *Mémoires*

Casseville, Henry, *Marsouins et Bigors à Madagascar*
Catroux (general), *Deux actes du drame indochinois*
Cave, Ray, *The French Foreign Legion*
Chack, Paul, *Des Dardanelles aux brumes du Nord* (1937)

297

Chambard, Claude, *Histoire mondiale des maquis*
Choulot, Comte P. de, *Souvenirs pour servir à l'Histoire du 1er Régiment de la Légion Étrangère* (1864)
Christophe, Robert, *Les grandes heures de l' Italie*
Cochard, Th., *Les Bavarois à Orleans*
Coindreau, R,. *Les corsaires Sale*
Conrath, G., *Ewig ist nur der Staub*

Dan (père), *Histoire de la Barbarie et de ses corsaires* (1637)
Decaux, Alain, *Grandes aventures de l'Histoire*
De Gaulle, Charles, *Vers l'armée de métier*
De Lattre de Tassigny, J.J.-M., *Histoire de la 1re Armée Française – Rhine et Danube*
Devillers, Philippe, *Histoire du Viet-Nam de 1940 à 1952*
Diesbach, de Torny, *Carnets de route*
Dinfreville, Jacques, *Le trésor de la Casbah* (1961)
Dominé, Edmond, *Journal de siège de Tuyen Quang* (1885)
Ducasse, Andre, *Balkans 1914–18*
Duchemin, Jacques,C., *Histoire du F.L.N.*
Dunant, Henri, *Un souvenir de Solferino*

François d'Angers (père) *Histoire de la mission des Pères Capucins au royaume du Maroc*
Frömel, Paul, *Vom Bürgermeister zum Fremdenlegionär (1931)*

Gabrielli, Louis, *Abd el Krim et les événements du Rif*
Gallini (lieutenant-colonel), *L'enlèvement du golfe d'Auberive*
Glienke, Franz, *Ein Prolet in der Fremdenlegion* (1931)
Giap, von N., *Guerre du peuple, armée du peuple*
Grauwin (médecin commandant), *J'etais médecin à Dien Bien Phu*
Grisot (général) et Coulombon (lieutenant), *La Légion Étrangère de 1831 à 1887*
Guillaume, A., *La bataille des Vosges*

Hähnlein, Ernst, *Unter fremder Fahne* (1902)
Histoire et épopée des Troupes coloniales
Historique du Régiment de marche du L.E., anonyme (1928)
Historique du 5e R.E.I.
Host (capitaine), *Le 5e Bataillon du Régiment étrangèr au combat d'Orléans*

Jäger, Albert, *Vier Jahre in der Fremdenlegion* (1896)
Joubert (capitaine), *Campagne de l'Empereur Napoléon III en Italie*
Journal de marche du 1er Régiment Étrangèr
Journal de marche du 2e Régiment Étrangèr
Juin, Alphonse, *La France en Algérie* (1963); *Aimée et souffrante Algérie* (1956)

Klose, Fritz, *Marschier oder krepier* (1932)
Kull, Franz, *Fünf Jahre Fremdenlegion* (1913)

Lacheroy (colonel), *La guerre révolutionnaire* (1957)
Lachouque (commandant), *Monsieur Boutin*
La Gorce, P.M. de, *La République et son armée* (1963)
Langlais (lieutenant-colonel), *Dien Bien Phu*
Lanusse (abbé), *Les héros de Camerone 30 avril 1863* (1891)
Lapie, Pierre-Oliver, *La Légion Étrangère à Narvik*
Laxague (commandant), *La Légion Étrangère au Maroc*
Leon, Paul, *La guerre pour la paix*
Livre d'Or de la Légion Étrangère (1931)
Livre d'Or de la Légion Étrangère (1958)
Löhndorff, Ernst F., *Afrika weint*
Lyautey, Hubert, *Du rôle social de l'Officier dans le service militaire universel* (1891); *Dans le sud de Madagascar*; *La protection du Sud-Oranais* (1906); *Lettres du Tonkin et de Madagascar*

Manue (sergeant), *Têtes brûles: cinq ans à la Légion* (1929); *La retraite au désert* (1932)
Marolles (vice-amiral de), *Le centenaire du commandant Rivière* (1927)
Masson, Philippe, *Du Rhône aux Vosges*
Mazel, Jacques, *Énigmes du Maroc* (1971)
Mercer, Charles, *The Foreign Legion* (1964)
Mockler, Anthony, *Histoire des Mercenaires*
Monsabert (général de), *Le débarquement en Provence*
Monteil, Vincent, *Les Officiers* (1958)
Moorehead, Alan, *Dardanelles*

Naroun, Amar, *La France en Algérie*
Navarre (general), *L'agonie de l'Indochine*
Nemis, Fred, *Das Fort in der Wüste*
Noli, Bruno, *Aus der Hölle von Indochina ins Gefängnis*

Paasche, Hans, *Fremdenlegionär Kirsch*
Pages de gloire de la division marocaine 1914–1918
Pechkoff (capitaine) Z., *La Légion Étrangère au Maroc 1923–1925* (1929)
Perret, E., *Récits Algeriens*
Pinard, Jakob, *Fremdenlegion für Anfänger*
Poirmeur (commandant) H., *Notre vieille Légion* (1931)

Quirs, Bernard, *Les pirates de Sale*; *Les géants du Pétrole*; *Midway tournant du destin*

Rohlfs, Gerhard, *Legionsnotizen*

Rosenthal, Philip, *Einmal Legionär* (1981)
Rousset (lieutenant-colonel), *Histoire générale de la guerre franco-alle-mande* 1870–1871

Saint-Arnaud (capitaine de), *Lettres* (1858)
Saintoyant, J., *La colonisation française pendant la période Napoléonien-ne* (1931)
Salgati, Emilio, *Die Flucht aus der Fremdenlegion* (1932)
Salgues, Yves, *L'or noir du Sahara*
Scherer, Willi, *Mit der Fremdenlegion nach Indochina*
Schmidel, Ulrich, *Voyage curieux* (1837)
Schmidt, Heinz Werner, *With Rommel in the desert*
Strupler, Paul, *Tollhaus Fremdenlegion*

Tahon (général), *Avec les batisseurs de l'Empire*
Torris, M.J., *Narvik*
Trochu (général), *L'Armée en 1867*

Vandevelde, L., *Précis historique et critique de la campagne d'Italie en 1859*
Vassal, Joseph, *Dardanelles, Serbie, Salonique*
Villebois-Mareuil (colonel de), *La Légion Étrangère (1896)*

Weygand, Maxime, *Histoire de l'Armée Française*
Widmer, von, *In der Hölle der Fremdenlegion* (1955)
Wilhelm, Ludwig, *Erlebnisse eines Deserteurs* (1898)

Zede (général), *Souvenirs de ma vie – Algérie, Italie, Mexique*
Zimmer, Adam, *Der Deserteur* (1887)